Lessons from Life Outside the Law

PIRATES,
PRISONERS, AND LEPERS

海盗、囚徒与麻风病人
关于正义的十二堂课

Paul H. Robinson
Sarah M. Robinson

〔美〕保罗·罗宾逊　〔美〕莎拉·罗宾逊　著
李立丰　译

北京大学出版社
PEKING UNIVERSITY PRESS

献给迄今为止这 125000 个人类世代*

特别献给作者家族

自

约翰·戴尔·麦卡尔平（John Dale McAlpine）（生于 1931 年）

至

德夫林·罗宾逊（Devlin Robinson）、奥斯汀·罗宾逊（Austin Robinson）、查理·哈特（Charlie Hart）以及威廉·哈特（William Hart）（生于 2010 年至 2013 年间）

---

* "人类世代"（Human Generations），也被称为"人类代际"，一般是指生物学意义上大体同一时期出生的人类群体。各国世代幅度多有不同，且随着时代发展，有延长的趋势，但总体上维持在 25 年至 30 年的区间。这里所称的 125000 个世代，如果乘以 25 年的区间，大体等同于世人普遍接受的人类存在时长，即 300 万年左右。——译者注

全书脚注若无特别注明，均为译者注。下文不再逐一标明。

目 录

中文版序言　　001

致　谢　　001

上篇　亘古法则

第一章　人　性
　　政府为我们做了什么？又对我们做了什么？　　003

第二章　合　作
　　麻风病人与海盗　　013

第三章　惩　罚
　　"落城"与乌托邦聚落　　037

第四章　正　义
　　十九世纪五十年代的旧金山与加州淘金潮　　059

第五章　不　公
　　"巴达维亚号"船难与"阿提卡暴动"　　097

第六章　生　存
　　威廉王岛上的因纽特人与皮特凯恩群岛上的反叛者　　124

第七章　毁　灭

　　战俘营与地狱航船　　　　　　　　　　　　138

下篇　当代教训

第八章　信　任

　　美国的禁酒运动　　　　　　　　　　　　163

第九章　苛　责

　　睡成重罪谋杀，骗成终身监禁　　　　　　188

第十章　失　范

　　排除合理怀疑地逃过谋杀罪指控　　　　　225

第十一章　垮　台

　　埃斯科巴"统治"的哥伦比亚　　　　　　265

第十二章　拿正义当回事

　　五个锦囊　　　　　　　　　　　　　　　290

余　言　他们现在在干什么？　　　　　　　　　305

专业词汇　　　　　　　　　　　　　　　　　　327

参考文献　　　　　　　　　　　　　　　　　　335

索　引　　　　　　　　　　　　　　　　　　　357

译后记　利维坦与空气茧　　　　　　　　　　　365

中文版序言

本书之主旨,意在描述当法律遥不可及时,人类的行为范式为何。进而揭示,人类,无论文化或国别,在基本的正义判断方面,直觉相通。正是这种放之四海而皆准的正义直觉,将我们紧密联系在一起。此乃人类根性之一部。

在这个意义上,将本书翻译成各国文字,殊为适当。借此,可以将上述理念播散至不同文化阈,其中所蕴涵的跨文化旨趣,为其普适性奠定了基础。

本书得以中译,意义非凡。刑法,盖受所谓"经验该当性"之导引:刑事立法的设定,应当谨遵社会共同的正义判断。基于晚近科学研究的成果,本书所提各项倡议暗合中国儒家"民智"之理念。期待译本付梓,能够引发华语学界同侪的关注与讨论,期待本书所鼓吹的"传统智慧",能够得到当今科学研究的证成,并再次焕发生机。

是为序。

保罗·罗宾逊

莎拉·罗宾逊

2017年6月11日

致　谢

这一写作计划持续经年。其间,承蒙各界人士慨然关照。特别在身处全球各地的亲朋好友乃至陌生路人身上,本书旨在揭示的"人类合作"关系,得以充分彰显。

殊为亏欠宾夕法尼亚大学法学院的工作人员及行政管理诸君,包括迈克尔·菲茨(Michael A. Fitts)[*]院长,负责图书馆馆藏发展及学术资源分享的莫尔·斯里候(Merle J. Slyho),负责公众服务的图书馆馆长助理,同时也是兼职法学教授的爱德华·格林利(Edward Greenlee),教职员支持服务部门负责人西尔瓦娜·伯金思(Silvana Burgese),其令人印象深刻的助理凯利·法拉迪(Kelly Farraday),以及表现极为出色的珍妮弗·埃文斯(Jennifer Evans)。

一直以来,本人都从历任研究助理处获益匪浅,特此鸣谢梅西·克莱默(Missy Kramer)、丽贝卡·布莱克(Rebecca Blake)、布兰登·肯尼(Brandon Kenney)、萨曼莎·雅各比(Samantha Jacoby)、马特·马嘉兰(Matt Majarian)、斯蒂芬妮·维灵格(Stephanie Wering)、丹尼尔·威尔森(Daniel Wilson)、丹比·金(Danby Kim)、亚伦·艾力亚斯(Aaron Ellias)、迦南·林奇(Keenan Lynch)以及赫塞·布鲁(Heather Blue)。

多位历史学家及各地博物界人士倾囊相授,使作者得以觅到某些原本根本无从发现的史料线索。特别感谢雷恩社区学院(Lane Community College)讲师,同时还兼任莫洛凯档案馆(Molokai Archives)馆

---

[*] 迈克尔·菲茨(1953—　),美国著名法学家,曾长期担任宾夕法尼亚大学法学院院长,现担任美国杜兰大学(Tulane University)校长。

长的潘妮·莫博罗（Pennie Moblo），位于奈特斯利克（Netsilik）的阿奇特斯拉奇法学院（Akitsiraq Law School）院长安·格莱福德（Anne Crawford），位于安圭拉（Anguilla）的遗产藏品博物馆（Heritage Collection Museum）馆长柯伟利·派迪（Colville Petty），安圭拉历史学家鲍勃·康力奇（Bob Conrich），北艾奥瓦大学（University of Northern Iowa）社会与行为科学学院院长助理、犯罪学助理教授理查德·菲德斯通［Richard Featherstone，感谢其所提供的有关阿提卡（Attica）事件的史料］，以及瑞安·霍利（Ryan Holle）的母亲西尔维娅·加内特（Sylvia Garnet）。

为本书收集附图，更可谓一场"大冒险"。就"巴达维亚号"船难事件，本书作者甚至还收到了远在澳大利亚的西澳大利亚博物馆惠赠的图片。作者拜托罗德里格·戴鲁崔（Rodrigo Dellutri）深入阿根廷，想方设法联系到南度·帕拉多（Nando Parrado），拿到了后者在安第斯山坠机事件发生时所拍摄的照片。近在美国，曾在"落城"*度过嬉皮岁月的理查德·考维特（Richard Kallweit）慷慨分享了一些当年的影像记忆，瑞安·霍利的母亲西尔维娅·加内特以及布伦达·谢弗的哥哥麦克·谢弗（Mike Schaefer），也都古道热肠地将其深爱之人的私人照片提供给作者，为本书所用。

诸多亲朋好友拨冗校阅本书各章初稿，并应作者要求屈尊从普通读者的角度给予不吝批评。作者要特别感谢雷恩赫德·缪恩克（Reinheld Muenke）、南希·布雷（Nancy Bray）、卡罗尔·贝克（Carol Baker）、安尼塔·弗雷迪（Anita Friday）、约翰·麦卡尔平（John McAlpine）、乔治·塞维尔（George Sevier）、里奥·卡茨（Leo Katz）以及斯蒂芬诺斯·比巴斯（Stephanos Bibas）。

---

* "落城"（Drop City），1965年创建于南科罗拉多地区，被视为全球首个兴建于郊区的"嬉皮聚落"，后于二十世纪七十年代遭废弃。"落城"的核心理念，建构在生活与艺术结合的行为艺术基础上，主张通过一切可用的材料兴建住居，其建筑风格大体上统一为半水滴形态的穹顶建筑，本书正文对此有详细介绍。值得一提的是，将"Drop City"直译为"落城"，可以最大限度契合其追求高空坠物及外界反映的"坠落艺术"（Drop Art）理念。

上　篇

亘古法则

第一章 人　性

政府为我们做了什么？又对我们做了什么？

　　6月的某个清晨，阳光明媚，洛杉矶某小学学前班的家长们齐聚一堂，庆祝他们的二十三个小家伙顺利"毕业"。令人心情愉悦的淡蓝色教室内墙，以及上面挂着的整洁告示牌，都在欢迎家长（大多数是妈妈）参加这个讨喜的仪式。典礼结束后就是拍照环节，每位"毕业生"头戴毕业礼帽，身着礼袍，摆出姿势，拍下标志着自己踏上这条被寄予厚望、承载成功与幸福之路的纪念写真。

　　然而，某位妈妈，在给自己刚刚拍完照的孩子更换这身行头时，似乎耗时太久——至少在下一位等候拍照孩子的妈妈眼中，情况是这样。于是，这位苦苦等待的妈妈对此表达了看法，带着些许不满。而前一位妈妈则回敬了几句毫不客气的话语。后面的妈妈遂推了前面的妈妈一把，前面的妈妈则反推后面的妈妈，最后双方干脆挥起老拳。混乱局面很快演变为三场不同的厮打，并最终蔓延为一场大乱斗。只有少数几位家长作壁上观——其中有三位还掏出了手机，摄录下了整个过程。

　　一位身材美妙、紧挽发髻的妙龄妈妈冲入战团，但却被另一位一袭白裙的妈妈一把拽住。发髻妈妈金蝉脱壳，挣脱开去。白裙妈妈手里只剩下了一件空落落的粉红色冲锋衣，而这个时候，发髻妈妈已经和恰巧正在周围推来搡去的条纹衫妈妈缠在一起。录像中扇巴掌、打闷拳的声音不绝于耳，掺杂着作为背景音的孩子尖叫声。

　　就在发髻妈妈和条纹衫妈妈在地板上厮打得不可开交之际，一位长腿妈妈从打成一团的人群中挤出来,冲向另一位旁观者。就在这个当口,从这位马上就将沦为受害人的旁观者身后,突然冲出一个小孩子,头上原本溜光水滑的马尾辫,现在已是蓬散凌乱。此时,条纹衫妈妈也从地上爬起身来,向另外一位受害人扑去。一位年长的女性,可能是某位孩子的祖母,在混乱中被推倒在地,头部磕在了书架上。两位试图过来帮助这位老妇人的妈妈,又开始互殴。缠斗从教室渐渐推移至学校大堂,并在越来越多旁观者摄录视频的同时,持续上演。

有人报了警。几位家长因为涉嫌"攻击罪"* 遭到逮捕。后来警方确认,在混乱中,有钱包及其他财物被盗,初步推断应当是当时参与争斗者所为。该小学因此取消了这一学年随后所有涉及学生家长参加的校方活动。

这场乱斗发生在每天过着普通日子的普通人之间——很明显,是一群深爱自己学龄前宝宝的慈母,而不是某些满怀恶意的麻烦制造者或者奇怪的罪犯。这说明,只需要稍微揭开普通人彬彬有礼的面纱,就可能会暴露隐藏其下的自私、卑鄙乃至攻击性。或许这种不文明的属性会静静等待,在人们每天因无数鸡毛蒜皮小事经历微不足道的挫折时,突然爆发为某种粗野甚至更可怕的怒火。毕业典礼上出现更出格的有辱斯文现象,亦不罕见。对此,可以参考在这个国家的另一端,身处不同场景下的另外一群人。

一个朋友间自发组建的棒球联盟,在收取象征性费用之后,为他们的学龄前子女组织包括十场正式棒球比赛在内的完整赛季,并给每

---

* 加州刑法中的"攻击罪"(Assault),规定相对复杂,单纯的攻击罪,一般包括如下几个要素:被告人对他人实施了本质上会直接或很可能造成外力影响的行为;被告人有意实施上述行为;被告人这样做的时候,认识到了一个理性人将认识到其所实施的行为本质上或很有可能给他人造成外力影响;被告人在行为时,有对他人施加外力的行为能力。参见 Pen. Code, §220。

个孩子提供一套棒球服、一张球队合影,缴费者同时还有权参与赛季开始时的年度巡游。每一年,都会有新的适龄儿童加入进来,得以首次体验一回有组织的体育运动。

8月的某个夜晚,佛罗里达迎来了绝佳的夏日天气。当天早些时候,气温曾一度飙至91华氏度*,但一场冷雨,将夜间的温度浇到了令人倍感舒适的状态。当晚的比赛,在"洋基队"和"猛虎队"**之间展开,当然,球员都是来自学前班及幼儿园的男孩。至于教练,则是由将业余时间奉献给孩子的父亲们担任。时值夏末,"劳工节"***周末长假也已开始,到场观战的家长不在少数。赛季进行到此,参赛的男孩子们多少都已经积攒了若干比赛经验,比赛的精彩程度可想而知。

比赛进入第六局时,裁判吹了一个犯规,某位爸爸教练对此判罚十分不满。口角由此爆发。争执很快在两队的家长之间蔓延开来。双方的脾气和嗓门都越来越大。瞬间,彼此间的喊叫演变为互殴,很快,球场边就变得空无一人,二十个人——大部分都是家长——纷纷涌入球场。年仅四五岁的孩子们目瞪口呆地看着父亲们挥拳相向,互相猛击,直到一方被打倒在地。裁判则抽身出来,任由混战继续。

有人报了警。警方制止了殴斗,逐一登记参与斗殴者姓名后,为他们及旁观者录了口供。第二天,仍有很多人需要继续配合警方的此项工作。两队教练皆遭停职,根据最新报道,警方尚未决定是否以及以何罪名起诉这群参与殴斗者。

加利福尼亚与佛罗里达。妈妈与爸爸。似乎,现在的普通人会因

---

* 约为32摄氏度。
** "洋基队"(the Yankees)和"猛虎队"(the Tigers)都是美国职业棒球强队,家长给自己孩子的球队取此名字,一方面固然是在寄托希望,另一方面也有搞笑的成分。
*** 美国的"劳工节"(Labor Day)为每年9月份的第一个星期一。

为某些微不足道的小失望或小挫折而行为失范——即便是在大庭广众,甚至是在自己孩子的面前。

　　大众认知中存在一种观点,主张人性本恶,认为政府和法律实质上体现着人类自我救赎的特征。身为美国建国元勋,詹姆斯·麦迪逊(James Madison)对此曾这样表述:"但是,政府本身若不是对人性的最大耻辱,又是什么呢?如果人都是天使,就不需要任何政府了。"[1]

　　想想《疯狂的麦克斯2:公路勇士》(The Road Warrior)中攻击梅尔·吉布森(Mel Gibson),《艾利之书》(The Book of Eli)中攻击丹泽尔·华盛顿(Denzel Washington),或者《未来水世界》(Waterworld)中攻击凯文·科斯特纳(Kevin Costner)的末日匪帮。这些都折射着几个世纪以来对于人性本质状态的普遍看法。哲学家托马斯·霍布斯(Thomas Hobbes)在其1651年出版的经典著作《利维坦》(Leviathan)中指出,如果没有政府法律施加的限制性影响,就将出现"每一个人对每一个人交战的状况"(Every Man is Enemy to Every Man)[2]。无涉对错,只论强弱。唯有政府及其制定的法律——"利维坦"——才能防止人类陷入自相残杀的悲惨境地。[3]"世界之所以要有法律,不是为了别的,只是要以一种方式限制个人的天赋自由,使他们不互相伤害,而是互相协助,并联合起来防御共同敌人。"[4]这样一来,政府法律就成为所有社会秩序的发端。

　　我们当中的大多数人在日常生活中很少与警察打交道,但我们的行为,自觉或不自觉,都受到只消拨通911就可启动刑事司法机器这个认知的深刻影响。我们甚至可能压根儿没想过存在拨打这个报警电话的可能性。政府、法律、法院、警察的存在,为大多数人编织出一个可以在某种程度上享受安全的"茧"。我们大多数时候奉公守法,而生活则如常继续。刑事司法这只无形的大手,让我们免受外来捕食者,或隐藏在我们当中披着羊皮的狼的觊觎。

这种坚持人性本恶,只有政府能够拯救我们的观点,存在难解之处。如果这种看法的确成立,那么作为一个物种,人类恐怕几百万年前就已灭绝。125000个世代之前,生活在塞伦盖蒂平原*的人类先祖,四周环伺着更强壮、更迅猛、更庞大的劲敌。然而,本来算是天敌口中之食的人类,却进化为这个星球上最为成功的物种。而这一切,都是在没有政府法律助力的情况下实现的。

人类取得成功这一奇迹,并非霍布斯笔下人类自相残杀倾向的产物,与此恰恰相反,反而是人类本性,即与他人通过合作,形成一个紧密团体的倾向之结果(人类有幸进化出通过语言交流的能力,使之成为可能)。在并无任何政府管束的早期人类所认知的外部世界中,根本不存在什么"利维坦"的概念。相反,人类相互合作的本性,足以在不借助政府法律的情况下帮助人类取得成功。

然而,这绝对不意味着人类这个团体的成员之间,针对应然的行为方式与行为禁忌并未达成任何共识。我们知道,即使在没有政府法律助力的情况下,逐渐演变而来的社会规范,也足以有效导引人类行为。斯坦福大学法学院教授罗伯特·埃里克森(Robert Ellickson)针对加州沙斯塔县(Shasta County)农牧民所开展的著名实证研究揭示,即便针对通常应由法律解决的问题,该社群依然通过自身的社会安排,而非法律规则处理自身的生活。例如,当牲畜出逃造成财产损失时,对于应当由谁出钱修建防护栏,避免出逃牲畜在路上被撞等问题,他们提出了作为替代解决措施的社会规范。[5]

是否可以通过彼此合作的农场主,证明霍布斯的观点是错误的呢?这是否证明,人类根本无需法律即可达成社会合作?并不尽然。

---

* 塞伦盖蒂平原(the Serengeti Plain),被认为是古人类发源地之一,位于非洲东部、赤道以南。

第一章 人性

沙斯塔县农牧民之间的社会适应性（social accommodations），仅在既存法律框架下——如果你乐意，可以将其称为"911之茧"（the 911 Cocoon）——才得以成立。毫无疑问，如果需要，这些农牧民依然可以报警。他们知道只消打一个电话就可以获得帮助，显然彼此的社会安排提供了足够令人满意的空间。课间，如果负责监督操场秩序的老师在场，孩子们的玩耍会颇为得体；但如果无老师在场，情况则很有可能演变为《蝇王》（Lord of the Flies）中所描绘的悲惨状态。

　　如果要真正测试人类是否需要法律，就必须把沙斯塔县农牧民都空投到一座面积广大、渺无人烟的孤岛之上。在缺乏包括警方、法院及监狱等执法机构在内的刑事司法体制的情况下，这些人是否还会表现出同等程度的社会合作姿态？在缺乏外部制约的情况下，是否会出现恃强凌弱的情况？当然，想找到希望参与这项实验的志愿者，将十分困难。这里暂且不讨论看似符合要求的诸多电视真人秀节目。除了显而易见的样本干扰——什么样的志愿者愿意以这种古怪的方式暴露在正义的视野之中？这一机制中还存在包括制片人、商业赞助商、美国联邦通信委员会（FCC）等"操场监督员"，所有这些人都时刻密切关注事态进展，以免玩儿过界。

　　我们是否真的如霍布斯所推定的那样，注定需要与政府法律共存？源自塞伦盖蒂平原早期人类且日后不断彰显的合作本质，是否将会导致政府与法律变得无关紧要？实际上，法律必要论的质疑者很可能会进一步指出，对于社会组织及社会福祉而言，政府法律不仅无关紧要，而且势必造成伤害，绝对不值得大肆迎合或尊崇。相反，对其只能有限容忍、持续详查。政府法律，或许可以在某些方面对这个社会有所助益，但也将在其他方面使我们深受其害。

　　或许可以用毕业殴斗与球场混战的例子来实际说明怀疑论者的

观点。如果仅仅依靠政府法律,而非标志早期人类合作的独立性与责任分担,如此微不足道的挑衅绝不至于引发如此大规模的争端。显然,当年生活在塞伦盖蒂平原的人们才不会干这种蠢事,否则,他们根本无法持续太久。

政府法律的出现,是否真正帮助人类实现了自我救赎,或者是在人们之间设置了隔阂,楔入了自私,使得人与人的合作渐行渐远?政府法律介入人类关系,打破直接独立性与个人责任的既有联结,是否让人类变得不再有兴趣与他人合作,不再需要养成与他人合作的习惯?

显然,政府法律的存在,并未让我们这个社会变得更加快乐,更具合作性。美国有超过10万条刑事法律规范。每个州都制定了自己的刑事成文法,条文数量基本都在2000条左右。在此之上,还存在条文达5000条以上的联邦刑法,及成千上万涉及联邦刑事犯罪的行政规范(据估计,数量超过30万条)。因为立法机关酷爱通过与犯罪相关的立法规范,导致美国刑事成文法数量与日俱增。实际上,在某些州,还出现了变本加厉的趋势,每年都会有相当数量的刑事成文法获得立法通过。可以说,目前的美国人,堪称有史以来最受法律控制的一群人。[6]

然而,大肆刑事立法,根本无法根除犯罪,甚至无法将其限缩为一个小问题。美国每年发生约2300万起犯罪,其中约600万件属于暴力犯罪。而美国并非唯一尝到当代法律有效性相对有限这一苦果的国家。和美国情况同样糟糕的国家不在少数,更多国家的情况则更为恶劣。例如,美国的谋杀犯罪率为0.042‰,远低于世界大多数国家的平均水平,仅相当于世界总体谋杀率(约0.07‰)的60%。和美国的0.042‰相比,非洲的平均谋杀率为0.17‰,南美洲为0.2‰,中美洲甚至高达0.285‰。甚至在世界上很多低犯罪率地区,谋杀犯罪率的比例也处于相当高的水平:印度尼西亚为 0.081‰,俄罗斯为 0.102‰,朝鲜为 0.152‰,格陵兰岛为 0.192‰。实际上,很多国家的谋杀犯罪率甚至处于 0.3‰至 0.4‰之间。纪录保持者洪都拉斯的谋杀犯罪率高达 0.91‰。[7] 在此方面,很难认为政府法律取得了什么可供大肆炫耀的胜利。

如果能够珍视并发展像在塞伦盖蒂平原上出现的那种人类合作的本质,而不是试图清除霍布斯式人性中的恶质,政府法律是否能够发挥更好的作用?政府法律的根本目标应该为何:是限制、改良人性,还是以人性为基础对其发扬光大?答案在很大程度上取决于现在人类的共性是什么。或许不仅仅政府改变了我们的存在,我们在政府治理下的这种存在,很有可能也改变了我们的本性。或许,125000 个人类世代自塞伦盖蒂平原时代,就已开始改变——我们已经不再是之前的自己——而在这个过程中,或许,真的像霍布斯所希望的那样,政府法律开始变得必不可少。

提炼出这一根本问题——如果去除掉政府、法律的影响,当今人类的本质为何的答案,似乎成了几近无法完成的使命。在一个政府及法律主导如此之甚的世界,将其彻底袪除之后的生活,简直令人无法想象。沙斯塔县的农牧民显然不会自告奋勇地参与荒岛求生的实验。但幸运的是,某些历史事件及人类生活的不可预知性,为我们提供了一些可供窥视人类脱法生存状态的启发性案例。在我们这个世界以及人类的历史进程中,此类自然实验并不鲜见,虽然其中的大多数都不会有人愿意主动尝试,但这些事件的生还者却为我们讲述了极具信息量的故事。

一架坠毁在偏僻山区的飞机,一艘搁浅在遗世孤岛的船舶。如果看不到获救的希望,幸存者们将会如何对待彼此?如果这群人认为自己将会不日获救,显然算不得真正的考验。尽管身边没有警察,但人们依然会循规蹈矩，唯恐日后遭到法律的清算。只有当这些人感觉到永远不会再受到政府法律的控制，或者情况已经发展到让人无法再关注这种可能性的地步，才算得上真正的考验。一旦发现不再需要继续受法律的束缚，这些离群索居者会如何对待彼此？出于习惯或行为定式，这些人或许会在最初依法行事。但当这些习惯被每天都需要面对的生存危机——就好像生活在塞伦盖蒂平原的原始人所面临的那样——消磨殆尽时，将会发生什么？强者是否会以牺牲弱者的方式，争取自己生存机会的最大化？

除了坠机、沉船之外，类似的脱法生存现象还在诸多场景中得以上演。某些人群，例如十九世纪中期被强制放逐的麻风病人，可能会被迫永久与世隔绝。某些人群，可能会像十八世纪初的逃亡黑奴或海盗群体那样，选择自我隔绝。这些群体的成员，都不认为自己需要继续接受政府法律的管制。实际上，就好像二十世纪七十年代美国嬉皮士所建立的无政府聚落那样，在很多群体看来，缺乏政府法律，恰恰才是最大的诱惑所在。

一个人，其实不需要与世隔绝或离群索居才能身处脱法环境。战俘营或集中营中关押的囚犯与看守之间的交往行为受到严格管制，但另一方面，看守对囚犯之间的互动行为漠不关心。那么，这群囚犯该如何彼此相处？或者在被占领区，占领者一方面严格禁止当地的任何警察活动，同时又根本不关注被占领区居民的所作所为，在这种情况下，居民们会何去何从？如果政府法律是社会秩序的发端或源泉，在其缺位的情况下，是否一定会导致混乱状态，出现"每一个人对每一个人交战的状况"？或者政府法律的突然缺位将会导致人们必须相互依赖、共度时艰，从而回归到自然的合作本性？或者会产生上述各种情况杂糅共存的某种状态？

本书后续各章探讨了一系列法外生存的自然实验及其结果。虽然情况迥异,但从中却可以发现某种令人吃惊的共性。铁丝网内的囚徒、坠机幸存者、淘金者、因纽特人、麻风病患、嬉皮士,以及很多其他类型的人群,皆展现出某种共通的倾向。结果证明,我们既非霍布斯笔下的自私恶魔,也非无私天使。史实更为精彩,从中可以觅得现今该如何适用刑法的经验教训。

---

[1] Madison, *The Federalist*, 319.

[2] Hobbes, *Leviathan*, chapter 13.

[3] "因为人们的状况(正像上一章所讲的一样),是每一个人对每一个人交战的状况;在这种状况下,人人都受自己的理性控制。凡是他所能利用的东西,没有一种不能帮助他抵抗敌人、保全生命。"Hobbes, *Leviathan*, 86-87.

[4] Hobbes, *Leviathan*, 178.

[5] "Hobbes is off the mark." Ellickson, *Order without Law*, 10.

[6] Robinson et al., "Report on Offense Grading in New Jersey"; John S. Baker, "Revisiting the Explosive Growth of Federal Crimes," The Heritage Foundation, June 16, 2008, http://www.heritage.org/research/reports/2008/06/revisiting-the-explosive-growth-of-federal-crimes; John C. Coffee, "Does 'Unlawful' Mean 'Criminal'?"193, 216.

[7] Jennifer L. Truman and Michael Planty, "Criminal Victimization, 2011," U.S. Department of Justice, 2011, http://bjs.ojp.usdoj.gov/content/pub/pdf/cv11.pdf, 1, highlights; "Global Study on Homicide 2013: Trends, Contexts, Data," United Nations Office on Drugs and Crimes 2013, ed. Enrico Bisogno et al., www.unodc.org/documents/gsh/pdfs/2014_global_homicide_book_web.pdf.

第二章 合 作

麻风病人与海盗

如果无需任何代价,合作当然再简单不过。大多数时候,我们对待他人彬彬有礼、真挚诚恳。只需稍微付出,即可乐享他人的以礼相待。某些时候,我们的确会对别人鼎力相助,甚至可能为了替朋友看孩子,推掉事先计划好的外出游玩,但这样做,自有道理。这种付出,不仅可以在未来换回对方所提供的某种方便,更关乎友谊的美好体验。更有甚者,某些人对别人提供慷慨捐助——例如很多成功的企业家动辄向自己的母校捐赠数以百万计的美金——只希望能够以此博得他人崇拜的眼神以及乐善好施的快感。当然,此举丝毫不会影响到捐赠者的奢华生活。对其而言,这样做的成本,微乎其微到抽象的程度。

如果需要减寿才能换取他人的长命,你是否还会如此慷慨?你是否会为拯救众生而将自己的生命置之度外?当然,我们身边并不缺乏此类杰出代表,其中最被津津乐道的莫过于警察与消防员。但即便是警察,年均殉职概率也仅为 0.186‰,即便以其就职二十年计算,因公殉职的概率也不过 3.72‰,还不到清洁工因公死亡率的一半(消防员因公死亡的概率也略低于普通死亡率,仅略微高于收银员的因公死亡率)。[1]

假设死亡的危险迫在眉睫且概率极高,如果既可以选择吃掉仅存的一丁点儿食物以增加自身的生存概率,亦可以将其让给病入膏肓者供其延长寿命,你会怎么做?假设根本没办法想象还可以重返文明世界,作为英雄跨街巡游,如果与亟待救助者素昧平生,而非亲朋好友,你会怎么做?假设身处绝对的自然状态,无需担心法律或社会的期待,你又会怎么做?当然,我们都知道,你一定会选择做一位大英雄。那么普通人呢?这里说的不是电视上经常报道的那种"普通人",而是公交车上可能就坐在你对面的那位真正的普通人。现实点,他会怎么做?让我们来看一下十九世纪六十年代发生在夏威夷的这一幕场景。

当时,夏威夷存在麻风病问题。在当地人看来,麻风病足以致命,且极易传染(这种看法现在看来是错误的)。当地居民及商团产生了警觉,他们开始要求当局采取措施,帮助其免受这一日益迫近的侵害。在卡美哈梅哈五世*的敦促下,夏威夷王国立法院制订了解决方案:国家出面购买偏远的莫洛凯岛(Molokai)上大部分土地,然后将所有麻风病人都运送至此。[2]

1866年1月6日清晨,渡轮"华威号"(Warwick)抵达莫洛凯岛北部滩头。冒着瓢泼大雨,顶着汹涌巨浪,这艘船将承载的"货物"——遭到强制流放的十六位麻风病人——卸载于海滩之上。一名骑马官员前行带路,这群人沿着崎岖的山路鱼贯跋涉。过去的二十四小时,他们几乎未曾合眼,接近一天的航行途中,每个人也只分得了一丁点儿面包作为口粮。

攀到半途,在悬崖绝壁阴面的一处小山谷中,他们与其间散落的几座废弃茅屋不期而遇。因为几乎从不见天日,加上连日阴雨,这里难得找到一寸干爽之地。茅屋潮湿霉烂,周围荒弃的芋头地、红薯田也是如此。但这些人早已筋疲力尽,一进入这些茅屋,纷纷倒头便睡。

---

* 卡美哈梅哈五世(Kamehameha V,1830—1872年),夏威夷王国第五代国王,1863年至1872年在位。

就在他们熟睡之时,带路的官员不辞而别,并未告诉这些人自己什么时候,或者是否还会回来,只给每个人留下了一床毯子及些许农具。但这些人当中没有一个人是农民。连饮用水,都只能到一英里之外的山涧中才能汲取。至于柴火,则需要沿着崎岖的山路折回到海岸线才能觅得。对于麻风病来说,潮湿阴冷的环境,堪称"绝配"。

13

图 1 莫洛凯岛上的麻风病男孩,十九世纪九十年代。[美国国家公园管理局(National Park Service)慷慨提供]

次日清晨,这群麻风病人醒来时,发现自己已被抛弃,他们又冷又饿又渴。在十六人当中,有两人病情危重,急需密切关注、悉心照料。当时,只有四人身体强健。其余病人的状态,则处于二者之间(因为长时间处于潮湿的环境,后来又有三个人病情加重并最终致残)。食品——腌猪肉和硬面包——勉强能够维持两三天。如果这些食物只供身体状况尚可的人吃,可以支撑数周的时间——或许足够这些人找到更多的食物，同时开始自己种植农作物。照顾病重的陌生人，不仅意味着需要分享有限的食物，更会消耗维持自身健康所必需的时间与精力。

在这种情况下，能够期待这些身体条件尚可的麻风病人做些什么？那些公共汽车上坐在你对面的人会如何行事？他们会为了自己求生而将属于病人的食物据为己有，还是对其弃之不顾？身体条件尚可的麻风病人具有寻求自保的强烈动因。帮助病重者毫无回报可言。因为麻风病的关系，这些病人的手指、脚趾早已烂掉，显然无法马上帮助自己种植作物，相反，将会愈发成为累赘。同时，病重者尽是些陌生人，与身体条件尚可的麻风病人并不存在亲情或友情的羁绊。这个群体中的大多数人，都是在被赶上同一艘船的前一天才首次相见。

或许有人认为，相同的疾患，可能为这些麻风病人提供团结一致的机会，但这种想法值得推敲。当时的人们相信，麻风病会传染，且相当致命。因为这种疾患的本质，使得感染者希望能够与人隔绝，保持距离。病人的生活，也因为这种疾患而变得苦不堪言，充斥着厌恶与排斥。他们的政府，已经从法律上宣告了这些人的"死亡"。他们只不过是法律意义上的僵尸而已，婚姻被判失效，财产被判继承。认为这些遭到错误对待的魂灵还有什么希望，或者还期待从团体合作中获得什么好处的看法，显然超越了理性计算或日常生活经验的范畴。

两周后，"华威号"重返莫洛凯岛。官方又送来了另外一批遭到流放的麻风病人。但两周前在睡梦中被遗弃在岛上的那群人，并未在一觉醒来后上演霍布斯笔下"每一个人对每一个人交战的状况"，而是有组织地进行分工。其中两位最强健的麻风病人承担起照顾卧床不起的残疾病友的重任。一些人需要白天从海滩上拖拽回柴火，从山涧中汲取饮用水。剩下的人负责采集食物，制作饭食。他们还在树林中发现了香蕉树及橘子树。为了祛除对于麻风病而言相当致命的湿瘴阴冷，必须二十四小时不间断燃起篝火。茅屋得到修缮，终于可以为这群麻风病人提供一片干爽的天地。他们从田间腐烂的庄稼里，积少成多，一点点筛检出可供存储的食物。已经堆攒起一堆柴火，储水、取水系统初见雏形。尽管手工劳作颇为艰困，但他们还是种得了几垄红薯。

如果没有足够的食物、水或宜居的住所，这些奄奄一息的被流放者注定命不久矣。然而，最初抵达的这批人却都还活着，并且情况有越来越好的趋势。其中原委究竟为何？如果让身体状况尚可的麻风病人作出最为理性的选择，以迎接即将到来的挑战，目前的情况显然绝非此种理性选择的结果。然而，似乎这些人，或其他身体状况较差的麻风病人，都未进行过什么理性的算计。身处绝境的他们，随着不幸程度不断升级，似乎完全是在依靠直觉行事。

或许有人会认为，麻风病人的事例太过独特，有违常理，他们所作出的反应纯属巧合。其实情况并非如此。如果考察另外一个被迫作出类似艰难决断的人类群体，就会发现与此如出一辙的反应。当然，合作也可能脱序，但在大多数人类互动情境下，合作都会反复出现，这一点，在世界不同地区的很多人身上，在人类历史上发生的很多事件当中，均得到了印证。

1972 年 10 月，一架从乌拉圭飞往智利的飞机在安第斯山脉坠毁。缺衣少食的空难幸存者被困在海拔 12000 英尺的雪山之上，甚至都无法确定自己身处何处。[3] 从残骸中爬出来的幸存者，穿着常服，便开始着手解救依然被困在残骸内的其他幸存者。在经历最初短暂的混乱之后，幸存者自发结成不同任务组。医疗组负责照顾伤员，另外一组将飞机残骸改造为避难所，第三组则负责化雪融水，并收集其他可用的飞机残骸碎片。

第二章　合作

食物极为匮乏。根据建立起来的食品分配机制,午餐为几口红酒、一点火腿,晚餐则是一小块巧克力。除了有劳动能力的人之外,每个能够进食的人都可以获得食物。因伤无法自主进食的人,则由他人喂饲。他们还向丧失意识的伤者嘴里滴入饮用水。为伤者搭建了吊床,从而让其更为舒适。因为飞机残骸内部冷热不均,为此还设立了夜间住宿位置的轮换制度。

这样在山上坚持数周后,所有人的健康状况都因为饥饿而每况愈下。幸存者开始争论是否需要分食坠机死难者的尸体充饥。一位男士提议吃掉飞行员,因为他才是坠机的罪魁祸首。每位幸存者都主动表示死后可以让别人吃掉自己的遗体。最终,大家达成一致意见,必须将手边坠机死难者的尸体用作食物。

食人,虽然让很多人的情感一时很难接受,但却让大家的身体状况得到明显改善。然而,雪上加霜,后来发生的一场雪崩席卷整个地区,将飞机残骸以及很多幸存者掩埋在数英尺的雪下,同时也将部分幸存者冲到外面。外面的人像疯了一样向下挖掘,试图将被困雪下的同伴解救出来。获救的幸存者反过来又加入到解救其他被掩埋者的行动当中。尽管竭尽全力,仍有数人罹难。

只有十九人侥幸逃生,而他们处境之险恶,尤劣于从前。雪崩将坠机时就丧生的死难者遗体冲涤一空,现在,剩下的食物,只有刚刚罹难但之前已十分熟识的空难幸存者遗体。更为重要的是,现在可以明确,不会有人前来救援。当局可能前来搜索的时间窗口早已关闭(飞机下降阶段完全偏离了既定航线,搜救者误认为飞机触地时已经解体,或者已经被深埋雪下,机上人员无一生还)。似乎没有人(当然不包括这些忍饥挨饿、身无长物的幸存者),可以徒步从这片白雪覆盖的崇山峻岭逃出生天。

无论成功的概率如何渺茫,不尝试肯定死路一条。大家一致同意,由五位身体条件最好的幸存者组成远征队,养精蓄锐,准备外出求援。远征队成员分到了更大份额的食物,得到了最佳的就寝位置,无需从事一切劳作杂役。有两位远征队员谢绝了上述优待。

11月17日,五名远征队员出发,首要目标便是找到失事飞机的机尾部分,这里可能会遗留下某些重要的补给品,一旦成功,将会让自己在往据信是智利方向的远征途中有所为继。他们果然找到了机尾部分,并在那里发现了香烟、巧克力,以及某些额外的食品,可以用来编制睡袋的细绳,至为重要的是,他们发现了可用于收发报机的电池。满怀用无线电呼救的希望,远征队员折返回来。但是,等他们回到飞机残骸后才发现,收发报机根本没有办法再次工作,大家重新陷入绝望当中。

新近发现的食物只维持了很短一段时间便告罄。可供食用的尸体也所剩无几。又有三人相继离世,再次尝试远征求救变得愈发迫在

图2　安第斯山坠机事件的幸存者,1972年。(南度·帕拉多慷慨提供)

眉睫。11月末12月初,第一批远征队员中的四人再次出发,但很快就因为无法忍受的寒冷与艰苦,无功而返。随后,又有两人在没有地图指引、缺乏足够御寒衣物和攀降绳索的情况下,再次出发。随着最后这两位远征者可能存活的大限已到,留守的幸存者们不得不面临一旦残尸被吃光,自己或许也将横尸雪山的残酷现实。

此刻,或许之前的很长一段时间,这群幸存者就已处于全然脱法的状态。对于法律可能存在的最后一丝忌惮,恐怕早就被每天的食人行为践踏殆尽;实际上,法律或许已经变得与其无关。当然,他们现在必须直面死神,在这种情况下,即使依然保有法律意识,法律也不具任何约束力。换句话说,法律没有办法解释为什么身体健康、毫发无损的幸存者,没有以牺牲伤弱病残者为代价换取自己的利益。如何解释幸存者之间的这种合作行为?现在,在所有人都将很快命丧雪山的事实面前,还应期待他们如何行事?

根据托马斯·霍布斯的悲观论点——无法无天,就将出现"每一个人对每一个人交战的状况"——强者将毫不迟疑地杀死其他人以求自保,哪怕仅仅得以暂时苟延残喘,正如船难后的落水男子会本能地将老妇人从救生梯上扯下来以避免自己被淹死。[4]霍布斯式的坏人显然不会惜伤怜弱。实际上,这样做只会增加嗷嗷待哺的人数,减少可供分食的尸体数量。持类似悲观态度的,绝不止霍布斯一人。尼采(Friedrich Nietzsche)曾谈到,"人类天生的'强力意志'(Will to Power)需要通过奴役和剥削得以释放"。人虽然可以教化,但正如梭罗(Henry David Thoreau)所言,"人类内心的野蛮从未彻底根除"[5]。

实际上,这也是大多数人对于他人行为的思考方式。社会心理学研究告诉我们,大多数人认为,他人,特别是陌生人,将会主要围绕自身利益行事。[6]一派研究者认定:"只有少部分美国公众坚信人类具备同情之心,绝大多数人则认为人类自私自利。"⁷当研究者询问受访者"总体上,你认为我国国民是真心关注他人疾苦所需,还是更在乎自身的行为及利益"时,其中只有约四分之一的受访者肯定人类关注他人,超过三分之二的受访者认为人类只关心自身权益。

在类似安第斯山坠机事件这种几近绝望的情况下,自私倾向的出现自然符合预期。在物质极大丰富,至少供应充足的情况下,与他人分享绝非难事。但如果帮助他人注定加速自己灭亡,利他的可能性就将显著降低。但安第斯山坠机事件中的情况却恰恰相反,不仅是在坠机之后,甚至在情况已经明显走入绝境的情况下,亦是如此。虽然生还概率日趋渺茫,强者依然没有牺牲弱者,反而在牺牲自己的情况下对其呵护有加。

为什么幸存者会选择如此有悖个人利益的行为方式?起作用的,一定不是法律。他们当时所处的那个"世界",与法律无缘。一定是他们人性当中的某些特质在发挥作用。

身体强壮的幸存者一直在雪山之上照顾弱者。结局出人意料,之前的远征队并未像大家所合理预期的那样灰飞烟灭。他们的征程,本身就演变为异常惊心动魄的传奇,经历了九九八十一难(见余言)。但两名远征队员其中之一,南度·帕拉多,却始终不抛弃、不放弃,相反,体现出远超常人理解范围的坚韧。在经历十一天马不停蹄的跋涉之后,他终于带着另外一名远征队员走出群山,其间,后者曾反复哀求帕拉多将自己丢下,任其自生自灭。

帕拉多乘坐直升机,带领救援队返回坠机现场,总共救出了十六名幸存者。十三天前帕拉多出发求援时活着的人都还健在,这需要感谢同伴之间给予彼此的悉心照料。结果,所有历经坠机、雪崩大难不死的幸存者,都最终获救。颇具戏剧性的是,帕拉多反倒是坠机事件中受伤最重的幸存者。他多处骨折,并曾一度丧失意识。即便大家都认为帕拉多行将就木,但只要他还喘气,其他幸存者就坚持为其补充水分。最终,帕拉多恢复了神志,并在照料下逐渐康复,最终成为挽救大家于水火的恩主。

南度·帕拉多的例子,极好地说明了超越个人自私属性的社会合作本能所具有的长远价值。所有幸存者做梦都想不到,自己照顾神志不清的帕拉多,其实是在自救。尽管这可能超越了个人的视界,但从宏观而言,在人类漫长的发展历程中,相互合作的群组,总是比成员只顾自己的群组更具优势。

安第斯山坠机事件的幸存者,以及莫洛凯岛上麻风病人的故事,是否属于例外人群的特殊传说?当然不是。相同类型的社会合作范式,广泛存在于霍布斯所言的"自然状态"(State of Nature),而非专属于偏居一隅的离群索居者。加州淘金潮期间的矿工营地,实属法外之地,且人员流动性极大,如果矿脉断绝,整个营地可能会一夜之间消失得无影无踪。但在任何一个营地,淘金客都会形成一整套社会规范,这套强有力的执行机制,足以保证其在白日外出淘金期间,可以安心地将工具、饮食补给、沙金以及其他家当放置在营地,无需看管照料。[8]

第二次世界大战期间,党卫军追捕躲藏在华沙贫民区的犹太人时,这些逃难者只好躲藏在地下室里、阁楼上及夹墙后。一位女性这样形容当时的场景:

> 幽闭空间内愈发拥挤,空气窒息。黑暗中,寻找水龙头或想上厕所的人不是挤撞到他人,就是被旁边的人绊倒。争吵、口角不绝于耳,因为鸡毛蒜皮的小事就会爆发争端、侮辱及谩骂。人们因为缺乏新鲜空气及最基本的生活设施而感到筋疲力尽,同时还备受无尽的恐惧与不确定性折磨,已经开始不能自持。密室变

成了真正的修罗场……然而,就在这种煎熬当中,同仇敌忾之感逐渐萌发,人们开始相互理解、相互同情。不再需要当头棒喝才能让大家安静下来从而免得党卫军循声觅来,无需等待即可呼得左右来援。人们互助,甚至连最后的一丁点儿药品也拿出来分享,根本不会在乎亲疏远近、贵贱贫富。大家之间的差异性荡然无存,彼此共同的悲惨命运将所有人凝聚为一个大家庭。[9]

第二次世界大战结束时,面对苏联红军的不断推进,柏林的普通市民被禁止逃离这座城市。连天的炮火下,进退维谷的成千上万柏林人饥寒交迫,同时,他们也明白,领导人早已或死或逃。然而,即便在这种绝望且混乱的局势下,柏林市民也未变成霍布斯理论中的"恶人",相反,他们在遵守社会规范方面彼此帮衬,维持了当地的社会秩序。苏联人投掷的炸弹在四周炸响之时,很显然,一切当局威权皆已灰飞烟灭,但是,强者依然与弱者排成长队耐心等待。在被炮火夷为平地的废墟中,一位排队等待食物的女记者,这样谈及自己在附近的一个地下室中所过的生活:

> 我们已经没人管了。但即便如此,你看无论哪里,在任何一个地下掩体,一定都已形成了某种秩序。当住宅被炮火命中后,我亲眼目睹,哪怕身体受到伤害,哪怕精神受到打击,哪怕曾被掩埋在瓦砾之中,所有人依然可以有序撤离。在我所生活的那个地下室,秩序的力量依旧压倒一切,占主导地位的依旧是规范、组织、合作理念。这是我们的天性。人类的这种行为方式,一定可以追溯至石器时代。这应该属于物种自保的族群本能。[10]

作为爱放马后炮的事后诸葛亮,我们经常会放言,从长远角度来看,团队合作行为对其更为有利,但对身处困境的个体而言,能够有此智慧并愿意予以践行的现实性又有多大?特别是这样做经常意味着需要个人马上为此付出代价。合作,似乎充其量只能算得上某种缺乏合理性的风险,要求用当下的现实牺牲,换取未来的长期收益。但实际上,更有可能的情况是,此类算计根本就未曾发生过。无论是踏足莫洛凯岛,从安第斯山坠机事件中全身而退,抑或是藏匿于华沙贫民区的地下室——或许没有什么人会进行推理。他们都只是对迫在眉睫的危险本能地作出反应。然而,尽管也会感到震惊,会深陷恐惧,但本能使然,人们通常会选择合作。

这种倾向合作的天性,明显属于人类的先天禀赋,不仅可以通过逸事奇闻加以说明,更可见于大量的可控实证研究之中。人们或许会将他人的行为动机理解为谋取私利,但研究显示,这种对他人行为的认知"过高估计了自私的力量"。尽管人们都将他人视为彻头彻尾的自私自利者——这本来也应该是每个人的行为动因——但事实上,并非所有人都会选择这种行为方式。[11]

例如,可参考所谓"公共产品"(Public Goods)的实证研究。每位参与者都可以分得特定数量的金钱。可以选择自用,或者交给公共资金池。投入到公共资金池的资金增值部分(类似于孳息),将会在所有参与者之间进行平均分配,并不考虑其是否将资金投入公共资金池。因此,似乎可以推测,一位理性的行为人,为了自己的利益,将会选择自己留着全部资金,不向公共资金池提供一分钱,同时还能享受到公共资金池对于所有测试参与者的分红。

然而,在这个受控实验中,参与者通常都会向公共资金池提供资金,进而增加了整体福祉。事实上,即使明知其他人可能不会提供资金,但投入到公共资金池的资金,仍平均占到每人分得资金的60%。[12]这表明,即使明知可能会让自己受损,人们通常依然会选择进行合作。

如上述社会科学研究所阐明的那样,人性远不止于利己。但就像在莫洛凯岛、安第斯山,以及躲避党卫军搜捕的主人公那样,人们或许会以牺牲自己为代价,从事对于群体有益的合作行为,即便合作对象根本就是陌生人,即便与该人再次合作的机会根本就是零。哪怕这些人毫无可能因此获得报答,无法期待获得提高社会地位或声望等个人利益,哪怕存在诱发利己行为的强有力动因,情况亦是如此。

　　是什么赋予合作倾向的普适性?人们之所以合作,显然并非政府法律强制使然,也非经过算计后认为这样做对自己有利。相反,合作似乎是所有人的缺省设置。人当然会偏离合作的轨道——研究显示,对于那些吝于回报的人,没人会甘当"凯子"——但无论如何,合作都似乎算得上人性的第一反应。为什么会是这样?

　　还是回头想想在塞伦盖蒂平原上生活的那群早期人类。千百年来,他们一直都是被捕食的猎物。人类的天敌中既有短面鬣狗、硕鬣狗(the Pachycrocuta)、呲着十二英寸獠牙的剑齿虎和大鳄鱼,在澳大利亚,甚至还存在拥有六英寸巨齿的大型食肉袋鼠。[13]即使手握工具乃至武器,单枪匹马面对这些凶猛的捕食者时,人类依然明显身处下风。与此同时,其他人——特别是身体粗壮的类型——却可能成为捕食者,而非沦为猎物。同样,和形单影只的个体所面对的致命性困局相比,群体生活的人类在遭遇诸如断臂、胃病等病痛的情况下,依然有机会康复存活。

　　在威胁存在的情况下,合作的好处显而易见,但危局之中,无法保证通过合作获益,这一点也变得更为显明。如果无法克服威胁——例如在与野兽的搏斗过程中落败——那么这种冒险就毫无回报可言。更有甚者,其他人也可能会这样盘算,并决定在危险迫近时不再火中取栗。这些人可能会表面上进行合作,但当饿虎杀到,立马丢下他人作鸟兽散。正如在"公共产品"实验中那些选择不向公共资金池注资而坐等分红的参与者一样,似乎最好就应作壁上观,静观其变。一个组别中此类"搭便车者"人数越多,压制危险失败的概率越大,那些冒险的人为此伤亡的可能性越高。而这显然会让整个团体的力量遭到削弱,甚至连那些"搭便车者"也肯定会作为一分子,在团体的削弱过程中受损。当面对亮着十二英寸獠牙的剑齿虎时,很难设想有人还会费心考虑这些遥遥无期的未来危险,最好的选择当然是溜之大吉,之后再去考虑大家的长期利益吧。

往往,最亟须合作之时,恰恰就是合作阻力最大之际。但从长远角度来看——类似于最长期的进化视角——在最危困的情况下,有合作倾向的人群的表现也往往优于缺乏合作倾向的人群。[14]如此一来,我们还会对十多万个人类世代的漫长进化过程中所适用的自然选择机制,更青睐具备天生合作倾向的人群——尽管在权衡利弊后认识到合作并非聪明之选,这些人却依然会选择这样做——感到奇怪吗?

维持有效合作的早期人类,即使面对逆境,也总能较之合作较少的同类获益更多,总能保持合作的优势。于是,积极合作的人群欣欣向荣,而合作消极的人群则被淘汰。最终,只有具备合作基因的人群得以幸存,而这一点可以用来解释为什么在理性计算的结果不合适的情况下,人类依然会展现出合作倾向。

霍布斯或许认为,政府法律才是社会秩序的根据,是法律"将人类从其自身拯救出来",但真相却是,在头脑中尚未出现任何政府法律意识之前,凭借自身的合作天性,人类就已拯救了自己这一种群。[15]最早出现的政府法律,即公元前3000年的古埃及法典,只不过是人类浩瀚发展进程中的一粒微尘。生活在塞伦盖蒂平原的早期人类除了自己别无他物:没有法律,没有政府,没有社会机构。但他们依然高度合作,正是这种特性,让他们在这个世界的物种进化过程中最为成功。

人类当然并非首个表现出合作倾向的物种。正如美国自然历史博物馆(American Museum of Natural History)馆长所作的结论:"现代人具有合作性,但如果不是因为早就存在这种生物基因,恐怕人类将永远不会如此——不仅原人,其他一系列人类先祖总体上都体现出某种程度的合作态势,并且随着进化愈发复杂化。"[16]因此,我们的合作本能,可以回溯的范围远远超过 125000 个人类世代。这种本能建立在亿万年来,很可能在人类出现之前,社会性动物的成功合作基础之上。

与基因类似的猿类相比,人类在发展早期,就已展现出强烈的合作意愿。这一点,甚至连对非家族成员、不太可能再次重逢的陌生人乃至其他动物皆展现出合作倾向的具备社会属性的大猩猩,都无法与其相提并论。在很多方面,合作都成为人类这个物种特有的进化之路的决定性特征。[17]

在描绘纳粹大屠杀惨烈现实的经典著作《幸存者》(The Survivor)一书中,特伦斯·德·普莱斯(Terrence Des Pres)以优美的笔触,这样描述人类的合作特质:

> 自然本身——我这里指的是生物体——具有预防解体、压制混乱的功能,这种功能无法通过政府控制,亦非理性贯彻"自然法则",而是借由漫长的危机过程中萌发的合作机制得以发挥作用,目的当然在于维持生命的社会基础。秩序,由此产生。这在生物学家看来,无疑是生命体最早出现、最为引人注目的事实特征。所有无机组织的共有特征之一,即在于其所具备的"熵"(Entropy)或者说其具有的分解特质。对于幸存者而言,这一点殊为重要。如无根野草般被裹挟进入到混乱之中,这些人必须无所不用其极才能求生,在这过程中,形成了一个较为人道、可以共赴危难的社群。经历最初的崩解后,这个社群就会进入后续的重新整合过程,这个过程通常因为人类需要时间适应而颇为耗时。但是,在某些特殊情况下,又可以在转瞬间完成。[18]

德·普莱斯详细叙述了在纳粹将犹太人大规模运往集中营的过程中,被塞进一辆闷罐车的九十六人是如何面对这一局面的。可以想象,其间发生了和安第斯山坠机事件幸存者及流放至莫洛凯岛的麻风病人之间类似的人类互动。引用《幸存者》中德·普莱斯的如下描述:

> 行为受过教养这层"面纱",平时或许可以维系得不错,但在此种压力面前,却显得不堪重荷。第一反应当然是恐惧、痛苦,随后便陷入一片混乱。但随着事态冷却,歇斯底里开始让位于现实主义,某种原始形态的秩序,至少是某种接受现实的态度,开始发挥作用。人们倾听"头脑冷静"者发表意见的机会终于到来。混乱中,大家进行了选举,在基本权责方面达成了共识,下定决心同舟共济。这一成就或许看起来很像是既往秩序的表征,但却足以确保闷罐车中的九十六人能够清醒地存活,免于沉沦苦海。
>
> 文明的解体与失序十分常见。之后,以一种悲伤但从未经历过的现实主义精神,"同坐一条船"的大家变得安静、亲近,最终平和地结成原始的社群组织。在这样或那样的例子当中,因缘际会简单结成的乌合之众,却揭示出某种既存意愿的内在结构,在特定外力作用下呈现出来的惊人可塑性,以及虽然不甚可行,但却赋予最荒谬、最绝望的人类行为以意义的计划。
>
> 秩序自然萌发,人们彼此之间"亲近互助"。此种模式在世界范围内的各类集中营中随处可见。[19]

倾向于团体合作乃是人之天性,这种天性即使在出人意料的情境,甚至在明显不符合主体性格的情况下,依然可以显现自身的威力。2005 年 8 月 29 日凌晨三点,就在卡特里娜飓风(Hurricane Katrina)杀入新奥尔良之前,该城的排水管道早已水满为患,而庞恰特雷恩湖(Lake Pontchartrain)也已漫堤。情况急剧恶化。清洁淡水告急,安全避难所短缺。官方号召大家在距离"超级穹顶"(the Superdome)体育场一英里之遥的莫里尔会议中心(the Morial Convention Center)集中,但这里的情况也好不到哪里去。死难者的遗体暴露在外,无人收殓。匪盗公然劫掠前来寻求避难的灾民。缺粮断水。[20]

和平时扮演的角色不同,街头帮派反而开始维持秩序。组织严密的帮派在减少民众痛苦方面贡献颇多(当然,是在各个帮派谈判确定好会议中心内各自地盘之后)。就像"罗宾汉"一样,某人谈到,这些帮派分子在近乎绝望的人群中进行巡查,维持秩序。一位目击者这样回忆当时帮派的所作所为:

> 他们保境安民……这些家伙可是一帮犯罪分子。他们的确是。但不知道为什么他们聚在一起,弄清楚谁有枪,决议确保无人受到强奸……无人伤害婴儿(儿童)……正是这些人,为涉水而来的灾民提供衣衫。正是这些人,为老人煽风降温,因为这才是驱动这些家伙的原动力。[21]

再清楚不过,帮派分子有做坏事以及单纯谋取私利的黑历史,甚至是恶习。因此,他们没有利用当时受害人的易受侵害性大肆作恶、中饱私囊,反倒非常奇怪。但我们的确见证了这些人积极采取的合作行为。他们的脑袋里怎么会想这种事情?究竟发生了什么,促使这些人一改既有的行为范式,保护而不是鱼肉会议中心内栖身的难民?无论是何缘故,发挥作用的都绝非政府法律,而是人性本质。十八世纪的海盗,则为合作现象的复杂性及强度提供了更具说服力的范本。

1696年4月1日(愚人节)当天,巴哈马首府拿骚城(Nassau)总督,时刻都在期待法国舰队的到来,以期荡平占据该城的英国人。总督手里并不掌握足以驱赶英国人的军力。有信使赶到,但却并非总督翘首以盼的法国人。信中称,如果好心的总督允许其锚泊、船员登岸休整并保证卸货时间,这艘无名船舶的船长将承诺给予总督两倍年薪的答谢,同时还承诺为其提供一艘装备精良的战船以保卫港口。总督首肯。稍后不久,"幻想号"(Fancy)入港。船长亨利·埃弗里(Henry Avery)和其他几位水手在英国私掠船"查尔斯二世号"(Charles II)发动哗变,窃得该船后将其重新命名为"幻想号",计划为自己,而非为任何君主劫掠其他船舶。海盗时代由此诞生。[22]

这一创举激发了一波其他船员竞相效尤的浪潮,不断有其他船上的水手加入海盗行列。埃弗里领导的海盗队伍持续壮大,挥霍无度的生活方式让他和像他那样的海盗颇受当地居民欢迎(之后才出现与海盗所制造的恐怖行径相关的消息)。

1704年,法国与西班牙军队最终将拿骚变成一片火海,这座海港城市大部分毁于战乱,之后便遭废弃。本杰明·霍尼戈尔德(Benjamin Hornigold)带领一群水手抵达这里,将这座鬼城变成了海盗营生的大本营。港口近海是抵达南美、大安的列斯群岛(the Greater Antilles)及古巴等富庶之地的咽喉要道,拿骚城因此成为绝佳的封锁地。在修整好几艘大型划艇之后,这些人开始出海寻找猎物。

六个月后,满载而归的他们,劫掠的财物甚至比整个地区的总财富还要多。岛上居住的富人开始为销赃充当保护伞。随着其他海盗纷纷入伙,并将这里作为海盗事业的大本营,整个港口重新开始焕发生机。最终,这片海盗的殖民地繁华再现,以此为据点,海盗们发动攻击并屡有斩获。财富的聚集吸引了各行各业汇聚于此,以满足海盗阶层穷奢极欲的生活方式。

1716年,不同海盗之间合作,用缴获的舰船火炮,强化了港口的防卫,以防止被某国政府重新收复。虽然逐步在此站稳脚跟,并业已成为港口的主事者,但这些海盗却从未设立任何类型的港口管理部门,而是对彼此之间达成的概括性合作谅解感到满意。

和当下对海盗的浪漫认知相比,这群暴徒着实担得起更为恐怖的名声。"箍索"(Woolding)本来是指紧紧缠绕在桅杆之上以提高其抗折强度的绳索。后来,逐渐演变为一种常见的酷刑代名词。对人施以"箍索",意味着用绳索紧紧箍扎受刑人的头盖骨,并慢慢继续收紧。其强度足以引发人类无法忍受的痛苦,甚至会使得受刑人的眼球像水煮蛋一般凸出眼眶。臭名昭著的摩根船长(Captain Morgan)则青睐火刑,将受害人四仰八叉地固定住,然后在手指和脚趾之间点燃导火索。除此之外,比较常见的海盗酷刑,还包括"吊刑"(Strappadoed,即将受害人的手反绑于背后并吊起来,由其承担全部身体重量),将绳子系在受害人拇指上,将其吊起来,反复鞭打,任由其痛苦死去。一些落入海盗手里的囚犯被钉死在十字架上。还有至少一位男性受害人,被海盗用绳子套住生殖器后吊起来,最终,这个部位被生生从身体上撕裂开去。海盗船长巴沙洛缪·罗伯茨(Bartholomew Roberts)以冷血固执著称,曾因奴隶船主未按照要求支付赎金,便将船只和船上"货物"——整船奴隶——一把火化为灰烬。一旦占领他船,海盗通常就会大开杀戒,蹂躏女性乘客,对于不肯交出财物的人施以酷刑,最后将船员放逐荒岛自生自灭。如果袭击陆上目标,海盗通常会将整个城镇付之一炬,强掳富人、勒索赎金,将所有能带走的财物洗劫一空。

然而,在这个惊悚、怪异的海盗世界当中,却暗涌着彻底的民主主义思潮,其程度较之当下很多刚刚崭露头角的民主政府更甚。海盗的行为,严格遵从社会合作原则。海盗船上的各级头目通过选举产生,且可随时撤换(战斗状态时除外)。所有船员需要事先达成具备约束力的协议,内容涵盖劫掠战利品的分配,对于受伤海盗的补偿,对于犯规者的惩处,等等。如果海盗船长能力超群,享有对手下一视同仁的口碑,就很容易延揽到有能力的水手入伙。反之,如果无法做到一碗水端平,海盗船长就必须面对缺兵少将的困局。

29

图 3 描绘违反帮规的海盗走跳板的版画,1710 年。(国会图书馆图片及印刷品部,LC-USZ 62-63388)

这绝对不是说海盗对外残忍野蛮,对内江湖义气。违反帮规的海盗头目同样会被施以火刑,进退失据的船员也将面临严苛整肃,其残忍程度丝毫不逊于落入海盗手里的俘虏及囚徒所遭受的酷刑。通常,被惩戒的海盗船员身上都落下了永久的记号——去鼻割耳——从而让留有此类伤疤的人再无用武之地。

换句话说,海盗之间的社会合作行为,绝非灵光一闪、鬼使神差地采用某种语焉不详的人道主义共鸣的结果。相反,对其而言,即便并非源自某种内在的人类价值理念,却是一种平等评价所有成员的组织形式。

那么,海盗的例子无疑再次反驳了霍布斯理论将政府法律视为社会秩序来源的观点。社会合作,实乃人类天性使然。

海盗所适用的,当然也并非其早年间体会到的政府管制。恰恰相反,他们根本没有任何自治或民主体验,在船舶管理方面,更是如此。海盗船员面对的是专制暴虐的船长,以及等级森严的船舶管理体制。他们的这种民主,与其说是政府或者法律的结果,倒不如说是生活失去政府或法律控制的产物。对其而言,民主的含义并非当代评论家口中的所谓"政体形式",而是一种社会组织形式。如果不是人类团体的某种自然属性,如果不是习得自政治理论或政府范例,为什么海盗船能够像塞伦盖蒂平原那样,如此迅速而一致地实现上述民主化?

似乎也不太可能将海盗组织视为一种基于利己主义精心计算的产物。谁能想到实施民主化的海盗船可以捕获更多的战利品?如果是这样的话,海盗船主一定会想办法追求利益的最大化。更有可能的解释是,自行其是的海盗,基于人类天性的缺省状态,选择彼此合作。

不可否认,人类超越自身,寻求更大组织或团体认同感的倾向,引发了诸多悲惨后果。人类历史上基于宗教、国别、种族认同爆发的战争与冲突,比比皆是。但这种倾向同样可以成为替人类谋求福祉的强大动力。或许更为重要的是,这种倾向可以用来解释为什么在这个残酷的世界当中,人类成为最终胜出的物种。在当代社会,还可以用其说明,民主的崛起,以及人类生存条件的持续改善,都是团体合作所具有的效率及创造性的结果。人类虽不是无私的天使,但也绝对不是霍布斯笔下邪恶的魂灵。相反,我们生来就具备与他人合作的天性。无之,人类这个物种就将灭亡;有之,人类各项事业将受益无穷。

---

[1] "The 16 Most Dangerous Jobs in America, No. 11: Police and Sheriff's Patrol Officers," *Business Insider*, http://www.businessinsider.com/most-dangerous-jobs-in-america-2013-8#no-11-police-and-sheriffs-patrol-officers-6; Steven Greenhut, "Firefighter: One of Nation's Safest Jobs," http://calwatchdog.com/2013/01/23/firefighter: one-of-nations-safest-jobs/; "Census of Fatal Occupational Injuries Summary, 2012," U. S. Bureau of Labor Statistics, http://www.bls.gov/news.release/cfoi.nr0.htm.

[2] 相关事实的描述,主要根据下列资料:Dutton, *Samaritans of Molokai*; Gugelyk and Bloombaum, *Ma'i Ho'oka'awale, The Separating Sickness*; London, *The Cruise of the Snark*; "Collected Historical Documentation Concerning the Early Years of the Molokai Settlement," The University of Hawaii Archives; Moblo, *A Land Set Apart*; Stevenson, *Father Damien, an Open Letter*; and Tayman, *The Colony*。

[3] 相关事实的描述,主要根据下列资料:Lopez, *They Lived on Human Flesh*; Parrado and Rause, *Miracle in the Andes*; and Read, *Alive*。

[4] Hobbes, *Leviathan*, 84.

[5] Nietzsche, *Beyond Good and Evil*; Thoreau, *Journal*, 356.

[6] Rahn and Transue, "Social Trust and Value Change," 545, 547-48.

[7] Wuthnow, *Acts of Compassion*, 19-20.

[8] Shinn and Jackson, *Mining Camps*, 119.

[9] Birenbaum, *Hope Is the Last to Die*, 71-75.

[10] Anonymous, *A Woman in Berlin*, 34.

[11] Miller and Ratner, "The Disparity between the Actual and Assumed Power of Self-Interest," 53, 60; Gintis et al., "Explaining Altruistic Behavior in Humans," 153; Camerer, *Behavioral Game Theory*; Fehr and Gintis, "Human Motivation," 43, 45.

[12] Dawes and Thaler, "Anomalies," 187.

[13] Gibbons, *The First Human*, 89. 亦参见 Leonard Jeffries, "Africa: Birthplace of Humanity," Africawithin.com, http://www.africawithin.com/jeffries/africa_birthplace.htm; Hart and Sussman, *Man the Hunted*; Hart and Sussman, "The Influence of Predation"; Rob Dunn, "The Top Ten Deadliest Animals of Our Evolutionary Past," Smithsonian.com, http://www.smithsonianmag.com/science-nature/The-top-Ten-Deadliest-Animals-of-Our-Evolutionary-Past.html#ixzz2Em4IRXkJ。

[14] Moll and Tomasello, "Cooperation and Human Cognition." 639-48. 亦参见 Bowles and Gintis, "The Origins of Human Cooperation": "存在少量根本不考虑未来可能会获得补偿, 坚持对变节者施加惩罚的强硬'报应派', 由此显著提升了人类族群的生存概率。"

[15] Hobbes, *Leviathan*, 178.

[16] Tattersall, "Cooperation, Altruism, and Human Evolution," 17.

[17] Moll and Tomasello, "Cooperation and Human Cognition," 639-48.

[18] Des Pres, *The Survivor*, 144.

[19] Des Pres, *The Survivor*, 144-46.

[20] 相关事实描述的主要根据如下: Antoine, *Voices Rising*; Felicity Barringer, "Police and Owners Begin to Challenge Looters," *New York Times*, September 1, 2005; Julian Borger, "Mayor Issues sos as Chaos Tightens Its Grip," *Guardian*, September 2, 2005; Brinkley, *The Great Deluge*; John Burnett, "More Stories Emerge of Rapes in Post-Katrina Chaos," *NPR*, June 9, 2009, accessed September 13, 2011, www.npr.org/templates/story/story.php?storyId=5063796; Jim Dw-

yer, "Fear Exceeded Crime's Reality in New Orleans," *New York Times*, September 29, 2005; Sheri Fink, "The Deadly Choices at Memorial," *New York Times*, August 30, 2009; Nicole Gelinas, "A Perfect Storm of Lawlessness," *City Journal*, September 1, 2005; Alec Gifford, "40 Rapes Reported In Hurricane Katrina, Rita Aftermath," wdsu.com, December 23, 2005, accessed December 18, 2013, http://www.wdsu.com/40-Rapes-Reported-In-Hurricane-Katrina-Rita-Aftermath/-/9854144/10967084/-/b3i2ea/-/index.html; Montana-LeBlanc, *Not Just the Levees Broke*。

[21] Brinkley, *The Great Deluge*, 475-76.

[22] 相关事实的描述,主要根据下列资料:Cordingly, *Under the Black Flag*, 22-23; Woodard, *The Republic of Pirates*, 30; Burg, *Sodomy and the Pirate Tradition*, 164。

第三章 惩罚

"落城"与乌托邦聚落

如果对人性合作倾向的讨论,让你多少有些感同身受,甚至有大唱《库巴亚》*的冲动,那么请先少安勿躁。这种感觉可能转瞬即逝。如果有人不仅坚决反对团队合作,同时还大占其他人便宜,那么该如何是好?一个团体应如何对待这样的成员——视而不见?极力说服?还是严惩不贷?

一批学者及所谓改革派人士极力反对适用惩罚手段。有人如此表达这种日趋流行的观点:"惩罚机制具有道德性、政治性,但缺乏法律正当性……一个侧重保护成员的权利诉求免受侵害的社会,应当倚重刑罚以外的其他机制。"[1]事实上,当今最具影响力的刑事政策学者,纽约大学社会学及法学教授大卫·加兰(David Garland),也在呼应这一哲学思潮,"这是唯一能够在常规、可持续基础上推动行为合规的主流社会化过程"(道德内化及责任感,非正式的引导及合规鼓励机制,相互期待、相互依赖的现实及文化网络),因此,"惩罚注定无法确保任何意义上的成功"。如果一个社会"希望提升行为的规范性,强化社会控制,就不能仅关注惩罚犯罪人,而是应当集中精力对年轻公民加以社会化,确保其人格健全——这些都属于社会正义或道德教化,而非刑事政策的使命"[2]。

在二十世纪六十年代那个社会革命风起云涌的神奇岁月,很多人

---

* 《**库巴亚**》(Kumbaya),二十世纪五六十年代流行的一首美国福音歌曲,名称原意为"到这里来"(Come by Here),后来意义开始泛化,在政治语境下,常被用来指代人为掩盖分歧之意。

不仅讨论惩罚的破坏性,而且还通过建构反惩罚社群的形式,践行自己的这种信念。他们希望借此证明并向世界展示通过非威吓方式共同生活的力量,以期启发、引领风潮。

1965年5月,三名初出茅庐的大学毕业生,花了450美元,买下了科罗拉多州特立尼达(Trinidad)郊外的六英亩灌木林地。"三人帮"憧憬,将这里建成"所有人都可以为所欲为的"乌托邦聚落。[3]这片土地,后来成为"落城"的发源地,这个社群奉行无政府主义——并非鼓吹"实施爆炸等恐怖行为",而是"反对外来的威权、强力及胁迫,转而支持自愿配合、自我约束"——堪称上述学者呼吁的鲜活范本。[4]任何旨在对个人行为施加集体威慑的做法,如惩罚,都违反了"落城"承诺"个体性不受限制"的哲学信念。[5]聚落成员相信,自己能够,且应该向其他成员的不当行为表达反对意见。正是通过这种失望、不悦的个人表达的累加作用,借由社会压力,对恣意妄为者予以教育、矫正。带有威胁性质的群体性制裁方式——施加处罚的做法——则被禁止。[6]

然而,这并不意味着聚集至此的人对于社群的具体生活方式缺乏共同理解或合意。聚落内部所有财产归全体居民共有。事实上,这块土地的地契上清楚载明,"永远对所有人免费开放"。对于希望加入该社群的人不设任何限制。无论是构筑新的建筑物,还是组织艺术展演,在一切社群事务上,所有成员都应互助。三餐同炊共食。个人的全部财产、收入都需要存入共同账户。购买食品、建筑材料、个人必需品及公共用品的资金,皆由共同账户支出。

刚开始不过数周,他们就协力搭起了简陋的网格型穹顶建筑物用以栖身,种花养鸡,甚至还开始着手创作艺术作品。对于这群人来说,视觉冲击至关重要,艺术最大。甚至就连冰箱都成为饰满亮片的艺术品。

在首个穹顶建筑原型竣工不久后移居此地的一位工程师深受触动，无师自通，指挥一群人利用回收来的车顶，以革命性的创新方式，花费不到200美元，就搭建起了颇为坚固的穹顶建筑物。最终，激动人心的创新式样穹顶建筑层出不穷。"落城"也因此一度成为充满活力、振奋人心的聚落。

"落城"聚落的出现，领先时代。其成员不仅谈论摒弃惩罚，实际上也在践行这一理论。他们向全世界证明反惩罚模式的实际效果，同时坚信将会有更大规模的社会组织发现这种模式的价值，并纷起效尤。

1965年夏，一位自称彼得·"兔"（Peter Rabbit）（大多数居民都在抵达这片新天地时给自己取了酷炫的新名字）的人移居"落城"。从最开始，他就表现出对参与集体活动不感兴趣。彼得·"兔"从不完成聚落分配的日常任务，从不为集体创作的艺术作品或其他项目贡献心力，反倒喜好逞勇斗狠，也不按照聚落规则分享其所带来的补给物资。尽管大家对此多有不满，并且屡次说教，但因坚持一贯信奉的不惩罚哲学，无法对其施加正式制裁。

"落城"毗邻一座小镇。聚落成员需要经常与小镇居民打交道、做生意。当发现彼得·"兔"从镇上唯一的木材场（该企业之前对"落城"聚落多有帮助）盗窃工具时，聚落成员都相当沮丧。他们担心这将有损"落城"与木材场乃至整个小镇的关系。当然，他们依然坚持认为，根据聚落奉行的宗旨，不能制裁"兔"的行为。

"兔"的大部分时间都在自己的"兔窝"——反正是这样叫的——度过，当然，这座穹顶建筑也是社群其他成员为其及其家人兴建的。"兔"的主要活动，就是撰写一些有关"落城"的文章并公开发表，其中很多流传甚广。但他的写作活动颇受非议，很多聚落成员认为"兔"所

35　撰写的内容大部分并不属实,这家伙俨然以聚落领袖的身份示人,而他所撰写的部分内容诋毁了某些聚落成员的名誉,部分含有淫秽及种族歧视内容,因而遭到美国邮政当局的扣押。尽管心存不满,聚落成员依然感到无法对"兔"施加制裁。相反,秉持的互助哲学还迫使他们顶着反感,帮助"兔"传播这些内容虚假、充满恶意的文章。

图4　团团围坐的"落城人",1969年。(理查德·考维特慷慨提供)

1967年初,彼得·"兔"想出个举办"欢乐节"(Joy Fest)的点子,为此,聚落将为所有希望前来聆听音乐、学习"落城"精神以及讨论艺术的人提供食宿。大多数"落城"居民对此表示反对,指出如果大量人群涌入这片刚可维持基本生存的营地,可能会造成灾难性的后果。即使贡献出自己的所有资源,"落城"也没有办法为如此多的人提供食物及住所。很多人甚至认为,这一计划足以威胁到他们付出两年时光倾力打造的这个聚落自身的存亡。一些人试图私下游说"兔"改变主意,但都未果。在没有办法说服"兔"的情况下,"落城"的居民们只好开始挖厕所、买食物。

"欢乐节"的消息一经公布,便引得大量新人涌入"落城",数量之巨,远远超过为数不多的长期居民。"落城"原住民花费大量时间试图维持局面,但依然出现了混乱脱序的情况。卫生设施及饮用水严重短缺,厨房里一片混乱,家庭安全感骤降。本来,"落城"打出的旗号是号召大家结成社群、追求艺术,但"欢乐节"却打出了新旗号。恰如某位"落城人"所描绘的那样,"这里变成了追求极乐之地,人们可以不负责任地恣意嗑药、性交"。

"欢乐节"按计划落幕后,很多参加者没有离开,反而选择留了下来。"落城"居民决定,或许他们需要制定政策限制规模,特别是聚落成员的人数。很多新来者都属于不稳定分子,沾染毒瘾或存在其他问题,甚至其中还裹挟有一些离家出走的未成年人。因此,"落城"居民决定采用正式的行为规范,禁止吸食毒品。然而,正如因为奉行不处罚政策导致最初达成的谅解与合意遭到忽视一样,新规则也无人理睬。

毒品问题变得愈发严重。不断有新人涌入。对此,一位创始成员这样评价:

> 无论什么时候,都有很多人来来往往。本来我们设立过一些规矩,但却从来没有能够发挥作用。现在,更是什么规矩都没有了。本来,我们针对毒品立下过规矩,但这些根本……就不管用。[7]

大约与此同时,某些前往临近小镇购买生活用品的聚落成员,偶然看到彼得·"兔"正在当地一家饭馆享用牛排大餐。"落城"始终要求聚落成员将自身的全部金钱存入公共的银行账户。现在,很显然,彼得·"兔"有办法赚到钱但却没有交公。面对质询,"兔"对自己的欺骗行为供认不讳,但依旧执迷不悟,拒绝以后将自己的钱交公。尽管如此,和之前很多次一样,聚落成员决定不能对其加以制裁。不满与日俱增,很多人都不再愿意继续将钱存入公共账户,而"兔"正是在一毛不拔的情况下从这一账户大受其益。

牛排事件后不久,一位名叫"杰思罗"(Jethro)的海军陆战队逃兵加入聚落。一位聚落成员这样描述接下来发生的情况:

> 某天,一辆机动车从我居住的穹顶建筑外呼啸而过。我赶紧出来,看到(杰思罗)和曼迪斯(Mantis)正骑着一辆小型摩托车在聚落里兜圈子。每个人都上去骑,嗖嗖转圈,不时摔倒在地。
>
> "车是谁的?"
>
> "我们的。"
>
> "太棒了。哪儿来的?"
>
> "我买的。"杰思罗从车上跳下来说道。
>
> 科拉德(Clard),"落城"创始人之一,站在那里,郁郁寡欢。"买小摩托的钱来自我们的银行账户。他把我们的钱花得一干二净。"[8]

几天前,杰思罗才被纳入到社群的公共账户当中。结果现在公共账户已然运转不灵。没有人愿意再将钱存入这个账户,公共账户无法继续得到捐款,同时没有任何办法控制不当行为,很明显,任何合作行为的可能性,都已遭到实质破坏。很快,创始人纷纷弃"落城"而去。

靠友情及共同价值观维系的社群关系,止步于此。在价值层面,人与人之间不可避免会出现分歧或冲突。某些人也会偶尔,甚至经常,像彼得·"兔"在"落城"的所作所为那样,以牺牲他人为代价,推行个人意志。在很多此类情况下,通过个人商谈或社会压力实现的

"再教育",并不会点石成金,培养出集体主义的思维方式。只有威慑性质的制裁——惩罚——才能够产生这种效果。如果由作为整体的社群加以推行,通过集体判断而不是个别判断对相悖行为予以限制,并对这种限制加以合法化,那么对于整个社群而言,适用此类制裁就将减少分歧,凝聚合意。

社会压力与社会规范属于重要且强大的影响因素,但其缺陷也显而易见。上述影响因素如果能够发挥作用,就意味着受其影响的人必须在乎别人对自己的看法,同时将这种看法放在比自身需要更为重要的位阶。但这显然不适用于彼得·"兔",而在任何社群,毫无疑问,都会存在此种异类。考虑到人与人之间的观念与利益存在天然分歧,不可避免会产生重大冲突,因此,每个社会都必须通过设定、推行某种基本规则,有效应对上述分歧与冲突。

想必会有人主张通过严格遴选的方式,仅仅让那些在所有重要层面都慷慨、善良的人加入特定社群。无论是谁,如果日后被发现在此方面存在不足,都将遭到驱逐。然而,这样的一种成员限制,显然与"落城"所鼓吹的"永远对所有人免费开放"的理念不符。更为重要的是,对于上述学者向社会大众强力推销的非惩罚体制而言,成员遴选与驱逐机制并不适用。社会作为一个整体,必须与每个人打交道,无论这个人有多不好相处。唯一能够将某人从这个大的社会中清除出去的办法,就只能是将其投入监狱——而这就意味着将适用这些学者所反对的惩罚方式。

或许有人希望设计出一套规则体制,并公平、公正地予以践行,同时还希望这一规则体制在实现设计初衷的过程中,尽可能降低因此带来的痛苦(目前美国刑事司法体制中刑罚的严苛程度或许过犹不及了)。如此一来,这样的惩罚体制就不再是一种抽象观念,而是会成为实现有效社会合作的前提条件。群体核心价值必须得到尊重,有违者必受制裁,借此,不仅强制违规者尊重其所在群体的核心价值,还需要向其他人证明,这种价值十分重要,值得其继续遵从。

彼得·"兔"的故事恰恰说明了这一点。一旦大家发现他并未遵从"落城"的价值原则——因为彼得·"兔"并未向他取钱的公共账户中存入自己的财产——集体财产乃至整个聚落本身就将自行解体。如果某个组织一味姑息纵容有悖其价值观、让其他成员无法接受的行为,那么,没有哪位成员会傻到继续为该组织做贡献。

真正的"落城之谜",在于为什么其成员从最开始就始终为彼得·"兔"这种混蛋的予取予求大开绿灯。当发现他没有参与公共活动时,聚落成员熟视无睹;当发现他偷窃聚落恩人——当地木材场的财物时,聚落成员无动于衷;当发现他发表令人作呕的作品时,聚落成员明知自己被卖了还帮着数钱;当他不顾别人反对策划"欢乐节"时,聚落成员砸锅卖铁倾囊相助。最终,在其他聚落成员勉强温饱的情况下大快朵颐的彼得·"兔",依旧拒绝为公共账户贡献自己的财物这种令人彻底不齿的行为,才使这出悲喜剧彻底落下了帷幕。

故事的发展令人不忍细读——就好像看到一条忠诚的良犬,反复遭受其暴虐主人拳打脚踢那样。或许有人会感到不解,为什么彼得·"兔"会如此狠心,反复利用身边这些被错误信念捆住手脚的同伴,更让人疑惑的是,一直以来,这些人怎么会对自己"职业傻瓜"的角色如此浑然不知,怎么会如此故意无视人性的复杂多变?显然,聚落成员绝非智力低下者。或许简单来说,他们从情感上无法接受自己为之奋斗的事业,居然建立在一个漏洞百出的原则基础上。[9] "落城"人,在愈发显明的事实面前死不悔改地咬定自己信奉的错误原则,直到最后,现实在这些人的屁股上狠狠踹了一脚。

或许当今的反惩罚派学者为大家展示了类似的发现路径,但最好还是不要与这些人同道为谋。对于"落城"聚落成员的理想主义情怀,我们深表敬佩,甚至认同可以将非正式的社会压力作为轻微脱轨失序行为的优先应对措施。但与此同时,对于这些人的天真愚钝也只能叹为观止。人们不禁疑惑,这是否代表某种病态的傲慢呢?过去的125000个人类世代,一直都依靠制裁体制确保社会合作,然而不知为何,"落城"居民却并不需要这种体制。是因为他们认为自己属于特殊类型的人类?或许不是——毕竟他们最初曾尝试欢迎任何人加入自己的事业。更有可能的解释或许非常简单,就是这些人盲目坚持了某种错误的原则,后来对此又将错就错。

"落城"的真正悲剧在于,如果其成员真的对自己的早期体验走了心——作为一种人类聚落如何能够共同协作的教育实验,以及在维持合作行为方面执行体制的重要作用——他们本来可以拯救"落城",特别是拯救重要的、颇具启迪意义的艺术与社群结合的理念。他们最初的无知,加上自身的傲慢,彻底葬送了已经创造出来,以及本来可能创造出来的一切。

反对一切形式惩罚的当代废除刑罚运动,以及大多数当代刑罚理论,似乎都在"落城"悲剧中得到了印证。所幸的是,起码在目前,这还主要是一种学术探讨(像大多数当代学术活动一样),尚不会产生太大的现实损害,但却有可能一直存在于象牙塔内——毕竟现实不会登堂入室打这些人的脸。需要时刻保持警惕,这种危险的无知近在咫尺,希望可以将其永久封印在象牙塔内。

创始人离开后,依旧留在"落城"的人开始按照自己的方式生活。经常出现荷枪实弹的不速之客,动不动就威胁杀人。凶残的摩托党成员及毒品贩子也搬进了这些颇具艺术性的穹顶建筑,这些建筑慢慢变得破败不堪,甚至遭到暴徒的刻意摧毁。

彼得·"兔"则说服一位名叫里克·克莱因(Rick Klein)的热心捐

助者购买了一块土地,供其重起炉灶,建设另外一处聚落,取名为"自由"(Libre,西班牙语自由之意)。但"自由"之地的生活,很难算是"自由"。这里规矩森严,如有违反必受制裁。对于任何申请加入"自由"聚落的人,都必须经历严格的审查,并说明加入动机。之后,只有在全体成员一致同意,且申请者能够证明可以自给自足的情况下,才会获得批准加入。每个家庭都生活在单独的建筑物当中,并且只有在得到聚落同意的情况下才能增筑。更有甚者,"自由聚落特地从不建设任何中心设施或公共建筑,以免遭到入侵者染指"[10]。有一次,一位聚落成员因为在聚落的土地上种植大麻遭到警方逮捕,并在看守所里蹲了一段时间,出来时,就被告知已经遭到聚落驱逐。这个人只能被迫离开"自由"聚落以及他在那里为自己营建的家。"自由"聚落得到了一定发展,且存续至今。彼得·"兔"和他的两位妻子,仍然生活在那里。

相反,"落城"则沦为"流浪汉之家",厕所粪便四溢,肝炎、暴力和毒品泛滥流行。最终,地契上"永远对所有人免费开放"的条款遭到撤销,这块土地卖给了临近的住户作为放羊的牧场。"落城"曾经的波澜万丈,或许算不上十分独特的乌托邦体验,但可以被视为非刑罚实验的标准样态。

1968年,就在科罗拉多中的"落城"逐渐走向衰落之际,在加州的某处偏僻角落,另外一处非惩罚社区却正在兴起。[11]"黑熊农场"(Black Bear Ranch)的创建初衷,旨在激进地推动一种没有任何核心当局强迫任何人接受任何行为方式的全新人类社会机构。其创始人认为:"如果取消所有规矩重新出发……会发生什么?"另外一位创始人则梦想"建设一个社群——我认为,是艺术家的社群——能够在自然保持和谐的情况下,将艺术与生活巧妙结合"。为了追逐这一梦想,几位发起人买下了一块曾经是金矿,但现在只残留下一栋房屋及一个谷仓的土地。这群人集资购买生活必需品,准备开始自己所憧憬的乌托邦生活。聚落的口号是"自由人,自由地"[12](对于那些可以很容易猜到下文的读者,深表歉意。刻意慢动作展现车祸的深深魅惑固然不应点赞,但必须承认,这足以让人目不转睛)。

等到资金筹集结束、生活必需品采买完毕,他们才发现,很显然,筹建聚落的风声外泄,该块土地上的住宅有人捷足先登,诸位创始人不得不栖身于谷仓。这些人当中无人掌握荒野求生的任何知识,甚至根本不具备劈木柴这种最为简单的户外生活技能。虽然聚落成员分组开展劳动,但却收效甚微。在遭遇厚达四英尺的暴雪袭击后,取暖用柴油耗尽,以至于某些聚落成员不得不踩着自制的雪鞋步行跋涉十八英里取燃料。虽然在这个聚落,没什么规矩可言,但同样缺乏温饱及卫生条件。时近严冬,因为女性需要禁欲从而保持体温,营地里的性自由政策暂时搁置。但在饥寒交迫之外,这个聚落的成员决定还是要设置一些规则。后来有人这样描述当时的情况:"革命情怀与儿女情长兼顾,恩威并施,软磨硬泡,最终好歹把大家组织了起来。"[13]

但在设立约束性规则的同时,这个聚落的成员却并未对违规者设立任何制裁体制(天哪!)。因此,很多成员依旧拒绝劳作。以至于有人因为被"既无劳动能力,又不停说教"的成员折磨得忍无可忍,愤而将蜂蜜罐子摔在这个家伙的头上,碎了一地。

不处罚犯错者的正式政策,不仅适用于成年人,还适用于儿童。孩子们迅速掌握了这一点,开始经常实施令人无法容忍的行为,例如到处乱翻大人的东西,甚至纵火焚烧不满足自己要求的大人的房子。大人则掣肘于不惩罚政策,不得不尽可能迁就孩子的无理要求。有一次,孩子想要复活节的糖果,就要求负责驾驶聚落公共用车的大人载他们去镇上买。后者知道,如果把自己当成"复活节的小兔子"断然拒

第三章　惩罚

图 5　享受暖阳的"黑熊农场"社员,1972 年。[源自乔纳森·伯曼(Jonathan Berman)拍摄的纪录片《聚落》(*Commune*)]

绝,恐怕自家房子难保,只能乖乖就范。

1969 年秋,一群黑人武装分子搬进了聚落的一座小屋,并将这个地方变成了一座武装堡垒、一处游击营地。但说到底,这片土地对"所有人开放"。武装分子时刻荷枪实弹,按照自己的计划行事,对于聚落的其他人兴趣不大。尽管聚落的原则要求所有私有财产归公,但武装分子却从不分享自己的给养。尽管聚落的原则要求所有成员共同生产,例如,打理共同的菜园,但武装分子却自行其是。最终,大家认为武装分子的行为不符合部落的"内部和谐"原则,因此希望通过对话以及给予社会压力的方法,对这些武装分子进行再教育。但却被告知,"少管闲事"。

在加入聚落一个多月之后的某个清晨,武装分子的头目罗伊·巴拉德(Roy Ballard)用枪将所有聚落成员从各自的房子逼了出来,并让大家在空地上站成一排。另一名武装分子则在后面的土墩上,用枪瞄着这些人的后背。巴拉德希望弄清楚到底是什么让聚落感到不满,对此问题,聚落成员如入云里雾里。某位聚落成员走上前来,试图说服巴拉德放下枪。但巴拉德举起一把大口径武器(30.06)*,扬言如果不闭嘴就崩了他。几分钟的沉寂后,同样不明不白,巴拉德收起枪走回了自己的营地。第二天清晨,当聚落成员一觉醒来,武装人员已消失得无影无踪。和缘起一样,这场奇怪的冲突消失得同样颇为诡异。

武装分子离开后,又来了"地狱天使"**。但这个时候,被吓破胆的聚落成员的世界观开始出现改变。这些摩托党被告知这里不再向所有人开放,因此恕不接待。但这些人还是留了下来。

或许是因为食品,特别是啤酒的短缺,"地狱天使"们最终还是拍拍屁股离开了。很快,聚落成员就敷设起安装大钉子(sixteen-penny nails)***的砧板——成为农场大门一处邪恶的、足以绞碎一切轮胎的路障——从而避免任何新来者入内。[14] 这片曾经一度向所有人开放的土地,正式向所有人关闭了大门。

排除外来者之后,聚落终于可以安定下来追求自己的乌托邦理想。但乌托邦依然只是一种幻想。一组承担照顾儿童职责的成年人反倒吸起了毒。当发现自己的孩子疏于照顾后,愤怒的家长拿着棒子

---

* 30.06 是一种军事术语,主要指自 1906 年开始一直使用到二十世纪八十年代的美国陆军标准化武器口径。其中的 30,是指子弹的口径大小,即一般意义上的 7.62 毫米枪弹,而 06,则指代选择这一口径的年份。
** "地狱天使"(Hells Angels),是一个活动范围甚广的摩托车俱乐部组织,主要骑乘哈雷戴维森摩托车,以男性成员为主,是美国司法部所认定的有组织犯罪组织。
*** 是指长度约为三十一英寸的钉子。这里出现的长度单位为"便士"(Penny),主要是指过去往往用一百个钉子多少便士来形容钉子的尺寸。

开始私下寻找这群闯了祸的孩子保姆,并为这些人的疏忽对其施以重手。之后,聚落决定,升级规范其成员行为的应对体制。或许,最为迫切的莫过于对违规行为的管束与制裁。

根据新规,不具备特定期限的宾客经历——即考验期——不得申请加入该聚落,之后,需要得到大多数聚落成员同意,才能批准其成员身份。整个聚落只保留两把经合法登记注册的枪支,而这些武器由聚落而非个人保管。没有保持公共活动区("饭厅")整洁,未能严格根据要求清洗碗碟,或违反任何其他为数众多的规则之一者,都将受到口头训诫。成员如果继续犯规,则需要出席"圆桌会议"(the Circle),即必须强制参加的公开讨论其违规行为的集体会议。反复违规,就可能意味着遭到驱逐,同时没收其为聚落所作或所付出的一切。

尽管很难将其视为一个更大社会的标准模板——如我们所愿,并且,如上所述,在社会中,若非适用死刑或终身监禁,根本无法将某人"驱逐"——"黑熊农场"依旧凭借其成文的行为规范及违规制裁条款,存续到今天。(及时变轨避免列车倾覆。读者诸君是否有兴趣继续读下去?)

1963年成立于华盛顿州的"托尔斯泰农场"(Tolstoy Farm),堪称另外一个试图践行和平、爱及非胁迫等典型排斥主流文化价值观的反惩罚实验聚落。[15]这一群体拒绝承认任何规范,接受所有形式的思想与行为,包括吸毒、裸体以及性自由。如果说其有什么规则,那么唯一的规则,就是不得强制任何人离开。"托尔斯泰农场"原本希望为所有成员实现共同福祉而努力,并认为个体期待社群接受的内心渴求,足以保证其采取合作行为。这一实验"旨在证明人可以在摆脱私有制和外在法强制的情况下,过与世无争的生活"。[16](读者无疑已再次预见到未来可能遭遇到的困难,作者在这里尽量长话短说。)

因为缺乏制裁导致行为失范,生活日渐困难。所有购买行为都需要使用公共资金,都需要大多数人投票赞同,但很多人不喜欢使用如牙膏、女性卫生用品、肥皂或洗涤剂,所以拒绝投票购买此类用品,客观上将个人的卫生习惯强加于他人。另外一条突出的问题就是纵火。很多人一言不合,就会将冒犯自己的人的财物付之一炬。很快,社群就开始滑向混乱不堪的深渊。强制措施不得不走上前台。

某位向聚落房屋开枪的成员,被塞进了一辆车,带离聚落,并被告知不得再次返回——这显然违背了聚落为自己设定的唯一规则。但这一事件并未引发"托尔斯泰农场"反思自己所信奉的哲学理念,局面依然持续恶化。

聚落的创始成员为了从公共房屋搬走,开始兴建属于自己的私有住宅。"哈特之家"(Hart House,就是这么叫的)继续为新来者(包括逃犯、瘾君子以及精神病人,即所谓的"莽夫及疯子")提供三尺遮头之地,而对这些人,聚落创始人避之唯恐不及。1968年春,"哈特之家"离奇地化为焦土。究其原因,一个版本说是某位精神失常的女孩纵火;另外一个版本则声称是聚落创始者刻意为之。

最终,"托尔斯泰农场"的创建原则遭到撤换。聚落设立了行为规范,提出了制裁措施,终极制裁将会是被聚落驱逐。毒品遭到禁绝,没有父母陪同的未成年人不得在聚落定居。甚至连不能适当管理个人废弃物的人,都被告知必须离开。这个聚落,存在至今。

在任何一个为人所知的非惩罚实验当中,上述模式反复上演:在经历最初阶段奔赴新生活、重返人类本质的兴奋期之后,行为合作机制开始失效,人类群体或者解体,或者重新采用行为规范与制裁体制(通常情况下是将逐出聚落作为终极制裁手段)。

对于某些读者而言,这些故事毫无出人意料之处。其内在的动态过程作为一种简单常识，完全可以预见。一个社会除了惩罚，还有什么其他对付错误行为的手段呢？如果行为人对他人的利益无动于衷，或充分确信自己的利益优于他人的利益，为什么还会仅仅因为了解到他人有所抱怨就改变自己的行为方式呢？在所有情况下，行为人都知道自己在伤害别人，或者至少明知受害人或其所生活的社群对自己的行为持否定态度，但依然执迷不悟。某些时候，社会压力或许能够对某些行为人产生作用，特别是对遭到父母管教的孩子而言更是如此。但为什么一个人会认为社会压力足以保证所有行为人在任何时间都言听计从？对于某些人而言，最大的谜团在于：聚落创始人（或者当今刑罚废除论者）对此作何感想？尽管他们会唱反调，但我们知道，当今没有任何一个社会能够在脱离特定类型惩罚体制的情况下存在。[17]

　　故事一再上演，无一例外地都彰显出惩罚在维护有效合作方面的重要性，而这一点也为诸多社会科学研究所印证。这些研究认定，只要团体成员不实施自私行为，那么所有人就会倾向合作。如果其他人违反了团体成员的共同规范，合作便无以为继，最终所有成员都将停止继续合作。[18]但通过引入惩罚机制，却可以让合作关系满血复活。[19]

　　是否还记得上一章提到的那个"公共产品"实验，所有参与实验的人都分得一笔款项，可自行选择是向集体捐款，抑或留作自用。捐到集体的款项所产生的"孳息"，将在全体成员之间平均分配，无论其是否对群体作出过任何捐助。大多数人都会选择向集体捐款，即便他们无法确定其他人是否也会如此。

　　这一实验中的某一变量与现在讨论的话题具有相关性：参与实验者，需要在同一组别当中反复进行上述过程。随着实验过程的不断重复，这些人开始慢慢发现，某些没有作出贡献的人，依然可以在每轮实验结束时，获得跟自己同样数额的分红。这多少类似于"落城"居民发现彼得·"兔"在镇子上的饭馆里大口吃肉,但却对聚落一毛不拔。

随着接受实验的主体注意到其他人没有捐款,大多数人选择不再继续捐款,而这与"落城"最终的覆灭过程如出一辙。换句话说,在面对死硬的自私分子时,即使具备高度合作倾向的人,也将终止合作。合作是一回事,被别人欺负,是另一回事。

对于说明本文的意旨而言,另外一个"公共产品"实验的变体,显得更具说明力。在这个版本的实验中,即便依然享受分红,但接受实验的主体被赋予对"铁公鸡"成员加以惩罚的机会。但施加惩罚的费用需要个人承担——惩罚者必须用自己的钱来这样做。惩罚者每贡献一美元,违规者就将被罚款三美元。即便需要个人承担部分费用,但选择合作的成员依然会对不合作者施加惩罚。[20]

下面发生的事情,则更具说服力。一旦允许惩罚,那些本来可能选择退出的成员,又开始继续向集体捐款。[21]实际上,差不多所有人都开始捐款,从而导致整体的收益最大化,且全员收益。[22]换句话说,乌托邦聚落成员如果理解自己必须建构起一整套规范,对违反聚落规范的成员予以惩罚——这一点对于维持合作至关重要——本来可以积极推动他们的目标,即爱、和平、艺术、集体,或任何其所感兴趣的实际行为。这些群体可以放弃很多通常的规范与限制(可以提倡性自由以及公有制),但对拒绝执行该群体为保持合作而建构起来的惩罚体制(例如反对人身伤害或制造危险的行为)的成员,则必须处罚。如果违规者无法认识到自己所犯错误的严重性,非正式的规劝通常是行之有效的第一反应。但如果想继续维持团体合作,就必须辅之以公平且正当的惩罚机制。

社会学家一度将人描绘为理性的自私分子,但这些研究同样揭示出某种更富差别性的图景。人绝非纯粹追求私利。[23]事实上,人类具有合作的强烈天性,但又时刻提防被别人占便宜,喜欢对于不采取类似

48

合作行为的人施加处罚。[24] 因此,有观点将人类形容为"谨慎的合作者"[25]。

一旦明确合作与惩罚之间的实质联结,就可以毫无疑问地发现,人类作为具备合作天性的物种,同时也具有处罚犯错者的自然天性。合作为人类的进化提供了极大助益,帮助早期人类在激烈争夺相关资源的过程中,成功逃避更强壮、更迅速的捕食者,应对如干旱、饥荒等自然威胁。选择合作的物种,从分工、分享资源及劫掠物品等方面占尽先机。通过惩罚违规者,人类才得以维持合作关系,在进化过程中保持优势。对于人类物种的最终胜出,乃至人类自身的生存而言,惩罚机制居功至伟。

研究生物进化的学者曾长期对于早期人类组织中显而易见的惩罚环节疑惑不解。尽管对于特定人群的成功而言,惩罚居功至伟,但在群体中,又有谁希望承担对该当者施加惩罚的个人风险呢?正如在"公共产品"实验中,只能遴选出一名希望通过惩罚维持成员合作的人,但为什么个人需要承担这种风险?为什么不是其他人来做这件事?当然,如果所有人都持这种看法,集体无疑将要受损。但不难想象,群体中的每个个体,或许关注的都仅仅是个人的危险,而非长期群体利益是否受损。吾辈绝非自私之恶魔,亦非天使般英豪。

群体的长远利益要求有人挺身而出,承担施加惩罚的风险。如果需要个人对于施加惩罚的长远利弊得失进行推理,是否还会有人这样去做?另一方面,如果惩罚的需求乃是本性使然,有人吃螃蟹的概率将显著增加。某些持进化论的学者主张,即便违规者人数众多,也只需要有少数人负责惩罚即可。他指出,应当通过工具以及武器来对特定群体加以管控。借此,个体得以在危险显著降低的情况下,对于身体强健的违规者加以严惩。群体中的其他成员本来可以帮助同伴抗制不当侵害,但发现所谓侵害其实是对违反群体规范的成员所施加的正当惩罚时,情况显然会截然不同。[26]因此,只需要有少数成员愿意负责惩罚,就足以保证该群体合作的积极开展。整体而言,和缺乏惩罚机制的群体相比,这种合作模式可以确保群体获得更高的生存概率,而这种惩罚的意愿,借由自然选择进入到下一世代,最终演变为一种人类本性。

惩罚并非人类的发明。他们只是发展并完善了跟原始人类得以成功进化的合作行为类似的某种更为原始的内在形态而已。从其他物种,特别是与人类存在亲缘关系的灵长类等社会合作动物中,也可以发现"违反规矩"的原始惩罚形式。即使非受害者,也会对违规者(如违反群体期待或常态,进攻同伴,或偷吃同伴食物的行为),予以积极打击。[27]

实际上,惩罚行为并不仅见于灵长类动物。例如,在完全缺乏社会性的鼹鼠群体中,鼠王似乎专门盯着懒惰的工鼠,并会对后者加以攻击。而狼似乎也对违反"打斗"游戏规则的同伴采取冷落孤立态度,违规的孤狼离群索居甚至客死异乡的概率则显著增加。偷食一类的行为也普遍被视为该当惩罚。例如,如果象海豹幼崽被发现试图从其他母象海豹,而非自己妈妈处进食,不仅会被赶走,还通常会被咬成重伤甚至咬死。试图与属于成年公鹿的母鹿交媾的年轻公鹿,不但会遭到驱离,而且还会遭到攻击。[28]

这里需要注意的一点是,只要在特定群组里存在长期合作关系,就一定能够发现同时还存在对于违反该群体重要规范的行为进行处罚的机制——无论这些规范是否与继续合作存在实质关联。对于该群组而言,合作越重要,其对惩罚机制的坚持越深化。通过合作,人类这个物种最终取得成功,在这个意义上,人类对于惩罚的执着也就变得顺理成章。上面提到的乌托邦聚落，或者任何其他人类团体，当然可以自由探索所有类型的生活方式，但却无法规避基本的人性。虽然可以天马行空地提出精神自由、性自由、简单生活等各种颇具创造性的概念或想法，但请注意，如果不惩罚违反重要社会合作规范的人，这些概念或想法都将幻灭。

---

1 Doyle, "Radical Critique of Criminal Punishment," 7, 21-22.

2 Garland, *Punishment and Modern Society*, 288-89.

3 Miller, *The Sixties Communes*, 35.

4 Bouvard, *The Intentional Community Movement*, 87.

5 Gardner, *The Children of Prosperity*, 44.

6 相关事实描述的主要根据如下：Matthews, *Drop City*; Miller, *The Sixties Communes*; Doyle, "A Radical Critique of Criminal Punishments,"7, 21-22; Garland, *Punishment and Modern Society*; Hedgepath, *The Alternative*; Curl, *Memories of Drop City*。

7 Hedgepath, *The Alternative*, 156.

8 Curl, *Memories of Drop City*, 152.

9 "Trofim Denisovich Lysenko," *Encyclopedia Brittanica*, last updated August 16, 2013, www.britannica.com/ebchecked/topic/353099/Trofim-Denisovich-Lysenko.

10 Miller, *The Sixties Communes*, 82.

11 相关事实描述的主要根据如下：Berger, *The Survival of a Counterculture*; Monkerud, *Free Land*; Coyote, *Sleeping Where I Fall*。

12 Coyote, *Sleeping Where I Fall*, 148.

13 Coyote, *Sleeping Where I Fall*, 151.

14 Monkerud, *Free Land*, 142.

15 相关事实描述的主要根据如下：Miller, "Roots of Communal Revival

1962-1966"; Kanter, *Commitment and Community*; Houriet, *Getting Back Together*。

[16] Houriet, *Getting Back Together*, 206.

[17] 参见 Robinson and Darley, "Intuitions of Justice," 1, 13-16。

[18] 参见 Fehr and Gächter, "Cooperation and Punishment," 980; Fehr and Gintis,"Human Motivation and Social Cooperation," 43。

[19] Fehr and Gächter, "Cooperation and Punishment"; Fehr and Gintis, "Human Motivation."当然，为了推动合作，只需要对特定人群中的某个成员进行惩罚即可。一旦有人遭到惩罚，同时推动了合作，就不需要再对该人群中的其他人加以惩罚。Hibbing and Alford, "Accepting Authoritative Decisions," 62. 亦参见 Frank, "Repression of Competition," 693, 694: "那些在监督其他人自私行为中有所投入的人，将会在改组人群的下一次互动过程中，通过彼此之间更为紧密的合作而获益。"Burnham and Johnson, "Biological and Evolutionary Logic," 113; Robinson, Kurzban, and Jones, "The Origins of Shared Intuitions of Justice," 1633, 1643-49; Bowles and Gintis, "The Origins of Human Cooperation," 7: "当某个人群面临命定之灾之际，例如、战争、恶疫、饥荒，合作对其生存而言就变得至关重要。但同时，当一个人群面临威胁之际，其成员积极为集体奉献的可能性也会显著降低，这是因为随着该人群解体可能性的提升，合作的内在动力也将降低。也就是说，在某个群体最为需要'亲社会行为'（Prosocial Behavior）的时候，基于互利关系的合作却面临崩解。在我们这个物种进化的历史过程中，类似的危机比比皆是。但其中少数强硬的互惠论者，在不考虑未来回报可能性的情况下，坚决惩罚违规者，此举显著提升了特定人类种群的生存概率。而且，人类因为在工具制作以及捕猎方面能力超群，在群居且社会化交往的物种当中，在惩罚者成本较低的情况下，有能力施加重罚。实际上，和其他非人类的灵长目动物截然不同，作为处罚者，人类当中的弱者可以以很低的成本，在强者处于睡眠的状态下时将其杀死。有人根据'普莱斯等式'（Price's Equation）提出，在上述条件下，强势的互惠论者得以介入到以自我为中心的人群当中，同时继续维持等式的平衡。"Reeve, "Queen Activation of Lazy," 147-48; Bekoff, "Wild Justice, Cooperation, and Fair Play," 53, 62;

Clutton-Brock and Parker, "Punishment in Animal Societies," 209, 212; Clutton-Brock, Albon, Gibson, and Guinness, "The Logical Stag," 211, 212; Clutton-Brock, Green, Hiraiwa-Hasegawa, and Albon, "Passing the Buck," 281, 287-88; Reiter, Stinson, and Le Boeuf, "Northern Elephant Seal Development," 337, 344; Reiter, Panken, and Le Boeuf, "Female Competition and Reproductive Success," 670, 676.

[20] 每组至少有一人需要接受惩罚，但对具体惩罚数量不作限制。Fehr and Gintis, "Human Motivation and Social Cooperation," 48. 当然，为了推动合作，一组受测者当中仅需处罚一人即可。只要有人受到惩罚，只要实现了所需要的合作，就无需再惩罚其他人。

[21] 参见 Fehr and Gächter, "Cooperation and Punishment"; Fehr and Gintis, "Human Motivation and Social Cooperation"。

[22] 该文章所讨论的是每组四人，共十组受测者的整体效果。通过惩罚，合作的平均水平达到83%左右。Fehr and Gintis, "Human Motivation and Social Cooperation," 48.

[23] Fehr and Gintis, "Human Motivation and Social Cooperation," 45.

[24] Hibbing and Alford, "Accepting Authoritative Decisions," 62.

[25] Alford and Hibbing, "The Origin of Politics," 707, 709.

[26] Bowles and Gintis, "The Origins of Human Cooperation."

[27] Burnham and Johnson, "The Biological and Evolutionary Logic," 113; Bowles and Gintis, "The Origins of Human Cooperation." 亦参见 Frank, "Repression of Competition," 693, 694："那些在监督其他人自私行为中有所投入的人，将会在改组人群的下一次互动过程中，通过彼此之间更为紧密合作而获益。"参见 Robinson, Kurzban, and Jones, "The Origins of Shared Intuitions of Justice," 1633, 1643-49。

[28] Reeve, "Queen Activation of Lazy Workers," 147-48.

第四章 正 义

十九世纪五十年代的旧金山与加州淘金潮

惩罚,绝非如某些学界精英所言那般邪恶,相反,却是构成人类成功根基的社会合作效应的关键。如果遵从反惩罚派的异想天开,势必引发类似于第三章中所列的反惩罚社群所经历的解体状态。但这也仅仅是有关惩罚的有趣故事的开始。过度处罚违规者,必将削弱合作可能带来的好处。惩罚苛重,将使得践行正义的高尚行为,沦为无原则的闹剧。对此,本书将在第五章加以说明。同样,如果惩罚程度过于轻微,与违规者该当程度显著失衡,也会导致不满,遭遇抨击,阻碍合作。质言之,需要用来维持社会合作的并不是惩罚,而是正义。而这正是本章所讨论的主题。

惩罚所要求的仅仅是让违规者感受到痛苦;而正义所要求的,则不仅如此:制裁必须反映违规者的道德可责性,既要考虑其违规行为的严重性,又要考虑违规者的可责性及行为能力。这就需要评价"期待可能性",即当一个理性人身处同样情境时,将何去何从?理性人能否以及是否会避免从事违规行为?

也许只能在平稳、安全的当代司法系统中,才能体察其中的微妙,期待身处令人绝望的脱法境遇中的人进行上述微妙判断,是否现实?或许正义,是脱法群体无可负担的奢侈品;或许惩罚,是其唯一的选择。也就是说,决定惩罚程度时考察行为人可责性的这种精细化作业,是否必须等到政府法律的文明开化?

或者现实情况恰恰相反:被任由自生自灭的人类群体,坚持的不仅是惩罚,而且还是公正的惩罚。反倒是当代政府奉行的法律迷失了自己的进路,断绝了惩罚与正义的关联——以有效控制犯罪或其他功利主义考量为托词——旨在适用与违规行为不相适应的惩罚,与惩罚该当性说再见。

十九世纪,加利福尼亚正面临一个政治动荡期。[1]这块前西班牙殖民地,此时已变为墨西哥共和国的一个州。看准这个控制绝大部分北美大陆的机遇,1846年,美国总统詹姆斯·波尔克(James Polk)派遣了一小股部队为美国主张"西部"地区的主权。因为担心此举遭到英国的报复,波尔克需要让这一行动看似因应了当地人的意愿。同年6月14日,部队抵达加利福尼亚头面人物马里亚诺·瓦列霍(Mariano Vallejo)的家乡。瓦列霍这位失去墨西哥政府支援的墨西哥将军,手下没有一兵一卒,只是在北部边境地区担任名义上的军事统帅而已(这一地区的军队屯驻在别处,且听命于瓦列霍的死对头)。美方告知将军,现在他已经沦为战俘。正睡得迷迷糊糊的瓦列霍,"根本搞不清楚自己到底成了哪场战争的俘虏"。这群美国人坐在瓦列霍的家中,啜着当地产的白兰地,撰写了一份书面声明:"根据其中第三段,因地产美酒之名,加利福尼亚共和国诞生。"[2]

尽管波尔克总统已经开始行动,但如果无法获得美国国会的批准,显然无法将这一地区纳入美国版图,而这又涉及极为敏感的问题。加利福尼亚地区一直奉行废奴政策,乃是一片自由之地。再承认这样的一个主张废奴的州,显然会让坚持蓄养黑奴的州在美国国内的政治博弈中落于下风。结果,事态尴尬停摆,国会迟迟未作出批准加利福尼亚加入美国联邦的决定,但同时,对于美国而言,这片地区又太过重要,不容其他势力染指。

此后不久,1848年,加利福尼亚发现金矿的消息吸引了世界各地超过30万人蜂拥而至。然而,突然涌现的大批人潮,却只能在缺乏有效合法体制的情况下讨生活。对于淘金活动,不存在任何许可批准、收费或税赋缴纳等规范程序。即便存在某种执法体制,也不清楚该适用何种法律。当时被指派负责管理若干永久定居地的理查德·梅森(Richard Mason),在写给当地一名镇长(地方负责人)的信中,如此描述当时的情况:

> 刚刚走马上任总督不过两天,现在本人尚无法告知您作为镇长享有何种权限。从目前的情况来看,您只能适用美国的习惯法,当然,前提是您能够确定这些习惯法的存在,同时还得依靠自身的良好直觉与自由裁量。³

没有发挥作用的政府,就意味着针对淘金活动没有批准程序,没有税赋规范。没有哪名淘金客是在自己所拥有的土地上采矿。所有人都可以随时加入任何一个采金营地。

淘金营地充斥着三教九流、各色人等,"既有清教徒,又有烂醉者;既有教士,又有逃犯;既有君子,亦有小人;贫富不均,差异很大"⁴。语言、文化乃至法律体验都大相径庭。淘金客加入营地之前的个人法律体验,变成了某种纯粹的私人体验,之前的生活资历,无论是社会、教育、道德抑或经济地位,现在都变得无关紧要。没有人是在为其他人打工。采金之前,不需要得到任何人的批准。

但这些人却存在共同需要。在外出淘金时,每个淘金客都需要将自己的财物在无人看管的情况下留在营地。淘到金子的人在将其出卖变现或换取物资之前,必须自行保管这些财富。出生在加利福尼亚的玛丽·弗洛伊德·威廉斯(Mary Floyd Williams),父亲曾在加利福尼亚淘金,她这样形容当时的普遍情况:

> 数以千计的淘金客,无时无刻不处于利令智昏之中,一窝蜂

挤在远离政府控制的山区营地,普遍对殖民地的传统规矩知之甚少,同时也都非常清楚这里没有谁能够维持秩序,没有警察抓捕罪犯,更没有监狱关押违法之徒。[5]

随着内华达山脉中淘金营地如雨后春笋般星罗棋布,相关社群规范也开始萌芽,这就好像罗伯特·埃里克森所描绘的在加州沙斯塔县农牧民之间形成的规范那样(见第一章)。但在这里,并没有运行良好的刑事司法体制这个"茧"的保护。只有靠自己,才能对付违反规范者,哪怕冲突已经升级到暴力阶段。

例如,在某处营地,淘金客们达成协议,每个人都有权在十步见方的区域内淘金。某位淘金客指控其他人越界,"向大伙求助"。经过集体讨论后,确认存在越界,但因为属于无心之失,故并未作出处罚决定。

如果某处留有淘金工具,就意味着这块场地已名花有主。一次,一位爱尔兰人和一位德国人被指控偷走了他们主张被别人遗弃,但事后证明属于其他人留作记号的锹镐。拿走了这些工具,实际上剥夺了工具主人对于这片采区的声索。但对于这一侵权事件,众人一致认定行为人的犯意十分重要:这两位违规者,发自内心确信这并不是用来标记淘金地的记号。结果,二人遭到驱逐,而非杀害(对于侵犯他人采金地的行为,杀身之祸是常见的处罚措施)。同时,他们也被建议以后留下好的工具作为自己淘金区块的记号。

一路演变出来的行为规范,甚至开始包括涉及各个层面问题的财产所有权规则。霍华德·希恩(Howard Shinn)这位总能在报道淘金营地内发生的新闻方面抢到头条的记者,这样解释:

> 付出劳动力,就可以换取金矿的所有权。如果大家合力让河流改道,"那么其他人就应明白此举的目的,人们通过这种活动树立警示牌,告诉其他人不得越界……借此,这些探险者可以十分

稳妥地维护自身权益,就好像得到政府颁发的特许状一样"[6]。

图6 在加州萨特溪(Sutter Creek)水闸处劳作的淘金者,1849年。[威尔斯·法戈(Wells Fargo)档案馆慷慨提供]

紧急情况下,正义绝不会姗姗来迟,"没有拖泥带水的律师——也不会有碍手碍脚的琐事"[7]。刑事案件之所以能得到立即审判,存在几个方面的重要原因:既没有看守所,更没有狱卒,扣押嫌疑人根本无从谈起,如果在其他地方发现金矿,整个淘金营地可以在一夜之间蒸发得一干二净。很多时候,一旦发现犯罪,马上就要审判。持左轮手枪的人戒护着被告,或者干脆将其捆在树上。判决一旦作出,马上行刑。"给罪犯一次机会的做法被认为更为可靠。通常是施以鞭刑,之后逐出营地,并加以警告,'再露面,死路一条'。"[8]

犯罪的严重程度,决定了审判的规模。小案子,由淘金客营地成员自行裁断:"案子提交给大伙,不容争辩,口头裁定后,一锤定音。"⁹但是,"如果事关重大,则会向各大山头广发英雄帖,来自四面八方的淘金客汇聚一堂,对案件仔细研判,共同讨论"¹⁰。如果碰到了不易解决的难题,"由负责官员及一名法官组织六人或十二人的陪审团,同时传召证人出庭,立即组织审判"¹¹。

时过境迁,淘金营地变得越来越井然有序。营地通常会选出镇长——照搬传统墨西哥的管理体制——由其作为争端解决的第一负责人。在"杰克逊溪"(Jackson Creek),一位名叫西姆(Sim)的家伙将自己的淘金搭档斯宾格尔(Sprenger)从二人共同淘金的地块踹了出来,理由是斯宾格尔因伤无法继续工作,同时西姆也没有将淘金地块、工具以及之前的劳动成果对半分给斯宾格尔。遭到抗议后,西姆将争议提交给当地的镇长罗杰斯(Rogers),并向其行贿,以获得对自己有利的裁定。

在得知裁定显失公平后,斯宾格尔向大家求助。尽管需要搭上自己淘金的宝贵时间,但其所属营地还是四处派人,呼吁其他山头的矿工前来江湖救急。聚集而来的淘金客们要求镇长组织陪审团审理斯宾格尔案。罗杰斯拒绝了矿工们的要求,声称自己作出的就是终局裁定。对此,矿工们愤怒了:"除了人民,谁还能把这个混蛋镇长怎么样?我们可以组织我们自己的上诉法庭!"消息传遍远山的四面八方,"奇冤待雪,希望能够公平、细致地对全案加以审理,维持还是推翻之前的判决,应全凭证据说话"¹²。希恩报道:

> 所有人都会因为当天没有开工,损失本来可能赚到的收入——或许是5美元,或许是50美元,但杰克逊溪的淘金客们,却甘愿承受这种损失,目的只有一个,就是借此在人与人之间建构起公平正义的关系。¹³

大家推选了一位名叫海登(Hayden)的人担任首席法官,海登要求,再同样选出一名法庭工作人员,以及一名维持秩序的法警。因为镇长罗杰斯拒绝向法庭提供案件材料,海登决定再次听取当事双方的意见——只不过这一次,是在陪审团在场的情况下进行。法官告诉陪审团:"不要纠结于繁文缛节,不要纠结于法律规定,单纯地依据常识判断对错即可。"[14]陪审团作出了对斯宾格尔有利的裁定。判令西姆向斯宾格尔支付医疗费,必须接受其作为完全意义上的合伙人,并同意斯宾格尔返回二人共同居住的窝棚。同时,判决西姆行贿罪名成立。在镇长罗杰斯的窝棚外面聚集了很多人,大家群情激愤。海登法官说服大家饶罗杰斯不死,但这位腐败的镇长因此被罢免职务,法庭还没收了其若干淘金工具。

理查德·奥格尔斯比(Richard J. Oglesby)曾在几个淘金营地待过,他后来这样回忆:

> 那里虽然没有什么法律,但却存在很多良好的规范;虽然那里没有什么教堂,但却存在坚定的宗教信仰;虽然那里没有什么政治,但却存在很多杰出的公共人物;没有公家机构,但让诸位同胞惊讶不已的是,更没有什么追逐权力者。因为刑法严明,犯罪行为极为罕见……直到现在,我还记得三名同伴因为偷了其他伙计的钱,分别光着脊梁被查理·威廉斯(Charley Williams)狠狠抽了二十一至四十鞭子不等。很多与此事无关的看客,组成了法庭。在我的记忆中,这种审判根本不需要支付什么律师费,更没有具体指控的罪名。我想,我从未见到过以如此之小的代价、如此之短的时间践行正义的情况。自此,在内华达县,直到生活逐渐安定、秩序逐渐规范之前,都没有再发生任何窃盗事件。[15]

身处无法无天世界的淘金客,自己制定了法律。除此之外,别无选择。如果没有彼此认同的行为规范,缺乏有效的执行机制,这些人的生活必将无以为继。然而,他们所创设的,并非仅仅为惩罚而惩罚,而是希望通过自己所设定的规则,实现正义。尽管这里的所有人都放弃了之前的生活,为了淘金,为了一夜暴富加入淘金者的行列——几乎放弃了生活中的其他所有考量——但却可以花费时间追求正义,即使事不关己,也未高高挂起,没有隔岸观火。

就在淘金客于群山之间逡巡劳作时,在他们当中大部分人进出这片希望之地的门户——旧金山——生活的人们,同样需要处理类似但又稍有不同的问题。

当时,旧金山堪称淘金客的大本营。超过十五万人借道此地,迈向遥远的群山。当地少得可怜的官方组织,根本无力应对如此之多躁动不安的混沌人潮。1846年,这座小镇的常住居民仅有二百余人,对如过江之鲫般的淘金客,一无法律根据,二无执法能力。[16]

对旧金山不堪一击的局面觊觎已久,一个自称"猎狗帮"(the Hounds)的犯罪组织开始大肆劫掠旅馆酒肆,"强迫商家为其提供给养,并向'猎狗帮'上供"[17]。1849年7月的一个礼拜天,"猎狗帮"的暴行变本加厉,不仅对每一名遭到劫掠的受害人拳打脚踢,甚至还将其中一人残忍枪杀。镇上的几位头面人物召开会议,商讨如何应对此种暴力活动。不到几天,自发形成的公民委员会就将绝大多数"猎狗帮"成员拿捕到案。众人再次召开会议,讨论这些匪徒的最终命运。会上,设立了一个法庭及一个大陪审团,同时,"猎狗帮"成员遭到"指控,被起诉犯有共谋实施谋杀、抢劫等多项罪名"[18]。法庭由一名法官和一个陪审团组成,控辩双方都由律师代理。最终,一致认定匪徒们罪名成立,判决立即将被告从本地驱逐出去,如果胆敢返回,杀无赦。

在旧金山地区,类似的群众集会、公众审判,逐渐成为广受认可的刑事审判形式。和在群山中的淘金客一样,这里的居民也会推选镇负责人。正义的飘忽不定,更是有过之而无不及。例如,1850年发生了这样一起寻常案件,"4月的某日凌晨四点左右,镇上发生了夜盗。镇长发出搜查令,群贼遭到追捕,并被一个大陪审团起诉犯有小额盗窃。全案定谳后,被告人遭到鞭笞,同时被限令在十二小时内离开本地"[19]。毫无疑问,这样的一种程序容易出错,但在没有行之有效的替代措施的情况下,对于普通居民来说,显然要好于身处无法无天的泥沼,或面对群情激愤下的私刑。

1850年10月18日,加利福尼亚正式成为美国的一个州。诸多政治权力机构应运而生。和当时很多——如果不是大多数——身处此地的人一样,在首次选举中当选的官员们,对于长期深耕西部毫无兴趣。很多人都单纯地将自己的职位"视为捞钱的手段,以便尽快衣锦还乡,回到美国东部地区"[20]。在这些政府官员走上台面之前,"人民的法庭"虽然可以大致维持公平正义,但却很难在更大的范围内得到推广,毕竟大家指定的法官或律师一案一换,变动太大。但新成立的正式法庭,却充斥着来路不明的可疑分子,既无远见,更无服务当地社群的内在动力。这群家伙"在惩处犯罪分子——特别是有钱雇用手段高明律师的犯罪分子方面,无能得令人发指……同时也直接导致了法律圈子内部腐败盛行"[21]。

在成为加州之前,这片土地上一旦有罪案发生,旋即就会有相关方面,如左邻右舍组织审判。但新体制将这种责任转嫁给无论是从物理还是心理距离而言都与当地隔膜颇深的司法体制后,犯罪往往迟迟得不到审判。1851年,加州犯罪率直线飙升。作为应对之策,加州军民重拾牙慧,开始组建"巡防委员会"(the Vigilance Committee),并面向当地所有男性开放。该组织选出负责人,立案存档,在街面上及海港中组织人员巡逻。其成员还可身兼侦探、狱卒、律师、法官以及陪审员等角色。

"巡防委员会"处理了上百起案件,并最终对四名罪犯施以绞刑,这几位犯下的至少都是谋杀及抢劫等罪行。单纯抢劫或者实施其他较为轻缓犯罪的犯罪人,经审判后被强制用船驱离,或干脆流放国外。委员会当面警告那些与罪犯勾连的旅馆负责人,如果继续为其提供食宿,将会被责令关门。曾有人因为持有赃物,遭到鞭笞。

在和被其视为腐败的当局公开斗争的过程中,"巡防委员会"很快发现,自己的成员居然也成为有关当局砧板上的鱼肉。公家的法院先后判处几位"巡防委员会"成员有罪,但引发公众极大不满,并迫使官方作出让步,被认定有罪的这几位"巡防委员会"成员最终并未遭到判刑。这一事件引发的唯一后果,就是又有数以百计的新人踊跃投身"巡防委员会"并积极开展工作。通过"巡防委员会"的努力,犯罪率再次开始下降。在新一轮选举之后,随着众多致力于服务本地社群者上台,"巡防委员会"最终淡出了人们的视野。

图7 旧金山"巡防委员会"下辖的查禁烟毒纠察队,1850年。(加州州立档案馆慷慨提供)

淘金客,以及旧金山居民的经验,完美诠释了那幅似曾相识的图景:在政府法律缺位的情况下,人们将自发组织起来,制定自己的行为规范,并建立相应的执行机制。这种共同规范可能涵盖复杂甚至十分细致的问题,例如之前提到的淘金客想办法让溪流改道,从而在河底淘金的群体原则;或因伤暂时无法参与淘金劳动的搭档应享受待遇的行为规范。

上述自然实验亦证明了某种新原则,亦即,人们珍视正义的重要性。除此之外,淘金客的生活中别无他物——家庭、朋友、浪漫、职业、教育、休闲——但大家都认识到,在淘金营地,绝对不能在维护正义方面袖手旁观,无论这件事是否关己,甚至无论这件事是否发生在自己所生活的这片营地。在幅员辽阔的区域内淘金的矿工,都会放下手中的工具,参与严重案件的集体审判。服务集体的现象,同样也在旧金山的经验当中出现。在加利福尼亚建州之前缺乏政府法律的时代,以及建州之后政府治理腐败无能的时期,加州人民自发组成"巡防委员会",冒着可能遭到法律报复的风险,甚至不顾人身安危,积极捍卫正义,即便自己并非或者根本不会成为这些犯罪的受害者。

换句话说,践行正义绝非人类某种可有可无的天性。未能捍卫正义,也不仅仅是人类生命中的某种小小遗憾——而这正是很多学界人士对其的刻画。对于普通人而言,正义未能实现,可能会造成深深的不满,甚至莫大的伤悲。如果杀害自己丈夫的凶手逃脱法律的严惩,遗孀会感到无比愤怒,甚至出现生理上的"恶心"反应。[22] 对于正义沦陷,人们往往会抱怨其"绝对不合理"[23],"让我感到一片黑暗"[24],"属于卑劣的表演"[25],"让人难以置信……[这]导致了毁灭性后果"[26],"简直不可理喻"[27]。正义泯灭,对于受害人而言,将会产生更为严重的负面效应:如某位受害人所言,"我将永远生活在这片阴影之中"[28]。还有人表示:"自从事情发生以来,我的感觉就始终如大海波涛般起伏不定……[判决]深深刺痛了我。"²⁹某位强奸犯罪的受害人声称,自己将被这次犯罪,以及"令人极度难以接受的判决","永远留下烙印"³⁰。对于普通人而言,正义不仅仅是一种政策取向,更是让自己生活的这个世界走上正轨的前提条件。

人类珍视公平正义的价值取向,可以通过社会实验加以印证,即便相关实验所涉及的都只是些轻微的违规行为。在一种名为"终极游戏"(Ultimatum Game)的实验中,参与者被两两配对,并给其中一人分发一定数目的款项。此人必须将自己的钱分给对方一部分,但丰俭随意。如果对方拒绝接受这笔款项,则两个人谁都不能再继续持有最初分配的那笔钱。如果对方接受,则两个人分别可以继续持有相关数目的款项。

如果从纯粹效率角度考虑,接收一方应当不管对方给多少都要——这总比什么都没有强。但这并非典型的反应状态。实验中的接收方,往往要进行公平性判断,一般情况下,低于总钱数20%的赠款,会遭到对方的拒绝。³¹如果赠款仅为总款项的三分之一,即使钱款数额较大,也会遭到拒绝。³²

之所以出现这种态度,大概在于无法解释为什么第一个人拿到的钱,要比第二个人多——只是因为机缘巧合,第一个人,而不是第二个人才被选中成为拿着钱的人——因此最合适、最公平的办法,就是平分,最多承认被选为发钱一方的人是幸运的,因而对其在数量上稍微倾斜。然而,发钱一方任何"趁机钻空子",给予对方的钱款数额显失公平的做法,都被认为是错误的。

人们不仅发自内心感觉给钱太少是错误的,甚至对此态度强硬,不惜以牺牲自己应得份额为代价,剥夺犯错者所把控的钱财。也就是说,他们愿意作出个人牺牲,从而让犯错者也为自己的错误行为付出代价。[33]

观察双方互动的第三方的反应,更为值得一提。第三方观察者——本人在实验双方交易过程中没有任何收益——也倾向于惩罚在其看来有失公平的人。更令人震惊的是,第三方,即便自己需要承担实施上述惩罚的费用,也依然愿意惩罚错误一方!

这种动态关系还体现在"终极游戏"的变体版当中,参与双方都分得一部分起始资金,同时可以自行选择给予对方的数额。在这个变体当中,每个人都可以一分钱不给,但也可以获得对方给予钱款数量的三倍。因此,如果一方能够将自己最初分得钱款全部给对方,显然双方都会获得最大收益,即最初分得款项的三倍。[34]但参与实验的一方,只能在无法获知对方是否会平等互惠的情况下作出分配的决定。是否坚信对方会将全部款项交给自己?对方或许一毛不拔,从而既保有自己手中原有份额,又可以获得对方给予钱款数量的三倍。因此,最为安全的做法,显然是彼此都不给,至少可以保有手中原有的部分。但是,实验显示,大多数人事实上愿意将手中的钱款交给对方,而非充当铁公鸡,这一点,正如之前有关合作的讨论所预测那样。他们选择超越纯粹的自私自利,信任彼此,相互合作。[35]

上述实验中与本书相关的,莫过于第三方旁观者的反应。实验中,旁观者也分得了一定款项,并允许其留作自用,或者在观察完双方的交易活动之后,用这笔钱对其中一方加以惩罚。旁观者在惩罚时支付一美元,被惩罚一方就需要支付三美元。如果第三方纯粹从自身利益出发,显然会选择袖手旁观,从而保全自己的份额。毕竟,从施加惩罚中第三方无法获益,但却很清楚需要承担具体的损失。在实验双方的交易过程当中,第三方观察者并无任何个人利害关系掺杂其中。

然而,当第三方发现有人占便宜时,却往往会选择自己承担成本,对其加以惩罚。当看到某人将自己所分得的份额转给对方,而对方却按兵不动,拒不向前者支付任何钱款时(因此,可以一方面继续持有自己的份额,同时拿到对方给予自己数额的三倍钱款),有大约一半的第三方观察者决定自己出钱惩罚自私者。平均来看,第三方观察者将自己所分得的钱款中的三分之一用来惩罚违规者。[36]这一结果以非常直观的方式说明,对于违规者,存在一种普遍的处罚意识,即便本人并非受害人,即便施加惩罚需要本人付出成本,且目前或未来无法期待从中具体获益。[37]

一个更为宏大的问题在于,罚当其罪,乃是人之本性。人类的行为,似乎可以从践行正义中获益,又好像会因犯错之人逃脱惩罚而遭遇具体损失一样。科学研究证明,在某种意义上,这种行为的确具有成本性。

人类倾向于惩罚犯错者的意愿,不仅仅是一种社会倾向,更是生物基因的组成部分。[38]在一个与上面提到的变体版"终极游戏"类似的实验中,研究者使用脑扫描科技,调查实验参与者在作出决策时的脑部活动区域。[39]结果发现,当人们惩罚自己认定实施了错误行为的人时,大脑内部一个被称为"尾状细胞核"的区域开始变得异常活跃。与该区域相关的补偿满足区域也开始联动,就好像欣赏视觉美、体验浪漫爱情或者吸食可卡因、尼古丁等物质时那样。[40]

根据脑部扫描,我们可以发现捍卫正义时人类的生物学反应。这样一来,人们在戏剧、电影、书籍以及诸如此类的娱乐活动中对此孜孜以求的感觉,也就不难解释了。克林特·伊斯特伍德(Clint Eastwood)主演的电影《肮脏的哈里》(*Dirty Harry*),以及查尔斯·布朗森(Charles Bronson)主演的《猛龙怪客》(*Death Wish*)系列影片,之所以大获成功,都因为故事情节建立在主人公单枪匹马、校正失效、不公的法律体制基础上。正义姗姗来迟,但最终还是得以彰显,这样的经典主题，还出现在莎士比亚笔下的《哈姆雷特》(*Hamlet*)、大仲马创作的《基督山伯爵》(*Count of Monte Cristo*)、菲茨杰拉德的名著《了不起的盖茨比》(*The Great Gatsby*)当中。很多当代的畅销书作家的代表作，如汤姆·克兰西(Tom Clancy)的《冷血悍将》(*Without Remorse*)、李·查德(Lee Child)的《至死方休》(*Die Trying*)、约翰·格里森姆(John Grisham)的《杀戮时刻》(*A Time to Kill*)以及史蒂芬·金(Stephen King)的《魔女嘉莉》(*Carrie*)，也都沿用这一主题。

十九世纪五十年代淘金客及旧金山居民的传奇故事，给我们上了另外一课：人所致力追求的，并非单纯地惩罚错误行为，而是对错误行为给予正当的惩罚。授权某些身体强健的人惩罚违规者，最简单不过，但人类群体还是希望承担集体裁断的成本，确保惩罚能够反映彼此的共同价值。在淘金营地当中，指控的罪名越严重，可能判处的刑罚越苛刻，被找来参与裁定的人就越多。换句话说，罪行越严重，人们越愿意投入成本确保责任和处罚的适当性。

通常情况下，上述判断会表现出对行为人可责性差别的高度敏感性。还记得吗？之前越界淘金的行为，就被认定为无心之失，最终，越界行为得到纠正，但越界者并未遭到处罚。与此类似，"巡防委员会"并未对所有违规者斩尽杀绝，而是罚当其罪：谋杀犯被绞死，抢劫犯遭到永久驱逐，收赃的人面临鞭笞，但获准继续在当地生活。判决的目的，并不是让所有违规者都感受到痛苦，而是希望作出所有社群成员都认为公正的惩罚。

当代研究证实，道德可责性——行为人需要为其实施的错误行为承担责罚的程度——才是人们在评价刑罚是否适当时所考虑的因素，而不是如阻遏未来发生犯罪，或确保危险分子远离人群等什么其他考量。

当然，人们都希望安全，但这种偏好并不能否定人类对于刑罚应当公正的先天确信。人类本能地希望能够根据可责性，而非枯燥无味的犯罪控制结果计算，来对错误行为人施加惩罚。

例如，在一项研究当中，被测验者需要在没有参考原则的情况下，对于不同案件的该当刑罚加以评价。之后，这些被测验者被要求对相同的案件再次"量刑"，但这次需要根据明确的原则：原则之一，行为人针对罪行的道德可责性（该当性）；原则之二，防止其他人未来实施犯罪（一般预防）；原则之三，行为人的人身危险性，以及未来如何防止该犯罪人继续危害社会（剥夺犯罪能力/特殊预防）。被测验者最初对于刑罚的直觉评价，基本符合后来根据"该当性"所作的评价，但却与根据"一般预防"及"剥夺犯罪能力"等原则所作的刑罚评价相去甚远。也就是说，如果可以自行判断，人们显然希望对已经发生的犯罪适用该当的刑罚，而不会考虑未来犯罪控制的有效性。

其他研究则关注被测验者在量刑评价时所询问的问题，或者参考的信息。如上所述，研究发现，人们所倚重的信息，都与该当性，而非阻遏或危险性相关。犯罪的严重程度，始终是人们对刑法该当性评价的核心。同时，被测验者还会考察其他相关因素，如行为人的可责犯意、精神状况以及其他与行为人相关的减轻情节。通常情况下，人们不会考虑诸如行为人的前科劣迹、未来实施暴力行为的可能性（被用来预测未来的危险性）、犯罪被侦破的概率、犯罪频次以及犯罪的公开程度（这些都是确定更有效阻遏犯罪发生的制裁措施时所需要考察的要素）。相反，被测验者明确关注行为人的"可责性"[41]。

十九世纪加州淘金潮期间，人类展现出来的维护正义的倾向性，还可以在不同时代、不同地区身处脱法环境下的人们处理自身事务的行为方式中，得到体现。

第二次世界大战期间,纳粹将欧洲地区的犹太人一网打尽,通通关进旨在将这些人彻底灭绝的集中营。此外,被关进来的还包括同性恋者、"耶和华见证人"(Jehovah's Witnesses)教徒、共产党人以及吉普赛人。没有在刚刚抵达集中营时就被处死的幸存者,还需要继续抵御疾病、饥饿、虐待以及过度劳动的摧残,苦苦求生。[42]

集中营中关押的囚犯通常会在自己少得可怜的随身物品中夹带一小块面包。对于挣扎在饿死边缘的人来说,这点珍贵的面包,往往意味着生与死。因此,在囚犯们看来,偷别人的面包,就形同谋杀。凡被捉到者,都将面临被处死的下场。

意识到这种风险存在的面包贼,将目标锁定在身体虚弱者身上,这些人无力反击或者日后报复,甚至可能会在案发当日死去,从而让整件事情石沉大海。然而,对于这种卑劣的偷窃行为,整个囚犯群体义愤填膺,决定派人夜间轮流值守。承担此种望风的工作,往往需要付出惨痛的代价,因为这意味着值班的人很可能无力承担第二天繁重的劳役,而工作表现不佳,很可能会被处决。但渴望抓到欺负弱者的家伙并对其加以严惩的信念,战胜了这种个人得失。

还有些囚犯,出于各种原因,助纣为虐,残害自己的同胞,甚至将某些自己人折磨致死。管控集中营的德国党卫军根本无意惩处上述行为。事实上,那些以对同伴心狠手辣著称的囚犯,反而会得到党卫军的刻意保护。但是,在这背后,囚犯间的正义信念仍在发挥作用,那些受纳粹刻意保护的"家伙",常常被其他囚犯处决,行刑者往往本身并非恶行的直接受害者,这样做无法获得任何个人好处,反而会将自己置于危险之下。有一名叫作格里高利·库什尼尔-库莎那夫(Gregory Kushnir-Kushnarev)的恶毒之徒,以曾经身为俄国将军自居,拜倒在党卫军膝下摇尾乞怜,换取庇护。但后来有一天,这个家伙病倒了,被送去就诊,集中营里的大夫(同时也是囚犯)根据事先商量好的计划,宣布他罹患传染病，必须住院治疗，随后，这个家伙被其他囚犯注射了毒针，一命呜呼。为什么这些通常情况下身体状况最好、生存概率最大的囚犯，甘愿冒着巨大的风险，为其他人惩罚错误行为？

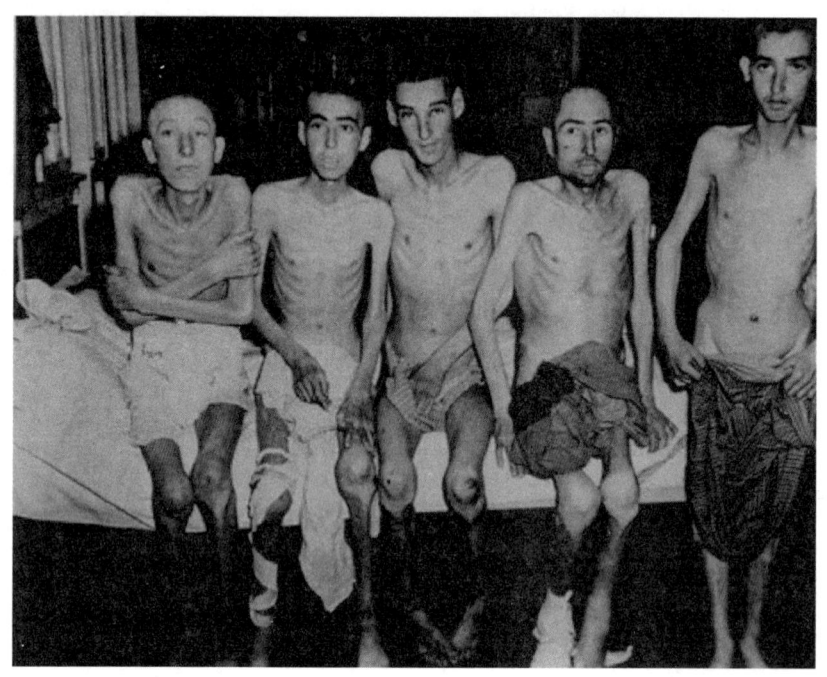

图 8　达豪集中营中羸弱的囚徒，1945 年。[美国大屠杀纪念馆，迪博·文西（Tibor Vance）慷慨提供]

1719 年，由威廉·斯内尔格拉夫（William Snelgrave）担任船长的商船被一帮海盗俘获。[43]海盗船的舵手调查了斯内尔格拉夫的手下，以确定其是不是一名正直的船长，如果发现不是，就计划将其杀掉。调查持续至晚上才结束，最终证明，斯内尔格拉夫乃是一位杰出的船长，遂免其一死。但海盗船的水手长对此决定甚为不满，决定晚上自己动手了结斯内尔格拉夫的性命。事情暴露后，海盗船上其他海盗，"表决对水手长施以鞭刑"[44]。

和其他被海盗劫持的囚犯一样,斯内尔格拉夫船长与海盗们非亲非故,素昧平生。而水手长则是诸海盗所喜爱的同伙,之后也还将继续厮混下去。然而,海盗们却因为水手长对待陌生人的做法错误,对其严惩不贷。水手长罪有应得,而对其加以惩罚,是唯一能够修复事态的方法。

十九世纪四十年代早期,对免费获得土地的热烈期盼,以及美国经济的停滞不前,促使成千上万个家庭沿着"俄勒冈小径"(the Oregon Trail)前往加利福尼亚、犹他以及俄勒冈等地。冬天,在密苏里州"独立城"(Independence),大篷车汇集成队,并就车队领导权、补给品及相关的财务问题达成协议。在计划通过的道路两旁可供拉车牲畜进食的青草萌芽之前,尚无法上路。只有按照每小时三英里的速度一刻不停地赶路,车队才得以勉强在秋季大雪封山前完成这次长达两千英里的漫长旅程。一旦行程延误,就可能造成灾难性的后果。被困在群山中的人们,或者因为饥寒交迫、缺衣少食而倒毙路旁;或被迫翻回头走进大草原,希望找到某个军事要塞,可以让自己栖身以便度过寒冬。

在最初开始跋涉的几周,还有些大篷车试图在安息日当天停下脚步,但这种做法并未坚持多久。如果要严格按照计划行事,星期天继续开拔实属必须。即使路上有人死去,也只能将尸体放在马车上继续赶路,直到歇脚的时间足够,才会将其草草埋葬路旁。如果路上有人生病,车队就必须在遗弃病人或者耽搁行程之间作出选择。和车队分开,显然极度危险,因为这意味着群体不再负责解决日常活动,在危急关头也无人伸出援手,面对攻击时没有任何保护。继续前行的重要性,迫使车队只能遗弃病人及其家庭成员,寄希望于后面能够很快有另外一支车队赶来。例如,悉尼·史密斯(Sidney Smith),因为枪支走火误伤了自己。"我们当时身处考斯族印第安人的狩猎场,经常与波尼族印第安人不期而遇,周围还逡巡着科曼奇族印第安人,因此,如果继续在宿营地停留不动,直至史密斯彻底康复,无疑是死路一条。"车队决定继续前行。头一天,史密斯勉强坚持了下来,但为了让他活命,不得不放缓前进的步伐。最终,车队决定分开行动,只留下少部分人跟随史密斯缓慢移动(行动较慢的这一组人马最终放弃继续前行,原路返回美国东部)。

如果弄清楚了在途中耽搁的惨痛代价,那么车队因处理、惩罚严重的违规行为而自愿停下前进的脚步,难免会使人感到十分惊讶。每个车队都制定了自己的规矩。路途中,根本就不存在任何美国的公权力机构。事实上,当时车队行经的大部分土地,还都未纳入美国版图。因此,他们基本上只能根据大家普通接受的正义直觉来处理违规行为。[45]后续车队停下来,作为陪审员参与和自己没有任何关系的之前某个车队组织的审判,也经常发生。阿比盖尔·简·斯科特(Abigail Jane Scott)曾记录过她所在的车队为了参与前一个车队组织的审判,特地停留一天的故事:

> 审理过程中提出的事实显示,邓莫尔(Dunmore)尾随受害人奥姆斯特德(Olmstead),最终将其扑倒在地并实施殴打,还用脚上蹬着的皮靴猛踢受害人面部;奥姆斯特德呼喊周围的人将邓莫尔拉开,同时表示自己手里有刀。因为无人相助,奥姆斯特德用刀刺中了邓莫尔的腹部。此时,邓莫尔跳了起来,高喊自己被捅了。二十分钟之后,邓莫尔死亡。[46]

大家判定,奥姆斯特德不具有可责性,实施的是合理的自卫行为,无需承担责任。

图9 羊肠山路上蜿蜒前行的马车车队,1865年。[劳伦斯及豪斯沃思藏品(Lawrence and Housewoth Collection),国会图书馆图片及印刷品部,LC-USZ62-22270]

当后来参与臭名昭著的"唐纳聚餐"(Donner Party)*的詹姆斯·里德(James Reed)用赶牛的鞭子抽打其他人的头部,车队负责人组织了法庭,并认定里德犯有攻击罪。他们手里可用的制裁方式相当有限。最终,车队成员并未选择处死里德,而是将其驱逐,判令里德必须单独离开,且不能携带枪支。直接处死显然太过严厉,但让里德赤手空拳离开,则明显会让他置身于危险当中。尽管大家对里德作出了惩

---

* "唐纳聚餐"(Donner Party),是指一个有关食人的传说。1846年冬,一群西部拓荒者在内华达山为大雪所困,四个月后才遭解救,幸存者不足一半,拒信,这些人靠吃人肉存活下来。

罚,但同时也承诺会照顾好他的家人。

又一次可以发现,人们冒着巨大风险采取行动——困在山中,或者遭到集中营看守的责罚——在本人并非受害人,甚至连受害人的亲朋好友都不是的情况下主持正义。然而,人们却似乎更愿意作出这种牺牲,承担这种风险。为什么人类会具有此种倾向?

人类的进化史,对此作出了某种说明。还记得早期人类所面临的严重困难吗?维持重要的社会合作,至少要求对实施严重身体伤害,或在未经对方许可的情况下占据对方财物的行为加以限制。一个经常被害的成员个体,显然不太可能热心参与公共活动,而无论是农耕还是狩猎,都不仅仅要求成员简单聚在一起,还需要彼此之间密切合作。对于相对弱小的个体来说,在抗拒大型捕食动物或者其他自然危险时,只有通过合作才能求生。

针对基本的行为原则,团体成员之间达成某种谅解实属必要。但即便在行为规范方面达成了一致,如何处理违规者,就变成了该团体必须面对的棘手问题。在简单通过社会压力无法确保其成员服从行为规范的情况下,对于实施不当暴力或在缺乏合意的情况下占据他人财物行为的最佳对策,莫过于对上述行为人实施暴力,或在缺乏其本人合意的情况下,剥夺其财物。[47]

或许有人已经发现了其中存在的问题:对于一个群体来说,如何区分"坏"的人身侵害或侵财行为(违反规则),以及"好"的殴打及没收(该当刑罚)呢?有效的规则执行机制,不仅需要对禁止性规定达成共识,还需要大家对何种情况下可将禁止性规范暂时搁置以实施惩罚的具体情节达成一致意见。

而这样往往也不够。如果对微小的违规行为施以重刑,而对严重的违规行为轻拿轻放,显然无法维持合作。对任何成员的处罚,都会给整体带来负担（例如，遭到责打的违规者，很可能在相当长的一段时间内都无法正常狩猎），因此，不过度施加刑罚自身即存在一定价值。然而，向外传达违规行为的严重程度存在相对差别的信号，同样十分重要。例如，让大家明白不当杀害他人的恶劣程度，更甚于不当殴打他人。因此，必须对违规行为的严重性谱系，以及与之对应的惩罚轻重谱系达成共识，进而让二者之间精确匹配。[48]

即便在史前社会，仍可以推定早期人类一定达成了类似的共识，毕竟，这个物种最终得以繁衍生息。或许，随着合作行为程度的提高，这种共识也随之愈加敏锐。很难找到处罚恣意，与违规行为的严重程度脱节，同时又足以维持高度合作的事例。

如前所述，人性特征不会凭空出现，通常都建立在生物演化序列中与人类相近的动物特性之上。而这也适用于对危害行为加以惩罚这一现象。事实上，可以毫不奇怪地发现，很多动物，特别是社会化动物，都展现出某种原始类型的公平正义观。这一点，特别适用于具有合作关系的动物种群。[49]不公正的对待，往往会引发不悦的反应，而这势必降低该种群内部的合作精神。

例如，在一个以南美卷尾猴为对象的实验中，实验者当着所有猴子的面，用黄瓜片换取猴子拿着的小石头。后来，当实验者用一粒葡萄（更为有价值的食物）交换某只猴子的石头，而对其他猴子依旧使用黄瓜时，面对黄瓜的猴子表现得非常沮丧，上蹿下跳，甚至将石头或黄瓜扔向实验人员。[50]面对黄瓜，猴子可能会感觉到回报的价值不均，并通过拒绝"不公平"的回报，充分表达自己的不满。[51]与此类似，大猩猩一旦发现同样的努力回报不同，也会拒绝继续参与此类活动。[52]短尾猴和大猩猩的行为，都显示出其能够发现不公，并往往会因此面临生理压力。

这种行为表明,大部分灵长类动物的社会行动,都与公平或不公平的体察有关。很多灵长类动物经常从事复杂的合作体制,内容涵盖范围包括简单的互相梳理皮毛、分享食物,再到复杂的工具使用及构建联盟行为,动物个体能否参与上述活动,很大程度上取决于其是否能够被认定可以公平地作出贡献。例如,在东非狒狒种群当中,之前获得过其他同伴帮助的狒狒,很有可能会在下一次争斗中对帮助者施以援手。[53]与此类似,如果在之前争斗中得到过其他同类的帮助,后来对方有事时,短尾猴也会投桃报李。[54]长尾黑颌猴更乐于为给自己梳理过皮毛的同类梳理皮毛。[55]如果某只大猩猩曾为自己梳理过皮毛,那么对方更愿意与其分享食物。[56]从事需要合作活动的大猩猩,很快就能弄清楚哪只大猩猩才是最佳的合作伙伴,之后也更容易与其开展合作。[57]研究灵长类的动物学家报告称,因为分享及其他社会合作行为,存在于"相互关系、社会压力、后续补偿以及相互义务等多方面的复杂组合"之中,因此,成功者总是那些能够区分好队友与坏队友,并采取不同交往对策的个体。[58]

与上面提到的进化传奇类似,如果不能对集体作出同样的贡献,不仅无法从其他人那里得到充分的帮助,还可能会面临集体作出的惩罚。这一点,罗杰斯镇长在接受西蒙的贿赂前,本来应认真考虑。发现食物,但没有及时告诉种群同类的恒河猴,也将成为群猴攻击的对象。[59]在大猩猩的社会中,那些不愿意分享食物的大猩猩,之后再次接近其他有食物的大猩猩时,将会面临对方的激烈反应。[60]对于之前在自己陷入争斗时袖手旁观的某个伙伴,大猩猩也会痛下重手。[61]很多灵长类动物,包括大猩猩,对于经常干涉自身活动的同类会以牙还牙。[62]

在大猩猩(和倭黑猩猩一样,是人类的近亲物种)物种当中,报应的现象普遍到连研究者都将其视为"互利机制的整体组成部分"[63]。杰出的灵长类动物学家弗兰斯·德·瓦尔(Frans de Waal)将大猩猩社群描绘为一个"赏罚兼具的'市场'"[64],在社会互动关系上,"心里都有本账"[65]。其种群奉行"投桃报李",以及"睚眦必报"的准则。[66]"不仅对其他同类有益的行为会有所回报",德·瓦尔认为,"而且还有教训一下倒行逆施的同类这样的内在倾向。"[67]正所谓惩恶扬善。合作的动物不仅会施加惩罚,而且惩罚的强度也会与违规者造成的危害程度存在对应关系,这也再次呼应了上面的进化论分析。[68]

总而言之,动物研究的领军学者认为,这种进化,为人性道德奠定了坚实的基础。[69]问题不在于生物学对人类道德体制的发展是否产生了影响,而在于产生了多大程度的影响。[70]他们认为:"进化,为道德提供了此种要求:即发展出社会规范,并加以落实。"[71]

更为重要的一点在于,人类对于公平正义的判断,并非某种晚近才出现的社会倾向,相反,却是人类的天生本性。儿童发展的科学研究,对此得出了颇具说服力的论断。全世界各种文化,乃至同一文化内部不同人种地理学属性的儿童,在道德直觉发展的路径方面都表现出惊人的一致,都信奉共同的基本正义原则。而这些都在很早,甚至是孩子们了解并掌握社会规范(更别说政府的法律规范)的工具之前,就已经定型。人类绝大部分的道德直觉,都是自身在适应环境过程中事先编写好的基因密码。

例如,有很多例证可以用来支持劳伦斯·科尔伯格(Lawrence Kohlberg)所阐述的人类道德思想发展过程必经若干阶段的论断。[72]他提出了三个不同的发展阶段,每个阶段又分为两层。[73]作为"当下最被广泛接受的道德发展描述研究",是否完全接受其观点,甚至是否接受其对道德发展阶段的划分都并不重要。[74]重要的一点在于,儿童发展研究界普遍认为,全世界的儿童,都是从同一阶段开始发展,大致同步发展到下一阶段。[75]这种发展在所有文化——不仅仅是西方文化,甚至是法律体制完全不同的文化之中——都普遍适用。[76]

有趣的是,尽管早期研究显示,儿童在道德理性的发展方面具有早熟性,但我们现在知道,上述研究显然低估了低龄儿童的复杂性。事实上,很多权威学者提出,该研究可能并未充分揭示道德理性的早熟特征。[77]根据近期的研究文献,"虽然绝不是说已经充分成熟,但一个人在三岁的时候,其道德能力就已经发展到相当阶段,而这个时候,孩子可能才刚刚会说话"。[78]

例如,一个早期实验,测试了婴幼儿是否有能力辨别违反道德规范的行为(也就是说,错误的、该当处罚的行为,例如,一个孩子打另外一个孩子)与有悖习俗的行为(例如,在吃东西前没有做祷告)。[79]通过使用违规行为的图片,以及可视化的惩罚量级(不同程度的皱眉),研究者发现,即便对于违反道德的行为而言,并无具体的惩罚规则,但两岁到两岁半,以及三岁到三岁半之间的幼儿,也都可对之加以细分,并对违反道德的行为给予比违反习俗的行为更重的惩罚。[80]

在另外一项研究中,同为四岁的欧洲裔美国孩子,和社会经济阶层较低的非洲裔美国孩子,都非常严肃地对涉及生理、心理伤害以及公平性的违反道德行为进行了判断,并认为其该当惩罚。即便未被告知禁止此类行为的道德规范,这些孩子大体上依然认为这些行为是错误的。[81]简而言之,即使是非常年幼的儿童,似乎也已经对该当惩罚预先形成了具体的观念,而这些观念无法通过简单的命令加以剥夺。

上述研究结果的重要性,不容忽视。即便不知道具体的判断规则,婴幼儿依然可以确信不道德的行为是错误的这一事实,证明了其对于道德存在某种普遍的早慧认知。[82]进一步而言,考虑到人类在很早阶段就可以进行上述区别判断,且具有极大的普遍性,因此这种判断不太可能通过社会学习过程习得,而应当属于人类先天发展的结果。[83]

在体现一般正义判断的社会心理学实验中,也令人惊奇地发现了人类对于正义的判断将在多大程度上超越具体的出身及教养程度。世界范围内,人类生存条件与个体经验存在极大不同。政府法律以及不同人种对于法律的理解能力(例如,教育水平差距极大)也存在很大差距,人们对于政府法律的接受程度、内化程度(例如,不同国家的政府法律,在本国人民心中的印象良莠不齐)千差万别。然而,即便在生产条件、个体经验,以及政府或政府法律方面存在很大差别,研究显示,对于正义的诸多面向,不同文化、不同人口统计学意义的人群,判断基本相同。

例如,跨文化研究显示,对犯罪严重程度的理解存在很大普遍性。在一项大规模跨文化研究结束时,某学者指出:"如果有人将被各国犯罪化的行为按照比例排序,就会发现,几乎所有国家都有应当容忍的行为的范围,并对此存在普遍共识。"[84] 同时,"对于任何一种犯罪行为该当的刑罚程度,也存在普遍共识","相关排序表明,在世界各国的上述排序中,差异不大"[85]。

实际上,此类研究表明,人们在形成自己的正义判断时,不会简单地去看政府法律的规定是什么,在很多情况下,这种正义判断本身毫无任何推理过程。研究还显示,人们大多依据的是直觉,而非理性推理。[86] 也就是说,人们不会去计较行为人的相对道德可责性,而是会考察如果是事实,其本人对该行为可责性的认知(上述研究显示,相关的直觉判断可能非常微妙,会考虑到大量因素,乃至这些因素之间的互动关系)。司法直觉在不同人口统计意义上的人群之间,特别是围绕核心的错误行为——与身体伤害及缺乏受害人合意的侵财行为——存在广泛共同之处。[87]

有观点认为,人们能够达成共识的,不是特定犯罪具体该当多大程度的刑罚,而是该犯罪相较于其他犯罪的严重程度。在一项研究中(本书作者之一组织开展),研究者给实验参与者二十四种简短的情境,每种情境都描绘了一种不同类型的犯罪片段(例如偷窃、攻击、夜盗、抢劫、绑架、强奸、过失杀人、谋杀、酷刑)。参与者被要求对不同情境给予排序,从而确定每种情境该当的刑罚。[88]实验参与者不仅同意严重的错误行为需要予以处罚,轻微违法行为不需要处罚,而且在二十四种不同场景中刑罚的相对严苛程度方面,也达成了共识。

在参与实验的不同人口统计学意义上的差别主体之间,存在高度共识。针对多发犯罪,如侵犯人身的犯罪,盗窃、诈骗等侵财犯罪,共识程度最高。随着犯罪性质从核心向边缘过渡,特别是针对与特定文化背景关联度较高的犯罪,如涉及宗教、家庭以及性行为的犯罪,合意的程度开始降低。

对于核心犯罪,跨文化、跨人口统计因素的高度直觉共识,十分清楚地表明,人类对正义的直觉判断超越了政府法律。即使国与国的法律存在差别,但人们对于很多问题的直觉判断却没有差别。

人类超越文化、环境的正义直觉,可以帮助我们解释很多脱法事例。无需奇怪,加州淘金客、十七世纪的加勒比海盗、纳粹集中营囚犯、俄勒冈小径上的大篷车队员、十九世纪五十年代的旧金山居民,都展现出对于正义的坚持,即便需要付出个人代价,即便政府法律遥不可及。他们对于正义的捍卫,在很大程度上来自于人性。

但或许有人会主张,脱法环境下所发生的一切,根本不是什么人性的产物,而是政府法律教育所产生的剩余效果。尽管当时法律本身无法直接发挥作用,但在脱法环境下的人依然受其余威震慑,就好像出于习惯那样,继续按照政府法律教育他们并被其内化的方式行事。

这种观点和之前经过科学证明的事实大相径庭。但是,跨文化的研究显示,即便不同文化之间的法律规范差别很大,依然在很多方面存在相同的正义判断;儿童发展研究显示,道德发展的共同路径对环境因素的变化尚且不敏感,更别说政府法律了;动物研究显示,在它们身上就存在公平正义的迹象;进化分析也显示,在人类还不知道什么是政府和法律时,就已经被迫具备了这种共同的直觉。人们如何能够在全世界范围内发现这种共同的正义直觉,如何解释儿童道德观念的相同发展进路?如果人们对于惩罚的判断仅仅是当地政府法律的产物,如何理解人类进化的先祖所具有的正义直觉?

即便上面提到的那些脱法故事本身,也否定了政府法律发挥主导作用的观点。某些脱法组织,如"奈特斯利克因纽特人"(将在第六章讨论),之前从未有过任何政府法律的概念,更从未对其加以内化。然而,他们却显示出合作与正当处罚的经典模式。其他脱法组织所采用的行为规范,也与其之前所经历的政府法律规范迥然不同。例如,管理英国海员的法律规则,与海盗给自己所创立的江湖规矩之间存在显著差别。海盗的帮规和其他时空条件下其他脱法组织的行为规范,却存在相当程度的类似性。进一步而言,有理由质疑某些脱法组织从未将之前的政府规则内化为自己的行为准则。当然,对于选择成为海盗,或者成为阿提卡(Attica)事件中囚徒(将在第五章讨论)的那些人而言,这个问题依然可以讨论。

或许,反驳脱法群体只是继续执行之前存在的政府法律,最具说服力的理由,莫过于这些群体组成人员背景的复杂性。这些群体存在于不同历史时期、不同地理位置,包括不同人种。这些迥异的人群先前体验的法律规范,天差地别,但依然可以从中发现共同的社会合作模式与对于公正惩罚的追求。如果是之前政府法律的规范作用在发挥影响,显然,这些脱法组织的行为本身也会出现极大差别。[89]符合科学及传说的一个简单解释就是,践行正义乃是深层次的人性特质,与人类用来评估刑罚该当性的许多具体原则一样,跨种族、跨文化。

对于正义判断的本质,并不是一个纯粹学理问题,而是目前很多刑事政策争论的关键所在。如果人类对于践行正义的兴趣果真为社会习得,那么改革者所要做的就只需对我们进行再教育即可。这样一来,社会改良主义者可以随心所欲地塑造人类,让人们变得丝毫不关心公平正义,乐于放弃惩罚机制。祝好运!

相关证据显示,人类践行正义的旨趣,乃是代代发展出来的天生性格特征,业已成为人类的重要组成部分。试图对此加以"再教育",即便不是毫无希望,也将难度太大、成本太高。人类追求正义的本性如此根深蒂固,除非使用民主体制无法容忍的强制灌输,否则根本无法撼动。

当然,人类内心对于正当惩罚的预期属于天生的生物组成部分,自然并不意味着应当任由内心欲望引领我们前行。从塞伦盖蒂平原开始,人类经历了诸多改变。很多人性当中的东西,并没有让人类发展走上正途,甚至对社会整体一点好处都没有。尽管无法改变本性,却可以将其限定在新近限定的范围之内。但是,如本书下篇所述,人类经历的 125000 个世代,留下了某些宝贵的智慧,同时证明,如果忽视人类所共享的正义直觉所具有的重要性,必将为此付出惨痛的代价。

---

[1] 相关事实描述的主要根据如下:DeVoto, *The Year of Decision*; Williams, *History of the San Francisco Committee of Vigilance*; Shinn and Jackson, *Mining Camps*; Delavan, *Notes on California and the Placers*, 51; Senkewicz, *Vigilantes and the Gold Rush*。

[2] DeVoto, *The Year of Decision*, 218-24.

[3] Williams, *History*, 41.

[4] Williams, *History*, 62.

[5] Williams, *History*, 63.

[6] 霍华德·希恩在加州淘金潮期间长大成人,后来担任记者,最终,他前往美国东部,并在约翰·霍普金斯大学深造。他申请博士学位的论文题目为

"Shinn's *Mining Camps*," 66, Dorothy Sloan-Books, item 68, accessed December 18, 2013, http://www.dsloan.com/Auctions/A12/68WebA12.htm。

[7] Williams, *History*, 76.

[8] Williams, *History*, 77.

[9] Shinn, *Mining Camps*, 125.

[10] Williams, *History*, 69.

[11] Shinn, *Mining Camps*, 125.

[12] Shinn, *Mining Camps*, 194.

[13] Shinn, *Mining Camps*, 194.

[14] Shinn, *Mining Camps*, 196.

[15] Shinn, *Mining Camps*, 161.

[16] Senkewicz, *Vigilantes*, 14.

[17] Williams, *History*, 105.

[18] Williams, *History*, 107.

[19] Williams, *History*, 119.

[20] Williams, *History*, 143.

[21] Williams, *History*, 144.

[22] Joe Hosey, "Wife of Man Killed by Drunk Driver Blasts Sentence and System," Joliet Patch, June 28, 2013, http://joliet.patch.com/groups/police-and-fire/p/wife-of-man-killed-by-drunk-driver-blasts-sentence-system.

[23] Dave Forbes, *Mountain Xpress*, November 20, 2009, http://www.mountainx.com.

[24] Tom Sherwood, "Bicyclist Disappointed in Hit-and-Run Sentence," *NBC Washington*, April 4, 2013, http://www.nbcwashington.com/news/local/Bicyclist-Disappointed-inHit-and-Run-Sentence-201514801.html.

[25] Bob Segall, "13 Investigates: Violent Criminals Released Too Soon?" wthr.com, October 25, 2012, http://www.wthr.com/story/19919959/violent-criminals-released-too-soon.

²⁶ Julie Shaw, "Parents of Man Who Died after '08 Subway Attack Are Angered by Pending Release of One Assailant," Philly. com, July 2, 2010, http://articles. philly. com/2010-07-02/news/249665571 subway-attack-fatal-asthma-attack-state-prison.

²⁷ Glenn Beck, "Don't Mess with Texas: Home Intruder Shot 2 Killed; Criminal's Family Thinks He Should Have Been Warned," *Glenn Beck*, February 21, 2013, http://www. glennbeck. com/2013/02/21/don't-mess-with-texas-home-intruder-shot-criminals-family-thinks-he-should-have-been-warned/.

²⁸ Mirta Ojito, "Kidnapping Victim Angered at Her Abductors' Sentences," *New York Times*, April 10, 1997.

²⁹ Police Officers Association of Michigan, "Detroit Police Officer Upset with 'Lenient' Sentence against Shooter," Police Officers Association of Michigan, http://www. poam. net/the-police-beat/2012/detroit-police-officer-upset-with-lenient-sentence-against-shooter/.

³⁰ Cynthia Jones, "Nashua Rape Victim Feels Cheated," *Telegraph*, May 8, 1982.

³¹ Vogel, "Evolution of the Golden Rule," 1128-29, 1131.

³² Alford and Hibbing, "The Origin of Politics," 707, 709.

³³ Bolton and Zwick, "Anonymity versus Punishment in Ultimatum Bargaining," 95, 100. 发现惩罚预设具有某些优势:"参与测试的人希望多得的倾向,受到了相对另外一名受测试者自己得款相对较少而产生分歧的倾向的修正。"

³⁴ Fehr and Fischbacher, "Third-Party Punishment and Social Norms," 63, 85. "在本文中,作者研究了社会规范背后的执行机制,并发现大多数受测试主体都愿意执行分配和合作规范,即便这样做将需要付出个人成本,不会从交易中获益,甚至自己并非违规行为的受害人。因此,第三方制裁机制为强有力的互惠主义提供了进一步的重要例证。"

³⁵ Fehr and Fischbacher, "The Nature of Human Altruism," *Nature* 425 (2003):785.

36 Fehr and Fischbacher, "Third-Party Punishment," 73.

37 Marlowe and Berbesque, "More 'Altruistic' Punishment in Lower Society," 587-90."在跨文化的调查项目中,在范围涵盖狩猎采集者到城市居民的不同类型的社会中,分别进行了三项实验性的经济模拟活动……此项跨文化实验显示,惩罚程度越高,合作程度越高。在调查项目中涵盖的十二个不同类型的社会中,第三方惩罚力度存在较大差别……在规模较小的社会当中,彼此之间实施的惩罚措施,就足以保证合作的开展。只有在社会规模变大,社会分层增加,匿名性增加引发社会诚信度降低,社会成员行为更难监控的情况下,才会给第三方惩罚机制提供前提条件。随着社会规模的扩大,诸如防卫领土、分配公共粮食储备及预防窃盗等集体行为的难题愈发突出。政治等级制度的产生,如早期身强力壮者,之后的头人,乃至后来的君主,就是为了解决集体行为的难题。最初,可能仅仅从事监督工作的个人负责此事,随着社会规模的扩大及日趋复杂化,需要将第三方惩罚加以制度化,设置专门的警察、法官、狱卒……本研究认为,建立在第三方惩罚机制基础上的强有力的互惠机制,并非放之四海皆准的普世原则,也就是说,其在狩猎采集部落当中,就远没有在农业社会中来得普遍深入。在农业社会当中,第三方惩罚机制日益深入,这是因为随着人口增加、人际关系复杂,集体行为的难题将愈发突出。"

38 Rilling et al., "A Neural Basis for Social Cooperation," 395.

39 De Quervain et al., "The Neural Basis of Altruistic Punishment," 1254, 1258."尾状细胞(Caudate)的高度活跃,与高度的惩罚意愿相关,也就是说,尾状细胞的活动所反映的是惩罚违规者所带来的满足感。本研究成果因此支持最近发展起来的社会倾向模式,该模式认为,人们有处罚违规者的倾向,同时可以说明利他性处罚机制演变背后的相关机制。"

40 Aron et al., "Reward, Motivation, and Emotion Systems," 327.

41 例如,参见 Warr, Meier, and Erickson, "Norms, Theories of Punishment," 75, 90。"我们发现,在确定刑罚时,人们所感知的犯罪严重程度成为核心(或许是唯一)的判断标准……受访者依据其所感知的犯罪严重程度,将犯罪频次排除在外的事实,的确给功利主义出了一道必须加以证明的难题。"亦参见

Carlsmith, Darley, and Robinson, "Why Do We Punish?" 284; Darley, Carlsmith, and Robinson, "Incapacitation and Just Deserts," 659; Carlsmith, "The Roles of Retribution and Utility," 437; and Robinson, *Intuitions of Justice*, part 3。

[42] 相关事实描述的主要根据如下：Kogan, *Theory and Practice of Hell*; Bachner, *My Darkest Years*; Cymlich and Strawczynski, *Escaping Hell in Treblinka*; Bondy, "Problems of Internment Camps," 453; Des Pres, *Survivor*; Hackett, *The Buchenwald Report*; Hesse, *Persecution and Resistance of Jehovah's Witnesses*; and Jackman, "Survival in the Concentration Camps," 23。

[43] 相关事实描述的主要根据如下：Breverton, *Black Bart Roberts*; Leeson, *The Invisible Hook*; Konstam, *History of Pirates*; Konstam, *Privateers and Pirates*; Haring, *The Buccaneers in the West Indies*; Exquemelin and Sonnenschein, *The Buccaneers of America*; Johnson and Cordingly, *History of the Robberies and Murders*; Rogers, *Cruising Voyage*; 以及 Woodard, *Republic of Pirates*。

[44] Breverton, *Black Bart*, 29.

[45] 一位1862年前往西部的拓荒者在日记中记载："昨天，我们路过了本月6号遭到自己同行伙伴谋杀的某人的坟墓。今天，我们又路过了凶手的坟墓，这位凶手被抓获，审判次日遭到枪决。"Hewitt, *Notes by the Way*, 19.

[46] Holmes and Duniway, *Covered Wagon Women*.

[47] 处死或驱逐当然也是惩罚违规者的选项，但这样做无疑将削弱整个团体的力量，因此一般只能作为最后手段来使用。

[48] Robinson, Kurzban, and Jones, "The Origins of Shared Intuitions of Justice," 1633, 1636.

[49] Brosnan, "Nonhuman Species' Reactions," 153, 181.

[50] Brosnan and de Waal, "Monkeys Reject Unequal Pay," 297, 298; Brosnan and de Waal, "Reply to "Animal Behavior," 140.

[51] Brosnan and de Waal, "Reply."

[52] Brosnan, "Nonhuman Species' Reactions," 177; Brosnan, Schiff, and de Waal, "Tolerance for Inequity," 253, 255.

[53] Packer, "Reciprocal Altruism in Papio Anubis," 441, 442.

[54] Flack and de Waal, "Any Animal Whatever," 1, 12; de Waal and Luttrell, "The Similarity Principle," 215.

[55] 参见 Seyfarth and Cheney, "Grooming, Alliances and Reciprocal Altruism," 541, 542。

[56] De Waal, "Food Sharing and Reciprocal Obligations," 433.

[57] Melis, Hare, and Tomasello, "Chimpanzees Recruit 1297," 1299.

[58] De Waal, "Food Sharing and Reciprocal Obligations," 433, 452.

[59] Hauser, "Costs of Deception," 1237; Hauser and Marler, "Food-Associated Calls," 206.

[60] de Waal, "Food Sharing," 456. 亦参见 de Waal, *Good Natured*, 160。该研究者认为,这种行为意味着"某种意义的公平正义"。

[61] De Waal, *Chimpanzee Politics*, 207.

[62] Flack and de Waal, "Any Animal Whatever," 8; Silk, "The Patterning of Intervention," 318.

[63] De Waal, *Good Natured*, 157-58.

[64] De Waal, *Good Natured*, 157-58.

[65] De Waal, *Good Natured*, 157-59.

[66] De Waal, *Chimpanzee Politics*. 亦参见 Flack and de Waal, "Any Animal Whatever," 9:"猴子与猿似乎可以记住自己得到的帮助,并有选择性地给予报答。同样,它们内心也会记仇,并实施报复行为。"

[67] De Waal, *Good Natured*, 159. 亦参见 Flack and de Waal, "Any Animal Whatever," 9, 描述了猴子和猿之间的类似行为。

[68] Clutton-Brock and Parker, "Punishment in Animal Societies," 209, 211.

[69] Flack and de Waal, "Any Animal Whatever," 19-24; Hauser, "Costs of Deception," 108-9("我们可以十分肯定地认为,在人类茹毛饮血之前,这些直觉就已经成为人性的一部分……在此类小型社会组织中,在判断如何惩罚时,公平性是最有可能的标准"); and de Waal, *Good Natured*, 218("这种人类道

德直觉,在人类的进化史中,可以追溯至最早,甚至其他物种也有类似迹象,这几乎是我们共同的本质")。

[70] Flack and de Waal, "Any Animal Whatever," 3.

[71] De Waal, *Good Natured*, 39. 亦参见 Joyce, *The Evolution of Morality*, 140-42,揭示了公平性的进化发展;Brosnan, "Fairness in Monkeys,";Brosnan, "Nonhuman Species' Reactions," 160-61;Brosnan and de Waal, "Reply";De Waal, "The Chimpanzee's Sense of Social Regularity," 335, 345-49。

[72] 例如,参见 Kohlberg, *Essays on Moral Development*;Kohlberg, "From Is to Ought."亦参见 Colby and Kohlberg, *The Measurement of Moral Judgment*, vol. 1, and Colby and Kohlberg, *The Measurement of Moral Judgment*, vol. 2。这种观点与皮尔盖特(Piaget)的发展观类似。总体参见 Kohlberg, *Psychology of Moral Development*(将认知与道德发展联系起来)。

[73] 可以将其观点概括为:(引自 Lawrence Kohlberg, *Psychology of Moral Development*, vol. 1, 165, 因为难以对其加以解释,因此这里使用该研究者对于阶段的划分与命名。表述中的强调部分保持不变。)科尔伯格认为,人们的道德发展普遍遵从从低到高的进化过程。当然,他的意思不是说每个人都会达到道德的顶点,"普世道德萌发期",即最早的阶段。"前习俗道德",通常情况下是 5 岁至 10 岁,以对自身利益的关注为主。中间的阶段,被称为"习俗阶段",通常为 10 岁至 14 岁,与之前的阶段不同,这一阶段人们开始意识到作为道德主体,拥有良好口碑、在社会互动中积极履行义务所带来的好处。最高阶段,即"后习俗阶段",一般是指 14 岁往上,这一阶段,人们开始真心关注他人福祉,尊重他人权利,承认普世道德原则。最近利用科尔伯格模型的观点认为,上述阶段次序发生,但是并非彼此覆盖,而是作为后一阶段的逻辑补充。Krebs and Denton, "Toward a More Pragmatic Approach to Morality," 629, 633. 根据这种观点,即便发展到了第四阶段,也依然在从事希望做的或者有用的事务时,使用第三阶段的相关推理。

[74] Nucci, *Education in the Moral Domain*, 81.

[75] 对于科尔伯格研究的进化论视角,最早可见 Alexander, *The Biology of*

Moral Systems, 131-39.

⁷⁶ "有大量跨文化的证据证明,世界不同文化背景下的儿童与成年人,对于公平以及其他人类福祉的概念化认知,与西方文化背景下的儿童与成年人的看法如出一辙。这一点,与不同文化间习俗的差距性大相径庭。"Nucci, *Education*, 95-96.

⁷⁷ 参见 Kohlberg, "Current Statement on Some Theoretical Issues," 491。亦参见 Darley and Shultz, "Moral Rules," 525, 537。

⁷⁸ Darley and Shultz, "Moral Rules," 552.

⁷⁹ 参见 Judith Smetana, "Preschool Children's Conceptions of Moral and Social Rules," *Child Development 52* (1981): 1333-1334。

⁸⁰ Smetana, "Toddlers' Social Interactions," 1767.

⁸¹ Smetana et al., "Preschool Children's Judgments," 202, 210(略去了其中的引文部分)。

⁸² Smetana et al., "Preschool Children's Judgments."

⁸³ 我们所说的"天生",是指在适合该生物发展的环境内,该物种的所有成员都会自然而然发展出来的某种特征。也就是说,所谓某种理念是天生的,就意味着其无需依赖或引发社会传播作为习得管道。

⁸⁴ Newman, *Comparative Deviance*, 115.

⁸⁵ Newman, *Comparative Deviance*, 140, 141.(参见 table 12, pp. 142-43。)亦参见 Newman at 135-48,讨论了特定行为如何管控、如何惩罚的观念方面存在的区分所衍生出来的变量。不同国家的人们可能都会本能地认为某种行为是错误的,甚至对行为的相对严重程度也有共识,但却在应当如何处罚,即由国家、由受害者家庭还是其他人实施惩罚方面存在分歧。这一讨论,说明了将针对严重性的直觉评价,与国家应当适用何种处罚方式区别讨论的重要性。尽管前者在某些情况下与后者密切相关,但在其他很多情况下,彼此又存在区分。

⁸⁶ Robinson and Darley, "Intuitions of Justice," 1. 亦参见 Robinson, Kurzban, and Jones, "The Origins of Shared Intuitions of Justice," 1633。

[87] Robinson and Darley, "Intuitions of Justice," 3-4.

[88] Robinson and Kurzban, "Concordance and Conflict," 1829.

[89] 此类讨论的另外一个复杂之处在于——这些脱法组织的行为表达的都是之前政府法律通过具体判决说明了的——我们都知道普通人对于政府法律的了解十分有限。因此更可能是跨文化的正义直觉,而非政府法律,可用来解释共同的正义规范。实际上,在刑法领域,人们倾向于认为法律就是其所认为的那个样子。Robinson, *Distributive Principles of Criminal Law*, 26. 另外一个复杂之处在于,我们都知道,政府法律在将其内化为人们的行为规范时效力有限。美国的禁酒法案就是明证。政府法律可以提供讨论空间,促使社群规范产生,但在通过执法建构社群规范方面,却力不从心。Robinson, "Criminalization Tensions."

第五章　不　公

"巴达维亚号"船难与"阿提卡暴动"

社会合作要求惩罚,或更为具体点说,要求正义。这一点,在"落城"的彼得·"兔"事件,以及其他类似事件中,表现得十分清楚。也就是说,失去正义,将不仅在抽象的哲学层面,还会在确切的现实层面带来损失:失之,有效的群体合作将无以为继。

那么,不公——罚不当罪的情况——又该如何呢?不公是否会造成实际意义上的损害?或许践行正义至关重要,但避免不公的出现,则成为某种令人感到愉快的奢侈。或许对于不公的厌恶,就好像渴望公正的双生子那样,纯粹是行为人正常社会化的产物?或者无数代人类的进化,不仅将对正义的追求,也将对不公的痛恨,内化为人性的一部分?对此,脱法的自然实验,同样可以告诉我们很多。

1628 年,"巴达维亚号"航船,搭载了三百多名乘客(混杂着兵士、海员及家属),从阿姆斯特丹出发,向着目的地爪哇港,开启了自己的处女航。当时的航海,多少有些撞大运的成分,而"巴达维亚号"负责导航的人显然猜错了方向。1629 年 6 月,"巴达维亚号"在澳大利亚以西一片当时尚不为人所知的荒凉海滩,触上珊瑚礁搁浅。[1]

"巴达维亚号"触礁的地点,现在被称为阿布洛霍斯群岛(the Abrolhos)。这里地势太过平坦,当巨浪袭来,只能勉强从浪尖窥到些许岛屿的痕迹。由于常年狂风呼啸,岛岬大部寸草不生,偶尔会有成群的海鸟驻足于此。鸟群所驻足的珊瑚礁石，足有五六百码长，这也成为海鸟及海狮的栖息地。

船长暂时离船，登上这片低矮的群岛探究虚实。在他离开期间，局势开始失控。当船舶即将沉没的事实逐渐明了，混乱进一步升级。兵士和海员砸开酒库开始纵情狂饮。有人这样描述当时的情况，"所有的禁忌都荡然无存"[2]。

船长返回船上后，重整风纪，船员开始艰难地向岸上转运乘客及补给物资。耗时三天后，已经有两百多名幸存者成功登岸，但剩下的七十多名乘客——有些人沉醉不起，有些人吓破了胆——拒绝离开这艘岌岌可危的失事船。

船长和船员评估了局势，每个人都清醒地认识到，不会有人前来救援。他们唯一的获救机会，就只能寄希望于有人挺身而出，完成几乎不可能之任务，划着无甲板小船，横渡两千英里怒海，向着爪哇方向求援。除此之外，没有其他办法拯救这二百七十名船难幸存者。船长组织了四十名志愿者，决定孤注一掷。这些人启程出发时，没有人认为他们会撑太久。

九天后，触礁后坚持留在"巴达维亚号"上面的人，出现了分裂。继续赖在船上的人被扔进大海。最后一名涉水登岸的幸存者杰罗尼穆斯·科内利兹（Jeronimus Cornelisz）则成为岛上仅有的两名官员之一。奉行东印度公司的一贯政策，科内利兹因为官职较高，被选为处理这一突发事件，人称"拉德"（the Raad）的委员会负责人。他通过自己的权威，分配工作任务和生活物资，为幸存者群体带来了秩序。但很快，这种独裁领导方式的负面效应就开始凸显。因为对围绕在身边，为自己马首是瞻的二十多人小圈子分配过多资源与特权，科内利兹逐渐失掉了大多数人的信任与尊重。

图10　描绘哗变者围攻"巴达维亚号"船难幸存者的版画，1629年。（西澳大利亚博物馆慷慨提供）

与此同时，另外一个群体的影响力却与日俱增。十几名兵士开始聚拢在一名普通兵士韦伯·海斯（Weibbe Hayes）的周围，海斯因为能力超群，待人公平，赢得了其他人的信任，甚至很多比他位阶更高的军官也支持他。这群人强调合作的做法，逐渐吸引了大家的关注，并在幸存者群体中声誉日隆。

科内利兹将此视为对自己一人独大现状的致命威胁。依仗手下几十人的小圈子人多势众，他借势强令主岛上的一半幸存者必须搬迁到旁边的小岛上去，但承诺为这些人提供所需的补给品。科内利兹留了个心眼，将有一技之长的可用之才，特别是随船医生留了下来，以便继续享用这些人的专业技能。他还要求海斯那群人去较为偏远的岛上寻找淡水,同时设法说服其留下武器,并承诺很快就派船将这些人接回本岛。当然,根本不会有船派出。科内利兹认为另外的岛上根本不可能有淡水,其他资源也少得可怜,他只想借此清除自己眼中最主要的威胁。算上遭其放逐者,主岛上的人口降至一百人左右,科内利兹认为,这个规模管理控制起来显然更加得心应手。

在"拉德"委员会处理的第一个有关风纪的案件中,有人偷窃公共食品并与另外一人分享。委员会认定此人罪名成立,科内利兹坚持将两人全部处死。委员会认为,这一处罚,特别是对那位仅仅参与偷吃食物的人而言,显得太过苛刻。但科内利兹则希望杀鸡儆猴,震慑其他人不得继续实施不当行为。尽管别别扭扭,但科内利兹最终还是达成所愿。严刑峻法或许可以带来其所希望的威慑,但也让自己的口碑大受影响,人们越来越质疑科内利兹的公正性与判断力。

在经历窃盗事件的耽搁之后,科内利兹又处心积虑地对"拉德"委员会成员进行了大清洗,用自己小圈子中的人取而代之。换血后的委员会审理的第二个案件,涉及两位自行造船,但遭到科内利兹喝止的当事人(他认为这艘船可能会动摇自己所需要的完全控制)。当这两人继续造船被抓后,科内利兹下令处死二人,而其所组建的新委员会居然同意了这一荒唐的决定。此举进一步让科内利兹威信扫地,人们越来越不愿意继续听命。因为服从程度的降低,科内利兹不得不变得更加残忍野蛮、独裁专制,以便维持自己的统治。

与此同时,出乎科内利兹意料,被流放到偏远岛屿之上的海斯一群人顽强地存活下来。他们一无武器,二无给养,但在二十天之后,居然找到了淡水,并为自己的发现,向其他岛上的人发出了信号。这群人最大化地利用了自己所掌握的资源,通过合作,获益更大。他们搭起了窝棚,找到了食物,照顾了病人。

被流放到其他岛上的人,即便没有等到科内利兹所承诺的给养,也选择不再返回本岛。当他们看到海斯发出的信号，深深被海斯所领导的群体良好口碑及其所展现出来的合作精神所吸引。另一方面，选择返回本岛则太过危险，而这种危险，还不仅仅来自狂暴的洋流。当发现有人试图移居时，科内利兹震怒了，他担心海斯的那群人会逐渐强大，最终与自己分庭抗礼。遂派出自己的心腹，乘坐船只，将试图漂浮至海斯所在岛屿的人———截获并杀害。但成功游到海斯所占据岛屿上的人，都受到了热烈欢迎。

科内利兹的暴虐，已然撕下了所有合法性的面纱，让和他一道留在本岛上的其他幸存者所面临的尴尬处境雪上加霜。这些人大多并非科内利兹暴行的直接受害者，反而能实际享受到远高于其他岛屿的生活水准。在压力面前，少部分人选择与科内利兹狼狈为奸，但大多数人拒绝与其同流合污。事实上，在科内利兹所控制的岛屿上生活的某些人，明知可能会被穿小鞋，但仍选择与科内利兹团伙渐行渐远。科内利兹在船上安排了岗哨，并要求所有人都宣誓效忠他一人，但依然遭到了大多数人的拒绝。

科内利兹日显独裁的统治，让大家与其更加离心离德，这迫使科内利兹孤注一掷，决定进攻海斯领导下的那群人。他组织麾下的雇佣兵发动了一系列攻击。这些人手里掌握着刀枪，以及最近才从触礁的船上拆下来的火炮。本来似乎可以轻松取胜的争伐，最终演变为一场缠斗，进攻者不得不面对海斯等人徒手搭建的工事以及徒手制造的武器。就在反复拉锯过程中，船长带着救援船出现了！他完成了令人瞠目结舌的两千英里划桨航程，同时为自己的船员搬来了救兵。救援队对科内利兹及其亲信进行了审判。科内利兹及几位罪大恶极者遭到处决，还有几个人被放逐到西澳大利亚的海岸，其余涉入此事不深的年轻人则遭到鞭笞，并用绳子绑在船边示众（本书将在第十二章，继续讲述"巴达维亚号"，以及本书所涉及其他故事的未尽部分）。

如果人们真的对公平、公正不感兴趣,聪明的做法,显然应该从最开始就热烈支持掌控既存资源、大权独揽的科内利兹。但即便在事态发展相对温和的起始阶段,岛上数百名幸存者中相当一部分人就已对科内利兹施加处罚不公、为人处世不义的做法心生怨愤。即便加入科内利兹的小圈子,可能会让自己的生活变得更加舒适,未来的生存概率变得更大,但大多数人依然拒绝与其同流合污。

哪怕后来情势变得愈发严峻,大多数人依然拒绝加入科内利兹的队伍。就连待遇良好的手艺人,亦是如此,他们顶着冒犯科内利兹的风险,拒绝宣誓效忠。相反,很多在本岛得到礼遇的幸存者,宁可承受巨大的个人风险,仍然希望加入海斯的队伍。这说明他们相当在意自己所目睹的不公不义,故而会在可能遭遇个人损失的情况下,放弃与科内利兹及其团伙成员继续共处。

这不禁让人联想起"终极游戏"中的第三方观察者(见第四章)。在那个测试中,第三方观察者,宁可承担个人损失,也希望惩罚在其看来具备该当性的实验参与者,从而体现出人们对践行正义的重视程度。上述实验与本文的相关性在于:第三方观察者认为该当惩罚的,是一个人对另外一个人的不公正对待,是一个人占另外一个人便宜的行为。

而这正是"巴达维亚号"传奇故事的内在脉络。即便并非科内利兹暴行的受害人,也因目睹其对他人的不公而心生嫌隙。这些人宁愿自己承担相当程度的风险,也希望避免助纣为虐——无论是拒不加入科内利兹一伙,还是反对宣誓效忠,甚至干脆自我放逐到海斯所在的偏僻荒岛。虽然没有惩罚科内利兹的手段,但他们至少可以不让自己成为其牟取私利的工具。

这些人或许并未有过什么长远打算,例如告诉自己,"科内利兹一伙无人相助,日后必败,让我们离他们远点"。相反,他们只是单纯地从自己的直觉出发,表达自己目睹处事不公时的天然厌恶心理。而这种直觉反映,彰显的是125000个人类世代所累积起来的智慧结晶:合作造就繁盛,稳定的合作需要避免不公。

重点在于,和罚不当罪一样,罚过其罪,也容易造成合作崩解。如果唯如此才能生存,即便存在不公,人们也将继续委曲求全,但因为彼此之间的羁绊名存实亡,一旦出现加入其他更公正团体的机会,哪怕可能分得的资源相对有限,也将毅然脱离。[3] 即便形式上依然需要留在容忍不公不义的团体当中,对此反感的人也不会分享其价值观,帮助推动其目标的达成,或屈从其淫威。

脱法情境下的不同类型人群,都体现出避免不公的一致倾向。旧金山的巡防委员会(见第四章),虽然对每个遭到指控的人都进行审判,但真正受到惩罚的人不足一半。[4] 这种做法乍看起来,似乎十分奇特。为什么这群人考虑的情况会不同?在惩罚实际违反群体规则者的时候,考虑种种微妙的可责与减轻情节?在很多情况下,对于这种微妙之处的把握,实际上检验的是人类评价可责性的天性。

通常情况下,违规者如果想要向集体抗辩自己的行为纯属认识错误,乃是无心之失,不仅需要提出自己违规行为的证据,还需要证明自己的可责心态。在安第斯山坠机事件中(见第二章),一位名叫哈利(Harley)的人被发现私藏了牙膏,而这通常应被用来作为大家的食物(可口的甜点)。在大家对哈利组织的"听证"过程中,发现他被另外一个名叫德尔加多(Delgado)的人耍了,后者告诉哈利,牙膏不属于公共物品,他们两个人可以私下交易。因此,哈利的陈情,特别是他所主张的认识错误,被认定属实并得到接受,最终,哈利并未遭到制裁。[5]

脱法生存的团体,通常情况下也会承认正当化事由及免责事由的抗辩。所谓"正当化事由"(Justification),是指虽然行为人违反了禁止性规定,但却事出有因,理由正当;类似于刑法中的正当防卫,或者现实当中较为罕见的为了避免整个镇子陷入火海,故意放火焚烧他人的田地制造防火带的做法(被称为"紧急避险")。相反,所谓"免责事由"(Excuse),是指某人虽然做了错事,但因为其所实施的违规行为乃是认知失调的结果,如精神耗弱,或受到胁迫,故不具可责性。

正当化事由,如紧急避险或正当防卫,得到了较为普遍的承认。回想一下,大篷车队对在争斗中捅死受害人的同行者所组织的那场审判(见第四章)。众人认定,死者毫无道理地挑起了争斗,被告的杀人行为,属于合理的自卫。最终,认定其无罪。[6]除此之外,人们也接受免责事由抗辩。1822年,"环球号"(the Globe)捕鲸船负责人之一塞缪尔·科姆斯托克(Samuel Comstock)发出了劫持船舶的信号,将该船驶往太平洋上的一座孤岛,自立为海盗王。科姆斯托克还招募了几名跟随者,这些人入伙的条件,就是在指定的时间,趁着船上其他负责人熟睡期间将其杀害。和其他一命呜呼的人不同,吉尔伯特·史密斯(Gilbert Smith)没等到科姆斯托克及其同伙痛下杀手,就跪地求饶,表示愿意入伙。科姆斯托克对此欣然接受。史密斯后来负责"环球号"的海上航行,甚至还在明知道一名海员被冤枉的情况下,同意将其绞死。后来船上发生哗变,船员从科姆斯托克手中夺回"环球号"的控制权后,史密斯并未受到惩罚,显而易见,理由在于史密斯的为虎作伥,实属遭遇胁迫,不得已而为之。[7]

正如之前对于旧金山"巡防委员会"以及海盗组织的介绍所表明的那样,脱法组织通常会根据违反规则行为的相对严重性,对其惩罚作出相应限制。又例如,在淘金营地,轻微的失范行为,如在交易骡马时实施欺诈,可能只会被处以罚款。更为严重的犯罪,例如盗窃他人财物,也可能会因为乃是初犯,遭到鞭笞或被驱逐出营地。[8]更为严重的犯罪,如盗窃巨额财物或谋杀,才可能被处死。[9]

对于违反群体规则的任何人都加以惩罚,显然属于极好的控制犯罪考量。对其放任自流,将极大削弱禁止性规范的透明度与重要性。对于抗辩事由大肆宣扬,将会树立起一个违反规则,但又无需面对惩罚的棘手典型范例,进而动摇禁止性规范所蕴涵的阻遏、震慑意味。[10]但是,抗辩事由依旧经常得到支持。

在缺乏政府法律的情况下,脱法群体依旧承认抗辩事由及从宽事由,表现出其不仅仅关注有效的禁止及预防,而且还在不同的情况下关注如何避免不公——避免对一个人的惩罚超越其该当的道德可责性。[11]

事实上,人类避免不公的倾向,长远来看极为明智。正如不经常惩罚违规者将削弱一个团体的合作本质那样,反之,将规制不公的发生。即便本人并非受害人,但作为第三方的旁观者仍希望看到正义实现,同样会与不公不义者渐行渐远。这一点在"巴达维亚号"船难事件中表现得十分明显,科内利兹倒行逆施的不公正做法,让即便本身并非受害者的大多数幸存者,也心生不满,与之离心离德。失道寡助,最终演变为大家公然与失道者划清界限。

为什么要这样做?为什么大家十分关注发生在别人身上的不公不义?人类厌恶不公,是否仅仅是一个社会化的结果?还是其中也掺杂有某些先天的因素?

在很多方面,对于公正的判断,是对于不公判断的另一侧面。这些问题的答案,与围绕践行正义的内在倾向性相关问题的回答类似。人类对于正义,或者非正义判断的内在属性,在跨文化的研究中表现得十分明显,尽管不同文化背景下的法律规则南辕北辙,但在很多正义的判断方面,不同文化间却存在相当程度的共识性。儿童发展研究证明存在共同的道德发展期,而这一阶段的发展对所有外界环境因素,包括政府法律在内,并不敏感。在动物实验中,发现了某些早期的公正、公平意识。进化分析显示,在政府法律还不为人所知的时候,这种群体性自觉就已经成为其最终胜出的必备法宝。脱法生存的故事也说明,即便不同群体的生活际遇完全不同,依然具有类似的正义判断。

例如,儿童发展研究理论主张,所有儿童,无论其所处环境的差别多大,都将经历相同的道德发展过程。人类对于公正抑或不公的微妙感知,出现的时期早得惊人,甚至很可能在会说话之前就已经形成。7岁左右,人类就已经发展出针对可责性的复杂评判能力。在一项研究中,实验者给4岁至7岁的儿童讲读不同的犯罪故事。[12]每个故事所描绘的犯罪,在涉及故意抑或过失,侵犯财产抑或害命等方面存在一定差别。之后,要求听故事的孩子对于行为人加以归责,并询问孩子该如何对其加以惩罚。普遍来看,这些小孩子都认为侵犯财产的行为不及伤害他人的行为严重,而非故意为之的严重程度,不如故意为之的情况。[13]因此,行为人的正义直觉十分复杂,远不止仅仅评价错误行为的危害程度那么简单。

他们还会考虑行为人的可责心态,以及是否存在正当化事由及减轻情节。例如,在一项调查中,一群7岁的儿童建议,不要惩罚用水浇玩火小朋友的孩子。这些小家伙明白,不存在真空中的行为,有时为了避免未来的损害结果,需要通过现在的行为做一下妥协。[14]

5岁的孩子就会考察违规者是否出现了认识错误,以及这种错误认识的本质。孩子的此类判断十分微妙。如果属于事实认识错误——这种对于事实情况的认识错误,与对道德规则的认识错误相比——通常可以减轻惩罚。[15]然而,如果是与对错是非相关的认识错误(例如,教师基于学生的性别歧视是否正当),在孩子看来,也不可据此开脱罪责[16]（当代刑法吸纳了这种区分，设定了广为人知的法律原则，"不知法不免责"，而事实认识错误则可以被视为一种免责事由）。换句话说，儿童在评价违规行为的责任时，对于他人的主观确信及角色，具备复杂的认知能力。[17]

最后一部分答案，可以从脱法生存的事例中窥见一斑。如果让一群社会"渣滓"自己当老大，会发生什么？他们对于违规失范行为的处理，是否会同样反映对避免不公的关注，抑或对此视而不见？

1971年，纽约北部的阿提卡监狱*人满为患，看守不足。9月9日，囚犯在早饭期间压制住了看守，骚乱蔓延整座监狱，犯人一度完全掌握了监狱内部的控制权，但最终他们只能退守D号监区及其空场地区。最初情况一片混乱。号子的钥匙落到了囚犯手中，他们将椅子腿踹了下来当作棒子，亮出了之前磨好的自制刀子，将窗户砸得粉碎，甚至有人开始纵火。看守麦克·史密斯（Mike Smith）年仅22岁，在金属车间工作时被囚犯们发现，并遭到毒打。之后，又遭到另外一群囚犯的围殴。囚犯使用从体育馆拆下来的杠铃杆，在看守肯尼思·詹宁斯（Kenneth Jennings）的头部重击八次。还有其他囚犯使用"燃烧的床垫、长木杆、催泪瓦斯、肥皂，以及从消防栓里放出的水龙"向看守进攻。[18]最终，共有四十二名监狱看守及文职雇员被劫持为人质。大多数人都被剥得精光，并被迫忍受囚犯的恶语相向、拳打脚踢、棍棒相加。有看守受伤，却无人当即丧命。但不幸的是，两天后，看守威廉·奎因（William Quinn）因伤死亡。[19]

即便表面上看起来一片混乱，但囚犯头子却有能力维持监狱内的

---

* 阿提卡监狱（Attica State Prison），创建于二十世纪三十年代，位于纽约州北部的阿提卡镇，曾以关押重刑犯著称，现在也以关押在其他监狱违反监规而被转移至此的棘手犯人为主。

第五章 不公

秩序。他们在D号监区安营扎寨(之所以在户外搭设帐篷,旨在减少狱方在重夺控制权时所使用的催泪瓦斯的威力)。搭建帐篷的材料,都取自监狱内部,同时囚犯们为自己安排了床位,设置了指挥部。曾经接受过医疗训练的囚犯使用来自监狱的医疗物资,设立了医疗站。一时无法适应巨大压力的人,都被收容到一个标有"精神病房"的帐篷当中。大家都清楚,种族关系容易引发分裂,对此,囚犯刻意希望加以避免。因此,所有种族,在决策过程中都有发言权。所有食品储备都被拿了出来,平均分配。当时身处监区活动场的《纽约时报》记者汤姆·威克(Tom Wicker)注意到,"彼此不合、情绪愤怒的男囚,很多都大字不识,净是些暴力的违法之徒",但这些人却携手结成了一个运转良好的小社会。[20]

囚犯们自行设置了"畅所欲言"(Open-Mike)阶段,在此期间,每位囚犯都有机会在大家伙面前发表自己的看法,并借此就若干规则达成了共识。命令禁止攻击他人、相互争斗、使用毒品、性侵犯以及"吃里扒外"(与有关当局打交道,出卖囚犯群体的利益)。所有谈判协商,都必须置于所有囚犯的监督之下,确保公开透明,防止有人出卖大家。[21]同样遭到禁止的,还包括伤害人质。囚犯一致同意,应当确保人质安全,并将其作为与政府方面讨价还价的砝码。被安排看守人质的囚犯得到指示,要不惜一切代价保护人质。被指定担任保安人员的囚犯,都佩戴着醒目的袖标,表明自己的身份。他们通常负责制止殴斗,收缴武器,没收医务室流出的麻醉品,同时防止有人在大家都分到食物前吃独食。

来之前四个监区的代表组成了囚犯委员会,分别担任负责人、发言人、谈判代表、争端或违规行为仲裁人等角色。囚犯委员会委员中,有三名成员因第三次实施武装抢劫入狱服刑,一名成员因在抢劫商店时杀害无辜店员获罪,另外一名成员曾用台球杆将受害人残忍杀害。除此之外,囚犯委员会还延揽了一名囚犯作为自己的法律顾问,另外几名囚犯担任打字员,记录囚犯之间的交流。

同时,囚犯委员会还作为一个刑事审判机构,聆讯了很多案件。有好几位囚犯被指控违反了禁止"吃里扒外"的规则(这些囚犯在自己的帐篷外面悬挂白毛巾,此举被囚犯委员会解读为向有关当局发送自己无意参加囚徒暴动的信号)。囚犯委员会经过审理,认定这些人"罪名"成立。其中有些人被罚掏厕所,另外一些参与者则被处以监视居住(也就是说,被限制在其居住的帐篷内,不得外出活动)。被该委员会审理的其他被告人获刑五花八门,从扫地到被处死,不一而足。

担任保卫工作的囚犯撞见被处死的囚犯——巴里·施瓦茨(Barry Schwartz)以及肯尼思·赫斯(Kenneth Hess)——与某位记者私下交谈,且向其偷偷提供了文字材料。委员会对这两位囚犯进行审判,认定其是"内奸"并宣告死刑。之后,这两位被告人被带到D号监区遭到残忍杀害。很多在监狱外面的人目睹了这一幕。一位目击者这样描述当时的惨状:肯尼思·赫斯"伸出某扇窗户的身体不停抽搐,部分喉管被割开,他将自己挤在楼层墙壁与铁栅栏之间,但下面的看守们却只能干瞪眼,对此无能为力。之后,行刑者将他的手脚捆绑在一起,拖进牢房。狱方重新夺回监狱后,在一个壁橱里发现了他被肢解后的尸块"[22]。

迈克尔·普利维特利亚(Michael Privitiera)诨号"疯子麦克",以凶残闻名,且喜怒无常,从囚犯暴动第一天,就让负责安保的囚犯们头疼不已。后来,麦克因为攻击其他囚犯、伤害人质等指控,遭到囚犯委员会的审判。但经过调查,委员会发现麦克罹患严重的精神疾病,最终非但没有对其加以惩处,反而将其送到D号监区,暂时戒护起来。囚犯委员会虽未惩罚麦克,但认为他破坏了囚犯群体内部的社会秩序。经历一段戒护生活之后,麦克获释,之后,他似乎平静下来,也稳定了许多。

尽管看似一片混乱，但囚犯们还是像其他脱法生存故事的主人公那样，将自己组织成为互相合作的群体，并设定了行为规范，对于违规行为严惩不贷。然而，这个事例显然比其他脱法生存的事例更让人瞠目，毕竟这里的所有人，都是穷凶极恶的罪犯。有人或许会认为，罪行严重的囚犯，根本不会像其他人那样关注或重视正义直觉。然而，社会科学调查研究表明，大量证据显示，罪犯同样具有其所处社会的一般正义直觉。

在一项研究中，研究者向一群囚犯提出了一系列拟制的犯罪场景——包括扒窃、夜盗、劫道、抢劫以及抢劫杀人——并询问他们，对这些拟制的犯罪行为人，如果需要惩罚的话，该当何种惩罚。[23]同时，这些囚犯还被问及，在其看来，法庭、公众以及其他囚犯会依据何种标准（如犯罪的严重程度、前科劣迹、种族、动机），如何惩罚上述拟制行为。几乎所有的囚犯都支持对上述行为加以处罚，特别是给予监禁的做法。囚犯所使用的惩罚标准，和法院乃至大众的标准相吻合，而他们对于惩罚力度的预期，也在很大程度上与其眼中法院、公众乃至其他囚犯的看法重合。也就是说，他们实际使用的不仅仅是与社会大众相同的标准，同时也自认为这种做法反映的是法庭及大众，而非其他犯罪人的刑罚观念。

似乎令人感到吃惊的是，在阿提卡监狱骚乱过程中，囚犯试图也能够建立自己的秩序，尽管面临极其困难的处境，但在处理违规问题方面，依然沿用基本的公正原则。囚犯委员会并非一味严刑峻法，而是关注公正处罚，考虑罪刑相当性、减轻情节以及免责事由。当时，让所有囚犯依规行事才是当务之急，似乎可以暂时不考虑什么罪刑相当性、减轻情节或免责事由。显然，他们希望其他囚犯能够严肃地对待自己所制定的上述规则。

因此,在囚犯委员会审理案件的过程中,公正原则能够发挥作用,看似十分奇怪。混乱状态下,这些想法是怎么钻进这群穷凶极恶之徒脑袋里的?例如,在普利维特利亚案中,被告人违反了非常重要的行为规范。为什么囚犯委员会没有选择对其加以严惩?

尽管看似颇为令人不解,但其事实上却暗合大量研究证明的结果,其中很多之前都已经有所涉及,也就是说,每个人内心都具备十分微妙的正义直觉,维护公正,对于人而言十分重要,相关关注,主要分为如下两个方面:人们不仅希望对实施错误行为的人给予该当的惩罚,还希望避免不公。虽然某些情况可能会干扰人类的这种价值偏好,但践行正义看起来算得上人类的天性。即便在其他情况下,不法之徒避免不公的敏感性,也有所展现。例如,可以回想一下加勒比海盗的故事(见第二章)。

在十七世纪后期,商船普遍实施私掠活动,甚至可以合法地拿获帝国舰船。作为战利品的舰船遭变卖后获得的收益,由颁发"私掠许可证"*授权商船私掠的政府与私掠船船主瓜分,后者通常会给予船长分红,船长再将其中一部分分给船员。此种私掠行为,其实就是通过非军舰的方式扩展海军实力的一种做法。[24]

海上搏命,固然收益颇丰,但却如履薄冰,这不仅仅因为海洋本身凶险万分、疾病肆虐,更因为这些私掠船船长的暴虐独裁,生杀予夺无所不能。他们可以合法施加酷刑,甚至将其他人处死,本身却几乎无

---

* "私掠许可证"(Letter of Marque),十六世纪以后,西方海权强国授权特定航海家,许可其针对本国以外的船舶进行追捕、摧毁等私掠行为的一种书面令状。1856年《巴黎条约》的附加议定书废止了这一做法。1907年,美国终于在《海牙协定》中承认武装商船属于军舰,宣告私掠许可证走下历史舞台。

需受到任何法律限制。[25]船长可以将船员遗弃在荒凉的港口,仅仅因为其出口不逊就给予毒打、饿肚子,航行结束后恣意克扣船员薪饷的行为更是屡见不鲜。[26]老船员都会这样告诫新上船的"菜鸟":"老弟,船上可没有公平正义这档子事。有的,只有两件东西:义务,或者造反——一定要时刻记在心里。"所有你被命令做的,都是义务。所有你拒绝做的,就是造反。[27]

在很大程度上,这为海盗横行提供了条件。之前提到的亨利·埃弗里,曾是"查尔斯 II 世号"的水手,这艘英国籍商船本来计划从西班牙处获得私掠许可,出海猎捕法国商船。除了向水手们夸海口许诺重金报酬外,这艘船的船长并未出海寻找战利品,原因在于,他实际上并未获得这样做所必需的"私掠许可证"。相反,日复一日,月复一月,水手们事实上被留置在停泊在锚地的"查尔斯 II 世号"上。船长一再拒绝水手登岸的请求,担心这样会让自己手下跑光。家中有人亟待供养,加上对船长的不公做法义愤填膺,埃弗里领导众水手,趁着船长在舱室中烂醉不起,于 1694 年 5 月 7 日发动哗变。悬挂起骷髅头与十字交叉骨头的旗帜,哗变者驾驶"查尔斯 II 世号"离开西班牙拉科鲁尼亚港,进入大洋,开始为自己寻找战利品,进而开创了全新的海盗时代。

一脱离法律控制,"查尔斯 II 世号"(更名为"幻想号")就制定了自己的规则,明确了劫掠商船的分工。所有决策都需经民主程序制定,还规定了明确的禁止事项与惩罚措施。船长以及其他船上的负责人,都需要经过选举产生。有违公众意愿的舰上负责人将被撤职替换。食宿方面,舰上人员无论等级高低,一律平等。而这套管理体制,后来被称为"海岸习惯"(Custom of the Coast)或"牙买加风纪"(Jamaica Discipline)。[28]

大家普遍认为,管理良好的船舶,必须纪律严明。只有在维护风纪及实施处罚时一碗水端平,船长才能捍卫自己的权威,才能在下一个航次开始前招募到合适的水手。背上处罚不公恶名的船长,势必会让手下离心离德,甚至根本无人愿意继续为其鞍前马后。和传统航海体制下所面对的不公和残忍对待相比,海盗船上的民主机制格外具有吸引力,很快,就有数十位其他商船上的水手纷起效尤。当面对海盗袭扰时,很多商船的水手都选择不予抵抗,反而倒戈加入海盗的队伍。

这些不法之徒为自己设定的规则里面,都包括惩罚的力度需要与违反规范行为的严重程度相适应的部分。未能让自己的武器处于时刻可用状态,或者其他不"忠于职守"的海盗,将面临罚俸的处罚。在自己的床榻上吸烟从而陷整艘船于危险之中的水手,将接受"摩西戒律"(被抽四十鞭子)的处罚。盗窃集体财物的水手则将面临被流放到无人荒岛上的命运,而这实质上就是宣判死刑。[29]

可责心态,也被认为具有相关性。在一起案件中,船上的三位负责人,被人发现从劫掠而来的物资当中拿取衣物,以便让自己在岸上的镇子里更加吸引异性的目光。偷窃集体财物,通常情况下属于严重的罪行,该当死刑。这几个人回到船上后,在全体船员面前接受了盗窃罪的审判。他们解释自己的目的仅仅是晚上借用下这些衣物,绝无占为己有的意思。船员们接受了这三个人的说法,但依然需要决定,这样的说辞是否可以消弭三人所犯下的罪行。结论是肯定的。而当代财产法也存在类似的区分:盗窃不仅仅要求行为人具有占有他人财物的意图,还需要具有永久剥夺受害人财产权利的意图,因此,才需要明确规定一种"偷开他人机动车取乐"(Joyriding)的犯罪。[30]最后,这几位负责人仅仅被口头申诫了事。

对于不法之徒而言,这似乎是评价违规者可责性的一种非常公平的具体判断。然而,有证据显示,人类自然就会进行这种有关正义的微妙判断,而这种判断在适用惩罚方面至关重要。人类的天性,不仅仅包括进行处罚,更包括进行具有该当性的处罚。无论是脱法生存的

第五章 不公

实例,还是相关的科学研究,都表明人类的深层次本性不仅要求践行正义,更包括避免不公。一个社会,必须通过制定行为规则、违规惩罚措施来对此天性加以落实,但惩罚的程度,不能高于亦不能低于该社群视野下的行为该当性。

很多学者,包括政策制定者或许会认同人类具有践行正义、避免不公的强烈天性,但他们主张,这样的一种感觉无关紧要、无足轻重。人们或许都会依据自身的深层次感受作出判断,但首先,这种判断是含混模糊的;其次,这种行为完全是社会化的产物,因此从整体而言具有可塑性。

其一,他们认为,人们只能大体区分"严重"与"不严重"的错误行为,除此无他。除了某些极端特殊的情况,人们的正义观,过于简单模糊,根本无法保证辨识不公。这也是很多当代著名刑法经典教科书的观点:本质而言,该当性无法在具体案件中厘定具体的刑罚程度。至多只能大体划出适当刑罚的宽泛范围。只能指出某些应予避免的极端情况。例如,在美国《模范刑法典》* 量刑原则的最近一次修订过程中,美国法学会 ** 曾解释道:"几乎没有哪位法官、哲学家或专家……可以断言犯有某项严重罪行的被告人,就应该被关在牢里 X 年。"最多只能说,"不具有精确性的道德判断,可以在具体案件中,告诉我们特定的量刑肯定过重,或者特定的量刑肯定过轻"[31]。公正抑或

---

* 《模范刑法典》(the Model Penal Code),1962 年由美国法学会(ALI)组织杰出学者草拟,旨在让美国不同司法区的立法机关能够以此为蓝本,对各自的刑事成文法加以整合。该文本虽然不具有法律效力,却在很大程度上影响了美国各个司法区的刑事立法,成为很多州刑事成文法的范本,影响巨大。

** 美国法学会(the American Law Institute),是美国最重要的民间法学组织之一,倡导法律体制明确化、简洁化,制定了很多"模范法典",对美国立法界发挥了巨大的影响,是推动美国法不断发展的原动力之一。

不公的判断只能非常模糊,这一点是否重要?当然。如果是这样,那么改革者们就可以恣意制定不公的刑法,同时笃定除了某些极端的情况,此举将不会被人发现。

其二,某些当代刑法学者更进一步,指出即便该当性判断非但不含混模糊,反而精准确定,这也无伤大雅,因为这种判断具有可塑性。当人们初次发现某些事情似乎缺乏公正性的时候,可以非常简单地通过重新社会化过程,转变观念,让自己接受其是正当的。"对于该当性的民主化认知,首先是具有弹性的:该当性很难量化,却极具伸缩性……该当性缺乏确定性,但颇具弹性……作为一个缺乏刚性的概念……可塑性太强,无法用来作为有效的限制性原则。"[32]换句话说,人们对于该当性的看法并无任何实际内容,而只是一种暂时性看法,随时都可能会改变,或者被别人改变。

那么,人们的公正判断具备全然可塑性,是否重要?当然,当代刑事政策经常高估或低估刑罚的作用(更多相关内容可参见第九章)。刑罚的法定下限,实质上宣告法定减轻情节再无实际意义。"三振出局"规则*仅仅根据犯罪人的前科,就可以导致其刑期出现两倍、三倍甚至四倍的增加,调查显示,此举所导致的刑罚适用结果,已然超越社群感知的正义范畴。目前很多州降低刑事责任年龄下限的做法,也会导致在社群看来不公的刑罚适用现象。限制乃至废除精神耗弱抗辩事由,大量适用不需要证明可责心态的严格责任犯罪等一系列催生刑罚适用不公的改革措施,日益普遍。

在不同的犯罪控制策略语境下,诸如此类政策具有正当性——例如杀鸡儆猴、以儆效尤,或者防患于未然,避免最终铸成大错,等

---

* "三振出局"规则(Three-strikes Statute),是一项关于惯犯处遇的特别法律规定,即如果在连续两次实施特定罪行且被判有罪的情况下,第三次再实施该犯罪的惯犯必须接受更为严苛的惩罚。加州的相关规则和其他州相比,特殊之处在于不仅仅针对重罪,还针对轻罪规定了惯犯加重处罚规则。

等——但针对普通人公正性判断的实证研究显示,这些做法与普通人眼中的公正刑罚存在严重冲突。的确,这些刑事政策皆通过民主机制得以最终采用。但显而易见,围绕美国犯罪控制的政治博弈导致了令人不安的效果。可以肯定,这些研究表明,此类政策与社会大众的公正直觉存在明确且深刻的矛盾。[33]很多人或许乐于支持那些贴在汽车保险杠上的政治宣言,却可能在面对真实个案的惨淡现实面前,采取完全不同的立场。

如果人们避免不公的内心倾向性单纯是后天习得的一种偏好,那么经过教育,假以时日,这些人势必接受、容忍这些不公的法律规则。另外,如果人们的公正的判断在某种意义属于天性,因此不容易重塑,那么缺乏公正性的法律规则所造成的麻烦与隔阂,就将无法随着时间的流逝而变得平顺,相反,会造成矛盾日益加深,最终导致整个体制丧失可信性。

就前述第一个问题:人的正义判断真的模糊吗?这一点显然无法得到现存社会实证研究成果的支持。[34]相反,研究显示,人们对于是否公正的判断相当具体细致。事实方面的些许改变,可能会造成该当刑罚出现可以预见的极大差别。[35]人们在判断相对可责性的时候,会对不同案件进行微妙界分,而这个过程中,人类作出的判断相当复杂。[36]普通人,甚至是儿童,都往往会在这个过程中考虑到相当多的不同因素,以及这些因素之间的互动关系。[37]进一步而言,人们对于所有类型的潜在不公,皆有直觉。社会心理学的研究成果已经证明,普通人对诸多可以减少行为人主观可责性的因素——胁迫、精神疾病、未成年、自愿迷醉、对于人身或财产的威胁、犯罪预防乃至危害程度的降低——全部具有直觉上的感受。[38]实际上,普通人的正义直觉,甚至还会接受诸如因为行为人悔罪、公开认罪、具结悔过而减轻处罚等当代刑法并不承认的减轻情节。[39]

人类信奉的基本原则,就是和可责性较低的行为人相比,可责性较高的行为人,该当更为苛重的惩罚。在判断可责性的相对轻重时,人们会对不同案件进行微妙的界分,因此需要一个谱系颇为广阔的惩罚幅度,以容纳、表达其所发现的不同区分。事实证明,建构起某种具备如此多有效格差,从而足以表达人们进行的复杂区分的惩罚幅度,多少有些困难。也就是说,在大多数人看来,一周与一周零一天,或许差别很大,但一年与一年零一天之间的差别,却并非如此之大。随着惩罚幅度的增加,不同形式惩罚之间有意义的格差,也会随之变大。

因此,在刑罚谱系当中,就开始充斥人们认为应当加以界分的不同案件。每个案件最终都在这个谱系当中寻找到了自己特定的立足点,并对应着一个特定数量的惩罚。这绝非案件事实与惩罚程度之间存在任何神奇关联的结果。相反,每个案件所对应的惩罚,都是在与其他所有案件的相互关系中体现出来的一种相对位置关系。例如,如果某个社会像那些斯堪的纳维亚半岛国家那样,将自身刑罚谱系的导致从五十年监禁降至二十五年监禁,势必导致所有案件都需要因此调整各自的相应刑罚位阶。

如此一来,导致的最终效果就是,普通人的正义直觉,要求对于具体案件,适用具体惩罚措施,而并非某种含混模糊的可接受惩罚范围。正如一位研究者所指出的那样,"实际上,毫无例外,国民能够对于高度具体的事件,分配高度具体的惩罚措施"[40]。人们的正义直觉,并不简约,更不模糊,相反,极为复杂,十分具体。

就前述第二个问题:人们对于公正或不公的判断是否完全可塑?这一点,同样缺乏既存证据的支持。之前提到的大量科学证据,例如与儿童发展相关的调研,体现出人类在道德直觉方面存在普遍性。同样具有相关性的,还包括其他社会性动物,特别是人类进化先祖,都已显现出某种原始的公正与不公概念。如果人类对于公正的直觉,与哪个牌子的割草机最好用或哪个国家的最安全这类认知实质无异,那么又该怎么解释存在如此普遍的进化道路,以及进化先祖们所展现出来的原始正义观念?

之前的研究显示,不同人种、文化之间存在广泛的共同正义判断,特别是针对核心错误行为,如人身伤害及侵犯财产等相关的行为,更是如此。不同人种之间存在的此种高度共识,告诉我们这种判断和人与人之间差异巨大的生活经验无关。也就是说,只能通过某种比个人累积的生活经验更为强大的力量,才能对此加以改变。这并非不可能——可以像对战俘那样,使用洗脑的技巧——但从民主体制能够允许的范围来看,这种为大家普遍适用的判断方式,很难加以改变。

实际上,从脱法生存的事例中不难发现,即便在极端的状况下,很多群体依然很少或根本无法改变自身践行正义、避免不公的本性。如此一来,很难认定人的正义直觉,像某些学者及政策制定者所认为的那样,具有"延展性"和"可塑性"。相反,为社会制定大政方针的人,一定不要错误地认为可以随心所欲对于大众的正义直觉加以"教化"。某些正义的直觉与生俱来,因此社会的组织者们需要学会对之加以接受,而非抗争。

底线即在于,必须尊重人们避免不公的自然天性。改革者们不能事先埋下不公的规则,推定大家会十分简单地对此加以适应,并最终接受其为正当。不正不义绝对不会褪色——相反,只会积怨成灾。

---

1 相关事实描述的主要根据如下:Leys, *The Wreck of the Batavia*;Dash, *Batavia's Graveyard*;Drake-Brockman, *Voyage to Disaster*;"The Batavia," The Grey Company, http://members.iinet.net.au/~bill/batavia.html;W. Ernest L. Wears, "Disastrous Voyage of the Vessel Batavia to the East Indies," Koninklijke

Bibliotheeek(1836), www.kb.nl/galerie/australie/3/Pelsaert%20Eng%20geheel.pdf。

² Leys, *The Wreck of the Batavia*, 26。

³ 其他学者对"团体成员析出现象"也多有谈及：例见 Hoffman, "The Neuroeconomic Path of the Law," 1667, 1673-74。

⁴ 与此类似，在约翰·史密斯(John Smith)治理下的"詹姆斯敦殖民地"(Jamestown Colony)，不劳者无食，违命者戴镣，窃盗者处死。Price, *Love and Hate in Jamestown*, 108。奈特斯利克因纽特人也奉行罚当其行的原则。如果未能充分分享，会遭到部落内年长女性的责骂，不让他人进入所谓自己的狩猎地区，将面临部落授权的殴打，霸占人妻则可能意味着死亡。Balikci, *The Netsilik Eskimo*, 185; van den Steenhoven, *Legal Concepts among the Netsilik*, 28-61。

⁵ Read, *Alive*, 216。

⁶ Scott, "Journal of a Trip to Oregon," University of Oregon：CATE, July 15, 1852, http://cateweb.uoregon.edu/duniway/notes/DiaryProof1.html。例如，在卡特里娜飓风期间，参与有计划劫掠行为，占据公共建筑的若干组织严密的非法团体，后来并未因此受到起诉。Stephen Kiehl, "Some Stay to Save; Some Come to See," *Baltimore Sun*, September 11, 2005。与此类似，在"纪念医院案"(Memorial Hospital)中，罹患绝症的病人被注射毒针，从而可以体面安详地离开人世。对此，一个新奥尔良大陪审团仅仅指控相关医生犯有二级谋杀罪名，案件最终不了了之。Sheri Fink, "The Deadly Choices at Memorial," *New York Times*, August 30, 2009。在大篷车西进过程中，某个车队的负责人要求在其下达集体渡河的命令之前，任何人不得擅自行动。当其发现有人违反命令擅自渡河时，负责人下令如果继续抗命，就射杀之，但遭到手下的婉拒。Coffman, *Blazing a Wagon Trail to Oregon*, 38。在皮特凯恩岛，一位名为约舒亚·希尔(Joshua Hill)的外来人，被选作该岛市议会的负责人，结果，他在岛上实施了极端独裁的管理，包括对他还没有来到这个岛上时实施了通奸行为的某人，给予鞭笞。当他试图说服大家同意制裁两位散布对自己不利谣言的妇女时，集会的最后，除了他，没有人以"阿门"这一祈祷语作为结尾。随后不久，希尔又判处了一位盗窃甘薯的12岁男孩死刑。孩子的父亲被要求亲手结果自己孩子的性命，遭到拒

第五章　不公

绝。希尔用刀剑开始攻击这位抗命的父亲,被大家缴械,父亲毫发无损。希尔发现自己威信扫地后,不久便不知所踪。Young, *Mutiny of the Bounty and the Story of Pitcairn Island*, 78.

[7] Comstock, *The Life of Samuel Comstock*, 87-93.

[8] Shinn and Jackson, *Mining Camps*, 179.

[9] Shinn and Jackson, *Mining Camps*, 119.

[10] Robinson, *Distributive Principles*, 73-95, 109-34.

[11] Robinson, *Distributive Principles*, 135-212.

[12] Elkind and Dabek, "Personal Injury and Property Damage," 518, 519.

[13] 一个十分有趣的现象是,这些小孩子(平均年龄为四岁半)普遍认为,无意造成的人身伤害结果,亦比故意侵犯财产严重,凸显出人身伤害的重要性。但在稍微大一点的孩子当中,这种认知模式已然不复存在。尽管小孩子们很关注危害结果与行为人的主观方面,但稍大一点的孩子(4岁至5岁),在作出有关惩罚决定时,将同时考察主观方面与客观后果。换句话说,在7岁之前,儿童就已经发展出有关该当性的复杂看法,同时开始具备考察多种变量因素的能力。Elkind and Dabek,"Personal Injury and Property Damage," 521. 有证据显示,年仅3岁的孩子,在对行为人进行评价的时候,就已开始考虑其主观意图。参见 Nelson, "Factors Influencing Young Children's Use," 823, 828-29。

[14] 参见 Darley et al., "Intentions and Their Contexts," 66,发现6岁的孩子就已经会根据相对情节(如是否存在挑衅)来判断具体的惩罚措施;Furnham and Jones, "Children's Views," 18, 25-27。亦参见 Wainryb, "Understanding Differences in Moral," 840, 847,表示11岁至21岁之间的青少年,对于罪错的判断,可能会在很大程度上受新出现的信息的影响。

[15] Wainryb and Ford, "Young Children's Evaluations," 484.

[16] Wainryb and Ford, "Young Children's Evaluations," 484.

[17] 例见 Nucci and Weber, "Social Interactions in the Home," 1438, 1445:"儿童可以清楚区分个人问题,抑或道德或习俗问题";Smetana, "Toddlers' Social Interactions," 1767, 1774:"蹒跚学步的孩子,就能对僭越道德的行为有所

反应……相较于违反习俗的行为,孩子对违反道德的行为更容易出现道德反应,实施客观报复行为,并且随着年岁的增长,会开始对违反道德行为所造成的后果或危害发表口头看法。"

[18] Wicker, *A Time to Die*, 16.

[19] 相关事实描述的主要根据如下:Bell, *The Turkey Shoot*; Useem and Kimball, *State of Siege*; "A Year Ago at Attica," *Time*, September 25, 1972; Akil Al-Jundi, "I Would Do It Any Day, Again!," *Revolutionary Worker #1118*, September 16, 2001, accessed September 15, 2011, http://www.revcom.us/a/v23/1110-19/1118/attica_interview.htm; Anonymous, "Episodes from the Attica Massacre," 34; Tom Wicker, *A Time to Die: The Attica Prison Revolt* (Bison Book, 1978); "Attica Revisited," *Talking History*, accessed September 15, 2011, www.talkinghistory.org/attica/; Brooks, "How Can We Sleep," 159; Deutsch, Cunningham, and Fink, "Twenty Years Later," 13; Featherstone, *Narratives*; Bruce Jackson, "Attica: An Anniversary of Death," *Artvoice*, September 9, 1999; Lynch, "Attica."

[20] Wicker, *A Time to Die*, 23.

[21] Wicker, *A Time to Die*, 229-230.

[22] Bell, *The Turkey Shoot*, 37.

[23] Benaquisto and Freed, "The Myth of Inmate Lawlessness," 481.

[24] 相关事实描述的主要根据如下:Breverton, *Black Bart Roberts*; Leeson, *The Invisible Hook*; Konstam, *History of Pirates*; Haring, *The Buccaneers in the West Indies*; Exquemelin and Sonnenschein, *The Buccaneers of America*; Johnson and Cordingly, *A General History*; Rogers, *Cruising Voyage Round the World*; 以及 Woodard, *The Republic of Pirates*。

[25] Leeson, *Invisible Hook*, 15.

[26] Leeson, *Invisible Hook*, 14-16.

[27] Leeson, "An-arrgh-chy," 1049, 1060.

[28] Leeson, *Invisible Hook*, 60.

²⁹ John Phillips, "John Phillips' Articles 1724," Pirate Documents, https://www.piratedocuments.com/Articles/john_phillips_articles_1724.htm.

³⁰ Robinson, *Criminal Law*, 615.

³¹ Model Penal Code: *Sentencing* (American Law Institute, April 11, 2003), 37.

³² Ristroph, "Desert, Democracy, and Sentencing Reform," 1293. 亦参见 Braman, Kahan, and Hoffman, "Some Realism," 1531, 1532-33, 认为"尽管个体可能会针对错误行为及其应对措施产生深层次和具有约束力的直觉判断,但这种直觉却建立在极富弹性的社会结构基础之上"。

³³ Robinson, Goodwin, and Reisig, "The Disutility of Injustice," 1940.

³⁴ 持这种看法的人,并没有认识到人们对于该当性的明确需求,以及与之相关的直觉天性。之所以会出现这种混乱,是因为这些人没有区分两类截然不同的判断:设定刑罚谱系的终点,一旦这一点确定后,将不同案件沿着这一谱系顺次排列。不同社会,都必须决定对于最凶恶案件如何处罚,是死刑、终身监禁还是十五年有期徒刑。一旦终点确定,根据该当性原则,需要进行刑罚分配,决定谁应当如何处罚。这一过程仅仅要求根据不同犯罪人的可责性,顺次排序即可。所导致的结果就是特定的犯罪需要面临特定的刑罚,但刑罚的程度却并不取决于行为人实施的犯罪与对应的刑罚之间的神奇关联。相反,这取决于根据行为人所实施的犯罪,相对于其他犯罪的可责性而具备的适当刑罚位阶。如果最终的标准出现变动,那么所有犯罪人所面对的适当刑罚也将因此出现调整变化。

³⁵ 例如,在作者组织的十八项实验中,受测主体反复呈现出的令人印象深刻的微妙属性,参见 Robinson, *Intuitions of Justice*, part 3。

³⁶ 例如,Robinson, *Intuitions of Justice*, part 3; Robinson and Kurzban, "Concordance and Conflict," 1829, 1854-65; Robinson et al., "Competing Theories of Blackmail," 291, 335-47; Robinson and Darley, "Objectivist Versus Subjectivist," 409; Robinson and Darley, "Testing Competing Theories of Justification," 1095; Robinson et al., "Extralegal Punishment Factors," 737。

[37] Robinson, *Intuitions of Justice*, part 3.
[38] Robinson, Intuitions of Justice, chapters 12-16.
[39] Robinson et al., "Extralegal Punishment Factors," 737n36.
[40] Durham, "Public Opinion," 1, 2.

第六章 生 存

威廉王岛上的因纽特人与皮特凯恩群岛上的反叛者

非常遗憾,某些时候,对于特定人群而言,只能在正义与生存之间作出抉择。践行正义、避免不公,可能会危及整个群体的命运。如果人类天性倾向践行正义,遵从这种直觉,是否会盲目地走入绝境?当然,这种情况并不常见。现代人类所经历的脱法生存绝境(如前几章所描述的那样),对于古人算得上家常便饭。如果真有这般致命的不理性,恐怕几千年前人类这个物种就已经自我灭绝了。

假设一个群体在正义问题上寻求共识,是为了避免集体毁灭,那么一般被认为取决于践行正义、避免不公的合作,又将导致何种结果?一旦践行正义的承诺被打破,未来还要通过什么才能继续维持群体的存在?是否会出现倒退?对于当下,这些无疑都属于极为重要的问题,毕竟当代人的生活相对安全、舒适,践行正义不仅需要付出代价,而且容易出现违反公正的情况。那么,情况到底如何?

许多世纪以来,奈特斯利克人都生活在加拿大北部一处现在被称为"威廉王岛"(King William Land)的与世隔绝之地。人类学证据显示,早在哥伦布时代,这些人就已经与其他因纽特人断绝往来。1829年,英国探险家约翰·罗斯(John Ross)在寻找"西北水道"(the Northwest Passage)时,与这一族群不期而遇。[1]

威廉王岛,可能是气候最为恶劣的有人居住之地。奈特斯利克人在没有树木、没有金属、没有土壤的情况下——方圆一万多平方英里皆为莽莽冰原——奇迹般生存下来。在奈特斯利克人的世界中，获取食物是最主要的原动力。一切主要决策，全部与提高卡路里的摄入量相关。随着季节的变迁，这群人也在这片广袤的冰原上不停迁徙，猎食海豹、驯鹿或者捕捉鲑鱼。想活下去，要求密切的组织配合。例如，捕猎海豹时，在其狡兔三窟般的不同呼吸孔前，都需要有猎人蹲守，有时甚至需要静静潜伏数个小时，根本无法预测海豹会从哪里探出头来。他们在浮冰之上等待数日，也可能一无所获。一旦捕得海豹，就需要与所有人分享。

家庭，作为主要的社会单元，在迁徙问题上享有自治权：可以选择狩猎的时间、地点，也可以在自己认为合适的时候离开聚居地。但是，只要加入大家的营地，其行为就必须符合诸多旨在促进合作的限制性要求。新人到来时，有义务与所有在场的人握手致意，甚至包括最小的孩子，做最直接的身体接触。之后，新来者就可以前往自己的窝棚——大概需要花费一个小时，才能建好一个大小适中的因纽特圆顶小屋——卸下自己的装备，静候其他人的来访。新来者有义务将自己全部财物与到访者分享。一旦加入宿营地，消耗品——无论是食物、烟草还是茶——都必须拿出来。在食物分享方面表现吝啬，属于严重违反规矩。

奈特斯利克人并没有固定的头人，也没有社会阶层——当然，最能干的猎人，享有最大的影响力——更没有什么政府或政府法律。但是，奈特斯利克人之间的确存在约定俗成的行为规范，针对规范违反行为如何处罚，也具有高度共识。

惩罚的程度，与违规的严重程度相关。迟到早退、表现懒散的猎人，可能会面对他人挖苦讽刺等言辞方式的惩罚。更为严重的惩罚，还包括父母指示孩子偷偷拿走违规者的冻鱼。例如，当某人向你索要食物喂食其所饲养的犬只，但你所给数量不足该人所希望的一半时，就可能会面临上述惩罚。如果在无缘无故或缺乏正当事由的情况下杀人,一般需要面临死亡的惩罚。

与之前很多脱法生存的情况颇为类似,这里也存在十分系统的社会规范,以及罚当其罪的违规惩罚机制。身处自生自灭之境地,人类倾向于遵循上述范式组织自己的生活,创造、维持社会合作。但奈特斯利克人的经验还说明了人类规范的另外一面:并不是所有违规行为都需处罚。例如,有一次,一位好猎手因为感觉受辱,遂将自己的狩猎伙伴杀害。这显然属于非常严重的错误行为,但是大家都明白,若因此将该猎手处死,就意味着在已经损失一名猎手的情况下,又有一名主要劳动力错过至关重要的海豹狩猎季节。因此,杀人者虽然遭人嫌怨,但却暂时得以苟活。几个月后,当此人再次威胁其他猎人时,有人走到他背后捅了一刀,当即致其毙命。此举被认为是正当的,杀人者并未受到任何制裁。[2]

在另外一起发生在猎人之间的争斗中,一对兄弟在自己的帐篷中睡觉时遭人突袭。弟弟当场被害。受伤的哥哥被迫丢下家人,趁机逃往附近的岳父家中,哥哥在伤痊愈后,继续跟随岳父捕猎驯鹿。驯鹿捕猎季节结束前,岳父将一张新弓赠予自己的女婿;岳母则表示,希望自己的女婿能够帮助自己用驯鹿皮制作衣服。所有人都知道这是什么意思。哥哥返回自己兄弟遇害的那个宿营地,亲手结果了杀死自己弟弟的凶手。接下来,他得到了该宿营地住户的热情邀请,并对他的新弓大肆称赞。正义得到伸张。一切又恢复了平衡状态。

求生的特殊要求,不仅意味着有时正义会姗姗来迟,更意味着在某些情况下,可以举正义之名,实施生存所必需的杀戮之事。在食物短缺的情况下,一个家庭可以,也会杀死无法为家庭继续做贡献的老者,或者嗷嗷待哺的新生儿。但如果缺乏此类正当化事由,戕害自己家庭成员者,则将面临被众人处死的命运。

对于奈特斯利克人来说,践行正义、避免不公固然重要,但却并非绝对。特别是在其经常面对的绝望处境中,生存压倒了正义。相同的脉动——生存所迫,避免处罚,也被特定人群视为正当之举——在很多脱法情境当中颇为普遍,其中就包括一些当代西方语境下的人群。

请回想一下1972年发生在安第斯山脉的坠机事件(见第二章)。幸存者每天的日常任务包括融雪取水,照顾伤者,准备、分配食物,清洁宿营地。但也有几个人,不太乐意参与这些工作。这种逃避劳动的行为屡次遭到严正指责,但却毫无效果。一些幸存者威胁称,如果不干活,就不给吃的,对方依然无动于衷。随着食品数量日渐稀少,幸存者感觉到有必要对不劳而获者有所行动。于是,他们正式决定,不再向某位特别懒惰的成员提供任何食物,但该人对于此项决定嗤之以鼻,依然冥顽不灵。连续两顿饭都没得吃后,此人终于认同大家这样做实属公平正当。但幸存者群体也意识到,此人已经对自己的生死无动于衷,对于整个群体而言,丧失希望显然会威胁大家的生存,任何打击士气的言行都非常危险。于是,众人作出让步,继续向这个人提供食物,养活他。

偷拿食物,通常情况下属于严重违规,但大家心照不宣的是,从尸体上割肉实在算得上令人作呕的工作,因此,如果有人在这个过程中顺手牵羊,大家会选择睁一只眼闭一只眼。但是,随着食品陷入匮乏状态,幸存者群体决定不再纵容上述行为,进而正式宣布新规,对继续偷拿食物者予以惩罚,但此类现象却屡禁不绝。幸存者群体担心脆弱的士气涣散,再次选择隐忍不发。

外出寻找救援的人出发一段时间之后,剩下的幸存者士气降至谷底。这个时候,一位懒人被发现偷吃食物。是否根据事前合意对其加以惩罚,大家犹豫不决、投鼠忌器,但通过讨论,明确了一点:如果现在不对偷吃者加以惩罚,势必导致未来出现更为严重的违规情况,因此决定不再继续开口子。换句话说,某些时候不践行正义,虽然实属无奈,但同时也会产生副作用,甚至很可能会压倒之前一直奉行罚当其罪所积累下来的正能量。(在新规正式适用前,救援队抵达。)幸存者明白,自己的生存依赖于彼此合作,而一切规范都是为了确保合作,甚至必要时,需要动用惩罚机制。但同时,他们也感觉到,违规就该处罚——某些违规者的确遭到处罚,但为了保证合作行为所必需的社会秩序,他们甚至可以放弃作出该当的惩罚。正义固然重要,但在正确的情况下,必须让位于生存。反之,未能践行正义,则始终需要弥补这样做所产生的副作用。

108 　　即便在像奈特斯利克人或安第斯山坠机事件那样生存并非迫在眉睫的情况下,也依然存在类似的动态过程。一个人群及其内部社会秩序所面临的诸多方面威胁,都有可能成为其放弃该当处罚的根据。

　　1790 年,英国武装运输船"博爱号"(Bounty)发生哗变后(布莱船长 * 因此一举成名),哗变者裹挟了十二名妇女,以及六位波利尼西亚男子,来到偏远的"皮特凯恩岛"(Pitcairn Islands)开辟全新的殖民地。[3]在随后的若干年间,曾有若干外人到访此地。在一位短暂逗留的博学之士帮助下,1910 年,"皮特凯恩岛"上的居民开始正式采用一套群体规则。但在他们看来,这套规矩主要规范的是参观者的行为,自己可以不受此束缚。他们自己适用的那套行为规范,在很多方面都僭越了正式的群体规范。例如,禁止已婚者通奸、与未婚者私通、窃盗、

---

* 威廉·布莱(William Bligh,1754—1817 年),英国海军官员,后为英国殖民地长官,1789 年在其所指挥的"博爱号"战舰上发生哗变后,布莱和效忠他的船员被叛乱者赶到小艇上,漂浮了六千七百多公里,抵达帝汶岛。十余年后,布莱被任命为澳大利亚新南威尔士的总督,但后来又因为部队哗变而遭到囚禁,并被剥夺官职。

殴斗等规范,极少得到落实。一位曾经在岛上短期生活过的人报道称:"犯罪多发,法律荡然无存,所有人都投机取巧——如果说有任何形式的限制,就是对此类行为的自身厌恶。"[4](这或许会让人想起之前介绍过的反惩罚聚落,但皮特凯恩岛上居民的体制路径,却具有某种程度的差异。)

1934年,皮特凯恩岛居民经公投决定将本岛纳入英国管辖。从二十世纪五十年代开始,岛民开始日益受到外部世界的游客特别是媒体的关注,这也在很大程度上影响到了某些居民的内心想法。二十世纪七十年代,一位母亲带着自己女儿被鲜血浸透的内裤向一个委员会控告,岛上某位有权人士强奸了自己的女儿。但这一呼吁并未受到关注,相反,她的家族遭到了其他岛民的排挤,并被剥夺公平分享运送至岛上物资的权利。

英国警官盖尔·考克斯(Gail Cox)于1999年登岛调查此事,在其结束调查离岛之前,贝琳达(Belinda)这位15岁少女的妈妈向其通报,自己的女儿和两名同伴被23岁的岛民里奇·奎因(Ricky Quinn)[5]强奸。奎因对此供认不讳。考克斯警官试图追究此事,但却被岛上居民告知,奎因是壮劳力,因此可以"无法无天"。

因为根本无法获得当地人的配合,考克斯警官不得不报告上级,获批更多人手调查此案。警方调查之前曾在"皮特凯恩岛"居住,后来移民澳大利亚及新西兰的前女性岛民时,发现了数倍的犯罪线索。在两年之前,还发生过另外一起连环强奸案。犯罪嫌疑人被锁定到一位名叫肖恩·克里斯汀(Shawn Christian)的男子身上。警方得到线报,第四名受害女孩在10岁时就被强奸。随着调查的继续深入,真相终于浮出水面。正如一位调查人员所说的那样:"皮特凯恩岛上的任何一位女孩,我的意思是所有女孩,百分之百,都曾受过性虐待的伤害。"[6]大多数女性都声称不仅仅受过一个人的伤害,很多人在上学前

图11 "博爱号"哗变者马修·奎达(Matthew Quintal)及约翰·亚当斯(John Adams)的后裔,1862年。

就已经沦为性犯罪的受害人。

通过提出控诉引发本次调查的贝琳达,足足花了七个小时的时间,才将她被两个男人性侵的不堪经历回忆完毕。从10岁起,她就遭到性侵,其中还包括两人共同实施的轮奸行为。和奎因一样,其他男性在接受质询时都不否认相关指控。毕竟事实摆在那里,在调查开始的时候,岛上生活的女性平均生育年龄不足14岁。同样十分明了的是,从二十世纪六十年代开始,当女性远走他乡的机会开始出现后,很多人都选择在10岁之前离开这里——在被强奸,或担心被染指之前——在人过中年,抑或已为人妻之前,绝对不再踏足皮特凯恩岛半步。

调查结束后,英国政府接手了在当地无法开展的起诉工作。尽管最初对强奸犯恨之入骨,但当发现英国政府真的要惩罚这些人时,大部分被强奸女童的父母开始拒绝继续与当局配合。贝琳达的父亲就对其大发雷霆:"如果岛民被逮捕,整个岛分崩离析,那么一切就都是你的错。如果你再敢抛头露面,就永远不要再回皮特凯恩岛,也将不再是我们家庭的一员。"[7]

不顾父亲的反对,贝琳达继续与检方配合。最终,父母宣布与她断绝关系,她亦被逐出皮特凯恩岛。但很多其他女孩,包括指控遭到贝琳达父亲强奸的一位名叫凯瑟琳(Catherine)的女孩,都在家庭巨大压力下撤回了自己的证词,进而被欢迎重新回归岛上社群。

从之前提供过消息的线人那里,警方获得了新线索。警方被告知,贝琳达和一个孩子一道跌落到了某口深井当中,造成脑部重伤。另外一位9岁产下头胎,11岁又再次生产的女性告诉探员,英国方面正利用这个机会带走岛上的男性居民,从而减少岛上人口,最终达成削减对皮特凯恩岛提供资助的目的。

尽管证人数量持续减少,但案件好歹还是进入到了庭审阶段。岛上居民一如既往否认实施了错误行为,但其证词却通常体现出无可辩驳的罪错性。一名被告人宣称,他所强奸的7岁女孩对自己眉目传情。当被问及是否在另外一位9岁幼女的体内射精时,某位被告人的回答是:"这个岁数,怎么可能有机会怀孕?这么小,你们有什么可担心的?"[8]

某些岛民,特别是妇女以及年长者,公开表达自己对岛上男人都被关起来的担忧。毕竟是男人在从事岛上所必需的体力劳动,包括驾驭运送游客的大艇,以及为往来船只运送货物。岛上的大部分收入来自旅游,对这些"恋童癖"判刑,将带来致命的后果。岛上的女性居民,在这种强奸文化中生存了下来,但现在,她们所担心的是自己熟悉且依靠的既有秩序面临崩解。这个事例中,正义脱序的威胁,虽然不及

第六章　生存

111 奈特斯利克人或安第斯山脉坠机幸存者所面临的境遇严重,但在很多皮特凯恩岛女性居民心中,却足以为不惩罚连环强奸犯提供正当性。

生存需要,或者对于生存需要的主观感知,还制造出一种容忍反向背离公平正义的脱法情状,即超越该当性予以重罚。让我们来看看一个有关黑奴的事例。

牙买加岛,最初在十六世纪由西班牙人占据,后来于1655年转手给英国。因为需要放牛人,西班牙率先将黑奴引入该岛。很多奴隶逃脱束缚,运用自身对于当地地形地貌的独特了解,得以维持自由之身。这些黑人移民和其他逃跑至此的奴隶结成新的聚落,即所谓的"逃亡黑奴"(the Maroons)。[9]

这些人据守地势陡峭且森林茂密的高原,这里人迹罕至,易守难攻。逃亡黑奴的经济生活兼具自给自足的农耕,以及对于种植园的劫掠。在袭击种植园的时候,这些逃亡黑奴往往会掳走奴隶、牲畜、弹药,以及任何其他可用物品。新近逃亡的奴隶所提供的情报,让这些人对种植园的袭击屡试不爽。对于袭扰的恐惧,以及遭到劫掠所丧失的利益,都在事实上侵蚀英国在这里开发种植园的能力。

在逃亡黑奴聚落的规模尚小之时,他们只能在夜间偷袭一些地处偏远的庄园。但当其人数与经验都达到一定程度之后,就连规模最大的种植庄园也变成了可以轻松下手的目标。英国种植园主的成本,以及清剿逃亡黑奴的成本与日俱增,这个时候的逃亡黑奴,已经构成了非常严重的威胁。

但是,一旦被英国人发现行踪,在武器处于明显劣势的情况下,逃亡黑奴依然处境堪忧。只有依靠自身来无影去无踪的能力,才能确保安全。这意味着只要有一个人叛变,向英国人提供情报,就足以摧毁

112 整个聚落。这样一来,当出现有人向英国人告密,通报袭击种植园的

时间地点,或向英方透露袭击后将回到哪个聚落所在地等违规行为时,每个人都会如坐针毡、火冒三丈。凡是向英方提供这种情报者,都会得到"很好的回报"。

因为不具备长期监禁罪犯的能力,逃亡黑奴选择对于罪大恶极者适用死刑。说英语之外任何语言的人,将被处死。试图加入逃亡黑奴组织,但却没有通过忠诚测试的人,将被处死。通奸属于死罪。所有聚落中的逃亡黑奴,都分工明确——或负责开荒,或负责放牧——任何无理由未能履行职责者,杀无赦。很少有人会认同对这种鸡毛蒜皮的小事适用死刑实属正当,同样也没有人认为处罚轻重不同的犯罪应"一刀切"。但这种做法,实属迫不得已,故而得到了逃亡黑奴的容忍与接受。

图12　1975年,牙买加政府宣布南妮女王[*]为国家女英雄。她的画像也被印在该国500元纸币上面。

另外一个类似的动态过程——为了族群的生存不得不严刑峻法——还出现在阿提卡监狱的事例当中(第五章),绰号"疯子麦克"

---

* 南妮女王(Queen Nanny,1686—1755年),十七世纪末十八世纪初牙买加逃亡黑奴的杰出领导人,在与英军的斗争活动中发挥了巨大作用,被奉为逃亡黑奴的精神领袖。

的普利维特利亚因攻击人质及其他囚犯而遭到隔离关押。对此,按照囚犯群体的规矩,应当处死,但其他囚犯认识到"疯子麦克"明显罹患精神疾病,并以此为理由,免除其违规责任。

重接前文,"疯子麦克"后来被解除监禁,但随即又开始攻击其他囚犯。为此,他再次接受囚犯委员会的审判。和之前一样,他后来实施的行为也很可能由精神疾病所引发,但囚犯委员会显然没有资源为他提供必要的长期预防性监控。最终,他被带到 D 号监区,遭到杀害。

脱法生存群体被迫放弃该当性——无论严刑峻法,抑或视而不见——都彰显出在脱法环境下人们践行正义时所遭遇的困难。另外,更为显明之处在于,这种情况可以被用来说明捍卫正义的韧性。当干扰条件褪去,脱法生存的群体就好像恢复自身天然缺省设置那样,会回过头来践行正义。

在和英国探险家罗斯接触后,奈特斯利克人的生活渐渐出现变化。他们开始用和商人易货得到的金属,替换一直用冰冻鲑鱼制作的传统雪橇板。之前用骨头和獠牙制作的雪橇主体部分,也变换为木质。这些因纽特人开始接触金属刀具、鱼钩、梭镖以及缝补渔网的织针,这些工具让奈特斯利克人的生存,乃至日常生活变得更为容易。枪支、铁质家什、罐头食品及其他当代科技随即得到推广。温饱足知规矩,当不需要再面临饥饿危机时,奈特斯利克人对于正义失范的容忍程度也随之下降。即便是好猎手,挑衅杀人的行为也不再受到容忍。同样不被接受的还包括杀害婴儿或老朽之人。因为引入了刑事司法体制,报复杀人被严令禁止,触犯者将被处罚。

因为无法通过军事手段遏制逃亡黑奴的快速崛起,1738 年,英国方面与其媾和。条约宣告武装冲突告一段落,并允许英国人与逃亡黑奴之间公开贸易。英方向逃亡黑奴提供土地,供其世代永居。根据这一条约,逃亡黑奴聚落不再需要严刑峻法,与此同时,在可以适用的刑罚幅度方面,获得了更大的灵活性。他们也开始使用监狱及其他非致命惩罚手段,包括鞭笞、流放、降级、调整工种以及排斥与抵制。皮特凯恩岛上居民的生活,在本书写作期间,也已经达到了上述程度,尽管计划中兴建的带防波堤的港口,将会彻底让岛上生活摆脱依赖于男人驾驭大艇的历史。

威胁生存的情况不复存在之时也是回归正义之际的范式,与我们从实证研究当中所了解到的情况非常类似。例如,在一项研究当中,受测者被要求在某些变量存在的情况下,对一个曾经攻击过他人,并因脑部创伤依然具备人身危险性的罪犯进行量刑。测试方通过考察受测者针对不同变量的反应,总结受测者在量刑时侧重该当性,还是侧重对于人身危险性的限制或排除。研究者最终认定,受测者的缺省判断侧重关注该当性。[10]

如果受测者感受到具有人身危险性的行为人一旦失控就将变得十分危险,势必会放弃该当性,在量刑时更多关注行为人的人身危险性。如果危险性消退——如被告知对行为人实施了成功的脑部手术,或存在有效的民事限制措施——这些受测者就将马上重拾纯粹的该当性标准。[11]也就是说,在其看来,刑事司法体制以及刑罚适用应专注该当性,即便在条件适当的情况下,如果没有其他办法防止行为人制造迫在眉睫的危险,他们也会——至少暂时——放弃纯粹该当性原则。

在脱法生存的事例中,对于践行正义不断反复的范式,恰好印证了人类践行正义的坚决性。让某个族群放弃践行正义,不仅会给其造成不便,而且会被其视为威胁到自身的生存。奈特斯利克人、逃亡黑奴以及安第斯山脉坠机事件的幸存者,从各自不同的具体情况来看,如果不在践行正义、避免不公方面进行合作,就会面临生存危机。

上述人群,也并非对未能践行正义或自身实行的非正义一无所知或无动于衷。相反,他们对此存在清楚认识,并将其判定为(无论正确或错误)一种自己无力抗拒而只能承受的代价。重要的问题在于,背离公平正义是一种成本,代价不菲的成本,而这可以很好地解释为什么当情况发生改变后,这些人群会旋即继续选择捍卫正义。

这种回归趋势的存在,非常重要。一旦某个族群养成了特定的行为惯性,在处理(或无视)错误行为的时候建立起定式,那么如果要改变这种习惯,势必需要付出巨大努力。生存压力大大减小后,奈特斯利克人在改变自身行为方式时,并未走回头路,而是选择了一种和自己的历史传统存在某些差别的更为公正的行为范式,这种转变是内在自发,而非外界强加的。质言之,即使在早期实践当中,他们也具备某些无法表达的正义天性。靠着这种天性,他们才能渡过难关。

换句话说,偶尔出现的背离正义,事实上是对于社群坚持正义的有益的深层次表达。在生存危机消除后重拾正义的范式,更表明必须用危机的严重程度来为背离正义提供正当性。而这种循环往复则证明,在缺乏生存危机的情况下,应当尊崇正义。不幸的是,当代美国刑事司法体制在这个问题上迷失了方向,经常表现出为了换取某些蝇头小利,甚至某些情况下就是为了管理方便,而将正义理念弃之不管的趋向。

---

[1] 相关事实描述的主要根据如下:Steenhoven, *Legal Concepts*; Rasmussen, *The Netsilik Eskimos*; Burch, *The Eskimos*; Graburn, "Eskimo Law," 45; Laugrand, Oosten, and Rasing, *Interviewing Inuit Elders*; Briggs, *Never in Anger*; Balikci, *The Netsilik Eskimo*; De Poncins, *Kabloona*。

[2] Steenhoven, *Legal Concepts*, 37.

³ 相关事实描述的主要根据如下：Maude,"History of Pitcairn Island,"; Henry E. Maude,"History of Pitcairn Island," Pacific Union College, accessed December 18, 2013, http://library. puc. edu/pitcairn/pitcairn/history. shtml; Young, *Mutiny of the Bounty*; Marks, *Lost Paradise*; "Pitcairn: The Island of Fear," *The Independent* (Australia), November 19, 2006; William Prochnau, "Pitcairn Woman Tells of Island Sex Culture," *Reuters*, October 1, 2004; Parker, "Trials and Tribulations"。

⁴ Maude, "History of Pitcairn Island," 96.

⁵ 凯西·马克斯(Kathy Marks)在《失乐园》(*Lost Paradise*)一书中对受害女孩使用了假名。

⁶ Marks, *Lost Paradise*, 45.

⁷ Marks, *Lost Paradise*, 42.

⁸ Marks, *Lost Paradise*, 250.

⁹ 相关事实描述的主要根据如下：Campbell, *The Maroons of Jamaica*; Carey, *The Maroon Story*; Dallas, *History of the Maroons*; Gottlieb, *The Mother of Us All*; Harris, *The Chieftainess*; Deborah Gabriel, "Jamaica's True Queen: Nanny of the Maroons," Jamaicans. com, http://jamaicans. com/articles/primearticles/queennanny. shtml; "Nanny of the Maroons," Wikipedia, http://en. wikipedia. org/wiki/Nanny_of_the_Maroons; Price, *Maroon Societies*; http://www. itzcaribbean. com/history_jamaica_queen_nanny. php; "Caribbean History: Queen Nanny of the Jamaican Maroons," *Itzcaribbean*, http://www. itzcaribbean. com/history_jamaica_queen_nanny. php; Thalia S. Stone, "Black Women Do Not Lack Heroines or Role Models," *The Dread Library*, www. uvm. edu/~debate/dreadlibrary/stone. html; C. L. G. Harris, "The Maroons and Moore Town," *Smithsonian Center for Folklife and Cultural Heritage*, http://www. folklife. si. edu/resources/maroon/educational_guide/60. htm; "The Maroons," *Jamaica 50*, www. jamaica50. com/html/the_maroons. html; Zips, *Black Rebels*。

¹⁰ Darley et al., "Incapacitation and Just Deserts," 659.

¹¹ Darley et al., "Incapacitation and Just Deserts," 671-675.

第七章 毁 灭

战俘营与地狱航船

人性或许倾向合作，但这个世界同样充斥着截然相反的图景。战争和冲突有增无减——对人类具备合作本质的描述构成了明显挑战。某些冲突，不幸成为团体合作倾向的副产品：这是一个人群反对另外一个人群的倾向；是一种制造人类灾难，引发国家主义、宗教极端主义及其他组群依附的倾向。

在不同人群之间，可能会存在混乱与不协调，某些时候甚至会导致灾难性后果。只需要看看当下高企的犯罪率，或者放大视野，看看像索马里或海地那样的"名存实亡"国家就足够了——显然，那些地方在合作行为方面犯了大错。即便在缺乏有组织的政府和法律的脱法生存情境下也有所表现的合作天性，到今天却沦落成这般模样？在人类历史这场大实验中出现的脱法情境，为包括刑事司法在内的当代机制提出了某种意义的说明。

珍珠港事件之后，美军仓促参与第二次世界大战。数以千计的美国大兵，大部分都是预备役，与菲律宾、英国、澳大利亚、荷兰等其他国家的军队，在美军驻菲律宾基地集结。虽然最初的作战计划旨在击退日本，但两线作战的现实却无情地摆在面前。由于侧重欧洲战场，太平洋地区的美军孤立无援。接下来事态急转直下似乎顺理成章，1942年4月，菲律宾宣布无条件投降。[1]

日本人押送着75000名战俘横穿"巴丹半岛"（the Bataan Peninsula)——这被更为贴切地称为"巴丹死亡行军"——以抵达位于菲律宾南部的战俘营。根据美国国会的相关记载,在此期间:

> 战俘受尽殴打、饿殍沿路。有些人死于日军刺刀之下。还有些人直接被日军军官在马上挥舞武士刀斩首。当时的日本文化认为,投降的军人毫无尊严可言,不配作为人来对待。因此,自己的所作所为,并非对人在实施犯罪……当时的日本兵……认为自己是在和牲畜,或者非人的生物打交道。[2]

漫长的六天过后,行军结束,但死神并未就此离开。抵达战俘营后的数周内,就有总计22000名菲律宾人及1500名美军丧生。有位战俘这样计算了自己的归宿:"如果我是最后被绞死的野狗,那么按照这个速度,还需要等上十九天。但到了那个时候,这里一定会变得异常冷清。"[3]随即,日本人将非菲律宾籍战俘转移到了一个条件稍好的战俘营。

日本人牢牢掌握着战俘营内生活的方方面面,包括日常起居、劳役分配的细节,乃至军官与士兵是否需要共同关押,等等。除此之外,战俘营当中的绝大多数事务,日本人都放任战俘自行处理。

大多数美国兵,被关押在一号战俘营。这些人大部分都是预备役,接受过的军事训练少得可怜,彼此之间也极为陌生(其他国家,如澳大利亚的军人,则通常是职业军人,一个单位内部彼此之间相对熟悉)。所有人都在想办法弄清楚如何才能活下去。6月份,503名战俘死亡。7月份,又死了786人。军官无需像士兵那样忍受繁重的劳动。通过汇集各自的资源,他们能够获得最基本的生活必需品,营建了有围墙的独立生活单元,甚至还可以弄来洗澡水。因为条件相对优渥,军官的死亡率仅为士兵的十分之一。

一位被关在一号战俘营的士兵这样写道:"缺乏领导组织,美国兵自相残害。弱肉强食,强壮者偷走病人、死人或疯子的食物。"[4]士兵之间的嫌隙与日俱增。有一位军士长每天开饭时站在军官营区的篱笆旁边，记下军官每天吃什么并向其他士兵报告，结果遭到军官组织的军法审判。士兵认为军官自私，不愿意听从军官的号令。有一位士兵这样形容："如果战俘营内要举行最后的晚餐，那么将军一定会被安排坐在耶稣的上座，既不会被大家批评为过于自负，又足以让所有人知道他才是上帝。"[5]

一号营地污秽遍地、泥泞不堪、黑市横行，战俘的死亡率居高不下。10月份，有一批战俘从相距不过十英里的三号营地转移至此，而在那里，战俘的死亡率每月不足一人。新来者当中，包括职业海军上校柯蒂斯·比彻（Curtis Beecher）。在战俘营当中，比彻的职衔绝非最高，但却绝对专业，所有人都折服于他天然的领导气质与显而易见的超群能力。

比彻上校开展了一场"粪坑求生运动"[6]。他要求战俘挖掘沟渠填埋废物，设置足够的公共厕所，修建道路避免在泥泞中跋涉，选拔有一技之长的人士负责修建行之有效的废物处理系统。他还组织开展了灭蝇运动。有一名囚犯回忆道：

> 旱厕与垃圾堆，滋生蚊蝇。因此战俘营开展了灭蝇行动，凡是能够扑杀一百只以上苍蝇者，就能得到一个鸡蛋，或者几根香烟的奖励。最终，工程师弗雷德里克·森特（Frederick Saint）利用木屑及废锡皮试制化粪池并获得成功，这一做法随即在整个战俘营中得到推广。借由此举，蚊蝇滋生的现象几乎彻底绝迹。此后，蚊蝇基本上都来自没有此类设施的日方一侧。[7]

比彻还要求包括军官在内的所有人都必须参与劳动。战俘营环境条件变得整洁之后，战俘们的个人卫生开始受到关注。衣服需要蒸煮，草席必须定期日晒以驱杀虱子跳蚤。每个人都需要剪发，同时想办法洗澡。到了1月份，一号战俘营战俘死亡的现象宣告终结。不仅

图 13 这幅反映日本奴役战俘劳工的画作，利用炭块在一张日本人废弃的账簿背面绘制而成，并被私带出战俘营。[蒙大拿大学蒙大拿艺术与文化博物馆典藏（Montana Museum of Art & Culture Permanent Collection）慷慨提供]

驱逐了死神，战俘营还重现了生机。囚犯们修建了棒球场和图书馆，开设了多门课程。

一号战俘营中所发生的一切，清楚表明，如果特定人群认为其领导人并未将集体的利益放在心上，那么该人群内部的合作就会轻易土崩瓦解。而没有正式领导的人群，如安第斯山坠机幸存者、加州淘金客，以及莫洛凯岛上的麻风病人，也可以有效运转。但像所有军事问题那样，如果存在得到特别授权的领导者——士兵和军官需要分别接受作为服从者与被服从者的专门训练——合作行为是否存在，在很大程度上就需要取决于领导者的品质与能力。自私自利，或者领导力本身的不足，都有可能导致合作行为出现严重问题，甚至会像比彻上校到来之前的一号战俘营那样，出现毁灭性的后果。

第七章 毁灭

战俘营中只顾自己的军官不会遭人待见，大家只会遵从将集体利益放在心上的人。但象征权威的职衔，可能会将上述正常的动态互动关系玩弄于股掌之中。当"巴达维亚号"船难幸存者放弃支持自私的科内利兹，转投为众人着想的海斯时，科内利兹就试图动用武力改变这一趋势（见第五章）。尽管"巴达维亚号"船难与日本战俘营事件相距三百余年，地理位置更是差了三千英里之遥，但人性的本质却大同小异。身为兵士的海斯依靠自己逐渐获得影响力，而军官科内利兹则只有依靠武力才能维持自己的控制。比彻上校虽然并非一号战俘营中的头面人物，但却俨然成为实际的决策者。海斯和比彻之所以能够获得成功，是因为和科内利兹以及一号战俘营的其他军官相比，这两个人将集体的利益置于优先位置，而后者则将集体的利益抛在脑后。因为后者缺乏可信性与合法性，最终权威扫地，整个集体无法采取合作行为。然而，即使在自私者占据领导地位时，人类的合作天性也并未彻底消亡。这种合作的本能暂时处于冬眠状态，一旦出现可信的领导者，就会迅速重新焕发活力。

这种动态关系，仅仅是上述脱法生存的群体在其所处的特殊环境下所产生的某种特定产物？如果脱法生存的具体情况出现些许变化，是否会导致不同类型的互动关系？风云诡谲的历史，为我们提供了另外一个涉及同一批对象——日军掳获的战俘——但却面临不同问题的自然实验，这就是"地狱航船"（the Hellships）。

盟军终于将战争资源重新集中到太平洋战场后，日本很快一败涂地。这个时候，日本因国内劳动力严重短缺导致备战能力严重受限，遂决定将战俘营里的战俘运回本土充当劳工。初期，日本将成百上千的战俘塞进货船的舱室里运回本土。

因为缺乏充分的新鲜空气、饮用水和食物，在热带酷热炙烤下的

战俘纷纷倒毙。一位战俘这样回忆自己在货舱里度过的第一夜:

> 一个发了癔症的家伙开始歇斯底里地尖叫——听起来倒不像是女人,反而像条疯狗。我们都被锁在一个舱室当中,整整500个人。大家密密麻麻地挤在四面不透风的密闭空间里。想动弹,连下脚的地方都没有。我不知道如何形容当时的闷热,简直无法用一般的温度单位加以衡量。当时,大家几乎都赤条条地光着身子,每个人为了避暑,都将自己脱得一丝不挂。舱内温度至少飙到了120到125华氏度……我挤回到我的小组,告诉他们,军官全都不见了影子,根本指望不上,我们只能靠自己了。[8]

一位身处甲板之上的军官向货仓下面的人大喊,让尖叫的人必须闭嘴,否则日本人可能会关上舱门。关上舱门这个唯一的进风口,将意味着货舱中的所有人都可能被活活闷死,因此,任何大喊大叫的人都将被立即"解决"。为了省事,毛巾直接化身为杀人的武器。"一个曾经在宾夕法尼亚某精神病院工作过的战俘知道如何下手,如果有人叫,就必须死。"[9]舱门最终并未关闭。"只有一位坐在我们附近的战俘质疑究竟在干什么。但当被要求站出来说话时,他不再作声,将头扭向一旁。"[10]航行途中,只有美国人互相残杀。[11]最终生存下来的战俘将责任推到缺乏军官领导之上。他们认为,如果当时能有军官在场,或许可能还有其他办法解决这一问题。

随着战俘营中的普通战俘运送完毕,那些以自己的衔级为借口,拖着迟迟不愿动身的军官,也变成了被运送的对象。轮到"鸭绿丸号"(Oryokko Maru)装载战俘时,被塞进三个舱室的1619人当中,军官人数超过1000。那么,是否因为军官和士兵混杂运输,就改变上述互动关系呢?当日本人宣布淡水耗尽之后,局面陷入痛苦的绝境。"战俘们开始互相攻击。""鸭绿丸号"反而成为最早爆发最为恶劣、最失控疯狂局面的运输船,起航当晚局面就陷入混乱,并在第二晚演变为杀戮行为。[12]

第七章 毁灭

图 14 1300 名渴得发疯的美军战俘在被运往日本时,只能排队使用一只滴水的龙头,1945 年。[《芝加哥每日新闻》(*Chicago Daily News*)慷慨提供]

挨到第三天时,三号舱内备受煎熬的战俘被告知,他们的悲鸣惹恼了日本人,舱门将被关闭。这个时候,位阶并非最高的弗兰克·布里奇特(Frank Bridget)中校挺身而出,他爬到梯子的半空,开始向其他战俘喊话。通过话语中流露出的坚定力量,他成功地安抚住了大家的情绪:"每个人都能保持克制冷静,对大家都有好处。越折腾,就越消耗自身的体力。"[13] 在让混乱状态稍微平静下来后,他开始为了共同的利益将战俘组织起来:"现在听我说。货仓四角的人都快憋死了。把你的衬衫脱下来,向他们煽风。"[14]一位幸存者后来这样描述布里奇特与日本人的对峙:"面对日军顶到脸上的枪口,攀爬到梯子最高处,为下面那些将死之人寻求解脱。"在紧张对峙后,舱门被重新打开,并允许一次上去四名战俘放风,日本人又重新开始为战俘提供食物。每当情况出现恶化的苗头,布里奇特都会挺身而出,与日方交涉,迫使其注意到战俘所面临的人道主义灾难。三号仓还制定了分配制度,并为那些没有办法适应压力的人设置了"精神病房"。

澳大利亚二等兵罗伊·怀特克罗斯(Roy Whitecross)后来在讲述自身的地狱航船经历时,展现的却是一番迥异于美国人艰苦处境的体验。澳大利亚军官更加具有职业军人风范,始终与自己的手下共进退,一起待在货舱里。虽然像其他航次那样,他们也近乎崩溃。

> 但第二天,我们走出了困境,平均分配了各自的地盘……晚上大家睡觉的方式,也最大化地利用了狭小的空间。每个人都需要让别人把腿放在自己的肩上,同时把自己的腿搭在另外一个人的肩上。[15]

在怀特克罗斯所在的船上,没有一名战俘死亡。

在另外一艘运输船"能登丸号"(Noto Maru)上,1035名战俘被塞进一间仅有70英尺乘140英尺的长方形舱室内。尽管军官获准留在甲板上,但还是有三名军官选择与士兵一起待在舱底。待在甲板上的高阶军官会时不时顺着悬梯走下几步,给士兵训话。每次的开场白都是"士兵们,请和我一起坚持"。舱室中的军官给大家分工,并负责维持纪律。"一位身高体壮的陆军中尉"宣布,自己将狠揍任何找麻烦的家伙。他所选择的武器,是放在袜子里的一块硬肥皂。这艘船上也没有人死亡。非但不存在弱肉强食,所有战俘还轮流负责分发食物。

抵达日本后,挥舞着临时拼凑出来的"大棒"的中尉,就与这群战俘分开。大家都切身感受到失去这位"袜子里塞硬肥皂"的大块头所带来的损失：

> 失去他我感到很遗憾，真希望他还能和我们在一起；他有能力在日本人和我们之间充当缓冲器，我会因此感到十分安全。人人都希望追求领导者，而他就是领导者。"和我一起坚持"这种口号空洞无力，才不会有人往心里去，更不会因此而感动。

在战俘营中，可以依靠行贿或自己的位阶，将整个合作体制玩弄于股掌之中，谋求一己之利，而在地狱航船，情况有所不同，特别是后期乘员中军官比例显著提高的航次中，人与人之间的关系变得愈发密切，回旋余地更小。他们所面临的挑战，并非维持个人健康，或者更多摄入卡路里这种长期目标，而是呼吸新鲜空气、避免中暑倒下，或被挤压致死等迫在眉睫的难题。与其说死神近在咫尺，莫不如说是触手可及。然而，人类之间的动态关系却十分类似：合作行为可以挽救整个群体，却可能因为被领导者视为非法，或者并非为了群体利益而遭到削弱破坏。然而，只要领导赢得信任，这种合作就可以得到迅速恢复。战俘营及地狱航船的事例，说明了得到官方授权的领导者（这些事例中是指军官）与被训练服从领导的人群之间的互动关系。这是不是说，此种动态关系仅仅存在于这种特殊人群，在一个不存在上下等级关系的人群中，这种动态互动是否会表现某种不同样态？

请回想一下莫洛凯岛上的麻风病聚落（见第二章）。让我们把1866年1月当地官方在视察完聚落离开后发生的故事讲完。（最早一拨被流放的麻风病人相互合作，成功生存下来。）负责监督的官员骑着马从海岸一路上山，后面跟着十一位新来的被流放者。[16]这些新来的麻风病人很明显没有种植过庄稼、收集过木柴、拖运过饮用水，或者修缮过茅屋,但他们却要求分享食物以及住所。负责人想将这些人留在这里简单地一走了事,希望之前到达的群体能够照顾新来的人。但此前抵达这里的麻风病人却不愿意将自己辛辛苦苦收集的资源拱手让人,因而要求官方为新来的人提供必要的生活物资。视察者对此断然拒绝。饥寒交迫的新来者自己动手觅食的时候,与先来者爆发了冲突。[17]目睹这一切,负责人拨转马头,扬长而去。

即使在没有领受押送新流放者的任务前,这位负责官员也对麻风病人唯恐避之不及,一方面是担心自己染病,另一方面也担心遭到这些处境堪忧的可怜人伺机报复(更何况他只会说德语,而麻风病人只会说夏威夷土语)。尽管身为岛上的当权者,但他却让麻风病人自己处理自己的问题。一切事情,包括对于一只饭碗的所有权,都可能演变为争斗的导火索。根据过去的出身地域,或者家族关系,这些麻风病人开始各立山头。实力较弱的一方,通常没有办法获得遮头片瓦,只能在山石缝隙间用棕榈叶和树枝遮风挡雨。即便获得一间窝棚,也只能八个人挤在不足十二平方英尺大小的狭小空间里。

很快,一切形式的文明都荡然无存。一位作者这样描述当时的惨状:"无论是道德,还是心智,都发生了巨变……非但不是像之前那样帮助弱势的可怜同伴,现在强者攫取一切,糟蹋甚至祸害岛上的大部分食物,却拒绝种植任何作物。"[18]基本上,在这里,强者可以肆无忌惮、为所欲为。最终,岛上酿制烈酒,经营赌场,组织女性流放者卖淫等犯罪活动猖獗。缺乏法律保护的个人财物遭到盗抢,条件稍好一点的住宅被人霸占。孤苦无依的妇女和儿童更是如入虎口。"孩子们作为奴仆及发泄性欲的对象,处境岌岌可危。妇女也被用作个人享乐,遭到奸淫或变卖,甚至仅仅被用来交换一点食物或一口酒。"[19]一位藏有些许食物的麻风病人,面对其他挥舞大棒的流放者时,甚至要求这些人将自己打死,以免再受折磨。莫洛凯岛上这些法律意义上的死人,现在更是堕入了地狱。

只有在荷枪实弹的情况下,负责监督流放者聚落的官员才敢前来。很快,他就辞去了这个职务,但后续接任的官员则更加无能。岛上的流放者将这里骇人听闻的情况通过信件报告给自己的家人。一位政治人物听闻此事后慨叹:"天哪,如果我们被证明罹患麻风病,不敢想象除了等着全身溃烂致死之外,还能做些什么,或者还能是什么样子。"[20]尽管抱怨不断,但官方既未对麻风病人提供更多资源,也未对其提供有效领导,以帮助他们恢复秩序。

1873年5月,年轻的天主教神父达米安(Damien)自愿进入莫洛凯岛,与麻风病人为伍。当时,岛上的病人数量已经达到749人。达米安决定每周都与聚落中的所有人会面一次,这项工作往往需要耗时五天。他通过一系列谦卑的行动逐步改善岛上的生活质量。达米安"和孩子们玩儿游戏,在木工房讲课,还经常不请自来,为麻风病人的种植园艺或住宅修缮等提供详尽建议"[21]。因为野兽经常会翻刨新坟,达米安还特地在墓地周围修建起了围墙。考虑到麻风病人的嗓子时常肿痒难耐,达米安在教堂的地板上挖出了许多孔洞,供麻风病教友随时吐痰。他预制了很多棺材,并以木材的成本价出售给当地居民。很快,他身边就聚集了一大批虔诚的信众。当年轻的麻风病人准备明火执仗闹事时(之前发生过很多起类似事件),达米安通过与愤怒的流放者对话,成功地化解了矛盾。

随着在人群中声望日隆,达米安逐渐获得了某种权威,甚至特权。他可以做其他人望尘莫及的事情。例如,他将受虐待的儿童解救出来,放到专门为这些儿童组建的儿童之家抚养(很多儿童是在没有父母陪伴的情况下被流放到岛上,还有很多儿童的父母早逝)。达米安甚至还担任了当地的治安官。对于那些行为不检,容易酗酒闹事之徒,这位神父会特地造访,并且"威胁对其予以严惩,通常都会收到很好的效果"[22]。利用教会提供以及别人捐赠的金钱,达米安为岛上居民建造房屋。行为良好的居民可以分得较好的房屋,行为不检点者则根本只能干瞪眼儿。在聚落巡视的过程中,如果撞到不规矩的举止,达米安"就会挥舞自己的拐杖,冲入这一精神的'战场',打碎该人的碗碟,毁损该人的作物,殴打其躯体,他清清楚楚地向大家表明,自己对大家的爱,绝非一种感情用事"[23]。

在达米安的影响下,莫洛凯岛变得更加安全和宜居。虽然官方派驻的监督官员,好坏参半(有些堪称罪犯),去了又来,但麻风病聚落已经不再需要依赖这些人。这些官员或许具有某种官方威权,但达米安的道德影响已然成为岛上真正的支配力量,促进合作日益完善。很快,聚落变成社群。(1889年,达米安神父因为感染麻风病,在岛上逝世。)

莫洛凯岛麻风病人聚落后续发生的这些事件验证了一个似曾相识的定式:孱弱跛脚的官方领导,会虚弱合作关系,并引发灾难后果。一旦值得信赖的领导出现,合作关系又会随即恢复。缺失领导,不仅仅体现在诸如科内利兹的蓄意扑杀,或一号战俘营军官的自私自利,还表现为把持权位者不作为。

莫洛凯岛故事的第二部分,还印证了之前章节介绍的同一理论:达米安神父十分清楚,无法在缺乏行为规则以及违规惩罚的情况下,确保人与人之间的合作关系。所谓惩罚,如达米安神父所教导和谴责的那样,远非当前刑罚废除主义者所指摘的那般残暴恣意。正是因为惩罚具有的正当性,最终维系并构建起一个社群。

麻风病人聚落的故事还说明了一个新问题:可以有效带来合作乃至生存希望的领导,可能根本就不是所谓"领导"。也就是说,根本不需要等级森严,诸如"巴达维亚号"船难中对于海斯宣誓效忠,为其加冕,或者在第一战俘营中比彻所获得的领导地位。达米安神父从未希望充当这样的角色。实际上,他采取的措施,如捣毁酿酒作坊,将儿童从奴役者那里解救出来,确保合作者分得更多资源的做法,并不讨喜。在需要推动的时候,达米安神父态度坚决。尽管从未获得领导者的身份,但他通过自己的努力,赢得了充分的信任,获得了民主的尊崇。个人的遵从足以促进维护一个聚落获得成功所需要的合作。

这一点之所以非常重要,在于其印证了合作行为并不像霍布斯或其他学者所宣称的那样(见第一章),以等级森严的政府为必要条件。即便缺乏形式上的领导人,合作行为依然可以在人和人之间自然出现。这种合作行为的方式,证明人际关系绝非现代机制教导的产物。实际上,让人感到怀疑的反而是当代机制的出现是否弱化了人类的合作天性。当代生活通常将人组织在大型机制内部,即使在同一个机制内部,成员彼此之间也可能完全陌生。

或许有人会质疑,这样的机制将会导致人类合作的本能短路,毕竟这种机制让人类摆脱了需要合作的人际关系氛围。合作行为遭到削弱的故事,为对人类合作天性持悲观态度的人提供了另外一个口实。麻风病人是幸运的,因为出现了像达米安神父那样超乎常人的人物;是他孕育了合作,带来了和平与安宁,而这正和日军战俘营中的比彻上校,以及"巴达维亚号"船难中的海斯一样。在这些事例当中,领导者利用群体的合作倾向,确保了大家的生存。但这些合作遭到颠覆的故事也让人担心,合作行为太过脆弱,会轻易遭到放弃。毕竟,不是任何情况下,都能等来像达米安神父或比彻上校这样扇着翅膀的天使。

但有理由保持乐观,因为这些事例说明,即便在混乱时期,人类的合作天性依旧岿然不动,一旦获得养分,就会生根发芽。无论曾经有过多少可怕的体验——还有什么比周围的人因为失神尖叫而被活活掐死更令人备受煎熬——人们依然本能地对合作行为抱持开放态度。的确，足够残忍的手段，可以暂时将合作行为踩在脚下，但其却像峭壁里的种子那样，静待能够让自己萌发的土壤。

即便如此，读者或许可能依旧心心念念于这些脱法生存的事例都是特殊环境催生的产物，没有理由从其中概括出合作的总体重要性，以及其覆灭重生等动态过程的相关结论。但历史为我们提供了另外一个极富价值的自然实验：两艘船，几乎在同一时间，在同一岛屿附近触礁，彼此之间却毫不知情。战俘营与地狱航船，说的是同一群人在不同环境下的遭遇。而现在要给大家介绍的这个故事，则展现的是相同处境下两组表现天差地别的英弗考尔德幸存者，而导致这种差别出现的原因，似乎已经可以预见。

1864 年 5 月 10 日，猛烈的风暴，加上人为疏失，导致"英弗考尔德号"（Invercauld）在新西兰以南 290 海里左右由火山喷发形成的奥克兰群岛触礁。仅仅数个小时后，这艘船的命运就变得一清二楚：即将沉没。船长乔治·达尔加诺（George Dalgarno）和其他一些舰上头目当众飙泪，下达了一堆根本无法贯彻的命令。显然，对于这场灭顶之灾，船上的人毫无准备。当晚，"英弗考尔德号"沉没。在随后出现的混乱中，共有六名船员丧生，值得庆幸的是，仍有十九人成功登岸。[24]

虽然船长和其他头目也都幸免于难，但却并未在幸存者当中发挥领导作用。岛上的条件相当艰困。气候寒冷，狂风肆虐，岛上的树木都只能与地面平行才能生长。众人勉强用漂流木搭建了临时的窝棚，捡食被冲刷到岸边、遭水浸泡的食物果腹。整整五天，大部分船员，包括所有头目，都干坐在峭壁之下狭小的岸滩上。只有几个人之前攀爬上去，还抓住了一头猪。嗅到烤猪肉香味的这群人于是决定也向上攀爬，并将一位体质虚弱无法动弹的船员遗弃在原地。进食后，这群人

图 15　"英弗考尔德号"的残骸,1864 年。[新西兰国家图书馆(惠灵顿)亚历山大·特恩布尔资料室(Alexander Turnbull Library)慷慨提供]

四散行动。再次集中后,有人报告,跟随一路人马行动的船上厨师举步维艰,被落在后面,但没有人选择前去照料他。

这时,一名普通船员,罗伯特·霍尔丁(Robert Holding),尝试鼓动大家组织起来,但没有得到头目们的响应。当他决定离开寻找食物时,其他两个人同意一致行动。当晚,这两名同伴提议三个人抓阄,从而决定杀死谁作为食物。担心这种思想占据上风,霍尔丁半夜脱逃,自此,那两位可能成为食人者的船员,下落不明。

返回后,霍尔丁发现,在自己离开期间,剩下的这群人什么都没有做。好不容易,他才说服剩下的九个人——所有人都营养不良、面黄肌瘦——跟随自己迁徙至另外一处海滩,他在那里发现了足够数量的介壳类水生动物。食物吃光后,霍尔丁再次外出寻找食物。这次他再回来时，已经又有三人死去。其中两名死者是船上的年轻学徒，他们生前虽然已筋疲力尽，但仍不停地被大副呼来喝去，干这干那。霍尔丁提出了若干将大家组织起来集体求生的建议，却并未取得多大成效。每次他外出觅食回来，都会发现又增加了新的死难者。不久，喘气的只剩下霍尔丁、船长达尔加诺以及大副三人，而这两个家伙又全指望霍尔丁。尽管吃着霍尔丁找到的食物，但他们一度禁止霍尔丁进入两人栖身的窝棚，甚至不许霍尔丁和他们说话。当霍尔丁计划泅渡到对面有海豹栖身的小岛上去，这两名头目最终决定还是和他共进退。1865年5月，他们被一艘过往船只救起。

1864年元旦当天，"格莱夫顿号"（Grafton）抵达奥克兰群岛（"英弗考尔德号"触礁前四个月左右）。船上共有五名船员，当他们发现海豹后欣喜若狂，这正是此行苦苦找寻的生财之道。在一处内湾的浅滩上，他们发现了大量栖息于此的海豹。当这艘船想要驶离这里时，风却停了，再次起风之前，他们都将被困在湾内。气压计显示，有风暴来临，于是他们将船舶在原地固定好。但飓风吹断了锚链，很显然，这艘船会被风吹到犬牙交错的崖壁上撞毁。利用仅剩的一点时间，这些人想出了求生的对策。挪威籍船员埃里克·麦克拉伦（Alick Maclaren），作为船上唯一会游泳的人，带着一根绳索游到岸上。剩下的人将船上的装备给养放到一只小艇上，并想办法避开滔天巨浪，靠到岸边。船长托马斯·马斯格雷夫（Thomas Musgrave）将当时病入膏肓的大副弗朗索瓦·雷纳尔（Francois Raynal）绑在自己背后，试图搭着绳索滑到岸上。但两个人加在一起的重量太大，开始沉底。这个时候麦克拉伦再次游回来解救了两个人。登岸后不久，这些幸存者就用油布搭好帐篷，升起篝火，用从船上抢救出来的食材准备了热食，并在烘干身上衣服的同时，享受了热茶。

第二天清晨,虽然拖着沉疴病体没办法多走一步,雷纳尔依然开始指挥手下搭建窝棚。只消只言片语,这几个人就用贝壳等材料制成的胶泥,构筑了永久性的烟囱。考虑到自己已经不再是船员,继续让船长负责可能会引发矛盾,这些人一致同意组织起来,并设定具体的行为规范。航海日志上这样记载:"显而易见,如果不抱团,我们就一点力量都没有。分裂、矛盾将注定让我们走向毁灭。然而,人类如此软弱,以至于自尊,甚至出于个人利益的考量,都不足以确保其恪尽职守。"[25]他们将规矩记在纸上,每个礼拜天都会郑重其事地拿出来大声宣读。

白天,这些幸存者四处觅食,寻找柴火。晚上,他们互相讲授英语、葡萄牙语、挪威语、法语以及数学。雷纳尔这样回忆:

图16 1863年,弗朗索瓦·雷纳尔因为病重无法自救,只能将自己绑在船长的身上泅渡,当两个人就要沉入海底时,海员埃里克·麦克拉伦纵身跳入怒海,拯救了这两个人。[新西兰国家图书馆(惠灵顿)亚历山大·特恩布尔资料室慷慨提供]

晚上,我们按照顺序颠倒主从关系。这种新型关系进一步将大家凝聚起来,通过彼此之间调整位置关系,可以确保我们生活在一个水平线上,并且在我们当中制造出一种完美的平等关系。[26]

他们很快就建起了熔炉,通过这种手段,他们铸造了很多金属构件,并借此制作了一艘船!正是靠这艘船,这几个人最终解救了自己,顶着新西兰外海的狂风巨浪,航行了大约250海里。整个过程虽然耗时两年多,但"格莱夫顿号"上的船员每个人的身体状况都保持得不错。

"格莱夫顿号"上的船员,与"英弗考尔德号"的船员,在相同的时间,被困在相同的地点,面临相同的境遇,但"英弗考尔德号"的二十五名船员中,只有三人最终生还,而"格莱夫顿号"的幸存船员却通过自救,最终全部逃出生天。很明显,推动合作行为的团队内部动态关系,是其成功的关键,但这种动态关系,也可以受到恶意、无能、无效或无所谓领导者的削弱。

除了林林总总蹩脚领导削弱合作行为的种类之外,本章所举事例还说明了其他几点,例如合作行为的重要性。在局势危急的情况下,合作行为可能意味着生死之别。实际上,动态的合作关系被证明要远比情况的险恶程度更为重要。

1789年,"博爱号"哗变者带着裹挟绑架的十二名女性,以及六名波利尼西亚人抵达皮特凯恩岛。但因为争夺女人等嫌隙,哗变者之间的关系势如水火。两年后,岛上的男人之间就开始,有些时候甚至是在女人的帮助下,互相残杀。最终,只有一名男性哗变者得以全身而退。

可以将皮特凯恩岛上的哗变者与安第斯山脉坠机事件的幸存者(见第二章)做一下对比。前者的热带气候十分宜人,岛上具备生存所需要的所有资源,但内部的倾轧却几乎导致全军覆没。冰天雪地的安第斯山脉,除了危险和死亡,别无所有,但通过合作,经历坠机事件、雪崩事件而大难不死的幸存者,最终都得以成功存活。处境艰困当然是关键因素,但在重要性上显然无法比肩动态合作。

实际上,我们或许可以认为,条件的苦难,反而会促进,而不是削弱合作。脱法生存的事例说明,对于实现共同目标的渴望,可以帮助特定人群避免威胁合作的不利因素。淘金客如果缺乏集体合作,根本无从开展作业,如果不具备杜绝窃盗行为的可执行规矩,就根本无法将自己的财物在无人照管的情况下留在营地。如果没有合作行为,海盗船员无法挑战自己的目标(掳掠战利品船舶),大篷车队也没有办法实现自己的计划(穿越危机四伏的原野)。某些时候,所谓共同的事业可能非常简单,就像因纽特人、日本人抓获的战俘、逃亡黑奴或船难幸存者等面对致命威胁时那样——求生。

在其他条件一致的情况下,条件越苦难,合作越容易。[27]绝望孕育合作。就像可能会有外在的力量将某个不适格的人安排在领导位置(这在各章所介绍的事例中相当普遍),存在导致艰困情况下合作脱轨的扭曲力量。这引发了一个有趣的问题:政府如何推动合作关系。在这些事例中,"政府"通常情况下是将错误的人安排在领导位置的"外在力量":战俘营中的劣质军官,麻风病人流放地的差劲监督官员,"英弗考尔德号"上的无良头目。那么,对于合作行为,政府究竟是有所助益,还是有所损害?

可以肯定的是,大多数堪称跨国乃至全球合作典型范例的复杂机制,皆出自政府之手。但日益依赖政府通过复杂的机制性法律建构提供合作行为,是否会削弱人类面对面的合作能力?如果政府能够承担起提供合作行为的责任,就将很容易导致人类个体不再从事类似的行为。和早期人类不同,合作不再是我们必须发展并不断完善的一种行为习惯。有人或许会质疑,在政府提供的保护茧内,人类的合作天性是否会逐渐萎缩。或许,随着人类步入"开化"到接受政府管制的发展阶段,已不再需要继续依赖合作的天性。[28]

但我们在本书看到的脱法生存事例却讲述了不同的故事。故事当中的大多数主人公,都是在政府存在的情况下成长起来的现代人,但他们却并未丧失自己的合作天性,至少可以在需要的时候回归这种天性。或许,我们不会像先祖那样如此依赖合作行为,但合作的天性却深藏于人性当中,时刻等待被唤醒。

当代生存的相对安全,意味着不太可能时刻都需要呼吁人类合作。对于"绝望孕育合作"这句话,一个令人感到讽刺的结论就是,"满足缔造孤独"。生存越安逸,我们就越不认为自己的生活需要依赖于他人。或许,正是因为当代生存的相对安全,才催生出本书开篇部分佛罗里达少年棒球队员的爸爸们之间,以及学前班毕业生妈妈们之间的殴斗。

霍布斯等人认为,政府和法律对于社会秩序而言具有实质意义。但是法律存在的情况下,人们之间的合作关系可能还不如脱法生存的情况。法律体制的存在,可以提供某种程度的自得、满足与独立,似乎因此不再需要个人作出自我牺牲从而换取合作行为。这样的一种发展本身绝非坏事。这起码证明政府和法律在让我们的生活变得更好方面取得了成功。但这也对他人应作何期待,对如何建构政府法律以换取人类最好而非最差的一面,提出了某种警示。

当然,从脱法生存的事例中,能够吸取的教训之一,就是值得信赖的领导将赢得支持、尊重、帮助与默认,会让大家都将集体的目标当作自己的目标。指挥不当,或者背离大众利益或目标的领导,则马上招致抗争与不满。这对于任何构建刑事司法体制——当代政府试图控制其社会成员互动关系的最基本层次机制——的人来说都算得上根

135

第七章 毁灭

本教训。和在脱法生存事例中的有权主体一样,与社群正义感相悖的刑法,只会马上遭到反对与抵制。只有赢得适用对象信赖的法律,才能获得服从与遵守。

---

¹ 相关事实描述的主要根据如下: Daws, *Prisoners of the Japanese*; Gilpatrick, *Footprints in Courage*; Gordon and Llamzon, *Horyo*; Holmes, *Four Thousand Bowls of Rice*; Jackson and Norton, *I Am Alive!*; Jacobsen, *We Refused to Die*; Kerr, *Surrender and Survival*; Knox, *Death March*; Lawton, *Some Survived*; Levering, *Horror Trek*; Whitecross, *Slaves of the Son of Heaven*; Sides, *Ghost Soldiers*; "Report on American Prisoners of War Interned by the Japanese in the Philippines: Camp O'Donnell: Provost Marshal Report 19 Nov. 1945," Mansell, http://www.mansell.com/pow_resources/camplists/philippines/odonnell/provost_rpt.html。

² *Paying Homage to a Special Group of Veterans, Survivors of Bataan and Corregidor*, 107th Cong, 1st Sess, 147 Cong Rec H 11980-11985, 11981 (June 26, 2001) (statement of Rep. Rohrabacher)。

³ Levering, *Horror Trek*, 99.

⁴ "After the Fall of Bataan," Militaria, History and Security, militariaatbp.blogspot.com.

⁵ Daws, *Prisoners of the Japanese*, 110.

⁶ Norman and Norman, *Tears in the Darkness*, 292.

⁷ Knox, *Death March*, 223.

⁸ Knox, *Death March*, 339.

⁹ Knox, *Death March*, 339.

¹⁰ Knox, *Death March*, 340.

¹¹ Daws, *Prisoners of the Japanese*, 297.

¹² Daws, *Prisoners of the Japanese*, 299.

¹³ Lawton, *Some Survived*, 157.

[14] Lawton, *Some Survived*, 158.

[15] Whitecross, *Slaves of the Son of Heaven*, 21.

[16] Tayman, *The Colony*, 43.

[17] Tayman, *The Colony*, 43.

[18] Tayman, *The Colony*, 51.

[19] Tayman, *The Colony*, 51.

[20] Tayman, *The Colony*, 85.

[21] Tayman, *The Colony*, 96.

[22] Tayman, *The Colony*, 95.

[23] Norman Fulkerson, "Saint Damien: A Hero Who Died on the Battlefield," *The American Society for the Defense of Tradition, Family and Property*, http://www.tfp.org/tfp-home/articles/saint-damien-a-hero-who-died-on-the-battlefield-of-honor.html.

[24] 相关事实描述的主要根据如下:Allen, *Wake of the Invercauld*; Musgrave, *Castaway on the Auckland*; Druett, *Island of the Lost*; Raynal, *Wrecked on a Reef*; Smith, *The Castaways*; Ingram, *New Zealand Shipwrecks*。

[25] Raynal, *Wrecked on a Reef*, 95.

[26] Druett, *Island of the Lost*, 84.

[27] Weyrauch, "The Experience of Lawlessness," 415, 430.

[28] 同样颇具讽刺意味的是,人际互联的新时代,却让人际互动出现了更大的隔膜。社会媒体的发展,让人与人的交流变得更加容易,但却不太可能让人类群体实际采取合作行为。实际上,我们生活在一个可以在不放弃舒适惬意生活的情况下去做隐士的时代。

下 篇

当代教训

第八章 信 任

美国的禁酒运动

前文所讨论的脱法生存事例,为我们描述了在政府或法律遥不可及时,只能依靠自己的人们会如何行事。其间对于人性本质的洞见,对现今政府法律的合理构建是否有所助益?当下人类的生存环境,显然与早期人类生活的塞伦盖蒂平原天差地别。然而,人类的生存环境发生了改变,人性的基础却未曾改变。传承125000个人类世代的天性,依旧深入骨髓,即使在当今的脱法环境下,其中很多依然会发生作用。那么,人类的这种天性对于我们所生活的当代世界是否将产生影响?

我们或许应当尊重长期进化赋予人类天性的事实。这种天性的产生,事出有因。人类的进化之所以取得成功,在很大程度上受益于人类践行正义、避免不公天性所催生的合作行为。那么,同样的这种天性,是否可以作为钥匙,开启人类未来成功之门?我们应当继续培育,还是断然摒弃践行正义、避免不公的这种天性?

现今的犯罪控制理论告诉我们,最好放弃这种天性。体制公正——践行正义、避免不公——这种声望本身,或许具备道德,甚至政治意义,但却与有效控制犯罪没有直接关系。怎么会这样?在他们看来,潜在的犯罪人是否实施犯罪,取决于犯罪得手的可能程度以及被处罚的概率,而非犯罪控制体制本身是否享有公正的盛名。瘾君子计划偷盗筹集毒资,年轻人决定强奸自己的约会对象,腐败政客则试图把个人意志转嫁到大众身上。刑事司法体制是否公正本身,对于这些人作出选择影响不大,或者说毫无影响,难道不是吗?

"我发誓,由衷且毫不妥协地与酒类走私活动为敌。我一直,也将以我所管辖的全部力量,与这种该当谴责、肮脏、腐化的买卖作斗争。"[1] 十九世纪末,从职业棒球手摇身一变成为福音传教士的比利·森戴(Billy Sunday)布道时每每如是说。在森戴还是球员,需要游走全国各地巡回比赛时,经常借住"基督教青年会"(YMCA)的他亲眼见证了酗酒如何将一个又一个人毁掉。而他有关禁酒的看法,受到希望保护自己家庭免受酒精侵害,同时又希望遵从自己宗教信仰的农村妇女组织的禁酒运动启发。比利·森戴因应这种诉求,利用自己深入人心的传道方式,成功帮助很多人戒酒,重新变为有生活追求的劳动者。[2]

森戴通过努力,筹集巨资在全美范围内开展禁酒宣传。在其最早开始布道的底特律,实力非凡的大企业家们十分清楚酗酒对劳动力乃至自己企业所造成的损害。很多底特律地区的大商人,包括亨利·福特(Henry Ford),都曾向禁酒运动进行捐款。一元店大王克瑞斯吉(S. S. Kresge)将自己宫殿般的豪宅提供给森戴作为行动总部,汽车生产商亨利·利兰(Henry M. Leland)则向其赠送了一台价值8000美元的凯迪拉克,聊表"个人的一点心意"。在众人的帮助下,森戴将自己富有魔力的布道传播到了美国的各个角落。他向信徒们表示:"威士忌和啤酒本身没有错,错就错在他们是地狱中的琼浆。"[3] 他向美国人民承诺,只要让酒精从这片国土上消失,地狱中的恶魔就将变得无所事事,贫民窟也将从人们的记忆中淡去。

虽然森戴充满激情,且颇能蛊惑人心,但将"反酒肆联盟"*打造

---

* "反酒肆联盟"(the Anti-Saloon League),1893年创建于俄亥俄州的一个游说团体,主张全面禁酒,在二十世纪初的美国政治生活中发挥了重要作用。

为一支全国性政治势力的,却是韦恩·惠勒(Wayne Wheeler)。起初,总部位于俄亥俄州的"反酒肆联盟"负责人聘请惠勒帮助组织支持禁酒的政治运动。在后者的领导下,凡支持"反酒肆联盟"禁酒动议的政治人物,都将得到该组织的积极资助,同时,"反酒肆联盟"还不遗余力地攻击任何反对禁酒运动的政治人物。惠勒向选民们简单粗暴地灌输了这样一种印象:不支持禁酒运动的候选人,一定经常打老婆,喜好嫖娼,罪孽深重。俄亥俄州的头面人物不得不在惠勒这种单一问题定胜负的竞选模式面前作出让步,到了1908年,俄亥俄州85%的人口都已经支持通过立法禁酒。[4]

随着美国参与第一次世界大战的脚步迫近,森戴与惠勒拿出了反对酒类销售的杀手锏:对于德国佬的仇恨。森戴在布道时,会鼓吹:"我告诉你,现在是(德皇)比尔大战伍德罗(Woodrow),德国对抗美国,地狱挑战天堂。"惠勒则直接提醒选民:德国人酿造并嗜饮啤酒。德国工厂从中赚到的钱,都被用来购买子弹,杀戮美国兵。酿酒所耗费的谷物和其他原料,则是从美国大兵嘴里抠出来的宝贵粮食。禁酒,就是爱国。打着从酗酒的丈夫、父亲拳下挽救妻儿,避免这些家伙永远坠入地狱的旗号,借着打败德国的曙光,美国全国范围内兴起的禁酒运动,变得势不可挡,并最终催生出宪法第十八修正案。* 而在这个过程中,惠勒也为自己赢得了美国国会中的议席。

美国前总统霍华德·塔夫脱(Howard Taft)当时就警告美国人,这样的法律"有违大多数人的观念及做法","生产酒精、烈酒以及啤酒的合法厂商,将落入犯罪分子一类之手"。[5]时任美国总统伍德罗·威尔逊,则否决了美国国会为落实宪法第十八修正案而专门通过的《沃尔

---

* 美国宪法第十八修正案于1919年1月16日获得通过,主要内容是禁止在美利坚合众国及其管辖下的一切领土内酿造、出售或运送作为饮料的致醉酒类;禁止此类酒类输入或输出合众国及其管辖下的一切领土;禁止致醉酒类的酿造和销售。后来被宪法第二十一修正案取消。

斯泰德法案》*,因为在他看来,政府不应规范私人行为,然而,担心被贴上亲德或者堕落标签的国会,再次强行推翻了总统的否决。

1919年10月28日,美国宪法第十八修正案正式生效。1920年1月17日午夜时分,《沃尔斯泰德法案》随之生效。全美各地举办了盛大的庆祝活动,但就在法律生效不到一个钟头,比利·森戴还在布道中鼓吹"监狱马上就要因为没有犯人而关门大吉"时,一伙武装分子盗取了价值10万美元的"医用"威士忌。根据《沃尔斯泰德法案》,虽然制造、贩卖酒类行为遭到禁止,但公民却可以合法在家中持有、饮用酒类。虽然《沃尔斯泰德法案》的落实效果不佳,但社会改良主义者坚持认为,通过禁酒法令本身就足以改变人类的行为方式。

懈怠的执法行为很快就沦落为公然的腐败交易。每个月可以赚到1万美元的私酒贩子,只需缴纳区区100美元就可以免于牢狱之灾,还可以重操旧业,这种惩罚有何意义?负责禁酒的联邦机构雇员无需受限于普通行政文员的任职条件限制,故而为政客提供了数以千计可供沽恩的工作岗位。机构人事变动频繁,很多人都深陷腐败之中不能自拔。对于负责禁酒的联邦探员来说,拿黑钱,可以让自己的生活变得安逸富足,但如果直面腐败开展斗争,则无疑是一场艰苦卓绝的恶战。

《沃尔斯泰德法案》迫使人们将看似稀松平常,甚至颇为期待的行为——在婚礼上开瓶香槟庆祝一下,或者与朋友举杯畅饮——作为一种联邦犯罪。对于大多数美国人来说,即便通过立法加以禁止,依然难以让饮酒这种行为该当谴责。人们纷纷开始参照标准配方,甚至创新出来的调配方法,使用亚硝酸、桃子或仙人掌科植物,自行酿酒。商

---

* 《沃尔斯泰德法案》(the Volstead Act),即所谓"国家禁酒法",以时任美国众议院议长沃尔斯泰德命名,旨在美国推动禁酒。

店雇用惹火女郎，提醒顾客购买"葡萄干饼"，这种新产品产自加州的葡萄种植园，只要顾客乐意，只需要"偶然"将其放在罐子里，加上酵母和水，静候二十一天，就能得到葡萄美酒。因为销量实在太好，以至于禁酒前已濒临破产的几家葡萄种植园居然扭亏为盈，大赚一票。

尽管有些人酿酒纯粹是为了个人消费，但大多数人却借此牟取暴利。很多地产私酒品牌如雨后春笋般涌现，诸如"雅克雅克"金酒（Yak-Yak Gin）、"甜月亮"（Sugar Moon）或"老烈啤"（Old Stingo）。酒类黑市的快速扩张，也催生出很多高度烈性，甚至掺杂有害物质的酒品。1927年纽约查获的48万加仑私酒中，98%含有一种或多种有毒物质。饮用者大量摄入未经稀释的变性工业酒精，往往会导致瘫痪、失明乃至死亡的可怕后果。1927年，全美共报告了12000例酒精中毒死亡的案例，其中大部分死者都是无力购买进口私酒的城市贫民。1930年，美国公共卫生部门估计，约有15000人罹患"杰克脚"（Jake Foot）——一种因为长期饮用以生姜汁调味的变性工业酒精所引发的手脚无力的中毒症状。不幸中招的人根本无法寻求法律救济，也在某种程度上直接导致了有毒有害酒水的泛滥。

长期以来奉公守法的涉酒行业，虽然积攒了良好的口碑，但却后继乏力，无力纳税。与此形成鲜明对比的是，非法开设的秘密酒肆却毫无顾忌，不仅向未成年人提供酒精类饮料，还包娼庇赌，更断然不会缴纳税款。很多知名酒吧，有警方、政界顾客后台撑腰，从来不理睬什么禁酒法案，照开不误。另外一些酒肆则干脆定期向管片警局"上贡"，瓜分收益。

在沃伦·哈定（Warren Harding）总统（一位在禁酒期间公然在椭圆形办公室里饮酒的总统）治下担任联邦检察长的哈里·多尔蒂（Harry Daugherty），因为对于私酒贩子大开绿灯、"呵护有加"，将数以百万计的黑金私揣腰包。居心叵测者，大肆利用《沃尔斯泰德法案》的

第八章 信任

图17 纽约市警察局副局长约翰·利奇(John A. Leach),画面右侧居中,在禁酒高潮期的一次突袭行动后,监督下属将酒倒入下水道,1921年。(国会图书馆图片及印刷品部,LC-USZ62-12357)

144　两个立法漏洞。其一,在药店向手持"合法"处方的顾客销售酒类。其二,故意设计让数以百万加仑计的合法酒精制品被"查扣",之后以木已成舟为由对其大肆变卖。国会立法,并未对合法拥有威士忌工厂的企业主设计补偿条款,但哈里·多尔蒂检察长却可以在收钱后,大笔一挥,将整个一仓库的酒品,神奇地转变为医用酒精。

　　在刚开始禁酒时,乔治·莱姆斯(George Remus)还只是给私酒贩子跑腿的刑辩律师。看到自己的客户——大部分实为庸庸碌碌之徒——在这个行当中大发横财,莱姆斯决定自己也投身其中,并立志做一名"更出色的"私酒商人。他与多尔蒂狼狈为奸、私下勾兑,大肆贩售查扣酒精制品的撤销权。说到底,正如莱姆斯一伙公开宣称的那样,"这样做何错之有?要怪就只能怪政府在没有合理补偿的情况下便一把火让(合法所有者)的财产权化为乌有。如果政府真的想彻底禁绝饮用威士忌,怎么不将其全部倒入河里?"⁶莱姆斯出手买下了数以百计的药店,之后,以首付30万美元,额外一份合法手续再加42000美元,以及每箱酒抽成两美元的开价,获得执照,通过其买下的药店卖酒。同时,莱姆斯还大手笔盘下了很多知名制酒厂牌,其中就包括"弗雷希曼"(Fleischmann)、"杰克·丹尼"(Jack Daniels)以及"老列克星敦俱乐部"(Old Lexington Club),以便获得左右药店销售酒品种类的权利。在选择合作伙伴时,莱姆斯格外谨慎。在收购杰克·丹尼厂牌时,他就选择让一名国会议员,以及圣路易斯地区美国国内税务局(Internal Revenue Service)负责人作为自己的合作伙伴。最风光的时候,莱姆斯一年进账4000万美元,当然,其中的一半,需要向各方神圣缴纳保护费。

有一次,两位查禁私酒的探员执行任务时迷失了方向,误打误撞进入了莱姆斯的私酒仓库。他们本以为这下子碰到了自己职业生涯的最大发现,但仓库负责人却十分淡定地打了一通电话。两位探员和自己的上司通话后,向仓库管理人脱帽致歉,之后接受当场招待,喝得烂醉后,由莱姆斯的人护送回到市里。还有一次,在莱姆斯的地盘,他的手下与另外一伙儿据称前来打劫的枪手对射,并导致对方数人死于非命,但警方却对此充耳不闻,从未出现。但说到底,莱姆斯,也仅仅是多尔蒂众多下线中的一个而已。多尔蒂要保护的,还有很多其他的私酒贩子。当费城地区的一名检察官准备对当地私酒贩子头目提出公诉时,他本人就被多尔蒂炒了鱿鱼。

1921年,美国律师协会*年会在辛辛那提召开。此地的所有警察,都从莱姆斯那里拿黑钱。讽刺的是,哈里·多尔蒂在发表主旨演讲时,依然提醒与会各位,在全国范围内执行的禁酒行动对于国家安全至关重要。"诸君的安全与福祉,取决于每个男人、女人以及孩子的遵纪守法。"[7]

即便贩卖私酒可以大赚特赚,但因为饮酒看似无害,导致遵守禁酒法反而被视为犯傻。例如,对于缅因州的渔民来说,走私一趟私酒就赚到相当于辛辛苦苦打鱼一年才能赚到的钱,足以为家庭成员提供整个冬天的食物而不需要去镇上商店赊账,或者给自己购置上一艘新船,顺道给每位家人买上一双新鞋子。这就不难理解为什么众人竞相折腰了。海上小酒馆里甚至还流传着这样的禁酒小调:

> 哦,别睬咱们的老山姆大叔,
> 哦,威士忌加杜松子酒!
> 等咱们靠岸时,
> 记得搭把手,
> 好让朗姆酒敞开流![8]

外国政府,包括加拿大和英国在内,凭借向美国一船又一船倾销非法酒品所征收的关税,赚得盆满钵满。当美国政府要求英国停止向私酒贩子销售酒品时,遭到断然回绝:我们不做,肯定还会有别人去做。禁酒期间,法国出口到加拿大的香槟数量,增长了1000%。之所以出现如此大规模的私酒贩运活动,根本原因在于,凭借这个行当,一种组织严密的犯罪开始崛起:犯罪辛迪加。

小打小闹的私酒贩运或者彼此抱团取暖,或者直接被扫地出门。

---

* 美国律师协会(American Bar Association),1878年成立,简称ABA,是美国全国性的律师组织,同时也是世界上最大的法律职业组织。

艾尔·卡彭（Al Capone）因为组织能力出众，很快就控制了芝加哥大部分的私酒交易，甚至还扶植了他自己中意的市长上台执政。绰号"大个子比尔"的威廉·黑尔·汤普森（William Hale Thompson），在竞选市长时公然宣称将忤逆禁酒法案。他表示："我比大西洋中心还湿。"*卡彭和自己的同道中人，为汤普森的市长竞选捐资超过30万美元。投票日当天，卡彭的人马——以及他们手中的武器——都虎视眈眈地站出来示威，好让所有选民了解他想让谁当选。汤普森共担任过三届芝加哥市长，在此期间，芝加哥陷入了无法无天的深渊。

在第三个市长任期时，汤普森刻意减少对卡彭的依赖，甚至支持一伙歹徒敲诈卡彭，要求在后者经营的非法赌业中分得一杯羹。结果，汤普森四位助手的家宅全都遭人投掷炸弹。1928年，芝加哥市长初选被戏谑为"菠萝初选"（the Pineapple Primary），如此命名，是因为黑帮用手榴弹干扰选举，胁迫候选人就范。[9]截至1928年4月，针对不同的共和党候选人，总共动用了六十一枚"菠萝"。就连汤普森本人都开始担心自身的安危。警方根本靠不住——全都被黑帮收买——而匪徒正在到处扔炸弹。卡彭一手遮天，稳操胜券。

炸弹事件之后，联邦政府在芝加哥的禁酒行动才变得稍显积极。然而，对于联邦探员的"捞过界"，汤普森显然也并不乐见。一次，联邦探员在袭击私酒贩卖行动中，开枪打死了一位用枪制造威胁的芝加哥当地法警，芝加哥警方要求必须将这名联邦探员交给自己处理，甚至还计划袭击联邦执法机构大楼，正面抢人。虽然最终没有发生火拼，但汤普森也没有示弱。他表示：

> 我将运用本人的一切权力，确保芝加哥市民免受联邦政府为

---

* 这是一种隐喻的说法，当时美国社会一般用"湿"和"干"来表示特定人物对于禁酒法案乃至其个人是否饮酒的判断，"湿"代表喝酒，或反对禁酒；"干"代表不喝酒，或支持禁酒法案。

了推动迪尼恩（Charles Samuel Deneen，时任联邦参议员）的政治影响力而派到这里的恶棍和枪手的威胁。迪尼恩正在用来自华盛顿且不喝酒的联邦探员填满这座城市，这些家伙就像一群带着左轮和长枪的牛仔，到处晃来晃去。对手似乎要让我们相信，我们不知道怎么管理自己的这座城市。但请投票捍卫国旗、宪法、自由以及你自己的财物，就好像亚伯拉罕·林肯和威廉·黑尔·汤普森要求你们去做的那样。[10]

同时，汤普森还表示已经下达命令，"将禁酒的联邦探员一个不剩都扔进监狱"[11]。后来，联邦探员突袭卡彭在旅馆里的包房，并且查扣了他列有数以千计行贿名单和金额的账簿，但芝加哥警方却想办法将其完璧归赵。

在位于芝加哥城郊的西塞罗市（Cicero），某候选人向卡彭承诺，如果帮助其当选，可以让卡彭在这里为所欲为。于是，黑帮分子绑架选区工作人员，用手榴弹吓唬选民，偷换选票，甚至在选举日那天当街杀人。结果，卡彭扶植的当事人如愿当选，这一结果居然还得到了当地法院的确认。

尽管对黑帮与腐败政客联手经营得如火如荼的私酒贩卖活动视而不见，公权力对公民个人的相关追诉却愈演愈烈。在密歇根，一位10岁孩子的母亲，因为持有一品脱杜松子酒而被判终身监禁。显失公平的过度执法不时见诸报端，最终引爆了公众对于腐败问题的愤怒。随着民意的转向，针对政府的禁酒行动开始出现各个层面的批判运动。公众渐渐觉得，政府所做的一切都不怀好意。例如，政府之前曾要求工业酒精在生产的过程中必须经历变性工序，从而确保其在稀释后变得有毒而无法饮用。但有人表示，如果就是有人要喝这种东西，难道因此致死的结果不应该由政府承担吗？难道政府不是在通过这种手段屠杀自己的人民吗？

十年禁酒期的事实证明,"反酒肆联盟"所承诺的让监狱因为缺少囚犯而关门大吉的说法,纯属妄言。犯罪率飙升,监狱中关押的罪犯人数创历史新高。仅仅一次普通执法行动,就导致五十万人因为违反禁酒令而被关进监狱。同时,与酒类无关的犯罪数量也出现激增。更有甚者,失去政府管控的酒品质量堪忧,且价格昂贵,给很多家庭造成了更大的苦难,禁酒的执法运动也消耗了数以百万计的公帑。之前通过酒类销售活动征收的政府税赋现在降至零点,美国人正在目睹自己的政府陷入无可救药的腐败。显然,这些都并非是鼓吹禁酒者所承诺的后果。

为什么这项崇高的实验最终出现如此弥天大错?毫无疑问,禁酒行动不仅没有阻止人们继续饮酒,反倒在事实上增加了酒类的长期消费。的确,当禁酒法案实施之初,酒类消费出现了下降,但这更可能是因为供给减少导致价格上升,而非人们意识到喝酒的错误性,或者严格恪守禁酒法令所导致的结果。[12]禁酒法案非但没有引发社会主流的配合,亦未改变社会规范,反倒使得民主越来越不"执迷于"刑事司法体制及相关法律。[13]

禁酒法案催生出的大量违法行为,很多甚至与酒类毫无干系。从1920年开始,直到禁酒法案最终遭到废除,美国暴力犯罪率一直保持逐年攀升的态势。[14]即便当酒品消费水准保持不变甚至出现下降,以及当与酒类物资无关的杀人案件增加时,美国的人均杀人犯罪比例依然出现大幅度增长。[15]一项针对禁酒期间芝加哥杀人犯罪率的调查显示,尽管1921年至1930年间,整体杀人案件数量增加了21%,但涉酒杀人案件的比例并未出现变化。[16]换句话说,杀人案件的增加,完全都是因为非涉酒杀人行为导致的。研究者提出,杀人案件的高发,是"暴力犯罪机会及对其容忍度增加这一总体趋势的后果"。[17]禁酒行动,营造了一种崇尚暴力、漠视法纪、不受法律体制辖制的文化。

大多数美国人都不赞成在全国范围内禁绝酒类销售。这种对于法律认同感的缺失,导致社会大众对于刑法的总体误解加深,并使得人们开始胡乱猜忌体制的其他方面。就好像某人所言那样,"对于私酒贩卖的普遍纵容,以及对于联邦法律的普遍不敬,后来转变为对于民主过程及相关义务的普遍蔑视"[18]。某联邦政府委员会这样痛陈:"让一部全国性法律只能在理论上适用于全美……而其在很多核心方面又无法践行主流民意,将会严重损害法律秩序。"[19] 下面就是人称"台球魔术家"的明尼苏达·肥佬(Minnesota Fats)*在自传中的相关回忆:

> 倒退回二十年代,每个活人从早到晚都在所谓"狂欢"(Whoopee),当时,这个词可能有多种含义,但绝大多数情况下,所指的就是做了不该做的某事……首当其冲,就是《沃尔斯泰德法案》,按照该法,任何为美酒竟折腰的混蛋,都应被视为全民公敌。结果反倒是所有混蛋都争先恐后地争当公敌。他们为酒池肉林的生活一掷千金,彻夜混迹在非法酒肆直至黎明初现,即便这种行为明显违法。问题的根源在于,那些老爷们脑洞大开制定这一禁止性立法时,完全无视人性的存在。但这正是二十年代美国所经历的事实。如果华盛顿的老爷们没有将酒品列为违禁品,或许人们根本不会去做那些本来做梦也不会去做的蠢事……他们明知喝酒违法,但随处可见大家大饮特饮"果汁",晚上回到家,大人也会偷偷来上几品脱尝尝。深知大人并未遵从法律的孩子,当爸爸警告绝对不可以去台球室时,宁可被打断腿也一定要去。[20]

---

* 鲁道夫·万德罗恩(Rudolf Wanderone Jr.,1913—1996年),自称"明尼苏达·肥佬",美国职业台球手,以娱乐大众的能力见长,形象深入人心。

如禁酒期那样,刑法在适用的社群中缺乏可信性将导致破坏性后果,也得到了相关社会心理学研究的验证。调研显示,人们之所以守法,是因为在其看来,法律是自己应当服从及顺应的道德权威。如果在评价该当刑事责任与刑罚方面,特定刑法被证明靠不住,那么人们就不会继续遵守该法,反而容易激发反感与抵抗情绪。同样,研究还显示,即便背离责任该当性的程度没有达到禁酒法案这般极端,刑事司法体制的可信性依然会因此大打折扣。任何频繁、有意的僭越,似乎都会危及自身体制的可信度,造成负面效果。

例如,在一项研究中,参与者接触到一些为了实现践行正义以外的某些刑罚目的,量刑畸轻畸重的案例。其中,量刑畸重的例子包括几个涉及"三振出局"规则的判例(例如,有犯罪前科的被告人因为再次盗窃价值100美元的财物被判终身监禁),若干并未将合理的事实或法律认识错误承认为有效抗辩事由的判例,以及一个将本质上属于行政违法的行为当作犯罪处理的判例——在目前美国刑事司法体制中,这几种情况都屡见不鲜。同时,还向参与者提供若干涉及外交豁免权,以及见死不救这类在其看来可能属于量刑畸轻的判例。[21]研究发现,参与者发现丧失公平正义或者未能践行刑事正义的情况后,会出现幻灭性冲击,将不再对于刑罚的公平公正抱有信心。

幻灭的效果惊人。在进一步的研究中,首先通过测验确定参与者主动帮助调查人员或主动报案的原因,是单纯屈从刑法的规定,还是因为真的认为犯罪行为该当道德谴责。接下来,告知参与者一些如上面所提到的那样,刑事正义未获践行的实例,同时告诉他们,非正义情况的出现非属偶然,却是刑事司法体制设计者明知而为的结果。这一信息对于参与者产生预期的幻灭效果,当再次接受测试时,其在很多方面继续守法的意愿出现了弱化的趋势。

如果认真想想,这个结果令人颇感意外。在上述针对成年人所开展的实验中,参与者在进入实验室之前,其实早已对刑事司法体制的道德可靠性具有先验性的认知。实验中,组织者很难改变参与者的成见。尽管只能对参与者的看法推波助澜,但通过实验,还是可以发现参与者对于刑事司法体制的服从程度出现了动摇。质言之,不是只有像禁酒运动这样的极端情况让公众产生幻灭效果,会导致犯罪控制失效。任何预估将产生不公或无法践行正义的规则或做法,都将逐渐动摇这一体制的道德可信度及其在控制犯罪方面的效果。

一项后续开展的研究,选用的方法论与之前不同。研究者非但不是在"幻灭"后询问参与者的看法,反而考察不同的参与者组别的幻灭效果:第一组参与者的幻灭程度较轻,第二组参与者的幻灭程度最重,第三组则并未遭到幻灭打击。接下来,研究者向三组参与者询问相同的问题,考察其是否有继续服从、配合刑法的意愿。研究再次发现,对于刑事司法体制可信度的幻灭程度,决定了参与者对刑事司法体制的服从程度。

为什么会是这样?为什么即便对于像美国这样总体评价良好,起码没有差到像禁酒运动期间那般境地的刑事司法体制,也会因为可信度下降,导致人们服从程度的下降?部分原因在于,社会影响力以及内化了的规范效力的巨大潜在影响。

道德可信度较高的刑法,可以兼具"污名化"(Stigmatization)的效应。很多人会为了避免罪犯的标签,防止个人及社会关系因此受害,不去触犯刑法。但如果丧失道德可信度,那么整个刑事司法体制就会因为不具道德权威性而不再为人所信赖。

具备道德可信性的刑事司法体制,还有助于杜绝"自警团"(Vigilantism)的做法。例如,旧金山"巡防委员会"的经验(见第四章)表明,如果人们认为刑事司法体制基本不能或不愿践行正义,就会自行执法。而赢得人们信任的刑事司法体制,则可以规避"自警团"等私力救济的诱惑。

可信性的丧失,还可能导致类似于禁酒运动期间所发生的公然忤逆、积极违法现象。这样的一种抵制或违反,在人们与刑事司法体制打交道过程中体现得尤为明显:受害人是否报案?潜在的目击证人是否会站出来帮助警方或其他调查人员?检察官、法官是会依法行事,还是自觉可以为所欲为?陪审员是会严格遵照法官提出的法律指导意见,还是用自己对于法律的粗浅认知取而代之?犯罪人是否接受对于自己罪刑的司法认定,或者干脆认为自己是司法不公的牺牲品?具备道德可信度的刑事司法体制最为有力之处在于,可以催生社会规范,同时确保社会公众将上述规范加以内化。如果赢得了践行正义的口碑,那么当刑法体制开始对某种行为加以犯罪化,或决定这一行为属于严重犯罪时,其所适用的整个社群也会认定,这一行为事实上该当谴责。类似的动态机制,可参见如酒驾、家庭暴力以及约会强奸等情况。

特定刑法,可以在其所适用的社群,通过践行正义、避免不公的方式将自身的道德可信度加以最大化——即将刑事责任的认定与刑罚适用,不多不少、恰如其分地与社群的正义判断保持一致(这被定义为"经验该当性",即可以通过社会科学证明属于社群一般人的共同判断)。

如此评价罪责的方法之所以颇具吸引力,部分原因在于,其对未来可能继续从事其他犯罪的危险分子,持续提供预防、控制的可能。事实上,最佳的预防、控制手段,莫过于超过该当性,给予犯罪人以更大力度的惩罚——但这样做显然不属于践行正义。在可能造成不公的情况下,刑事司法体制的参与者更应遵守法律规则,避免不公结果的出现。即便刑事司法体制可以成功落实这种不公的处罚,但其所带来的任何犯罪控制效果,都将会因为可信性折损而被冲刷得一干二净。

或许可以这样总结实证研究的相关结论:僭越社群正义观念的法律规则,绝非很多学者或政策制定者所误认为的那样毫无代价可言。相反,如果刑事执法活动所依赖的规则或实践所导致的罪责判断未能践行正义,或者根本就是不公正的,那么整个刑事司法体制都将在犯罪控制的效度方面遭受损失。想要提高效率,刑事司法体制就必须根据其所适用的社群普遍正义判断来践行正义。唯此,刑事司法体制才能建构起道德可信性,才能驾驭社会及规范影响的实质效力。

禁酒运动期间,刑事司法体制的可信性之所以遭受打击,不仅仅因为其大肆处罚饮酒这一不该当处罚的行为,对于腐败官员、犯罪分子却轻缓放纵。其可信性的沦丧,同样还是与人们认为刑法不值得尊重的看法相互印证的重要表达机制之结果:每个人都看到其他人通过公开忤逆法律的方法表达对于该法的不尊重。感受正义未能彰显的人,无论在多大程度上对刑事司法体制丧失信任,这种幻灭感都会通过对于其他人相信有很多人违法的认知而得到印证,乃至放大:如果其他人都不尊重法律,经常违法,为什么我还需要遵从这样的法律?

类似的信号传播机制,也成为某些当代警务理论,如"破窗理论"("Broken Windows" Theory)的基础。犯罪率部分取决于人们对于法律的尊重程度,而这又部分取决于在他们看来其他人的守法程度。根据"破窗理论",当某个社群出现失序的迹象,如乱丢废物、随处涂鸦,或者空置的房屋玻璃破损,在这里生活的人就会从事更为严重的恶意破坏乃至犯罪行为,因为在大家看来,这种行为稀松平常,并非不可容忍。[22]与这一观察相关,可以通过铲除失序及违法行为的办法,降低特定地区的整体犯罪率。

这一假设在很多研究中得到了验证。在一个实验中,实验者将半露出内装现金的信封放在信箱上,每个路过的人都会看得一清二楚。[23]其中一个邮箱崭新,周围一尘不染;另外一个位于别处的邮箱遍布涂鸦;第三个邮箱周围则全是乱扔的垃圾。经过第一个邮箱的路人中,只有13%顺手牵羊,但27%经过第二个邮箱,以及25%经过第三个邮箱的路人最终伸出黑手。这表明,存在涂鸦或乱丢废物的现象,往往代表着失序,在这种情况下,人们倾向于选择对法律以及背后的社会规范熟视无睹。失序意味着有人违规,从而使得其他人更加容易接受类似的行为,这反过来又会给违规行为大开绿灯,最终催生出更大幅度的脱法现象。

在研究现实刑事政策的过程中,也会发现类似的结果。例如,研究者考察了纽约警方试图从重打击诸如酒驾、卖淫及破坏财物等轻微犯罪,借此减少暴力犯罪发生的刑事政策。[24]结果表明,轻罪数量的显著减少,会使得包括抢劫、盗窃机动车、巨额侵财犯罪等严重犯罪的数量下降,从而为"破窗理论"提供了佐证:专注轻微犯罪的打击——即失序、违法行为的信号或表征——可以减少更为严重犯罪的多发态势。

在另外一项实际调查中,将马萨诸塞州犯罪猖獗的洛厄尔(Lowell)列为实验地区。[25]在其中的一半地域,管片警署积极清理垃圾,整修路灯,增加轻微犯罪的打击力度,严格执行建筑条例。而在另外一半区域,警方并未采取任何动作。结果,警方采取积极措施的地域,报警数量下降了20%。[26]社会、行为脱序及违法的现象也随之开始下降。例如,这里闲逛的人数下降了72%,在公共场所酗酒的人数下降了73%,贩毒人数下降了62%,房屋破损未被修缮的比例下降了63%,遭涂鸦乱画的建筑物数量下降了23%。[27]

当人们发现自己的邻居不守法——不管是乱涂乱画、破坏财物、贩卖毒品或者站街卖淫——社会规范的基石就会出现动摇,他们眼中

155　看到的就会是社会秩序的崩解，以及犯罪的可接受，接下来大家都会进一步作出释放不遵守法律信号的其他违规行为。相反，一旦违法的信号被铲除，向下堕落的螺旋就会戛然而止。

　　更大的问题要点在于，不仅体制所设定的规则，就连其执行规则的机制，都可能弱化其可信度。二者既能为法律服务，帮助其树立起可靠、有效的道德权威性，又可以发出无需尊重刑法的信号。（值得一提的是，执法实践的其他环节，如警方在处理与民众关系时表现得十分专业、公平，也可增加刑事司法体制的美誉度，并引发民众的尊崇。滥权或腐败的警察，则会像立法缺乏公正、执法缺乏效率那样，损害刑事司法体制的可信性。）体制的可信性与其所服务的社群之间的关系——体制所赢得的尊崇与服从——像一柄双刃剑。正如禁酒运动期间，刑事司法体制可信度的降低将会降低犯罪控制有效性那样，可信度的增加，也会促使人们对于该体制的尊崇与服从。

158　巴基斯坦一直以来都在警察腐败问题上纠缠不清。这一困境，在位于该国北部的古杰兰瓦拉邦尤为明显。在二十世纪九十年代之前，这一地区一直"孕育着导致现行社会解体的苗头"，"社会整体缺乏安全感"[35]。根据一项居民调查，警方在政府各部门的腐败排行榜上独占鳌头。通常情况下，受害人必须靠行贿，才能推动警方对于罪案展开调查。被调查者则同样可以通过行贿，让自己的名字从嫌疑人名单中消失。遭到羁押的罪犯，通常可以花钱重获自由。罪案多发，特别是在横行泛滥的绑架及盗窃犯罪面前，正常生产经营活动举步维艰。[36]

159　面对减少犯罪的压力，同时又无法从信心丧失殆尽的民众那里获得帮助，当地警方不得不出此下策：

>　　为了追求效率，往往只能选择通过暴力的方式，从当地民众那里获取必要的情报。具体来说，警方或者通过"收费线人"收集

情报,所支付的费用来自那些愿意向警方付钱打击对手的行贿者……或者通过高调的行为,如在街上随机拦路盘查,突袭他人住宅,将人带走问话。这样做,往往不是基于已经掌握的线索,而是单纯为了获取线索。这种随便截停搜身盘问的方式,制造了高压态势,获取了某些线索,但却代价不菲地造成了民众与刑事司法体制的隔阂。[37]

在巴基斯坦的另外一座城市拉合尔(Lahore),时任警务总监制订了一项罪案控制计划:当场击毙罪犯。周四,指挥拉合尔专项行动的警务总监古拉姆·马哈茂德·达加尔(Ghulam Mahmood Dogar)警告所有犯罪分子,或者悬崖勒马,或者滚出拉合尔,否则,根据其所制订的新犯罪控制计划,所有罪犯凡发现即可当场击毙。达加尔表示,借由此项全新的犯罪控制措施,当地犯罪率将出现显著下降。检方将直捣犯罪分子的老巢,如果遭遇抵抗,所有犯罪分子都将被就地正法。[38]

然而,被任命为古杰兰瓦拉邦警务总监的阿扎尔·哈桑·纳迪姆(Azhar Hassan Nadeem)却决定采取完全不同的对策。纳迪姆希望改善警方形象不佳、可信度不高的局面。他明白,自己任重而道远,当地居民似乎不太相信新一轮的"改革"能够取得什么实效。他同样深知,"因为恐惧,广大市民与警方渐行渐远",并进一步阻碍了他们与警方开展合作。[39]因此,消除恐惧与怀疑,成为他的首要目标。他将自己的新做法称为"社区警务"(Community Policing)模式。

首先,想办法让当地的民选官员与警方打成一片,借此实现警方与当地政府的顺畅协调互动。当地警方还奉命处理路灯、交通管理以及遭人忽视的基础设施等影响居民日常生活的问题。

纳迪姆坚信,就特定问题,警方与宗教领袖之间的沟通越明确,相关犯罪的预防就越简单。鉴于每个宗教节日都伴随着犯罪数量的激增,警方与"乌理玛"(Ulema),即当地宗教领袖,和年轻人举行联席会议,宣讲犯罪行为的危害,同时明确自己能够提供帮助的范围。警方同时还需要负责执行管片入户任务,了解当地居民及其所面临的问题。在纳迪姆看来,只要警方还在滥用职权,那么随之而来的担心恐惧就会继续让市民与警方产生隔阂。因此,警方必须放弃"方式不当、腐败恣意,以及对于自己的乡亲缺乏同情心"的错误做法。[40]尽管警方开始贯彻纳迪姆所设计的上述政策,但公众反应冷淡,犯罪率依然高企不下。

某日,当地某商人遭遇抢劫,损失了83万卢比,约合9000美元。警方凌晨在临检一辆人力车时,在车主的包里查获了赃款。匪盗当场提出将赃款的一部分分给两位月薪不过2100卢比的警官,但遭到断然拒绝。于是罪犯表示,只要让自己走,可以将全部赃款交给这两位警官,再次未能得逞。最终,全部赃款完璧归赵。这件事在当地人中产生了极大震撼。警方通过全国新闻,证明了消息的真实性。随着类似的事例接二连三地发生,警方也开始得到更多配合,甚至开始有人自告奋勇地站出来为警方指认犯罪嫌疑人。

当一伙武装匪徒,或所谓土匪,实施入户抢劫时,住户殊死抵抗,并大声呼救。匪徒开火,但四下围过来帮忙的邻里纷纷举枪还击。[41]两名匪徒当场毙命,第三名匪徒则被扭送给警方。这一邻居见义勇为、警方随后驰援的事件,被视为一大阶段性进步。

1991年9月,警方开始与多个行政组织合作,针对特定的武装力量头目以及影响恶劣的犯罪分子开展执法活动。警方之前针对这类隐藏极深的犯罪分子所采取的单独打击活动,从未有所斩获,但通过多个部门的共同努力,仅仅历时两个晚上,就有526名"暴力犯罪以及贩毒、贩枪分子背后的保护伞或后台老板"落网。[42]此后的犯罪率应声而落。

针对试图赢得民众更大尊重的警方,民众态度的改变,具有一定

"传染性"。几乎一辈子都生活在无法无天状态下的民众,开始为执法部门提供帮助。1992年6月对民众开展调查时发现,95%的受访者曾表示,将不会向警方提供有关犯罪分子的证据。但到了1993年1月,这一数字就降至11%。在社区警务模式开始前,53%的民众表示在邻居遭遇抢劫时,不会施以援手,但六个月后,继续保持袖手旁观的人数降至1%。同样是在社区警务模式推广前,即便自己就是受害者,也只有5%的受访者表示会向警方提供有关罪犯的相关证据。新模式施行六个月之后,无论自己是不是受害人,有87%的民众表示,愿意向警方提供相关线索。[43]

很快,社区警务的效果就逐渐被他人理解和接受。2010年7月,旁遮普邦一百位被认定腐败的警官在《古兰经》前宣誓,绝不继续受贿,同时他们的上级表示,如果再发生此类情况,自己将承担全责。据信,这一做法的灵感,就来自古杰兰瓦拉邦的成功经验。

这一事例所体现的重要之处在于,体制在特定社群中的可信性,与该体制犯罪控制的有效性之间,存在正反两方面的影响效应:通过改革增加体制的可信度,将会提高社群成员对于体制的服从程度,典型的例子如巴基斯坦,而削弱可信度的法律规则(因为法律规则本身不重视公正,或者因为腐败或无能,导致其背离罪责相适应原则),则将相应导致民众服从度的降低。

书接前文。禁酒法案的废止过程,与其通过时所经历的政治博弈如出一辙。废止法案的提出,不是因为民众对于饮酒可谴责性观念出现改变,而是迫于禁酒行动的实际效果与政治效应。妇女们希望废除禁酒法案,以保护自己的家庭免受不受监管的私酒荼毒。商人们也发现,非法酒肆取代了合法沙龙,由此滋生的大量犯罪分子对于工人劳动力的影响程度史无前例,远超禁酒之前。二十世纪二十年代后期,深受大萧条影响的美国谷物种植者,本来指望通过本土酒类生产自救,但这些行当却因为禁酒法案而令从业者远走他国,政府也丧失了本来可以获得的宝贵税收,这笔钱,现在落到了黑帮分子手中。1933年12月5日,美国宪法第二十一修正案通过,正式废止了禁酒法案。

不幸的是,全美范围的禁酒运动,却留下了一道永恒的伤疤。禁酒运动,从根本上改变了有组织犯罪的架构。私酒的巨大需求,催生出组织复杂、势力庞大的犯罪组织。[44] 尽管早在二十世纪二十年代之前,犯罪组织就已经出现,但直到禁酒时期,才在美国社会中获得影响力。[45] 犯罪集团成员开始变得跟普通的匪徒有所不同:借助资本与官员,通过在政治及政府的影响力,深深卷入商业活动。有组织犯罪团伙成员往往会选择政治候选人,为其竞选提供资助。[46] 腐败的范围,上至政府高层,下至普通警员。私酒贩子从中获得的经验,同样被移植到诸如开设赌场、组织卖淫、贩运毒品等其他"生意"当中,由此出现的"保护伞",也开始笼罩在烘焙店、洗衣房以及工会之上。

美国开展的禁酒运动,因为其公开的"伪善"——将大多数人认为不该谴责的行为加以犯罪化,同时对于本应严惩的腐败及相关犯罪却视而不见——削弱了自身刑事司法体制的可信性。考虑到人性本质,刑事司法体制可信性的降低,引发破坏性后果并不难理解。普通人见证践行正义、避免不公本身十分重要,这一点,并不是后天习得的某种温和倾向,而是人性的重要组成部分,对此,人们甚至宁可自我牺牲也要坚决捍卫。

一个有效的体制,不能仅仅压制或剥夺潜在犯罪人的犯罪可能,还必须在社会中大肆鼓吹能够帮助人们内化规范,或者通过社会效果影响其行为的方方面面。一个成功的刑事司法体制,必须考虑自身对体制形成、运营所依靠的所有人(证人、受害人、警官、陪审员、官员甚至选民)所产生的影响。这些人是因为尊重体制而遵从其所设定的规范,抑或自认为有理由抵制、破坏甚至排除该体制?

刑法丧失可信性的例子,不仅只存在于像禁酒法案或其他未能对真正该当谴责的行为加以犯罪化的情况。任何在民众看来经常罚不当罪,或无法罚当其罪的刑法体制,都会丧失自身的可信性。不幸的是,故意僭越该当性的做法,在美国刑法中比比皆是,并有愈演愈烈的趋势。本书第九章,主要讨论当代刑法中故意重罚的事例,而第十章则讨论罚不当罪的情况。

---

[1] Sunday and Sunday, *The Sawdust Trail*, 68.

[2] 相关事实描述的主要根据如下:Sunday and Sunday, *The Sawdust Trail*; Behr, *Prohibition*; Bergreen, *Capone*; Mendelson and Mello, *Alcohol*; Allsop, *The Bootleggers*, 204; Shoenberg, *Mr.*; Cashman, *Prohibition*, 2。

[3] Vivian M. Baulch, "How Billy Sunday Battled Demon Rum in Detroit," *Jesus Is Savior*, http://www.jesus-is-savior.com/Great%20men%20of%20god/sunday-demon_rum.htm.

[4] Behr, *Prohibition*, 57.

[5] Behr, *Prohibition*, 80.

[6] Behr, *Prohibition*, 97.

[7] Behr, *Prohibition*, 160.

[8] Behr, *Prohibition*, 139.

[9] "William Hale Thompson," *Wikipedia*, http://en.wikipedia.org/wiki/William_Hale_Thompson.

[10] Allsop, *The Bootleggers*, 217.

[11] Allsop, *The Bootleggers*, 209.

[12] Allsop, *The Bootleggers*, 245-46:"禁酒时期人们对于酒品消费的改变,充其量是因为价格发生了变动。这意味着除了对于价格的影响之外,法律威

慑对于人类的消费习惯没有作用。社会压力以及对于法律的尊重都不会导致禁酒期间酒品消耗量的减少。"

[13] Allsop, *The Bootleggers*, 242："无法限制非法交易以及随之而来不可避免的腐败现象，都最终导致公众不再执迷于禁酒法案。"

[14] 参见 Miron, "Violence and the U. S. Prohibitions," 78。

[15] Miron, "Violence and U. S. Prohibitions."；亦参见 Miron and Zweibel, "Alcohol Consumption"; Jensen, "Prohibition, Alcohol, and Murder," 18, 19-20（对于禁酒法案名存实亡的感知，或许来自其潜在的副作用。很多人认为，禁酒法案导致很多人转而消费更为危险的其他饮品，使得很多人开始接触有毒工业酒精，同时为有组织犯罪铺就了温床）；以及 Asbridge and Weerasinghe, "Homicide in Chicago," 355。

[16] Asbridge and Weerasinghe, "Homicide in Chicago," 357, 361："涉酒杀人案件"包括"行为人、受害人在杀人事件发生前饮酒，以及在酒馆或其他与生产、贩卖或运输酒精类饮料相关的场合发生的杀人案件"。

[17] Asbridge and Weerasinghe, "Homicide in Chicago," 361.

[18] Abadinsky, *Organized Crime*, 90, 引自 Andrew Sinclair.

[19] "The Wickersham Report," *Outlook*, January 28, 1931, http://www.unz.org/Pub/Outlook-1931jan28-00130.

[20] Minnesota Fats and Fox, *The Bank Shot*, 21-22.

[21] 相关情状描述参见 Robinson, Goodwin, and Reisig, "The Disutility of Injustice," 1940, 2031-32, appendix C。

[22] Kelling and Wilson, "The Police and Neighborhood Safety," 3："在社群层面，失序与犯罪之间存在千丝万缕的关系，并存在一定先后关联。社会心理学家与警方人士都认同，如果某个建筑物的窗户被打破且无人维修，那么剩下的玻璃也很快都会被人打破。无论是在贫民区，还是高尚社区，无出其外……一扇无人修缮的破窗户，代表着无人问津、无人关注，因此，打破更多的窗户，也并无不妥。"

[23] Keizer, Lindenberg, and Steg, "The Spreading of Disorder," 1681："当人

们看到其他人违反特定社会规范或法律规则时,他们就将会更容易僭越其他规范或规则,从而导致失序现象愈演愈烈。"

[24] Corman and Mocan, "Carrots, Sticks, and Broken Windows," 235.

[25] Braga and Bond, "Policing Crime," 577.

[26] Braga and Bond, "Policing Crime," 592.

[27] Braga and Bond, "Policing Crime," 596.

[35] Nadim, *Pakistan*, 95.

[36] 相关事实描述的主要根据如下:Nadim, *Pakistan*, 95; Nadim, "Impact of Lawlessness"; "100 Corrupt Pakistani Police Officers Take Oath Never to Receive Bribes," *Maverick Pakistanis*, August 2, 2010, www.maverickpakistanis.com。

[37] Nadim, *Pakistan*, 219.

[38] "Criminals Will Be Shot on Sight, Says dig Operations," Pakistan Today, June 10, 2011, http://www.pakistantoday.com.pk/2011/06/10/city/lahore/criminals-will-be-shot-on-sight-says-dig-operations/.

[39] Nadeem, *Political Economy*, 224.

[40] Nadeem, *Political Economy*, 227.

[41] Nadeem, *Political Economy*, 227.

[42] Nadeem, *Political Economy*, 235.

[43] Nadeem, *Political Economy*, 225.

[44] Demleitner, "Organized Crime and Prohibition," 613, 622-23.

[45] Editorial, "The U.S. Prohibition Experiment: Myths, History and Implications," *Addiction* 92 (1997): 1405, 1406; and Demleitner, "Organized Crime."

[46] Demleitner, "Organized Crime," 623-24:"新一代的匪帮成员,被视为与成功建构稳定经营、影响巨大的商业组织的商人别无二致……不仅政客会花钱雇用匪帮为自己助选,犯罪组织也会在经济上资助有需要的政客,或力推被自己看中的政治人物当选。这种发展也可以被视为真正犯罪组织发展演化,其内部日益合作以及辛迪加化的一种象征。"

第八章 信任

第九章　苛　责

睡成重罪谋杀，骗成终身监禁

20 岁的瑞安·霍利（Ryan Holle），和他年仅 18 岁的妹妹希瑟（Heather），由当时尚在美国海军陆战队服役的单亲妈妈西尔维娅一人抚养长大。后来，西尔维娅准备再次步入婚姻殿堂。对此早有预感的霍利和希瑟，决定从妈妈家搬出，迁居至佛罗里达的彭萨科拉（Pensacola），在二人祖父母家附近租住一处一层平房。合租者还包括在当地餐厅或小商店打工的其他几位年轻人。[1] 搬进去没多久，瑞安·霍利就遇到了同为租户，时年 23 岁的威廉·艾伦（William Allen）。

2003 年 3 月 6 日，这座小屋的所有租客，都参加了西尔维娅·霍利的婚礼，瑞安·霍利放弃了担任伴郎的机会，但伴娘还是非希瑟莫属。几天后的周末，这群年轻人又举办了一次非正式的派对，每个人都喝得酩酊大醉，并一直聊到深夜。受邀参加派对的客人当中，包括杰茜卡·斯奈德（Jessica Snyder），她是威廉·艾伦年仅 18 岁的女友。霍利的室友艾伦认识斯奈德很久，并曾去过她家几次，有时是为了单纯的拜访，也有几次是为了从当地知名的毒贩，也就是斯奈德的妈妈那里购买大麻。艾伦还邀请了霍利之前从未见过的三个小伙子参加了这次周末派对：唐尼·威廉斯（Donnie Williams），20 岁；杰蒙德·托马斯（Jermond Thomas），22 岁；以及查尔斯·米勒（Charles Miller），23 岁。

艾伦的女友杰茜卡·斯奈德于凌晨四点离开派对。凌晨五点三十分左右,有几分醉意(只喝了酒,但没有吸食毒品)的霍利返回自己的房间睡觉,这时,屋里两位参与派对的人士正在熟睡。醒着的人,只剩下了艾伦和他的三个朋友,威廉斯、托马斯和米勒。这三个喝了很多酒且吸毒后正在兴头上的年轻人告诉艾伦,他们正在考虑抢劫杰茜卡妈妈藏有毒品和毒资的保险柜。

刚刚上床睡觉一个多小时的霍利,被唐尼·威廉斯叫醒,后者提出要借用霍利的蓝色雪佛兰。霍利一口回绝,继续昏睡。不久,霍利被再次叫醒,这次,是艾伦前来借车。托马斯和米勒也跟进屋里并窃窃私语。之前,霍利经常会把车借给艾伦,因此这次也未拒绝。他们没有告知霍利要去哪里以及做什么事,也没有邀请霍利同去。

四个人开着霍利的车前往相距不过一点五英里之遥的斯奈德家。艾伦把车停在别人看不到的地方,坐在车内等候,其他三个人则径直向斯奈德家走去,很明显是为了打探虚实。杰茜卡的小妹马西(Marcy)认出三人中的威廉斯之前曾来购买毒品,于是应了门,并叫醒杰茜卡过来交涉。当时,马西已经准备好外出上学,与此同时,杰茜卡和这三名男子则在门口交谈。三个人谎称杰茜卡拿走了他们的一部电话,但遭到杰茜卡断然否认,并要求其立即滚蛋,表示自己需要睡觉好稍后上班。于是三名男子借机离开。不久,马西锁上了门,离家前往学校。

在那几个人离开霍利租住的房子之后,逐渐从困意及宿醉中清醒过来的霍利,开始隐隐感觉艾伦和另外三个人借走自己的车可能不是去干好事。于是,他致电艾伦,询问他们去了哪里。艾伦接起电话,说了几个不明所以的词语之后就匆匆挂机。霍利再次拨打过去,同样只听到了几句宛如天书般的话语之后就遭挂断。之后,无论霍利如何再次尝试拨打,对方都没有应答。

马西离家上学之后,威廉斯等三人赤手空拳再次下车,而艾伦则将车开到一边。三个人从斯奈德家前门硬闯进去,发现家中只有杰茜卡一人。这几个人知道保险柜就在杰茜卡母亲的卧室里,于是,托马斯指派米勒在杰茜卡的房间控制住她,不能任其乱叫乱动,而自己则和威廉斯两个人去取保险柜。虽然他们进来时并未携带任何武器,但米勒却在斯奈德家中发现了一支霰弹枪。一方面为了让杰茜卡保持安静,另一方面也可能是为了获得保险柜密码,米勒就像抡起大棒那样,数次用枪托击打杰茜卡的头部和颈部。

图18 瑞安·霍利,他的母亲西尔维娅·加内特,以及她的再婚对象加内特在2003年的婚礼上,隔天,悲剧发生。(西尔维娅·加内特慷慨提供)

托马斯和威廉斯发现保险柜太大,两个人根本搬不走,于是托马斯前来寻找米勒帮忙,发现米勒正用枪托击打杰茜卡。后者因伤势过重当场死亡。接下来,这三个人将保险柜抬到客厅,给艾伦发短信要其开车前来接应。汽车到位后,三个人将保险柜抬到车上,自始至终,艾伦都坐在方向盘后面,没有下车。

隔壁邻居看到这一幕,以为这三个人正在将电视机搬到车上。因为曾和艾伦一起共事,此邻居认出开车的正是艾伦,于是致电杰茜卡的妈妈克里斯汀·斯奈德(Christine Snyder),告诉她自己所目睹的一切。等克里斯汀返回家中时发现,房门从合页处被撞开,厨房的水龙头也被打开。杰茜卡躺在自己房间的地板上,已经死亡,周围散落着被打碎的枪托残块。

镜头摇回霍利租住的平房。当艾伦驾车通过篱笆驶入后院时,霍利已经醒来。威廉斯流着眼泪走了进来,霍利随后了解到他们偷了保险柜,米勒还打了杰茜卡·斯奈德。威廉斯边哭边嘟嘟囔囔,担心斯奈德已经被打死了。米勒则对威廉斯大喊,要他把乌鸦嘴闭上。

霍利让这些人马上从这所房子里滚出去,同时把他们放在自己车上的所有东西一并带走。霍利对这些家伙开着自己的车去犯罪愤怒不已。但米勒安慰霍利,他们事先用大花手巾将牌照遮盖起来,没人会知道这是他的车。米勒还表示,他们会撬开保险柜,然后逃离这座城市。这三个人将保险柜拖入后院的一处棚屋,试图撬开,这个时候艾伦悄然返回自己父母家中。

就在威廉斯等人试图撬开保险柜时,霍利返回了自己的卧室。威廉斯等人用喷灯、撬棍以及其他工具,试图打开保险柜,但都徒劳无功。他们还将自己作案时所穿着的衣物全部付之一炬。

警方很快赶到现场,逮捕了威廉斯和托马斯。米勒则逃之夭夭,但第二天亦被抓获。艾伦则在自己父母家中落网。警方进入霍利租住的房屋,对在场的所有人进行讯问。霍利主动将自己所知道的一切和盘托出,并同意警方搜查自己的汽车。保险柜被打开后,从里面起获 5000 美元现钞,价值 4 万美元的珠宝首饰,以及一磅大麻。

第九章 苛责

从实证调研中能够发现,人类逐渐发展而来的正义直觉在对杀人罪归责时,首先,也最为看重的,就是考察对于死亡结果行为人持何种心态。如果行为人希望置人于死地,即希望死亡结果发生的时候,最为可责。与之相比,如果行为人明知自己的行为可能会导致死亡结果,但却并不一定期待死亡结果发生的时候,其可责性相对前者较低。(故意或明知致人死亡的,基本上都被作为谋杀处理。)在人们看来,和上述两种情况相比,如果行为人知道自己的行为具有致死他人的风险,但并不肯定,在这种情况下依然为之,最终真的出现死亡结果时,其可责性相对前面两种情况较低。(这通常被作为杀人罪处理。)随后,致人死亡的情况下责任最低的情况,一般是指行为人没有认识到,但应当认识到自己的行为可能会致死他人,并且的确实施了致死他人的行为。行为人本来应当更为谨慎,或者尽到更大的注意义务。(这通常被作为过失杀人罪处理。)

168 从本案的事实来看,一般人可能会认为,米勒的可责性最大,因为他实施了杀人行为;如果他希望杀死而非伤害杰茜卡,则罪责更加一等。根据相关情节,人们会认为米勒应当承担极大的责任。

根据之前了解到的民众正义直觉判断,托马斯和威廉斯也该当重罚,抢劫罪肯定跑不了,而且还有可能需要承担杀人罪的刑事责任。即便两个人可能不希望,甚至不知道米勒会杀死杰茜卡·斯奈德,但其所参与制订的抢劫计划却制造了一种他人可能会因此遭到伤害的对抗局势及具体危险。从这些具体情节出发,人们或许认为这两个人该当严惩,但未必需要达到和米勒同样的程度。

艾伦的情况稍显特殊。他并未直接参与抢劫,尽管他在明知抢劫计划存在的情况下依然提供搭载运输帮助,也就是说,尽管他本人并未直接参与制造、孕育对抗及危险的抢劫行为,却至少意识到自己可能在帮助他人制造上述危险。研究显示,普通人可能会认为艾伦需要承担刑事责任,但刑事责任的程度不及托马斯及威廉斯。

霍利坚持自己对抢劫计划毫不知情。如果这一主张为真,研究显示,人们认为他无需承担任何刑事责任。虽然犯罪分子或许用了霍利的车实施抢劫,但这件事本身并不足以成为要求霍利承担刑事责任的根据。如果霍利对抢劫计划不知情,即便他的车在抢劫行动中发挥了一定作用,但同样发挥作用的还包括很多其他因素,没有人认为可以依据这些因素追究其刑事责任。例如,这些人如果没有在派对上喝醉,或许就不会实施后续的犯罪,但这绝对不意味着派对的主办者,如希瑟,需要为这些人实施的抢劫负责,尽管犯罪人喝了她提供的酒才陷入醉态。

针对有人主张霍利听到了相关人等讨论抢劫计划这一观点,霍利表示,即便存在这样的讨论,自己也没有加以关注,在他看来这只不过是醉鬼酒后的夸夸其谈而已。如果情况真的如此,研究依然显示人们认为霍利不需要,或者仅仅需要承担极小的责任即可。一般来说,只能对已经认识到存在实施犯罪的实质性危险,或者至少本来应当能够认识到存在这种危险的行为人认定刑事责任。这种理念尤为适用于行为人并未亲自实施犯罪行为,只是从事了如提供车辆等帮助行为的情况。[2] 即便有人推定霍利意识到其他人可能会利用其汽车实施抢劫,也没有理由认为霍利会意识到这样做可能会导致他人死亡。毕竟和艾伦相比,霍利更没有理由了解可能有人会受到伤害,而他在帮助抢劫实施的涉入程度也不及艾伦。

如果霍利真的对抢劫计划知情,我们可能会倾向于他该作出"正确"的举动:质疑这些人的犯罪计划,坚持要回自己的车辆,向警方报警。但不这样做,也不一定意味着霍利需要为没有做"正确"的事情而承担刑事责任。没有任何一个美国司法区*对他人实施抢劫的计划知情不举,加以犯罪化处理。³大多数人认为,积极向警方举报犯罪线索是正确的,但将不这样做当成刑罚适用的基础,显然存疑。

即便作最严酷的假设,认定霍利了解其他几个人的抢劫计划,实证调研显示,不会有几个人认为霍利该当刑事责任,或该当与米勒后来杀死杰茜卡相关的刑事责任。

霍利在警方首次抵达自己租住的平房时,便主动向警方作出了交代。十天之后,3月19日,霍利又再次主动向警方报告情况。在此期间,警方在报告当中表示,霍利非常配合调查。

4月8日,霍利遭到逮捕并首次出庭,法庭为其指派了公费辩护人。其所面临指控的罪名包括使用枪支实施重罪谋杀,在对有人居住的房屋实施夜盗过程中从事殴打或攻击行为,以及使用枪支抢劫。霍利拒绝与检方达成诉辩交易,否认全部指控。检方为霍利提出的诉辩交易内容为:如果他承认自己犯有二级谋杀,那么检方会建议对他判处十年监禁,而非拒绝诉辩交易的情况下可能面临的终身监禁不得假释。检察官大卫·李默(David Rimmer)向霍利提出诉辩交易的理由是,在其看来,"他并不像另外几个家伙那样罪大恶极"。霍利拒绝了检方提出的交易请求,认为自己并未从事任何犯罪行为。

2005年5月12日,米勒当庭承认自己犯有杀人罪,被判处终身监禁不得假释。托马斯以及威廉斯则表示自己并不知道,也没有理由认为并未携带任何武器的米勒会杀人,因此无需承担杀人罪的刑事责

---

* 所谓"司法区"(Jurisdiction),含义相当复杂。司法区虽然在常态表达当中大致与州相当,但除此之外,联邦本身也属于一种司法区,而且在联邦司法区内部,还可以分为联邦上诉法院管辖的司法区以及联邦地区法院管辖的司法区,各州内部也包括不同的司法区,除此之外,美国军方的司法管辖也较为复杂。为了避免不必要的困扰,这里对此不作详述。但需要牢记的是,各司法区的刑事司法程序或者做法往往不同,而这种区别的存在往往超越了单纯的各州物理界限。

任。但法庭依然根据佛罗里达州刑事成文法,认定二人在可责性上与米勒相同,判处二人终身监禁不得假释。艾伦因为当时并不在犯罪现场,因此主张自己没有理由认识到手无寸铁的三个人会有可能实施杀人,但同样被认定具备和米勒相同的可责性,也被判处重罪谋杀罪名成立,同时被判终身监禁不得假释。

霍利拒绝了检方提出的诉辩交易,坚持接受审判。检方则祭出了"没有车,就没有犯罪"的杀手锏。但如果这样一种牵强的因果关系也足以支持谋杀罪责任的话,那么希瑟恐怕也难逃其责,因为这几个犯罪分子需要喝酒壮胆:"没有酒,就没有犯罪。"甚至杰茜卡的母亲也或许要为自己女儿的死亡承担谋杀罪的刑事责任:"没有保险柜,就没有犯罪。"实际上,杰茜卡的母亲因为贩毒,并且用保险柜藏毒,因此给在自己房子里生活的人造成极大危险,同时,她也有理由对于自己制造的这种风险有所认识——她对自己这样做会导致谋杀的风险认识,肯定要比将车借给室友的霍利的认识更为确定。(杰茜卡的母亲因为贩毒被判入狱三年。)

因为凌晨在卧室将车借给室友,20岁的霍利被判重罪谋杀罪名成立,同时获刑终身监禁不得假释。目前,他正在塔拉哈西(Tallahassee)远郊的格雷斯维尔监狱(the Graceville Correctional Facility)服刑。

霍利拒绝检方的诉辩交易,并不显唐突。在他看来,自己似乎并未实施任何犯罪。不管是不是有人主张霍利需要因出借汽车承担某种程度的刑事责任,普通人一般认为,终身监禁不得假释作为最为苛重的刑罚,应当仅适用于最为严重的犯罪,即故意杀人中最为恶劣的谋杀犯罪。那么,为什么霍利会被作为谋杀犯而遭到严惩?什么是"重罪谋杀规则",其自身又具备何种合理性?

171

根据刑法,谋杀罪的成立通常要求行为人具有杀死受害人的故意。故意,即所谓"可责心态",是区分谋杀罪与其他相对较轻犯罪的关键要素。杀人罪要求在可责性方面较之谋杀更为轻缓的犯意:只需要有意冒致人死亡的风险实施犯罪行为即可。行为人虽然引发致人死亡的风险,并且实际造成了他人死亡,但其本人对于上述风险毫无认知,在可责性方面更降一个位阶:虽然相同情况下理性人或许可以认识到致他人死亡的风险存在,但行为人却没有认识。这种较低的可责性,仅仅对应过失杀人这种较为轻缓的犯罪,美国还有若干州根本不将此作为犯罪处理。

　　但重罪谋杀规则,却一步跨过了上述细分。根据这项规则,任何发生在重罪实施过程中的杀人行为,都将被作为谋杀处理,即便死亡的结果纯属意外事件。而且,重罪谋杀规则对于谋杀责任的分配,不仅仅适用于造成他人死亡的犯罪人,还包括任何参与该重罪的从犯,无论其参与犯罪的程度有多深,也无论死亡出现的概率有多大。对于米勒而言,即便没有此项规则,或许也需要为杀害杰茜卡·斯奈德的行为承担谋杀责任——他至少应当意识到自己殴打杰茜卡的行为可能会致其死亡——但托马斯与威廉斯之所以需要承担谋杀责任,仅仅因为二人和米勒,以及担任司机的艾伦一样,是抢劫罪的共犯。

　　立法对于杀人犯罪的标准分野——基于故意、轻率及过失心态分别构成谋杀、杀人、过失杀人罪——与民众的正义直觉逐一完美对应。但重罪谋杀规则不然,实际上,其与普通民众的正义直觉发生了严重冲突。研究显示,如果有人在实施抢劫时过失致死他人,普通人或许会支持将这种情况概括为"重罪杀人规则",理由是行为人应该认识到自己所实施的重罪具有致死他人的危险。但这也仅仅适用于实际致死他人的行为人。在一般人看来,从犯无需承担与实行犯相同的刑事责任,只有在从犯对于促成死亡结果的行为具有某种可责心态的情况下,才需要为杀人犯罪承担从犯责任。[4]

重罪谋杀规则,特别是其最广义的适用,陷司法审判于不公状态。在一例广受检讨的重罪谋杀案件中,福里斯特·希科克(Forrest Heacock)为参与"嗨趴"的瘾君子们提供可卡因。他和其他三个人当时都注射了毒品,但其中一人由于吸毒过量暴毙。希科克因此被判重罪谋杀罪名成立,需要入狱服刑四十年。[5]后来,在让普通人重新评价此案时,他们认为希科克的责任远不及谋杀,他所需要承担的责任,在程度上与发生口角后殴伤他人者所需要承担的责任类似。[6]质言之,这根本就和谋杀罪不搭界。然而,希科克实际上确实被判了四十年监禁。

在另外一件实证研究所分析的案例中,一位叫作杰里·穆尔(Jerry Moore)的家伙同意帮助自己的老相识蒙特鸠(Montejo),对一幢主人外出的空巢房屋实施夜盗。两个人都没有携带任何武器。当遭遇不期而归的屋主时,出乎穆尔意料,他的同伙开枪将屋主打死——蒙特鸠似乎在房间里的床头柜里翻到了一把手枪。穆尔因为蒙特鸠的杀人行为,被判重罪谋杀罪名成立,需要在监狱内从事强制劳动改造,并且终身不得假释。[7]给参与裁判实验的普通人介绍过基本事实后,他们认为穆尔应当承担的刑事责任,大致类似于抢劫时用棍棒打伤受害人的行为人,但绝对够不上根据重罪谋杀规则对其认定的谋杀罪,或者终身监禁不得假释的惩罚。[8]

霍利、希科克以及穆尔等案的判决,能对刑法的道德可信性有何助益?这种一见即明的不公,除了让社会民众对于法律的服从度及信心降低之外,还起到了什么作用?研究显示,认为民众的正义直觉具备完全意义上的灵活性的观点,属于彻头彻尾的谎言。曾有某位学者提出:

> 你和这一规则相处的时间越久——重罪谋杀规则已经诞生超过150年——它对你而言就越熟悉。同时,对此,我或许可以

借用下列表述:熟悉度催生满意度。重罪谋杀规则嵌入我们的法律体制已然太久,以至于单单要对其加以废止的想法,就会令人感到不安。[9]

但正如本书第四章、第五章所说明的那样,认为人们是因为解读法律才获得正义判断标准的说法,根本就无法成立。重罪谋杀规则存在多久,均无济于事,都依然会与民众的正义判断产生冲突,而这种冲突,在其没有被彻底废除前,不会减小,更不会消失。

过去数年间,曾出现过朝此方向努力的迹象。美国法学会在其所编纂的《模范刑法典》中建议彻底废除重罪谋杀规则,但最终只有两个州响应了这一号召。[10]此外,有些州虽然继续沿用这一规则,但却对其进行了严格限制。例如,在纽约州,如果行为人没有理由认为自己的同伙持有武器,也没有理由认为自己的同伙会杀人,那么就不能对其适用重罪谋杀规则。需要指出的是,根据修改后的适用标准,霍利,甚至艾伦都将不需要再承担重罪谋杀的刑事责任。[11]

其他州则采用了其他的限制对策。尽管尚有十个司法区将重罪谋杀规则的基础维持在所有重罪的范围之内,但其他大多数司法区都将基础重罪的范围,限制于本身具备危险性的重罪(例如纵火与抢劫)。[12]但此类限制并未很好地解决重罪谋杀规则本身存在的问题。霍利所在的佛罗里达州,也将基础重罪的范围限制于自身存在危险性的犯罪。但霍利所涉基础重罪罪名包括在持有武器的情况下对有人居住的房屋实施夜盗,以及持枪抢劫。[13]当然,霍利从未实施过此类犯罪,只是依据一个明显忤逆正义理念的法律拟制,而被认定实施了上述犯罪。

为什么在美国,人们眼中不公正的法律规则会如此普遍地得到适用?重罪谋杀规则的基本根据在于所谓一般预防理念:通过刑罚的威慑,预防犯罪的发生。通过规定在实施重罪过程中即便意外致死他人,也需要承担谋杀罪的刑事责任,立法者希望向其他潜在犯罪人释放一个信号:别实施重罪,即便实施了重罪,也应当尽到最大的谨慎或注意。当然,这种根据对于霍利而言毫无意义,毕竟在家睡大觉的他,与借走自己车的人是否会实施重罪,或在实施重罪时有多谨慎关系不大。

或许,最为有力的反对意见在于,重罪谋杀规则是在将被告人作为工具,继而向其他人传达信息。霍利遭遇的不公处罚,看起来更像是一块告示牌。他被处以超过个人该当性的苛责,理由在于不公正的处罚会向其他人传递一种有用的信息。一般预防理论在日常生活中是否发挥作用暂且不论,但就上述合理性根据而言,或许就会让很多人不安。

根据公平、正义原则,难道不是应当根据行为人的行为及其可责性来加以处罚吗?难道不是不应该将某个走背字的行为人当成向他人传递警示信息的反面典型吗?例如,案件吸引媒体关注越多,其作为信息告示牌的作用就越彰显。那么,媒体关注度的上升,是否会导致涉案人的惩罚加重呢?在一般预防理论看来,答案应当是肯定的。

如果刑罚适用的目的旨在震慑他人,而与公正与否无关,似乎可以认为,如果有利于充分传达震慑信息,那么惩罚一个无辜的人也可以接受。很多支持一般预防理论的人承认,震慑的逻辑会导致这样蹩脚的逻辑结论,但依然对此理论深信不疑。

> 更具说服力的功利主义在回应时,并不会回避某些极端情况下可能会处罚无辜者这一结论,而是概然接受,同时认为,这种可怕的情况或许仅仅存在于直觉层面,稍加反思,就会发现这并不是不可克服的困难,也即是说,任何支持上述尴尬结论的理论,并非一定就因此存在重大缺陷。通过对比其他选择功利主义的情况,处罚无辜者也绝非不可接受的做法。[14]

175 　　除了存在潜在的不道德性之外，还因为所需前提缺乏可能性，一般预防理论的有效性存疑。首先，如果要影响潜在犯罪人（即法律意图阻遏未来实施犯罪的那些人）的行为，那么这些人就必须对于相关法律规则有所了解。然而，证据显示，人们对于法律规则，特别是与自身道德直觉存在出入的法律规则，知之甚少。调研发现，人们一般认为，法律应该和自己所认为的一样，以公正为本。如果立法者为了达成震慑目的，制定了不公的立法，那么除非因此遭遇具体教训，否则很难对此有所认知。又会有多少人知道自己所生活的州究竟适用的是何种重罪谋杀规则，或者是否存在这种规则呢？

　　其次，即便受众了解到存在基于震慑、预防而制定的立法，这些特别的法律规则也仅仅在受众有能力且愿意按照其所要求的方式改变自己的行为方式时，才能发挥作用。证据显示，很多（如果不是大多数的话）犯罪分子，因为酗酒、吸毒、冲动、精神疾病或其他削弱理性因素的影响，根本不具备理性决策的能力。如果无法理性计算得失，那么基于预防理念的震慑性立法，必将竹篮打水一场空。

　　最后，即便受众对于法律规则有所了解，同时可以接触到所有理性决策所需要的因素，他们也只有在认为犯罪成本大于收益的情况下，才会选择守法。而这显然是不可能的。在美国，犯罪后被处罚的概率，即便对于杀人等重罪而言，也没有达到让受众严肃对待的水平。大多数犯罪的处罚概率仅为1/50，甚至1/100。只有杀人及重伤害等严重犯罪，才意味着较高的处罚概率，即便如此，也不足50%。毕竟，在所有情况下，起作用的还不是这种实际的处罚概率，而是行为人自己所认为的遭处罚概率。对于一般预防理论而言，不幸的是，大多数犯罪行为人都乐观地认为，自己可以逃脱法网。即便事后证明认为可以免受法律打击的认识是错误的——大多数情况下都是错误的——但也不重要。因为犯罪行为人是基于自己遭到法律打击、处罚的概率,来对是否实施犯罪进行利弊分析。[15]

当室友唤醒霍利提出借用汽车时,是否有人会认为这个时候的霍利已经重罪临头?怎么可能会有这种感觉?如果霍利当时也没有意识到这一点,如何依据一般预防理念规范自己的行为?在希科克决定前往最终有人因吸毒过量致死的派对时,或者当穆尔决定帮助自己赤手空拳的同伙夜盗空巢时,他们是否曾经想到过重罪谋杀规则?他们并未意识到有人会死,为什么会有这样的想法?他们是否知道在他们生活的州存在此类规则?不顾普通人眼中的该当性而惩罚霍利等人,除了给刑事司法体制本身的正当性抹黑之外,又能得到什么?

在大多数情况下,重罪谋杀这一旨在实现震慑最大化的规则,并未发挥预期作用,甚至有理由相信,其不仅不太可能发挥建设性作用,更可能会事与愿违,产生反作用。例如,一项最近的研究曾对重罪谋杀规则的打击犯罪效果进行过研究。[16]结果显示,通过操纵法律规则的方式尝试达成震慑效果的做法面临复杂的情况,而研究者的结论是:"对抢劫适用死刑加以严惩的州,却面临抢劫致死在所有抢劫案件中占比激增的窘境。将抢劫致死作为一级或二级谋杀的州,却面临持枪抢劫致死人数更多的窘境。如果非要对重罪谋杀规则的效果加以评价,那么可以说,对于相关犯罪采取僵化严罚立场的州,因抢劫导致的谋杀受害人数必将有增无减。"[17]

另外,针对强奸罪的调查,也得出了一个在数量上不算特别巨大,但实质无异的结论:重罪谋杀规则虽然可以略微减少强奸犯罪的总体数量,却同时导致令受害人致死的强奸数量增加。[18]对于出现如此复杂结果的原因,人们只能加以推测(也就是说,尽管存在重罪谋杀规则,似乎实施抢劫或强奸犯罪的行为人更容易致死受害人)。这显然意味着无法通过一般预防理论,为重罪谋杀规则寻找立足点。鉴于重罪谋杀规则所导致,或可以营造的刑事司法体制缺乏道德可信性,其根本不具备任何正当性。[19]

考虑到这些问题要点,或许就不难理解,其他国家为什么很少适用这一规则。甚至绝大多数曾经适用过重罪谋杀规则的地方,如英格兰、威尔士、北爱尔兰、爱尔兰、加拿大及印度,现在都已明确将其加以废止。[20]面对这一现实,立法者能够做的最佳选择,莫过于返璞归真,通过践行正义,恰如其分地打击犯罪。适用与罪责相当的刑罚本身即是一种威慑。试图扩大打击面,或者过度加大打击力度的行为,注定失败。

不幸的是,预防理论现在却被用来作为美国刑法中很多规则的正当性根据:支持所谓"严格责任"(Strict Liability,在不需要证明任何可责犯意的情况下认定刑事责任);支持所谓"代表责任"(Vicarious Liability);支持所谓"广义的共犯责任"(Broad Complicity Liability);支持废除或限制精神耗弱抗辩。在量刑的过程中,预防的考量仍在发挥重大作用。

但无论是从道德角度出发,还是从实际效果考量,以预防为基础的当代刑法,都已走进死胡同。其无法为被告人提供该当的刑罚,对此,当代刑法毫不避讳。越来越明显的是,以预防为基础的刑法并未实现控制犯罪的初衷。越来越多的证据表明,对于犯罪人罚当其罪,不增不减,不仅在道德上可行,更算得上相对较好的犯罪控制措施。在作者开始撰写本书时,瑞安·霍利已经因为将车借给室友,在苦窑里蹲了十一年(早已超过了当初检方在诉辩交易中给出的十年刑期)。

多年来,威廉·拉梅尔(William J. Rummel)因为懒惰,加之能力不强,什么工作都干不长。而立之年,他仍旧孑然一身,无妻无子不说,连朋友也少得可怜。拉梅尔的父母虽然健在,但都疾病缠身,对老人,拉梅尔甚少过问探视。[21]

拉梅尔前科累累，其中大部分属于投机取巧型的轻微犯罪。16 岁到 20 岁期间，他共被判四项轻罪罪名成立，分别被处以罚金或三十天监禁等处罚。21 岁时，拉梅尔再次被判信用卡诈骗罪罪名成立，他盗用某公司的信用卡，为自己的汽车购买了两条轮胎，总价 80 美元。但因为之前有过多项前科，拉梅尔被判处三年监禁，实际服刑了二十八个月。[22] 四年后，已经 25 岁的拉梅尔因为实施家庭暴力，被处三十日监禁。就在判决当天，他故伎重演，在一家海湾加油服务站，用伪造的支票支付了 5.61 美元，被再次抓获，并被判使用支票诈骗罪名成立，追加三十天刑期。一年后，拉梅尔伪造支票，诈骗 28.36 美元，因此获不定期刑二年至四年，实际服刑了两年多。

两年后的 1973 年 8 月 15 日，出狱时的拉梅尔已经年过三十。他信步走进位于圣安东尼奥（San Antonio）的"胡克船长酒吧"（Captain Hook's Lounge）。正值酷暑，酒吧的空调却偏偏这个时候坏了。拉梅尔主动与酒吧主人大卫·肖（David Shaw）搭话，表示自己有本事修好空调。肖欣然同意，拉梅尔于是开始装模作样地检查一番，折腾几分钟之后，他宣布，需要为这组空调更换新的压缩机，成本 129.75 美元，免费安装。肖马上按照这个数额，给拉梅尔填写了一张支票。拉梅尔揣着支票离开酒吧，根本没想着履行承诺修好空调，而是马上找个地方兑现了支票，逃之夭夭。久等未果的肖向警方报案，后者按图索骥，很快就将目标锁定到拉梅尔身上，这个家伙居然签了自己的真名。

拉梅尔所涉罪名——通过虚假陈述盗窃——在得克萨斯州，正常量刑范围为二年以上十年以下，但一般来说，涉罪者实际服刑的单位往往以月，而非以年计算。但可怜的拉梅尔，因为前科累累，导致他这次实施的犯罪变得更为可责。他显然没有将自己所担刑事责任与所受刑罚当回事。

从经验调查不难发现,普通人也认为,累犯更为可责。反复违法犯罪,让累犯背负上对国家法律、社会规范嗤之以鼻的恶劣印象。但累犯因为这种"嗤之以鼻"遭受的加重处罚,通常应不及于其对犯罪本身的该当性——毕竟对于法律的不屑本身并没有像违法犯罪这样可责——但其的确在某种程度上,像其他加重情节那样,导致处罚加重。

研究者对于这些加重情节,特别是拉梅尔案中所涉及的部分,进行了调研。考虑到拉梅尔的犯罪前科,接受调查的普通人认为其以修空调为名实施诈骗的行为,要比单纯诈骗相同数额的 129 美金,更为可责,程度大致相当于从别人家偷走一台微波炉所应当承担的刑事责任。[23] 此类夜盗行为肯定要比拉梅尔实际实施的简单诈骗行为更为严重,因为其不仅涉及非法占有他人财物的行为,还涉及非法侵入他人住宅,如放置微波炉的厨房。也就是说,普通人眼中拉梅尔的前科对其犯罪的加重程度,类似于侵入他人住宅对于侵财犯罪的加重程度。参与调查的普通人对于拉梅尔的量刑,平均维持在 3.1 年监禁的水平。同样,有数百名法科学生在阅读案件事实后,各自提出了拉梅尔该当的刑期;考虑到其所具有的前科,三分之二的学生作出了 3 年至 7 年的量刑决定,而所有学生的平均量刑为 3.4 年,这一点也和接受实证研究调查的普通人所作的量刑决定大体一致。

1973 年 4 月 11 日,一个陪审团认定拉梅尔盗窃罪名成立。因为涉案金额 129.75 美元超过了 50 美元的法定刑上限,因此被列入重罪一类。翌日,检方向法庭提交了拉梅尔的两份重罪前科记录,并要求法官宣布其属于惯犯。这一界分显著增加了拉梅尔的刑期,其根据在于,延长刑期被认为是预防惯犯在未来继续实施犯罪的唯一有效应对之策。对此,《得克萨斯州量刑规则》开宗明义,专门对付"那些通过反复实施犯罪行为,确切无误地证明自己无法遵守以刑法为代表的社会规范的犯罪人"。让拉梅尔背上惯犯帽子的重罪前科包括九年前所实施的小额信用卡诈骗,以及四年前实施的支票诈骗犯罪。三起重罪总计让拉梅尔到手 215.36 美元。但根据量刑规则,法官判决时年 30 岁的拉梅尔终身监禁。

监狱中的拉梅尔,变得日益苍白消瘦,为了打发时光,仅用了 7 年时间,他共修完了 67 个大学学分,给其他罪犯上了 350 学时的课,同时还接受了一些建筑物维修的技能训练。他的服刑生涯波澜不惊。拉梅尔属于"那种中规中矩的服刑犯",典狱长克里斯蒂安(D. A. Christian)表示。"他从不惹麻烦。既不是牢头狱霸,也不是爪牙跟班。"在一座监狱当中,你知道谁才是麻烦制造者,谁能给你通风报信。但拉梅尔绝非此类。他没那么暴力。作为一个骗子,他在监狱中的地位不高。[24]

"我不是说我不该受处罚,但是为什么要判我终身监禁?"拉梅尔这样问一位来访者。"如果我谋杀了 75 人,强奸了 5 名妇女,诸如此类,那么算得上对这个社会存在潜在的危险性。但我威胁了什么?我对任何人都够不上威胁。我既不吸毒,也不酗酒。"[25]

拉梅尔案绝非特例。在另外一起案件中,59 岁的查尔斯·阿尔蒙德(Charles Almond)在看电视时因为两名成年儿子(依然与其共同生活)不断争吵而火冒三丈,最后不堪忍受,抄起大儿子放在桌子上的点二二口径左轮手枪,对着电视屏幕开了几枪。几十年前,阿尔蒙德曾经因为"对无人居住的房屋实施夜盗……向自己岳父驾驶的机动车投掷石块……破窗闯入皮勒石油公司(Peeler Oil Company)的办公室"等,有过数次前科。[26]就是因为这些数十年前的陈年旧账,在这次枪击电视机事件中,阿尔蒙德作为"职业罪犯",因"持有武器"这一重罪,被判决 15 年监禁不得假释。[27]对此,接受实证调研的普通人看法大相径庭。他们认为,枪击电视机,即使考虑到之前的前科,也只是多少类似于(甚至实质上稍逊于)从车后座顺手牵羊一台带闹钟的收音机。平均来看,接受调查者对阿尔蒙德的量刑为 1.1 年,而非根据"三振出局法"他所实际面对的 15 年监禁不得假释。

包括上述实验在内的实证研究,充分暴露出很多学者坚持认为大众正义直觉会不停发生变化,且无论法律规定了什么都可以很容易与其对接的看法,存在不少问题。例如,某位知名学者主张,美国刑法中有关惯犯的处罚规定,反映了社会对于刑罚该当性的认知:

> 问题在于……该当性概念与时俱进。虽然目前看不到对引发立法者制定此类法律(三振出局法等)的犯罪人施加终身监禁的任何必要性——但一旦公众认识到此种处罚的必要性,就会很快调整自身对刑罚该当性的认知,从而兼容上述功利性需求。我们的该当性理念,绝非与功利考量脱节,因此,无法想象可以通过该当性理念限制人类对于功利主义目标的追求。[28]

此类观点,似乎将政治说辞与群体观点混为一谈。实证研究表明,人们不会改变自身的判断以迎合法律的规定。相反,对于正义,每个人都会作出独立判断,这种判断往往相当执拗,很难因为立法的变动出现异动。数十年来,刑法中的"三振出局法"等处罚惯犯的规定,并未改变社会一般人对于这一问题的判断。无论其在法律中存在多久,"三振出局法"都始终与群体认知存在严重冲突。正如其他独立实证研究所证明的那样,在评价刑罚时,一般人考虑的是该当性及道德可责性——而非剥夺再犯可能性或一般预防等功利目标。

在美国,像"拉梅尔案""阿尔蒙德案"这样明显违反大众正义直觉,对惯犯加重处罚的做法,比比皆是。[29] 美国联邦及大部分州法中都有"三振出局法"之类的规定——意即如果某人被法律打击过三次,就应该彻底"出局"。望文生义,第三次犯罪,将会导致刑罚程度的明显苛重。不同州就"法律打击""出局"(也即是说加重处罚的具体意涵)等概念的界定各有不同。但无独有偶,所有"三振出局法"都将诸如谋杀、强奸、抢劫、绑架等严重暴力犯罪纳入打击对象。更有甚者,某些州还将打击面扩展至例如贩毒(印第安纳州)、叛国(华盛顿州)、脱狱(佛罗里达州)乃至贪污受贿(南卡罗来纳州)等非暴力犯罪。至于根据"三振出局法",究竟应当在多大程度上对惯犯加重处罚,更是聚讼纷纭,莫衷一是。下列十二个州对其规定了刚性的终身监禁不得假释:佐治亚州、印第安纳州、路易斯安那州、马里兰州、蒙大拿州、新泽西州、北卡罗来纳州、南卡罗来纳州、田纳西州、弗吉尼亚州、华盛顿州、威斯康星州。另外一些州虽然规定惯犯可以假释,但必须服满较长的刑期,比如新墨西哥州、科罗拉多州以及加利福尼亚州。[30]

不幸的是,研究显示,"三振出局法"对于犯罪率实际影响甚微。[31]很多法官与检察官也认识到了其中所隐藏的不公,于是很多人在遇到此类案件时倾向于有所变通。但这种变通,又使得刑事司法体制平添了新的恣意性:被告人的命运全靠运气,在很大程度上取决于参与案件审理的法官或检察官。如此这般,我们不禁要问,为什么还要事先规定此类法律?为什么不判处犯罪人该当的刑罚?

一个刑事司法体制,怎么可以在明知社会大众认为拉梅尔仅仅该当三年监禁的情况下,非要对其适用终身监禁?虽然在一般人眼中,拉梅尔的罪行类似从别人家偷了一台微波炉,但却接受了宛如谋杀犯般的刑罚处遇。一言以蔽之,这样的刑事司法体制名存实亡,反倒沦为了预防性监禁的遮羞布。在量刑时,考虑的已经不仅仅是行为人的道德可责性,转而关注对犯罪人未来所作所为的预估。刑事司法体制侧重点的转换,最早可以追溯至二十世纪六十年代。全美违法犯罪问题理事会*在其草拟的《1962年模范量刑法案》(the Model Sentencing Act of 1962)中不无骄傲地宣称,在其看来,犯罪的本质为何并不重要:

> 法案消灭了量刑不均的主要罪魁——即依据犯罪性质的不同加以量刑的传统做法。根据法案,具备人身危险性的犯罪人,该当更长的监禁刑期,反之,人身危险性较低的犯罪人则不需要被关太久,从而在历史上首次实现根据被告人的构成、潜在的人身危险性以及其他类似的要素对其适用刑罚,让刑罚最大限度摆脱对犯罪性质的依赖。[32]

但一个关注预防性监禁的刑事司法体制,事实上必须采取与根据实施完毕的罪错行为适用该当刑罚迥然不同的做法。并不是所有具有人身危险性的行为人都具有道德可责性,也不是所有具备道德可责性的人都具有人身危险性。例如,对某些精神病人,可能仅仅需要采取民事限制措施,并不该当刑罚处遇。如果发现某位守法公民曾经担任过纳粹集中营负责人,那么即便他并不具备任何人身危险性,仍然该当刑罚打击。

关注该当性的刑罚体制,主要考察行为人既往罪错行为对应何种惩罚,而预防性监禁体制则没有任何理由关注之前发生的错误行为。假设存在某种可以信赖的预测行为人未来实施犯罪的测试,这不由得让人想起汤姆·克鲁斯(Tom Cruise)主演的电影《少数派报告》(Minority Report)。对于未能通过上述测试的人加以处罚,是否正当?是否公平?对于采用某种预防性措施是否适当,或许尚可讨论,但对于未来行为的预测,却绝对无法作为适用该当刑罚的根据。"惩罚",意味着"作为对某种犯罪或越轨行为施加的刑罚,给被惩罚人造成的痛

---

* 全美违法犯罪问题理事会(The National Council on Crime and Delinquency),成立于1907年的非营利性研究机构,致力于未成年人保护,以及青少年违法犯罪问题研究。

苦、损失,对其自由乃至生命的剥夺等"。为了预防犯罪,或许可以对某人加以"限制""监禁"或剥夺其犯罪能力,但适用该当性刑罚,要求对既往罪错行为的关注。

一般来说,刑事司法体制被认为应践行正义,给予犯罪人该当的刑罚处遇,一分不多,一分不少。毕竟,其自诩为刑事司法体制,而非刑事预防性监禁体制。毕竟,这种制裁自诩为刑罚,也因如此,才可以为监禁条件的惩罚性提供正当根据。然而,在"拉梅尔案"等事例中,这一体制却在没有公开承认的情况下,悄悄地转变自身立场,从立足于公正,改变为侧重预防保护。虽然依然贴着"刑罚"的标签,却已经变成罩在预防主义身上的皇帝新装。其对拉梅尔的惩罚,依据的并非他实际实施的犯罪;拉梅尔所实施的犯罪堪称轻微——即便考虑到他之前实施的系列盗窃,依然算不上罪大恶极。事实上,之所以将拉梅尔关进大牢,恰恰是因为他在未来还可能继续实施盗窃的预估。

以刑事司法之名,行预防性监禁之实,实属下策,于刑事司法及有效的犯罪预防而言,皆有害无益。之所以对刑事司法体制无益,是因为如"拉梅尔案""阿尔蒙德案"那样,如果量刑缺乏公正,与社会正义直觉出现冲突,就会削弱该刑事司法体制的道德可信性,同时伴生不利后果(见第八章)。挂刑事司法的羊头,卖预防性监禁的狗肉,也不利于有效的预防性监禁。

在一个预防体制中,监禁应当具有阶段性,从而不时重新考察被监禁人是否依然具有人身危险性。如果监禁的时间超过了必要的限度,不仅浪费司法资源,而且侵犯了被监禁人的民权,得不偿失。但如果将预防性监禁作为刑事司法体制的组成部分,显然与被设计用来厘定刑罚该当性的程序格格不入。通常情况下,在量刑时,法官需要了解所有情况,以便作出该当其罪的判决;没有理由将量刑阶段押后,或

第九章 苛责

在之后重新考察。但事实上,"量刑真相"(Truth in Sentencing)运动——该运动致力于避免法庭公开量刑,但之后假释委员会却在缺乏公众监督的情况下对其大肆减免的"欺骗"现象——已经促使美国联邦及很多州出台措施,禁止假释委员会改变法庭的公开量刑。根据这项改革措施,凡是法庭作出的量刑判决,总体上都必须服满。这种做法虽然在践行正义方面颇为合理,但对预防性监禁而言却显得狗屁不通。

185　　以刑事司法之名试图推动预防性监禁之实,将遭遇的另外一个问题在于,有效、公平的预防性监禁要求考察犯罪行为人未来继续实施犯罪的可能性、未来实施犯罪的严重性、此种预估的可靠性,诸如此类。显然,没有人希望每年花费 30000 美元,对于在未来 10 年只有 20% 可能实施诈骗 50 美元的犯罪人实施预防性监禁,遑论上述预测本身的可靠性都成问题。[33] 但是,如果预防性监禁打着刑事司法的幌子,就将无法考察这些在评估刑罚该当性时无关紧要的要素。

　　预防性监禁还影响到监禁的条件。作为刑罚的一种,监禁一定是令人厌憎的——会造成痛苦(但需要满足人类的尊严需求)。反之,如果预防性监禁侵犯到非属该当刑罚的民权,被监禁者——像精神病人,或者传染病人那样遭受民事限制——就只能在满足防卫社会目的前提下遭受最低限度的痛苦。这或许不仅意味着非惩罚性的监禁条件,同时还可能意味着最低限度的人身限制措施,如在足以提供充分安全保障的情况下,仅仅给予监视居住或要求佩戴电子手环。进一步而言,如果采取的是预防而非惩罚理念,那么一个合乎逻辑的结论就是,只要能够减少或消除被监禁者的人身危险性,任何措施都可以采取。例如,被监禁者应享有可以减少或避免丧失民权的预防性处遇措施的绝对权利。

　　将刑事司法程序用于预防性监禁,不仅对被监禁者不公平,而且在预防未来犯罪方面成本较高,效率较低。"三振出局法"以及诸如适用于"拉梅尔案""阿尔蒙德案"的惯犯处罚法之所以属于恶法,不仅因为显失公平,还在于无法提供有效的犯罪预防。此类法律只能对那些已经在职业犯罪道路上渐行渐远、至少遭受三次刑法打击的犯罪人,产生一定的预防效果,对于那些更倾向于从事犯罪活动的十几岁、二十几岁年轻人而言,无法起到预防的作用。[34] 结果,政府将大量预防犯罪的资源,投入到监禁相对于年轻犯罪人人身危险性相对较低的年迈犯罪人之上。然而,如果预防性监禁依旧不公开进行,从而接受严格审查,那么如此这般缺乏效率就变得不可避免。绝对不能对之加以包装,让其看起来像具备该当性的惩罚。

某些研究认定,"三振出局法"根本无法有效减少犯罪的发生,还有一些观点认为,即便此类立法能够发挥某种作用,从成本收益的角度来看也属得不偿失。[35] 即便在"三振出局法"被发现存在某种预防效果的研究也承认,相同的资源,如果更为直接、公开、有效地加以适用,将会产生更大的犯罪预防效果。[36]

无论"三振出局法"是否能够发挥犯罪控制的作用,都不必然意味着其属良法。如果犯罪司法体制坚持为罪犯提供该当的刑罚处遇——不多不少——那么这种刑罚本身就提供了约束犯罪人以让其改过自新的机会。超越该当性,给予这些犯罪人重罚的做法,削弱了刑事司法体制本身的道德可信性,反过来又危及犯罪控制的有效性。即便加重处罚的做法的确进一步满足了预防性监禁的目标,其在犯罪控制方面所取得的成就,也远不及于因为丧失可信性而面临的重大损失。在这个意义上,如果预防性监禁措施希望获得有效性,就应该将自身限制在目的及准则相对明确的民事监禁体制,并公开进行,而不能将自身隐藏在刑事司法的伪名之下,否则将严重危及刑事司法体制自身的可信性。

毋庸置疑,一个社会必须也只能想尽办法保证自己免受危险分子的侵害。任何民主政府如果做不到这一点,就将丧失自身的政治权威性。但是,即便保护社会免受危险分子的侵害具有合法性及无可避免性,如"拉梅尔案"中得克萨斯州"三振出局法"那样通过刑事司法体制实现上述目标的做法,只能将问题变得愈发复杂。如果真的要从事预防性监禁,也应当将其置于阳光之下,并纳入到现在针对罹患传染性疾病、具有毒瘾或其他严重心智问题且对他人及社会具有危险性的行为人采用的民事限制性措施体制当中。在刑事司法伪装下进行的预防性监禁,不仅无效,还会导致公然侵犯人权的犯罪预防监禁情态,动摇相关刑事司法体制公平公正的口碑。

公平、效率要求如果刑罚的目的转变为犯罪预防,那么刑罚适用的方式就必须合乎逻辑地加以转变:必须提供阶段性的评估,非刑罚性质的监禁条件,最低限度侵犯人权标准,接受治疗的权利,人身危险性严重程度的最低限度要求,以及预估必须可靠等。但一个被设计用来为犯罪人厘定该当刑罚的刑事司法体制,通常无法也不该做上述事情。

惯犯处罚法,仅仅是当代美国刑法旨在剥夺被其怀疑具备人身危险性的行为人未来实施犯罪,而非对于犯罪人处于具备该当性刑罚的一系列规则之一。例如,在量刑指南中,被告人的犯罪前科往往发挥着举足轻重的作用——某些时候会导致行为人的刑期翻两倍甚至三倍。[37]在这些案件中,绝口不提刑罚本身的该当性,相反,考察的是此类犯罪人应当长期关押从而预防其未来实施犯罪。美国量刑委员会*所制定的量刑指南,对于所有联邦法院都有约束力。该委员会在《量刑指南手册》中解释道:"计算被告人犯罪前科时考量的特定因素,与

---

* 美国量刑委员会(The United States Sentencing Commission),成立于 1984 年,是美国联邦政府的一个独立下设机构,主要负责为美国联邦法院系统设计量刑指南。

实证研究所揭示的累犯与职业犯罪生涯之间的对应关系保持一致。"[38] 阿尔蒙德就是根据该委员会设定的量刑指南遭到判刑。[39] 即便量刑法官也认为,根据《联邦量刑指南》,考虑到其行为及犯罪记录,阿尔蒙德所面临的刑期也看似显失公平。[40]

旨在预防而非惩罚的刑事立法,不仅仅局限于对于惯犯及累犯的加重处罚,还开始渗透到其他大量刑法规则当中。例如,最近的刑事立法改革,降低了儿童承担成人刑事责任的年龄下限。[41] 根本无视未成年人可责性的相对有限性——毕竟未成年人可能无法充分理解自己的言行——反而执念于借由刑事司法体制管控或许具备未来人身危险性的行为人。另外,各州刑事成文法中还出现将未完成罪(未遂)与既遂犯罪同等处罚的迹象。[42] 因此,强奸与强奸未遂,将面临相同的处罚,攻击罪加重犯与攻击罪加重犯的未遂,也将在处罚方面别无二致。这样的规定显然与普通人的正义判断大相径庭。在社会大众看来,如果真的发生了强奸,那么强奸犯所面临的惩罚,显然要苛重于并未真正发生强奸的情况。强奸未遂也该当惩罚,但无需上升到与强奸既遂完全相同的程度。[43] 从犯罪预防的视阈出发,对强奸既遂与强奸未遂同等处罚,如果可以满足对于具备人身危险性的行为人加以最大化管控,而非践行公平正义的目标,则完全说得通。[44] 那些因为警方及时介入而未能既遂的犯罪人,当然与既遂犯具备相同的危险性,从而使之成为预防性监禁的绝佳对象。

如果刑事司法体制回归到对于适用该当性刑罚的传统关注上来,就势必要求进行不同方面的改革,否则将会导致在刑责适用方面动摇刑法的道德可信性,以及在犯罪控制方面的有效性。若需要采用所有社会都以某种形式需要的预防性监禁措施,也至少得将其纳入司法公开的范畴,接受相应的严格审查,避免与刑事司法体制混同。本书将在下一章讨论背离该当性的反面事例:若干可以预测,并且时常引发严重不公后果的刑法规则。

292　　[1] 相关事实描述的主要根据如下：*Ryan Joseph Holle v. Secretary*, Florida Department of Corrections, Case 3：11-cv-00436-LC-EMT Document 16, United States District Court Northern District of Florida Pensacola Division, *Memorandum of Law in Opposition to Respondent's Motion to Dismiss Petitioner's Habeas Corpus Petition as Untimely*, filed May 16, 2012; *Ryan Joseph Holle v. Secretary*, Florida Department of Corrections, Case 3：11-cv-00436-LC-EMT Document 26, United States District Court Northern District of Florida Pensacola Division, *Petitioner's Objections to the Magistrate Judge's Report and Recommendation to Grant Respondent's Motion to Dismiss Petitioner's Habeas Corpus Petition as Untimely and to Deny Petitioner a Certificate of Appealability*, filed July 9, 2012; *Ryan Joseph Holle, v. Secretary*, Florida Department of Corrections, Case 3：11-cv-00436-LC-EMT Document 27, United States District Court Northern District of Florida Pensacola Division, *Answer to Petition to Dismiss*, filed July 13, 2012; *Ryan Joseph Holle v. Secretary*, Florida Department of Corrections, Case 3：11-cv-00436-LC-EMT Case 3：11-cv-00436-LC-EMT Document 24, United States District Court Northern District of Florida Pensacola Division, *Report and Recommendation*, filed July 27, 2012; *Ryan Joseph Holle v. Secretary*, Florida Department of Corrections, Case 3：11-cv-00436-LC-EMT, Trial Record Transcript, Case 03-1056 E-F, August 4, 2004; *Florida v. Ryan Holle*, in the Circuit Court of the First Circuit in and for Escambia County, Florida, Jury Instructions, Case 03-1056 E-F, August 4, 2004; *State of Florida v. Ryan Holle*, Case 03-1056, Order Dismissing Defendant's Pro-se Motions — For Habeas Corpus, Bond, Discovery, and Speedy Trial, May 6, 2003; Ryan Holle, Escambia Sheriff's Office, Warrant/OTTIC Served, ECSO03ARR008313, April 8, 2003; Heather Leigh Holle, Transcript of Recorded Statement, Escambia Sheriff's Office, Complaint # ECSO03OFF5707, March 10, 2003; Charles H. Miller,

Transcript of Recorded Statement, Escambia Sheriff's Office, Complaint # EC-SO03OFF5707, March 11, 2003; Sarah Robinson, Questions presented to and answers received from Sylvia Garnet [Holle's mother], email reply to authors, August 15, 2012。

² 佛罗里达州刑事成文法本身即规定,如果不是有意为他人实施的犯罪行为提供帮助,就不能对其作为共犯处理。该法被佛罗里达州法院解读为"根据佛罗里达州法律,如果要判定某人属于他人实施的犯罪的主犯,该人必须对于他人实施犯罪的行为具备故意心态,且实施了某种帮助实行者的客观行为"。参见 *Brown v. Crosby*, 249 F. Supp. 2d 1285, 1318 (S. D. Fla. 2003)。相关的佛罗里达州成文法参见"共犯责任": Fla. Stat. Ann. §777.011 (West 2012):"任何实施违反州法,无论重罪还是轻罪的行为人,或帮助、教唆、雇佣或以其他方式导致上述犯罪实施或试图实施的,应被起诉、认定为该罪的一级主犯并受相应惩罚,无需考虑犯罪实施时其本人是否实际或被推定在场。"相关的佛罗里达州刑事成文法还包括重罪谋杀规则: Fla. Stat. Ann. §782.04 (3):"在预备或试图实施……(d) 抢劫,(e) 夜盗……,(m) 入户抢劫等犯罪过程中导致他人被杀死的,实施或意图实施相关犯罪的行为人构成二级谋杀罪,属于一级重罪,当该不超过终身监禁或规定在……当中的刑罚以下的处罚。"

³ Ohio §2921.22 中的立法规定,是目前能够找到最为接近的立法例,但其也仅仅处罚已经发生的或正在发生的犯罪计划,而非对未来实施的犯罪计划知情不举的行为:"任何人,不得在知悉发生了重罪,或正在发生重罪的事实后,向执法机构知情不举。"

⁴ Robinson, *Intuitions of Justice*, part 3.

⁵ *Heacock v. Virginia*, 323 S. E. 2d 90, 93 (Va. 1984). 本来他被判刑期为八十年监禁,但后来减刑了四十年。

⁶ Robinson, Goodwin, and Reisig, "The Disutility of Justice," 1940, 1970, table 3 scenario H, compared to scenario 7.

⁷ *Louisiana v. Moore*, 2006-KA-1979, 2 (La. App. 1 Cir. March 28, 2007); 2007 WL 914637, at* 1.

[8] Robinson, Goodwin, and Reisig, "The Disutility of Justice," 1970, table 3 scenario J, compared to scenario 9.

[9] Tomkovicz, "Endurance of the Felony-Murder Rule," 1429, 1459.

[10] 参见 Haw. Rev. Stat. §707-701（LexisNexis 2008）；Ky. Rev. Stat. Ann. §507.020（LexisNexis 2008）。

[11] §125.25 二级谋杀：在满足下列条件的情况下，行为人构成二级谋杀：3。自己或伙同他人，实施或试图实施抢劫、夜盗、绑架、纵火、一级强奸、一级鸡奸、一级性虐待、性虐待加重犯、一级或二级脱狱犯罪行为，以及在实施前或实施后，行为人或其同伙，造成了非犯罪人的其他人死亡的，除了在行为人并非单独实施犯罪的情况之外，行为人得主张下列抗辩事由：

（a）并未从事该杀人行为，或以任何方式从事教唆、要求、命令、强求、导致或帮助杀人行为的行为；

（b）并未持有致命武器，任何足以造成死亡或重伤可能的工具、物品或物质，以及其他守法公民不会在公共场所持有的其他物品；

（c）没有任何合理根据认为其他同案犯持有此类武器、工具、物品或物质；

（d）没有任何合理根据认为其他同案犯可能从事致死或致人重伤的行为。

[12] 对重罪谋杀规则的基础重罪范围不加限制的司法区包括：阿肯色州，Ark. Code Ann. §5-10-102(a)(1)(2008)；特拉华州，Del. Code Ann. tit. 11, §636 (2008)；佐治亚州，Ga. Code Ann. §16-5-1 (2008)；密苏里州，Mo. Rev. Stat. §565.021.1(2)(2007)；新罕布什尔州，N. H. Rev. Stat. Ann. §630:1-a, b (2008)；新墨西哥州，N.M. Stat. Ann. §30-2-1-a(2)(LexisNexis 2008)；俄克拉何马州，Okla. Stat. Ann. tit. 21 §701.7 (2007)；宾夕法尼亚州，18 Pa. Cons. Stat. §2502(b)；得克萨斯州，Tex. Penal Code Ann. §19.02(b)(3) (Vernon 2003)；华盛顿州，Wash. Rev. Code. Ann. §9a.32.030(1)(c), 9a.32.050(1)(b) (LexisNexis 2008)。对重罪谋杀规则的基础重罪范围加以限制的司法区包括：阿拉巴马州，Ala. Code. §13a-6-2

(a)(3)(LexisNexis 2008);阿拉斯加州, Alaska Stat. §11.41.110(a)(3)(2008);亚利桑那州, Ariz. Rev. Stat. §13-1105(A)(2)(LexisNexis 2008);加利福尼亚州, Cal. Penal Code §1-8-1-189(Deering 2007);科罗拉多州, Colo. Rev. Stat. §18-3-102(1)(b)(2007);康涅狄格州, Conn. Gen. Stat. §53a-54c(2008);哥伦比亚特区, D. C. Code Ann. §22-2101(LexisNexis 2008);佛罗里达州, Fla. Stat. Ann. §782.04(2)-(3)(Westlaw 2012);爱达荷州, Idaho Code Ann. §18-4003(d)(2008);伊利诺伊州, 720 Ill. Comp. Stat. Ann. 5/9-1§9-1(a),(b)(LexisNexis 2008);印第安纳州, Ind. Code Ann. §35-42-1-1(LexisNexis 2008);艾奥瓦州, Iowa Code §707.2.2-3(2008);堪萨斯州, Kan. Stat. Ann. §21-3401(b)(2006);路易斯安那州, La. Rev. Stat. Ann. §14:30(2008);缅因州, Me. Rev. Stat. Ann. tit. 17-a, §202(2008);马里兰州, Md. Code Ann. Crim. Law §2-201(LexisNexis 2008);马萨诸塞州, Mass. Ann. Laws ch. 265,§1(LexisNexis 2008);密歇根州,Mich. Comp. Laws Serv. §750.316(1)(b)(LexisNexis 2008);明尼苏达州, Minn. Stat. Ann. §609.18-19(2007);密西西比州, Miss. Code Ann. §97-3-19(1)(c)(2008);蒙大拿州, Mont. Code Ann. §45-5-102(1)(b)(2007);内布拉斯加州, Neb. Rev. Stat. Ann. §28-303(2)(2008);内华达州, Nev. Rev. Stat. Ann. §200.030(1)(b)(LexisNexis 2007);新泽西州, N. J. Rev. Stat. 2c:11-3. a(3)(2008);纽约州, N. Y. Penal Law §125.27.1(a)(vii)(Consol. 2008);北卡罗来纳州, N. C. Gen. Stat. §14-17(2008);北达科他州, N. D. Cent. Code §12.1-16-01(1)(c)(2008);俄亥俄州, Ohio Rev. Code Ann. §2903.01(B)(LexisNexis 2008);俄勒冈州,Ore. Rev. Stat. §163.115(b)(2007);罗得岛, R. I. Gen. Laws §11-23-1(2008);南卡罗来纳州, S. C. Code Ann. §16-3-10(2007);南达科他州, S. D. Codified Laws §22-16-4;田纳西州, Tenn. Code Ann. §39-13-202(a)(2-3)(2008);美国联邦, 18 U. S. C. §1111;犹他州, Utah Code Ann §76-5-203(1)(d)(2008);佛蒙特州, Vt. Stat. Ann. tit. 13,§2301(2007);弗吉尼亚州, Va. CodeAnn. §18.2-32(2008);西弗吉尼亚州, W. Va. Code Ann. §61-2-1(LexisNexis

2008);威斯康星州,Wis. Stat. Ann. §940.03 (2007);怀俄明州,Wyo. Stat. Ann. §6-2-101(a) (2007)。

[13] Appellant's brief, *Holle v. State of Florida*, Case 1D04-3707,1;亦参见佛罗里达州,Fla. Stat. Ann. §782.04(3)(d)-(e) (Westlaw 2012)。

[14] Bagaric, "In Defence of a Utilitarian Theory," 109.

[15] Robinson, *Distributive Principles*, chaps. 3, 4.

[16] 参见 Anup Malani, "Does the Felony-Murder Rule Deter? Evidence from the FBI Crime Data," *New York Times*, December 3, 2007, http://www.nytimes.com/packages/pdf/national/malani.pdf。

[17] Anup Malani, "Does the Felony-Murder Rule Deter? Evidence from the FBI Crime Data," *New York Times*, December 3, 2007, http://www.nytimes.com/packages/pdf/national/malani.pdf, 23.

[18] Anup Malani, "Does the Felony-Murder Rule Deter? Evidence from the FBI Crime Data," *New York Times*, December 3, 2007, http://www.nytimes.com/packages/pdf/national/malani.pdf, 19.

[19] 最终,研究显示,重罪谋杀规则对于行为人的行为毫无影响可言——根本没有像其制定者所期望的那样,减少社会危害,反倒是大大增加了社会危害。总体上,只有很少数情况,其改变了潜在犯罪人的行为,根据研究,即便在牺牲该当性的情况下,这也很难算得上明确基于一般预防理论建构刑法获得有效性的成功事例。相关研究的结果还表明了另外一个在建构刑法规则的时候不应依赖一般预防的理由:震慑的动态过程极其复杂,而我们又缺乏准确预测成果所需要的要素信息。如果说相关研究发现了什么,那么在其看来,似乎通过设计重罪谋杀规则来影响犯罪率的做法,根本就是错误的——即便之前有些人将其视为遵循该当性所应付出的代价。

[20] 重罪谋杀规则似乎在非普通法系,即大陆法系国家十分罕见。例如,法国刑法(France Criminal Code §221-1)要求成立谋杀罪的刑事责任,行为人必须有意导致死亡结果的发生。同时还规定,不得在缺乏犯意的情况下认定犯罪的成立(§121-3)。与此类似,从德国刑法(German Criminal Code §§211 and

212)的规定来看,只有故意或意图实施的杀人,才构成谋杀,否则就必须减轻处罚。参见 *Legislationonline*, http://legislationline. org/documents/section/criminal-codes, for an easy way to click on a specific country's criminal code。英格兰及威尔士相关立法,参见 Homicide Act of 1957, 5 & 6 Eliz. 2, chapter 11, §1, http://www. legislation. gov. uk/ukpga/Eliz2/5-6/11)。北爱尔兰相关立法,参见 Criminal Justice Act (Northern Ireland), 1966, c. 2 §8, http://www. legislation. gov. uk/apni/1966/20/section/8)。爱尔兰立法,参见 Criminal Justice Act, 1964, sec. 4 (Act No. 5/ 1964) (Ir.), http://www. irishstatutebook. ie/1964/en/act/pub/0005/print. html#sec4。加拿大立法,参见 R. v. Martineau, (1990) 2 S. C. R. 633 (Can.),该国刑法认为对于谋杀罪的认定而言,必须证明行为人的犯意,从而废除了之前该国刑法中类似于美国重罪谋杀规则的"推定谋杀"(Constructive Murder)。

[21] 相关事实描述的主要根据如下:Indictments of William J. Rummel, October 2, 1969 (欺诈使用伪造的银行票据); Indictments of William Rummel, dated December 1, 1964 (欺诈使用伪造的银行票据), October 2, 1968 (欺诈使用伪造的银行票据), November 29, 1972 (使用无效支票涉及金额五十多美元); Motion to Waive Reading of Indictment, February 23, 1972; Indictment for Check Fraud, November 20, 1972; *Rummel v. Estelle, Director, Texas Department of Corrections*, 587 F. 2d 651 (5th Circuit 1978); Brief for the Respondent, Supreme Court of the United States, *Rummel v. Estelle*, October 1979; U. S. Supreme Court Brief — Criminal da of Bexar County, Tx., October 1979; *Rummel v. Estelle, Corrections Director*, 445 U. S. 263 (1980); *Rummel v. Estelle, Director, Texas Department of Corrections*, 498 F. Supp. 793 (W. D. Tx. 1980)。

[22] Jim Mann, "Courts to Review Tough Texas Law," *San Antonio Express-News*, September 9, 1979.

[23] Robinson, Goodwin, and Reisig, "Disutility of Justice," 1970, table 3 scenario F, compared to scenario 5.

[24] Jim Mann, "Courts to Review Tough Texas Law," *San Antonio Express*

News, September 9, 1979, 14a.

25 参见 Mann, "Courts to Review"。拉梅尔认为自己的终身监禁判决与其所实施犯罪的严重程度显著失衡,显失公平,属于"残忍且不寻常刑罚",违反宪法。但这一主张最终于 1980 年 3 月 19 日被联邦最高法院驳回。法庭以五比四的表决结果判定,对于拉梅尔的判决,并未严重失衡到违反宪法第八修正案的程度,对于犯罪及处罚的分层,大体上属于"相关司法区刑罚适用自由裁量权"的范围。*Rummel v. Estelle, Corrections Officer*, 445 U. S. 263, 285 (1980). 在量刑问题上,并不存在对"显失公平"直截了当的检测标准。但是,联邦最高法院曾经提出过在判断某种刑罚是否违反宪法第八修正案时需要考察的若干要素。以五比四的表决结果,在"索利姆诉赫尔姆案"(*Solem v. Helm*)中,赫尔姆从事了被法庭称之为"微不足道"的非暴力重罪,之后又因为三起夜盗以及多次酒驾遭到起诉,最终被根据南达科他州惯犯量刑规则判刑。联邦最高法院借由此案,提出了对于罪刑相适应原则是否满足的三步走测试方案:"总之,根据宪法第八修正案,对于一个法庭的量刑是否满足罪责相适应原则,应当遵循如下客观标准(i) 犯罪的危害程度,以及刑罚的严苛程度;(ii) 相同司法区对于其他犯罪分子的量刑;以及(iii) 其他司法区对于相同犯罪的处罚。" *Solem v. Helm*, 463 U. S. 277, 292 (1983)。

八年后,联邦最高法院在审理"哈梅林诉密歇根州案"(*Harmelin v. Mich.*)中,并未支持对于持有 672 克可卡因的初犯不得适用终身监禁不得假释的判决。虽然以斯卡利亚大法官(Scalia)为首的多数派意见试图推翻"索利姆案",在非死刑犯罪中完全不考虑罪责相适应的问题,但以肯尼迪大法官(Kennedy)为代表的附属意见则明确表示应当维持"索利姆案",指出宪法第八修正案并不要求严格的比例原则,但却禁止严重显失公平的定罪量刑。*Harmelin*, 501 U. S. at 1001. 在肯尼迪的解读中,"索利姆案"并不要求法院在量刑时一直进行跨司法区的量刑对比,相反,在考察是否存在显失公平的量刑时,可以选择这样做。*Harmelin v. Mich.*, 501 U. S. 1004 (1991). 后来,联邦最高法院又重申了"索利姆案""哈梅林案"中的分析范式,是衡量罪刑比例关系的适当标准。参见 *Ewing v. California*, 538 U. S. 11, 23 (2003), 在该案中,联邦最高法院没有认为根据加州的"三振出局规则",对大额侵财犯罪适用二十年监禁至终身监禁的处罚,违反比例原则。上述判例,都在拉梅尔案的判决中得到大量引用。

[26] *Almond v. United States*, 854 F. Supp. 439, 441 (W. D. Va. 1994).

[27] Robinson and Cahill, *Law without Justice*, 132-33.

[28] Ristroph, "Desert, Democracy, and Sentencing Reform," 1293, 1315-16.

[29] 迈克尔·韦泰洛(Michael Vitiello)认为1993年至1996年在美国得到普遍适用的"三振出局法",标志着美国刑法哲学理念出现了背离"报应主义"的范式转换。Vitiello, "Three Strikes," 395, 425.

[30] 参见 Clark, Austin, and Henry, "Three Strikes and You're Out";亦参见 James Austin, John Clark, Patricia Hardyman, and D. Alan Henry Henry, "Three Strikes and You're Out: The Implementation and Impact of Strike Laws, National Institute of Justice," 2000, https://www.ncjrs.gov/pdffiles1/nij/grants/181297.pdf; and Elsa Chen, "Impact of Three Strikes and Truth in Sentencing on the Volume and Composition of Correctional Populations," National Institute of Justice, 2001, https://www.ncjrs.gov/pdffiles1/nij/grants/187109.pdf。

[31] 参见 Austin et al., "Three Strikes and You're Out: The Implementation and Impact"。对于缺乏影响力的另外一种解说认为,规定了"三振出局法"的司法区,事实上之前也都对累犯规定有加重处罚的立法条款。

[32] Model Sentencing Act art. 1, §1 comment (National Council on Crime and Delinquency 1st ed. 1962),转引自 Rector, "A Revolutionary Revision," 337, 346。

[33] 根据2008年登载于《纽约时报》的一篇文章,2005年,平均监禁成本为每人23876美元,这也成为迄今掌握的最新数据。但各州的监禁成本其实差别很大,从罗得岛的4500美元,到路易斯安那州的13000美元不等。加州立法分析办公室(The California Legislative Analyst's Office)统计,2008—2009年该州每名囚犯每年的监禁成本为47102美元。Adam Liptak, "1 in 100 U. S. Adults behind Bars, New Study Says," *New York Times*, February 28, 2008, http://

www.nytimes.com/2008/02/28/us/28cnd-prison.html.

³⁴ 参见 Robinson，"Punishing Dangerousness，"1429，1450，and note 79。

³⁵ 参见 Zimring et al.，*Punishment and Democracy*；Males and Macallair，"Striking Out，"65；亦参见 Vitiello，"Punishment and Democracy，"257，268-80（对于上文及其中所包括的数据进行了评价，参见 Zimring et al.，*supra*）。对于"三振出局法"效果的更多介绍，参见 Beres and Griffith，"Habitual Offender Statutes，"55，69（"我们对于假释犯的调研显示，超过75%的17岁以下的假释犯，在获得假释三年后再次遭到逮捕。但在25岁至29岁年龄组，假释犯三年内再次被捕率下降至65%。到了45岁以上年龄组，获得假释后三年内再次遭到逮捕的比例下降至40.3%"）；Beres and Griffith，"Do Three Strikes Laws Make Sense？"103，135（"犯罪人的活跃期大体仅有五年至十年。犯罪活动的高峰期，一般出现在行为人十多岁至二十岁出头这个阶段。不惑之年之后，只有很少一部分犯罪人会继续从事犯罪"）；Spelman，*Criminal Incapacitation*，14（提出犯罪人的职业生涯大体维持在五年至十年）；Blumstein，"Prisons"（提出犯罪活动的高峰维持十年左右）。

³⁶ 参见 Shepherd，"Fear of the First Strike，"159，159（适用各郡县的统计数据，证明"三振出局法"发挥了很大作用，认为在其适用的最初两年，至少预防了8起谋杀罪案、3952起重伤害，10672起抢劫以及384488起夜盗罪案的发生）；Ardaiz，"California's Three Strikes Law，"1，3-7（认为"三振出局"规则有效震慑犯罪分子继续实施犯罪，达成了教化、报应及剥夺犯罪能力等目标）；Janiskee and Erher，"Crime，Punishment and Romero，"39，43，53（对于相关学者的研究进行了批判。参见 Zimring study，*supra* note 52，同时认定在该法出台后，犯罪率下降的速度出现增加）。亦参见 Jones，"Why the Three Strikes Law Is Working，"23（作者作为加州州务卿，参与了该州"三振出局法"的制定过程，同时坚信该法在预防犯罪方面具备有效性）。参见 Greenwood et al.，"Estimated Benefits"（预测通过"三振出局法"，将会导致该州至少减少了338000起犯罪，而相关的预防成本则大体维持在每起案件16300美元左右）。

³⁷ 参见 U.S.S.G. §4A1.1 *et seq.*；United States Sentencing Commission，

Guidelines Manual, §3E1.1（November 2007）, chapter 5, part A（Sentencing table）(1997)（认为指南的功能旨在说明犯罪人的犯罪严重性格差及犯罪人的前科类型）; Ariz. Stat. §16-90-801(b)(1); Del. Stat. tit. 11, §6580(c)(1); Wash. Stat. §9.94A.010(1)。

[38] U. S. Sentencing Guidelines Manual 289（1999）.

[39] 在 *Almond v. United States*, 854 F. Supp. 439, 444-445（W. D. Va. 1994）中,法庭主要审查阿尔蒙德所提出的,《联邦量刑指南》4A1.2(e)当然排除依据《职业犯罪人法》924(e)所施加的加重处罚。法庭驳回了阿尔蒙德的主张,认为《联邦量刑指南》相关评述明确指出,《职业犯罪人法》924(e)可以突破自身4A1.2(e)所设定的刑期上限。

[40] *Almond*, 854 F. Supp. at 445（"法院不太情愿地指出,虽然表面上看对阿尔蒙德的量刑显失公平,但其的确合法"）; and at 447, "美国国会可以修法,总统也可以对于现行法律判决的联邦罪犯签署特赦令,但是,十分遗憾,本庭依法不得批准对于阿尔蒙德给予减刑"。

[41] 1992年至1995年,共有41个州通过立法,降低了未成年人像成年人那样接受刑事审判的难度。Sickmund, Snyder, and Poe-Yamagata, *Juvenile Offenders and Victims 1997*, 30. 现在,在29个州,年仅10岁的儿童,至少可以因为实施一种以上的犯罪接受审判。参见 Snyder and Sickmund, *Juvenile Offenders and Victims: A National Report*, 88. 这些州当中,一部分通过立法,授权青少年法庭的法官可以将某些未成年人移送审理成年罪犯的普通法庭接受审理,一部分州则将此项权力赋予检方,剩下的则直接对于移送未成年人实施的犯罪类型作出限定, see 85-89. 总体参见 Klein, "Dennis the Menace or Billy the Kid," 371, 401-9(讨论将未成年人作为成年人审判所面临的困难)。根据最近美国司法部所作调查,"目前每个州都多少规定了将未成年人移送至普通法庭接受审判的立法". Strom, *Profile of State Prisoners*, 1. 截至1997年,共有28个州通过立法,规定特定类型的犯罪人不得由青少年法庭审理,还有15个州通过立法,允许检方直接向普通法庭提起涉及未成年被告人的诉讼。共有46个州允许其青少年法庭的法官基于自由裁量,将未成年被告人移交给普通法

庭接受审判。Idem at 2. 作为这一立法变革的结果,18 岁以下未成年人被送监服刑的数量,从 1985 年因实施暴力犯罪而遭到逮捕人数的 1.8%,上升到 1997 年的 3.3%。Idem at 5 tbl. 4. 立法史揭示出上述立法变革背后的动因。例如,1994 年加州立法报告在解释将刑事责任年龄从 16 岁降至 14 岁的修法动因时指出:"公众对未成年人实施犯罪的数量以及相关犯罪的暴力程度,表现出极大关注",同时认定"立法必须对公众的合法关注作出理性回应"。A. B. 560, 1993-1994 Leg., Reg. Sess.(Cal. 1994)(enacted). 相关议会研究机构也对于各州修法的根据得出了类似的结论:"锁定具有危险性的孩子,以防止其未来进一步实施犯罪。"Juveniles in the Adult Criminal Justice System: An Overview: Pub. No. 95-1152 GOV(Congressional Research Service, 1995), 5. 美国众议院已经通过将刑事责任年龄降至 14 岁,同时允许检方对 13 岁以上,实施暴力犯罪及毒品犯罪的未成年人提起公诉的法案,但目前该法案仍卡在联邦参议院。该法案在其"立法背景及必要性"一节明确表示:"在目前的美国人口中,未成年犯罪人对公共安全造成的威胁最大。"H. R. Rep. No. 105-86(1997), 14.

[42] 例见 Model Penal Code § 5.05(1)(排除了一级重罪的未遂责任)。

[43] 参见 Robinson, *Intuitions of Justice*, part 3, Study 1 at 14-28 and study 3 at 33-42。另一方面,道德主义者,在此问题上却出现了意见分歧,使其成为少数(或许是最为重要的一个)报应论者与功利论者在该当性问题上无法统一意见的事例。参见第一章注释 7 及相关内容。

[44] 正如《模范刑法典》起草者所言,"分级体制或许可以简单概括为,量刑的程度,取决于被告人的反社会倾向性,以及对于矫正性制裁措施的需求程度,至于犯罪计划是否顺利贯彻,对于刑罚的严重程度而言似乎关系不大"。Model Penal Code § 5.05(1)(1985) commentary at 490. 无独有偶,起草者进一步解释道:"处罚未遂的主要目的,是消除行为人的人身危险性。"Model Penal Code § 5.01 commentary at 323(1985);亦参见 ibid., 298, 299, 331。《模范刑法典》中其他有关人身危险性的事例,参见 Robinson, *Criminal Law*, 647-48。

第十章 失 范

排除合理怀疑地逃过谋杀罪指控

拉里·艾勒(Larry Eyler)虽然刚过而立之年,但着实算得上一个矛盾综合体。他圆嘟嘟、多少有些婴儿肥的胖脸上始终挂着羞涩、安静的表情,但六英尺一英寸的高大身材却满是腱子肉。虽然言行看似有些孩子气般的天真,但到关键时刻,艾勒也狡猾得可以。他内心最大的天人交战,却与自身的性取向密切相关。尽管从记事时开始,他就对男性感兴趣,但对此艾勒几乎绝口不提。或许因为在严格的宗教信仰环境下长大成人,对于自己的性取向,艾勒抱持极深的羞耻感。而这种羞耻感最终外化为暴力行为。在发生性行为时,他往往表现得极度狂暴,深陷虐恋不能自拔,酷爱将性伴侣五花大绑,同时对其恶语相向。[1]

平时,艾勒在印第安纳州特雷霍特市(Terre Haute)过着看似平静的生活。身为维哥县政府雇员,艾勒与另外一位同性恋者,人过中年的大卫·利特尔(David Little)在一幢公寓同居。之前,艾勒曾与一位生活在芝加哥的有妇之夫约翰·多布罗夫斯基(John Dobrovolskis)保持情人关系(多布罗夫斯基的妻子萨莉虽然意识到自己的丈夫是同性恋,但依然选择与其共同生活)。艾勒与多布罗夫斯基之间的关系并不总是风平浪静,相反,两人经常在电话里大吵。同居男友利特尔对多布罗夫斯基毫不掩饰的憎恨,更让艾勒压力巨大。

艾勒有时会在与多布罗夫斯基发生性关系时将其绳缚,但绝不会加以伤害。他把自己的暴力倾向,发泄到了其他人身上。艾勒喜欢深夜开车到芝加哥上城地区的同性恋酒吧附近逡巡,皮卡车上还放着"虐恋套装":刀子、金属头的皮鞭、匕首、手铐以及催泪瓦斯。

1982年12月19日,徒步中的史蒂文·阿甘(Steven Agan)搭上了艾勒的便车。阿甘之前就在自己工作的洗车房见过经常光顾那里的艾勒。但在皮卡车里的艾勒,却仿佛变了一个人——手握屠刀,戾气冲天。他将车向北开上63号公路,最终在一个名为纽波特(Newport)的小镇附近一处废弃农场停了下来。艾勒用刀威逼阿甘脱下衬衫,然后给其戴上手铐,塞上了嘴,拽进了窝棚。艾勒将瑟瑟发抖的阿甘绑在房梁上,解开他的腰带,扒下他的短裤。艾勒从车上取回自己的装备,精心摆设了一个颇具仪式感的酷刑现场:用手电筒营造灯光效果,用来折磨人的工具依次排开。接下来,他将刀子慢慢刺进阿甘的胸膛,后者因为嘴里塞着东西根本无法发声,只能不停扭转蠕动,而这让艾勒变得愈发兴奋。深陷疯狂状态的艾勒开始在阿甘的腹部及喉部一刀比一刀更深地横切。阿甘最终失血而死,但艾勒继续辱尸。最终冷静下来后,艾勒将残尸拖入一处丛林,开车逃之夭夭。九天之后,阿甘伤痕累累的遗体才被寻获,但警方对于杀手的身份却一头雾水。

到了1983年初,沿着从芝加哥北郊到特雷霍特市公路,又发现了几具年轻男性的遗体,大部分死者都是男同性恋者,还有一些是男妓。所有死者都遭到了相同手段的残害。印第安纳州警方怀疑上述罪案皆是同一位连环杀手所为,为此专门设立了跨部门的专案组。杰里·坎贝尔(Jerry Campbell)警长被任命为专案组组长,警官弗兰克·洛夫(Frank Love)负责日常侦查。

在二人的带领下,有线人报告并指认艾勒就是杀人凶手。线人密报洛夫警官,艾勒沉溺虐恋,在性活动时喜欢使用暴力,同时还经常在案发路线开车游荡。线人还补充,艾勒曾卷入1978年发生在特雷霍特的捅人事件。当时,艾勒开车接上马克·亨利(Mark Henry),之后用刀逼着亨利跟着他来到一段废弃的岔路,并对其实施了性侵。当亨利试图逃跑时,艾勒用刀捅了亨利,并将其遗弃在现场等死。但亨利挣扎着求救,并最终被送到医院急救而幸免于难。警方逮捕了艾勒,并从其所驾驶的卡车里发现了"虐恋套装"工具,遂拟以重伤害罪*对其加以指控。但就在进入司法程序的当口,艾勒的律师向亨利支付了2500美元,换取亨利放弃指控,后者因为缺钱,乖乖就范。

专案组对艾勒实施连续监视,发现他不时在晚上开车在连通芝加哥的公路上游荡,还经常出入同性恋酒吧。有时他也会搭乘他人,但在专案组跟踪监视期间,并未发生谋杀事件。艾勒对于警方的调查一无所知,依然继续寻找年轻男性作为自己的猎杀对象。1983年8月30日午夜,他在芝加哥附近的湖畔,拉上了拉尔夫·卡利斯(Ralph Calise)。卡利斯年纪轻轻,两手空空,平时靠社会救济金和零包贩毒维生。卡利斯一上车,艾勒就加速一路向北狂飙,之后停车在路边,然后将卡利斯拽进森林湖市(Lake Forest)近郊的一处灌木丛。艾勒用手铐铐住受害人,塞上嘴巴,抽下皮带,扯下内裤,开始自己的酷刑仪式。艾勒慢刀子拉肉,共在卡利斯胸部、腹部、背部、颈部割了十七刀,一刀深过一刀,深入肺部,割裂肝脏。鲜血喷溅而出,不仅沾染了艾勒的裤子,甚至还灌进了他的靴子。等到艾勒宣泄完淫欲,卡利斯也一命呜呼之时,他的一段小肠都已流出体外。

但这次艾勒逃离现场时走得并不利索。地上泥泞潮湿,他的鞋印、汽车的胎痕清晰可见。翌日,伊利诺伊州莱克县(the Lake County)县治所在地沃基根(Waukegan)警方发现了死者的遗体,同时拓印了鞋

---

* 重伤害罪(aggravated battery),美国刑法中的一种重罪,主要指造成受害人肢体残疾或其他身体形态改变的暴力犯罪。

图19 拉里·艾勒因为违反交规被截获后,于印第安纳州洛厄尔市警局的留影,1983年。(印第安纳州警方慷慨提供)

印与胎痕,但依旧对凶手的身份一头雾水。

1983年9月30日早些时候,艾勒瞄上了自己的下一个猎物——达里尔·海沃德(Daryl Hayward),一位来自阿肯色州的盲流——当时海沃德正在丹·莱恩高速公路(the Dan Ryan Expressway)路边搭车前往印第安纳波利斯参加葬礼。负责监视的警方小组当晚本来一直尾随艾勒不放,但后来因为交通原因丢失了跟踪目标。艾勒告诉海沃德,可以载他到任何想去的地方。海沃德说道:"今晚真是我的幸运夜。"

稍后不久,艾勒喃喃自语:"我有一个梦想。"

"你的梦想是什么?"海沃德问道。

"把人捆起来,"艾勒答道,又补充说,"如果你让我绑,我就给你100美元。这样我可以获得放松。就好像暂时遇到低潮期,绑住别人,就会释放压力。"

艾勒承诺不会伤害海沃德,完事后就会给他松绑。虽然一开始断然回绝,但看在钱的份上,海沃德的态度变得摇摆不定。艾勒向南开上65号州际公路,之后在一处水渠旁将车停下。两人下车后,艾勒将装有绳子和鞭子的购物袋递给海沃德。一下到水渠当中,艾勒就要求海沃德脱下衬衫。高速公路上喧嚣的车流让海沃德感到不安,于是问道:"为什么我们不去谁都看不到的地方?"对此艾勒表示同意,遂提议去一处自己知道的偏僻谷仓。

晚七点左右,就在两人走出水渠的当口,印第安纳州巡警肯尼思·布热勒(Kenneth Buehrle)恰巧开车从对面路过。在州际公路上停车违反交规,因此布热勒当即调转车头,对于停在路边的皮卡进行临检。当看到两个人,其中一个人还背着一个大包时,布热勒顿生警觉。艾勒和海沃德坐上皮卡扬尘而去,但布热勒紧随不舍,并最终迫停了皮卡。他检查了艾勒的驾驶证,并对其在州际公路上非法停车的行为

193　开出了警告单。当巡警询问他们俩在水渠干了什么,艾勒说道:"我去拉屎。"在巡警要求查看海沃德背的袋子时,海沃德试图鱼目混珠,用装有个人洗漱用品的袋子假装那个装有绳子、鞭子的袋子。布热勒识破了这一伎俩,更觉可疑,于是用无线电呼叫洛厄尔警局调度长马克斯·亨特(Max Hunter),请求核对皮卡的登记记录。

当亨特听到巡警对司机的描述,立即意识到此人符合贴在当天执勤任务表上对于"谋杀犯罪嫌疑人拉里·艾勒"的协查通报。亨特兴奋地将情况吻合的信息告知布热勒,同时致电当值督察约翰·帕夫拉科维奇警官(John Pavlakovic),请求进一步行动指示。当时正在早起刮胡子的帕夫拉科维奇表示尽可能留置艾勒及海沃德,从而给警局的进一步调查留出时间。

与此同时,另外两名巡警到达现场,与布热勒汇合。艾勒与海沃德遭到搜身以查证有无携带武器,最后被戴上手铐,关进不同的警车。在接受警方询问过程中,海沃德供述艾勒向其提供金钱换取虐恋的事实。警方向艾勒及海沃德宣读了"米兰达警告"*,海沃德再次向警方重述了艾勒向其提供金钱换取性服务的事实。一名警官搜查了皮卡车,找到了装有绳子和鞭子的袋子,经布热勒辨识,正是他看到的这两人中的一个背着的袋子。

身处警局的当地警官们对于如何处置艾勒和海沃德莫衷一是。有关"可能嫌疑人"的"协查通报"中,并未涉及如何处置嫌疑人的命令或指示,因此,当地警方只好将艾勒关进牢房,同时紧急要求专业组前来接手此案。下午十二点十五分,一架警用直升机在当地警局附近落地,搭机前来的除了洛夫,还有另外两位专案组成员。下午一点半

---

*　"米兰达警告"(Miranda Warnings),也称"米兰达告诫",是指犯罪嫌疑人、被告人在被讯问时,有保持沉默和拒绝回答的权利。如果警察在审讯时没有预先作出此类警告,被讯问人的供词一律不得作为证据进入司法程序。

左右,洛夫开始讯问艾勒。除了对自己的性取向避而不谈之外,艾勒还算配合,对警方提出的问题有问必答,事实上同意了警方提出的包括搜查皮卡车在内的所有要求。艾勒矢口否认卷入任何谋杀。

当地警察局的一位警官这个时候走进来,将艾勒被投入监所前收缴的个人用品归还给他,其中就包括艾勒所穿的靴子。专案组的一名成员看到了这双靴子,怀疑其与莱克县警方在卡利斯谋杀案现场收集到的鞋印相匹配。帕夫拉科维奇向艾勒询问警方是否可以暂时保管这双靴子,并得到其同意。

同时,警方刑侦人员开始搜查皮卡车,提取车上遗留的指纹,拓印车胎花纹。他们发现艾勒持有的刀具上沾有血迹。艾勒听到这一消息时表示:"如果这是人血,也是我的。我割伤了自己,之后还去县医院接受救治。"

洛夫对警方长时间留置艾勒,同时未对其加以指控的做法表示担心。"你必须对其加以指控。"他告诉帕夫拉科维奇。"教唆卖淫显然不够,但目前我们只能做到这一点。"但对此,帕夫拉科维奇表示无法接受:"约好了 100 美元嫖资,艾勒有 100 美元钞票,可这有什么意义?"随着时间一分一秒的流逝,当地警方与专案组之间愈发剑拔弩张,最终还是没有作出任何指控。晚七点,即布热勒警官截停艾勒十二小时之后,艾勒被告知可以开着自己的皮卡车走人。就在其离开后不久,匆匆赶来的莱克县警方发现艾勒非但没有被指控,反而被释放后,暴怒不已。

专案组随后重整旗鼓,再起调查。次日上午,即 1983 年 10 月 1 日,洛夫及其他警官携带搜查令,前往艾勒与大卫·利特尔同居的公寓。艾勒及利特尔当时都在家,态度配合,同意警方进行搜查。警方查扣了艾勒的大量个人物品,包括其电话账单及信用卡。

在专案组指挥部,通过仔细分析电话账单,警方发现,艾勒曾至少九次使用所谓"高速连环杀手"犯罪现场附近的公用电话,在非常奇怪的时间,给利特尔及多布罗夫斯基打电话。每次打电话的时间点,都出现在谋杀案件发生后不久。无独有偶,对于其信用卡消费记录的调查表明,艾勒曾经在某些谋杀案件发生前后,在靠近现场的加油站加过油。

10月3日,莱克县警方出现在多布罗夫斯基位于芝加哥的家中,艾勒当时也在场。警方告知,之前所采集的轮胎印痕不可用,因此需要得到艾勒的同意重新采集。在随后的几周当中,警方又三次搜查了艾勒及利特尔在特雷霍特市租住的公寓,还采集了艾勒的毛发及血样。

艾勒的靴子、刀子以及皮卡车的轮胎印痕被提交给警方及联邦调查局下属实验室。联邦调查局调查后发现,艾勒靴子内的血迹与受害人卡利斯的血型相符,与艾勒本人的血型不符。印第安纳州犯罪调查实验室的专家对于刀子上血迹的调查结果与此类似。除此之外,艾勒的靴子及其皮卡车的轮胎痕迹,均与卡利斯遇害现场遗留的印痕吻合。1983年10月,该州助理检察官雷蒙德·麦克科斯基(Raymond McKoski)起诉艾勒谋杀拉尔夫·卡利斯。之后,艾勒供述,自己还曾经实施了超过二十起类似的谋杀案件。

艾勒所犯罪行堪称令人发指,惨绝人寰。为了满足自己扭曲的兽欲,他不惜剥夺他人的生命。这个冷酷无情的捕食者,将自己的性满足,置于比他人生命优先的位置。毫无疑问,从一般人的正义直觉出发,本案实属耸人听闻。这一点,也得到了数以百计参与测试的受访者证明,这些人在了解到艾勒所实施的犯罪事实后,几乎众口一词,认为其该当极刑严惩,无论法定最高刑是终身监禁还是死刑。如此一来,当社会公众发现自己的刑事司法体制居然还设定规则保护诸如艾勒之类穷凶极恶的犯罪人免受任何刑罚打击,会作何感想?

艾勒的家人延聘芝加哥律师大卫·施珀斯(David Schippers)担任艾勒的辩护人。施珀斯主要以9月30日警方非法逮捕艾勒为由,向法庭提出审前动议,要求:① 法庭排除适用警方于9月30日查扣的证据,收集的证言;② 法庭认定警方于10月1日申请到的搜查令非法,进而排除适用据此查扣的证据;③ 法庭排除适用10月3日从艾勒的皮卡车上查扣的证据;④ 法庭认定警方在10月及11月所使用的三张搜查令非法,进而排除适用警方据此收集的毛发及血样证据。

1984年1月21日,威廉·布洛克(William D. Block)法官在位于伊利诺伊州沃基根的第十三巡回法庭主持召开审前会议。其间,控辩双方主要争论的焦点,是根据1968年联邦最高法院在"特里诉俄亥俄州案"(Terry v. Ohio)*所作判决,警方在没有搜查令的情况下进行的截停及搜查是否合法。根据"特里案",警方可以根据自身对犯罪活动的合理怀疑,对相对方实施短暂留置及搜查——这一标准显然要比通常情况下逮捕犯罪嫌疑人时所需要的"相当理由"**低得多。而这种短暂留置的做法,被习惯称为"特里临检"(Terry Stops)。

听证过程中,检察官麦克科斯基表示所有的搜查都合法合规。警方的行动忠于职守,最开始的搜查活动也得到了艾勒本人的许可。布热勒警官有理由因为违法停车截停艾勒,而在这个合法留置期间,警方认出被告人就是谋杀年轻男同性恋者的嫌疑人,从而对其实施"特里临检",以便基于既存事实对其行为开展调查。无论如何,艾勒本人

---

* 参见 Terry v. Ohio, 392 U. S. 1 (1968)。
** "相当理由"(Probable Cause),又被称为"盖然性理由",源自美国宪法第四修正案,即任何人的人身、住宅、文件和财产不受无理搜查和查封,没有相当理由,不得签发令状,令状必须具体描述清楚要搜查的地点、需要搜查和查封的具体文件和物品,以及具体描述清楚要逮捕的人。

第十章 失范

同意搜查的做法,都足以让警方的行为摆脱违法之虞。更何况,尽管艾勒并未因为教唆卖淫而被当场正式逮捕,但警方基于海沃德在警车后座上的供述,已经获得了这样做的充分根据;负责搜查的警方本来也可以获得对被告人实施逮捕的批准。

布洛克法官判定,尽管根据"特里案",警方最开始的截停行为合法,但对其后续的留置,却超越了根据"特里案"判决所能允许的范围。尽管后来警方发现了逮捕被告人的"相当理由"——基于海沃德在巡逻车后座上所供述的有偿性服务意图,以及与艾勒实施谋杀相关的证据——但警方却并未查扣教唆卖淫的证据,而是查扣了其所调查的谋杀犯罪的证据。根据"特里案",警方只能试试暂时扣押,而警方获得逮捕被告人的"相当理由"的时点远远超越了短暂的范畴。当天早上帕夫拉科维奇警官边刮胡子边作出的留置艾勒及海沃德以便进一步调查的决定,在法官看来实属错误。因此,在这一违法留置过程中及之后所获得的证据,都被法庭加以排除。

甚至,非法逮捕之后的搜查结果都被法院排除——作为"毒树之果"——因为如此收集的证据,在一定程度上都源自最初的非法逮捕与搜查。遭到排除的,甚至还包括警方在获得艾勒同意的情况下查获的证据,法官的理由是,在技术上,被告人是在非法羁押期间作出上述同意的。检方认为,即便警方的行为存在技术性错误,但其本意绝非事实上也根本没有意识到自己的所作所为侵犯了艾勒享有的宪法第四修正案项下权利。但这一观点并未得到法官支持。根据法律,警方的主观出发点无关紧要,在法官看来,警方的做法侵犯了艾勒该当的宪法权利[2],于是判定支持艾勒方面提出排除9月30日、10月1日以及之后搜查活动中查扣证据的申请。法官认为这些都是基于最早那次搜查所应排除的证据所开展的。

当布洛克法官作出上述裁定时,检察官麦克科斯基感觉有如五雷轰顶。所有有力的证据——在艾勒车上发现的刀子,沾染着卡利斯血迹的靴子,10月1日查扣的电话及信用卡账单——都被法院作为非法证据加以排除,无法为检方所用。法官的裁定一出,施珀斯就要求立即释放艾勒。虽然从技术层面来看,艾勒依然面临检方的追诉,但所有人都心知肚明,在所有证据都遭到排除不得提起的情况下,检方的指控只能停留在书面上。艾勒重获自由(几个月后,检察官麦克科斯基严令警方向艾勒返还被其用来物色受害人所用的皮卡车)。

这绝对不是某位混蛋法官走火入魔之举。1985年4月26日,位于伊利诺伊州埃尔金市(Elgin)的上诉法院维持了布洛克法官的裁定。根据上诉法院的裁定,非法证据排除规则的适用正是如此。目睹遭到布洛克法官释放的艾勒坐进汽车扬长而去,出离愤怒的莱克县警长罗伯特·巴博克斯(Robert Babcox)向蜂拥而至的媒体抱怨:"他现在又可以放手杀人了。见鬼,用不了几天,等着瞧。"[3]

为什么警探在刮胡子时作出的羁押决定,足以让艾勒不再需要为其所实施的令人发指的罪行承担责任、溜之大吉?即便在法官的后续研究评价中,警方唯一侵犯艾勒权利的地方,也只是羁押超限。当海沃德向警方供述两人从事有偿性交易的事实时,警方本来可以单纯以此为由逮捕艾勒。因此,真正侵犯艾勒权利之处在于对其留置的期限超越了"特里临检"的典型时长。对于艾勒权利的此种侵犯——关押了几个小时——如何能够与其在令人毛骨悚然的仪式上活活将多名年轻人折磨致死的行径相提并论?此类法律规则——诸如让艾勒逃脱法网的证据规则——对于相关刑事司法体制在其所适用的社会群体中具有的道德可信性有何影响?这样的结果,在世界上任何其他地方都难以想象。那么,美国刑事司法体制何以沦为此种奇异境地?

毫无疑问,因为《权利法案》,特别是保护公民免受不合理搜查、扣押的第四修正案,保护公民不得自证其罪的第五修正案,以及保障公民有权获得尽速审判权利的第六修正案等,美国社会变得更好。这些权利如果离开有效的落实措施,显然徒有其名,毫无意义。但让人感到震惊的却是美国联邦司法系统没有选择通过制裁侵权(无论侵权主体是官还是民)的方式对其加以捍卫,而是选择即便对实施了像艾勒这样穷凶极恶的犯罪,也以此为由排除检方适用哪怕很可靠且颇具说服力的证据。[4]公权力部门哪怕微不足道的违法,也会成为犯罪分子逃脱法网的免死金牌。美国法院从未公然宣称此种奇怪做法乃是宪法规定,除此之外,毕竟还存在其他符合宪法规定的民权落实机制。[5]相反,美国司法系统却在没有立法共识的前提基础上,自行其是,将非法证据排除规则视为践行宪法第四修正案这一政策问题的最佳手段。

对于司法机关的这一选择,很多人都抱持疑问。正如已过世的前斯坦福大学教授约翰·卡普兰(John Kaplan)所言:

> 美国是世界上唯一一个自动适用非法证据排除规则的国家……还有很多国家,虽然没有强制适用此类规则,但至少能够保证自身的政策不会侵犯公民的合法权利。事实上,这些国家的领军学者私下,甚至偶尔在公开场合表示出对美国以违反基本权利为由彻底禁止检方提出相关入罪证据的做法"谜一般的不解"。换句话说,非法证据排除规则,显然不属于美国法学理论中足以引发世界崇敬的一个侧面。[6]

甚至连非法证据排除规则本身是否有效,都存在疑问。诚然,其在保护有罪的被告人相关权利方面有所作用,但对于遭到非法搜查或扣押的诚实公民而言,有何保护价值实在存疑,更遑论如果警方没打算在后续的起诉过程中使用相关证据,非法证据规则形同虚设。[7]这一点得到了实证研究的证实。目前尚没有明确的证据足以证明非法证据排除规则能够减少非法搜查及扣押现象。[8]

这并不出乎意料;根据这种做法,侵犯民权的成本,不仅由犯错的警方,而且由社会整体加以承担,后者必须吞下任由犯罪分子溜之大吉的苦果。在这种情况下,还指望什么能够改变警方的行为方式?本来,可以通过停发作出非法搜查或扣押行为的警官薪资等简单方式,换取更大程度的守法。即便上述做法仅存在一天,也肯定要比现在所适用的非法证据排除规则更为行之有效,毕竟后者对于违法的警察毫无成本可言。

虽然非法证据排除规则对于警方毫无威慑效果,但给社会造成的负面影响堪称惨痛——不仅让像艾勒这样穷凶极恶的歹徒无需为自己犯下令人发指的罪行承担责任,更让这个国家每座城市中的法院对成千上万相对轻缓的犯罪人大开方便之门。

非法证据排除规则的毁灭性影响部分在于其不仅仅适用于违法搜查或扣押的证据本身,还适用于一切与之有关的证据(即便依据司法令状搜集到的证据)。在某种意义上,非法证据排除规则正是通过压制后续产生的证据证明自身的存在,即所谓"毒树之果"效应。因此,就好像一长串等待倒下的多米诺骨牌一样,一旦负责前一阶段审理的法官宣布警方的截停违法,那么之后的整个司法链条也都将分崩离析。即便依据法庭后续发布的搜查令查扣的证据也都必须加以排除,原因在于搜查令本身之所以被作出,部分取决于警官临时作出的,且被法官后来认定时间过长的羁押艾勒的决定。对很多人来说,将非法证据排除规则的意涵扩展至"毒树之果",乃是其最为致命、最缺乏根据的败笔。毕竟这就会像艾勒案那样,让最初阶段的微小错误,经由连锁反应,最终导致整个令人信服的证据体系彻底崩塌的重大后果。

下次再在电视或报纸上看到耸人听闻的罪案报道——无论是谋杀、强奸还是涉及成百上千受害人的诈骗案——都一定要明白,无论证明如何确凿无误,犯罪人都很有可能全身而退,毫发无损。在警方实施逮捕后,辩护律师很有可能会迫使司法体系翻回头逐一审视警方的每一次搜查、扣押、讯问,以及其他侦查决定,哪怕是已经与本案开始调查相去数年。只要警方犯下了些许错误,就很有可能导致其后搜集的证据,如多米诺骨牌般纷纷遭到排除,甚至被清理得一个不剩。这种可能性,高悬于所有犯罪的所有公诉头上。

排除可靠证据的代价,不仅仅是让犯罪人逃脱法律制裁,更为重要的是,让整个司法体制看起来像是希望有罪者逍遥法外,进而丧失自身的可信性。而这种可信性的丧失,将严重削弱刑事司法体制本身的犯罪控制效率:引发故意抗法或阳奉阴违,而非服从配合;迫使人们执行私刑;削弱在行为是否该当谴责问题上不甚明了的情况下人们服从法律的能力;对刑法驾驭社会影响力塑造社会规范,鼓励人们将法律规则内化为内心确信方面造成干扰。

某些积极主张非法证据排除的被告人,除了控制警方、检方的行为之外,还提出了其他支持自己的看法:借此提升刑事司法体制的合法性。质言之,在他们看来,如果某个刑事司法体制违反非法证据排除规则适用相关证据,会给自己脸上抹黑。但这种合法性主张,必须与相应的、让明显有罪的被告人逍遥法外进而造成刑事司法体制可信性丧失的风险加以权衡。经验证据显示,不能罚当其罪,相较于在司法过程中犯错进而危及自身的合法性,更会让一个刑事司法体制丧失可信性。[9]

进一步而言,社会民众是否会将适用非法证据排除规则视为增加其刑事司法体制合法性的有效手段,依然不甚明了。与之相反,基于上述原因,普通人很可能会将刑事司法视为一种权力游戏,认为其并不会严肃、彻底地保护公民权利免受政府侵害。在最近的一项针对"米兰达警告"的民意调查中,问题被设置为如果被告人没有得到"米兰达警告",那么其所作出的有罪供述,无论多么具有说服力,都不得采信。[10]调查显示,接近40%的受访者认为这一规则过度放纵被告人,使其逃脱惩罚。[11]如果四成以上的公民都认为其无法践行正义,那么相应的刑事司法体制很难自称具备什么合法性。研究还显示,民众认为,恰恰是非法证据排除规则,导致警方往往在最开始的时候就进行非法搜查。例如,和基于种族主义相比,人们一般更不愿意接受因为警方缺乏经验而将相关证据加以排除。[12]然而,非法证据排除规则的适用,并不考虑警方的初衷或动机。[13]实际上,人们所认为的大多数相关要素,例如所涉及犯罪的严重程度,也被认为无足轻重。

有人或许认为,可以将牺牲检方起诉轻微贩毒行为的能力,视为制裁警方失范的可承受之重,但如果要以无法对艾勒所实施的连环杀人行为加以惩罚作为代价,则是另外一回事。如果一个刑事司法体制完全无视犯罪的严重程度,仅仅依据非法证据排除规则就让犯罪人逍遥法外,还何谈其对践行正义的重视程度?

如果真的将保护所有公民的民权作为目标,那么更好的办法显然是通过行政或刑事制裁的方式,惩处故意侵权的执法官员,或对遭到侵权的公民给予便捷、自动的补偿,或者二者同时进行。这种做法将在切实保护民权的同时,兼顾体制的合法性。如果体制本身并不关注守法公民的权益,反而故意帮助诸如艾勒那样通过残忍手段谋杀人命的犯罪分子侥幸通过非法证据排除来逃避法律制裁,显然不会增加什么"合法性"。

尽管某些学者一直希望向其他国家推销这种美国价值观——对此将在本书第十一章详述——但谢天谢地,这种努力整体上并未取得多大成效。诚如前联邦最高法院首席大法官沃伦·伯格(Warren Burger)在"比文斯诉联邦麻醉品管理局六位匿名探员案"(*Bivens v. Six Unknown Agents of Fed. Bureau of Narcotics*)中所发表的反对意见那样,

第十章 失范

"美国法学理论中的证据法堪称另类。尽管英国法及加拿大法也风评颇高,但都并未采用类似的制度"[14]。作为为数不多采用非法证据排除规则的国家,美国对此规则的适用多少有些恣意,同时也往往用于超越规范警方行为的保护隐私等目的。[15]

即便那些深受美国影响的国家,也都对这种做法避之不及。例如,加拿大司法体制就不承认自动适用非法证据排除规则,而是从维护自身声誉考虑,倾向于法官基于自由裁量权对其加以选择适用。《加拿大权利与自由宪章》第24(2)条规定,"如果……法院认定某证据的收集方式违反或剥夺了本宪章所保障的公民权利或自由,在考虑案件全部情节的基础上,**如果认定采信该证据可能导致司法威信受损,可以排除该证据**"(着重强调)。正如加拿大法院所解释的那样,"宪章24(2)的立法目的,在于保护司法的口碑",而放任艾勒重返社会继续实施杀人行为,显然无助于实现上述目的。[16]

英国也对美国式的非法证据排除规则敬而远之,认为其会导致"大多数谋杀受害人"无从申冤,因此采取了一种更为明显设限的类似规则,旨在强调践行正义的重要性。[17]如果"果实"本身属于可靠的证据,那么英国法并不适用什么"毒树之果"规则。例如,如果通过警方威逼获得的有罪供述,的确起获失窃的赃物,那么即便有罪供述不得作为证据提交,但依然可以将起获的失窃财物作为物证加以承认。根据美国的做法,证据的可靠性并不在考虑范围之内,但英国版的非法证据排除规则,却依据可靠性原则,在对威慑供述加以排除的同时,保留了"毒树之果"的证据效力。[18]

欧洲人权法院也拒绝照搬美国式的非法证据自动排除机制,转而倾向于基于公平理念,进行整体评价:

> 作为一个原则问题,法院不应当承担判断特定证据——例如,非法获得证据——是否该当采信,乃至申请者是否有罪的角

色。必须回答的问题在于,**包括证据采信在内的程序作为一个整体,是公平的**(着重强调)。而这就涉及对于相关"非法"的审查,对于其他《欧洲人权公约》中规定的权利的违反,以及相关侵权行为的本质属性。[19]

这种做法摒弃了美国沉溺于自身巨细靡遗的僵化规定的做法,转而关注公平性这个更为宏大的命题。刑事司法不能沦为儿戏;而是应当追寻公平、正义。由此而言,仅仅因为不合理地超期羁押艾勒就认定其无需为酷刑致死他人承担责任,显然存疑多多。

根据取保候审的相关规定,艾勒不得离开伊利诺伊返回自己位于特雷霍特的住所,于是在大卫·利特尔的帮助下,他在芝加哥西舍温大街(West Sherwin Avenue)租下了一处公寓栖身。大卫·施珀斯律师雇用其粉刷自己的律师事务所,因为效果颇佳,以至于艾勒之后又得到了另外一个粉刷工作。然而,很快,他就旧态复萌,重新勾搭上了多布罗夫斯基,并且二人的关系很快就回归到之前的状态:通过电话彼此歇斯底里地大叫,狂热地嫉妒,利特尔与多布罗夫斯基之间剑拔弩张,这一切都让艾勒的焦虑雪上加霜。

1984年4月初,一位人称"牛仔"的流浪儿童在芝加哥北部地区的街道上神秘失踪。过了一段时间,另外一位流浪汉在翻艾勒租住的公寓后面的垃圾堆时发现一只毫无血色的断手,随即跑到最近的电话亭,拨打了911报警电话。但因为报警电话中语调极不稳定,以至于接听报警电话的接线员认为打电话的人是个疯子,或者是在搞恶作剧,遂挂断了电话。

进入7月份,随着施珀斯成功迫使警方将皮卡车返还给艾勒,这个家伙又开始了夜间的开车兜风。8月17日,一个周五,利特尔造访艾勒位于西舍温大街的公寓,这件事引爆了艾勒与多布罗夫斯基之间的紧张关系。多布罗夫斯基威胁艾勒,称自己将和其他人约会。利特尔离开后,狂怒不已的艾勒开着自己的皮卡车,趁着夜色四下游荡。在其经过西部大道与蒙特罗斯大街交汇处时,撞见正在那里与人勾搭的多布罗夫斯基。虽然多布罗夫斯基对艾勒恶语相向,但艾勒却选择听而不闻。

在搜寻猎物的过程中,艾勒发现了站街卖淫的男同性恋,年仅15岁的丹尼·布里奇斯(Danny Bridges)。艾勒让其上车,返回自己租住的公寓,并承诺加钱玩虐恋,布里奇斯表示同意。艾勒遂用绳子将其捆住,强行塞住嘴巴。深感恐惧的布里奇斯开始反抗。艾勒猛击布里奇斯的右眼,将其打昏在地,用绳子捆紧后,拿出了自己的酷刑工具。他拿出新购置的改锥,猛刺布里奇斯的胸部,鲜血四下喷溅。愈发兴奋的艾勒,开始用屠刀切割布里奇斯的腹部和背部,逐渐深入,直至暴露出心脏和左肺,最终,布里奇斯一命呜呼。

就在杀人后不久,艾勒接到多布罗夫斯基打来的电话,在电话中多布罗夫斯基恳求艾勒过去陪他几个小时。艾勒赴约。回来后,艾勒用手锯将布里奇斯早已残缺不全的尸体大卸八块,分别装入灰色垃圾袋内。他一直干到下午,之后开始将垃圾袋扔到隔壁大厦即西舍温大街1640号附近的垃圾箱。垃圾袋很沉,这使得艾勒不得不往返多次。艾勒租住公寓的门卫阿尔·伯蒂奇(Al Burdicki),以及隔壁大厦的门卫都目睹艾勒穿越自己大厦的垃圾箱,将垃圾袋扔进了1640号后巷的垃圾箱。

回到公寓后,艾勒开始清理犯罪现场。因为血迹四下喷溅,艾勒开始重新粉刷墙壁。周一深夜,前来探视的多布罗夫斯基发现公寓变得异常整洁,墙壁粉刷一新。当他注意到厨房的下水堵塞后,开始试图用皮搋子加以疏通,结果,暗红的血污,白色的肉屑,还有一些黑色的东西突然喷涌而出。多布罗夫斯基想,这恐怕是鸡肉脂肪或类似的东西。

周二清晨,西舍温大街1640号大厦的门卫,发现自己大厦的垃圾箱里有装着沉重东西的灰色垃圾袋,因为他知道这些垃圾袋并不属于自己大厦的租户,于是决定打开来一探究竟。在里面,他发现了一条人腿,于是报警。警官迈克尔·扎查斯基(Michael Zacharski)接警后赶到现场,门卫告诉他,是艾勒将这些垃圾袋扔到了这里。随后,更多警员抵达现场,其中有人想起,艾勒正是那个逃脱法网的连环杀手。警方要求伯蒂奇打开艾勒租住公寓的房门,将当时身在其中的艾勒及多布罗夫斯基逮个正着。

公寓内部看起来十分整洁,但物证鉴识团队系统检查后,发现了大量证据。尸体身份得到确认,在整个公寓都发现了喷溅的血迹。还找到了作案所使用的手锯及改锥,验尸官判定,上述工具与布里奇斯尸体上的伤痕相吻合。同时,他还断定,在被杀害前,布里奇斯曾遭到捆绑。在抛尸用的垃圾袋上,发现了艾勒的两枚指纹,其中一枚还位于垃圾袋内侧。在辩护律师的严令下,艾勒未作任何供述,也未向警方提供任何有关上述证据的说明或解释。检察官马克·莱科奇(Mark Rakoczy)指控艾勒犯有五项重罪:谋杀、绑架、加重绑架、非法拘禁以及掩饰杀人的犯罪结果。根据伊利诺伊州州法,上述指控,意味着艾勒将有可能被判处死刑。

在因为谋杀布里奇斯而接受审判的过程中,艾勒本人并未发表任何证言,相反,利特尔成为检方的证人。陪审团认定所有罪名成立,艾勒则选择放弃选出陪审团决定是否使用死刑的权利,而是将自己的命运交给法官裁定。1986年10月3日,约瑟夫·奥松法官(Joseph Urso)判决艾勒死刑,同时指出:"如果有谁,或有某种情况该当死刑,那么就一定是你。你是一个邪恶的人。你真的应该为自己的所作所为以死谢罪。"[20]

然而，如果艾勒所犯罪行真的穷凶极恶，那么为什么可以单纯因为对其"特里临检"的时间稍长就让其无需为杀害多名无辜者承担罪责？即便对于坚信《权利法案》重要性的人而言，也会认为，除了美国司法系统强加给我们的令人感到羞愧的非法证据排除规则之外，还存在更为有效践行正义，同时更小损害刑事司法体制道德可信性的其他落实方式。但需要注意，非法证据排除规则，也仅仅是美国刑事司法体制中诸多对于践行正义、维护其自身道德可信性毫无助益的具体做法之一。

离婚后，梅尔文·伊格纳托（Melvin Ignatow）一跃变得衣着光鲜、生活格调高雅，不仅佩戴不菲的珠宝配饰，烫染头发，还开着一辆科尔维特（Corvette），出入单身俱乐部。在工作中，他与玛丽·安·肖尔（Mary Ann Shore）相识，很快走到了一起，两人保持约会关系长达十年。[21]

同样生活在这一地区的布伦达·谢弗（Brenda Schaefer），1971年与查尔斯·冯·皮尔特（Charles Van Pelt）步入婚姻殿堂，但二人关系却并不和谐，部分原因即在于夫妻生活。谢弗虽然喜欢亲吻爱抚，但对性爱总是心有余悸。当然，金钱也是很大问题：冯·皮尔特始终抱怨谢弗太过现实，十分物质，而谢弗则抱怨冯·皮尔特在经济上不负责。四年后，两人离婚。

时年34岁的谢弗，身为放射科医师，供职于威廉·斯波尔丁（William Spalding）医生的诊所。也是在这里，她与当时已经48岁的伊格纳托邂逅，二人通过一位当时正在与谢弗密友乔伊斯·斯莫尔伍德（Joyce Smallwood）约会的共同朋友介绍相识。很快，谢弗和伊格纳托的关系就发展到谈婚论嫁的程度，在1987年的情人节，伊格纳托求婚，并向谢弗奉上了一枚2.3克拉的定制钻戒作为订婚礼物。但两人并未商定结婚日期。

伊格纳托为自己和谢弗的关系欣喜若狂,在他眼中,后者年轻貌美。伊格纳托将这段姻缘描述为"自我之旅","不敢想象,她居然能看上我这样的丑鬼"[22]。但在谢弗的同事朋友看来,她与伊格纳托的关系,与其说是感情使然,莫不如说是为了满足自身的物质渴望。谢弗与伊格纳托平时只在周末见面。即便在与谢弗订婚之后,伊格纳托依然与前女友玛丽·安·肖尔保持性关系,但不再与其像恋人般约会。五味杂陈的肖尔深感受伤,认为自己因为其他年轻女性而被"踹了"。

在斯波尔丁医生诊所共事的其他人开始注意到谢弗在工作室魂不守舍,开始变得越来越神经质。谢弗告诉她的密友,自己越来越不喜欢伊格纳托,甚至有些心生恐惧。据她回忆,有一次自己醒来时,蓦然惊见伊格纳托正弯腰对着自己,手里拿着浸满氯仿的纱布。谢弗质问伊格纳托,要求其对此作出解释,后者表示自己想帮助谢弗好好睡觉。谢弗还偷偷告诉密友,伊格纳托经常强迫自己服食"性药",吃下药片后再次醒来,往往发现自己一丝不挂,对于期间发生过什么,大脑一片空白。她甚至表示,正在琢磨解除与伊格纳托的婚约。

另一方面,伊格纳托则向玛丽·安·肖尔抱怨谢弗"性冷淡",希望肖尔能够帮助自己,在肖尔位于肯塔基州路易斯维尔的家中对谢弗进行一个疗程的"性治疗","帮助谢弗走出困境"。肖尔表示同意。日期定在1988年9月24日。伊格纳托同时还要求肖尔帮自己在她家房子后院挖掘了一个洞穴。对此肖尔明确拒绝,告知伊格纳托自己不想参与他所策划的任何事情。伊格纳托则一再向肖尔确保自己只是想吓唬吓唬谢弗而已。肖尔最终勉强同意。因为不确定房间的隔音程度,这两个人还专门检查了一番,看看尖叫声是否会传到屋外。为了准备周六的见面,伊格纳托特地将一只木浆、一架照相机、胶卷、塑料垃圾袋、跳蛋、润滑凝胶、胶带、手套、绳索以及一瓶氯仿,带到肖尔家。

9月21日,谢弗告诉一个办公室的同事,自己将了结与伊格纳托的关系。翌日,伊格纳托给正在上班的谢弗打电话,接听电话的同事表示谢弗很忙,无法接听,但因为伊格纳托变得敌意十足,谢弗最终还是接听了电话,并且对伊格纳托说:"我告诉过你,再也别给我打电话。"挂断电话后,她和同事表示,自己同意第二天与伊格纳托见面,退回之前接受的珠宝馈赠及一件皮衣。同时,她再次透露出对伊格纳托的忌惮和恐惧。下班回家后,谢弗告诉弟妹琳达·洛夫(Linda Love),担心伊格纳托会尾随自己回家。同时,她还透露已经开始和老情人吉姆·拉什医生(Jim Rush)旧情复燃,二人计划在周日约会。

图20　梅尔文·伊格纳托与自己的女友(也是未来的受害人)布伦达·谢弗。(谢弗家族慷慨提供)

周日下午,谢弗开车到伊格纳托家接他,同时还带去了要归还给他的财物。随后,两人前往"金星辣椒"(Gold Star Chili)餐厅。进食期间,伊格纳托提议两人共同拜访一位有意购买相关珠宝的朋友。晚六时左右,伊格纳托和谢弗抵达肖尔的家。伊格纳托让谢弗坐在沙发上,之后向其解释了自己计划的"性治疗"方案。谢弗试图离开,但被伊格纳托强制坐回原位。他告诉谢弗,"她需要这样做,原因在于其生性冷淡,而自己亟须性爱"。伊格纳托在一张黄纸上列出了清单,详细说明了计划的各项步骤。接下来,他强迫谢弗靠墙站着,一边脱衣,一边拍照。随即,伊格纳托将自己脱得精光,并将谢弗困在一张咖啡桌上,不顾她的哭喊,连续肛交了两个多小时。遵照伊格纳托的指示,在此期间,肖尔担任摄像师。

伊格纳托接下来将谢弗拖进卧室,开始另一轮折磨。他将谢弗绑在床上后,强制其为自己口淫,之后继续以各种方式折磨谢弗。肖尔继续负责拍摄。之后,在伊格纳托的严令下,肖尔还将自己的手指插入谢弗的肛门,并对其实施殴打。谢弗一直哭泣求饶,并在遭到伊格纳托用木桨殴打时凄声尖叫。肖尔目睹伊格纳托对于遭到五花大绑的女性持续施暴,惊恐不已,逃至厨房暂避,卧室里只剩下了伊格纳托及谢弗两人。

伊格纳托将氯仿倒在一枚手绢上,捂住谢弗的口鼻,直至她丧失生命体征。因为不确定谢弗是否已死,伊格纳托又用绳子使劲勒住谢弗的颈部,让她窒息。他走出卧室,宣布了谢弗的死讯。肖尔走进卧室,看到谢弗摊在床上,双手被绑在一起,颈部勒着绳索。伊格纳托将谢弗的尸体摆成胎儿体位,并用绳子加以固定。在肖尔的帮助下,他将尸体装入垃圾袋,埋在后院。

接下来,伊格纳托更换了衣服,丢弃了之前被弄脏的衣物,并将跳蛋、氯仿瓶子、摄像机、录影带以及绳索等,放进肖尔汽车的后备箱。

第十章 失范

在用钉子将谢弗的汽车后胎放气后,他开着这辆车,驶上64号州际公路,肖尔则开着自己的车紧随其后。之后,两人将谢弗的车丢在路边,由肖尔开车返回。

伊格纳托的恶行,似乎可以与艾勒所实施的犯罪一样,纳入到令人发指、耸人听闻一类。很难设想还有什么行径比这更恶劣。从人类的正义直觉来看,此人无疑该当最为苛重的惩罚。这一结论得到了事实的支持,数以百计的受访者,在阅读伊格纳托的犯罪事实后,几乎异口同声地认为他应该由法律规定的最高刑——无论是终身监禁还是死刑——加以处罚。如果大家伙意识到自己的刑事司法体制居然规定了可以让伊格纳托这样的犯罪分子逍遥法外的规则,会作何感想?

早六点零八分,圣马修斯(St. Matthews)警察局警官汤姆·吉尔斯多夫(Tom Gilsdorf)发现谢弗的那辆1984年款白色双门别克君威(Buick Regal)停在布雷肯里奇快速路(the Breckinridge Lane)的一处立交桥附近,后车轮干瘪,后车窗被打得粉碎,车载收音机不翼而飞,副驾驶一侧的车门未落锁。在左后保险杠的位置存在明显的撞击痕迹,后备箱锁被撬。车后排座位及车辆外表部分散布明显的血迹。

谢弗的弟弟汤姆·洛夫(Tom Love)及弟妹琳达赶到警局,拜会警探吉姆·卫斯理(Jim Wesley)。洛夫将他听说的谢弗曾与伊格纳托之间的交往经历,特别是后者的卑劣行径,向卫斯理和盘托出。随即,卫斯理和其他两名警官前往伊格纳托的家对其进行讯问。伊格纳托则非常仔细地向警方回忆了前一天的事情经过。事实上,他在回答讯问时还时不时参考一份事先做好的书面记录。按照他的说法,谢弗于周六下午三点左右开车接上自己,两个人开车溜达了一阵子。伊格纳托的叙述巨细靡遗,甚至具体到每次停车的过程,但警方对此却并不买账。在他们看来,伊格纳托面对自己恋人失踪的事实,表现得太过冷静,看不出一丝慌乱。

调查进展缓慢。警方要求伊格纳托配合测谎,但遭到婉拒。伊格纳托表示接受这样的一种测试,对自己孱弱的内心而言算得上无可承受之重。但根据其他站出来证明谢弗失踪当天行踪的证人的说法,则与伊格纳托口中的故事出入甚大。肯塔基救援联盟(the Kentucky Rescue Association)的成员花了整整八个小时,在俄亥俄河中搜寻谢弗的遗体。谢弗的老板斯波尔丁医生为其创建了收集行踪信息的基金会,不到两周就募款16000美元,但伊格纳托对此却一毛不拔。

随着调查的深入,斯波尔丁医生愈发怀疑伊格纳托与谢弗的失踪有关,于是给其写了一封信,威胁伊格纳托必须透露谢弗尸体的具体所在。(这封信最终导致斯波尔丁医生于1989年因实施"恐怖威胁"而被有罪定谳。)最终,谢弗的同事乔伊斯,向警方调查人员提供了某些关键线索。乔伊斯认识一位名为劳伦·雷切雷特(Lauren Lechleite)的发型师,此人也为伊格纳托剪发。雷切雷特报告称认识一位名为玛丽·安·肖尔的女性,肖尔曾私下透露,自己遭到伊格纳托的控制,且无力摆脱其纠缠。每周向肖尔支付125美元,雇用其为自己看孩子的罗伯特·斯普科尔(Robert Spoelker)告知警方,9月24日,即案发的那个周六,肖尔请假未来上班。肖尔的嫌疑开始浮出水面。背景调查过程中,发现她曾经因签发空头支票五次被签发逮捕令。卫斯理和联邦调查局决定,如果肖尔拒绝合作,就用空头支票的有罪指控作为筹码对她施压。

肖尔接受警方询问,并接受测谎,但未通过。当卫斯理向她摊牌,告知测谎结果时,肖尔变得情绪激动,拒绝开口说话。卫斯理允许她离开警局,并派探员一路尾随。当晚,肖尔和伊格纳托被发现在雨中漫步密谈。得到通报的卫斯理派出一辆没有标识的警车拦着二人,要求其回警局配合调查。在警察局,卫斯理反复追问肖尔,声称自己知道全部实情,同时告诉肖尔,伊格纳托对她根本毫无感情可言。肖尔依旧牙关紧咬,死不吐口。明显感觉到肖尔有难言之隐,卫斯理决定孤注一掷,威胁要以开空头支票为由对她加以起诉。肖尔依旧无动于衷。于是,1989年2月14日,上午十二点四十五分,警方采集肖尔的指纹,以执行未签结逮捕令为由,将她押入看守所。后来,肖尔取保。

数月后,肖尔被要求出席大陪审团的聆讯,联邦检察官斯科特·考克斯(Scott Cox)询问肖尔,在谢弗失踪前与其打过几次交道?肖尔回答称自己仅与她见过一次。当考克斯向她询问最后见到谢弗的样子时,肖尔回答:"你是说最后一次?"随着考克斯指出肖尔证言存在前后矛盾,面色惨白的肖尔退出大陪审团。1990年1月9日,肖尔向联邦调查局和警方主动供述,当伊格纳托在她家中杀害谢弗时,自己在场。肖尔带领警方来到自己家后院的灌木丛中,指认了埋藏尸体的具体位置。作为对她配合的回报,检方同意仅以湮灭证据罪名指控肖尔。

翌日,警方携带警犬,用了不到十五分钟,就找到了埋尸地点,并在警犬锁定的位置向下挖掘。不久,警方的锹铲碰到了一个黑色的塑料袋。大塑料袋里上下叠放着四个用胶带封好的塑料袋。清理完毕后,下面又发现了一个小的塑料袋,里面放着谢弗的衣物。虽然尸体表面开始腐烂,但验尸官依然认定,这正是布伦达·谢弗的遗体。

就在警方挖掘遗体的同时,肖尔佩戴警方提供的窃听设备,与伊格纳托讨论自己对罪行被发现的担心。伊格纳托命令肖尔拒绝配合警方进行测谎,并谈到尸体根本不可能被发现;对话过程中,他曾提及藏尸地点。伊格纳托随即遭到警方逮捕,并被指控实施了谋杀、绑架、鸡奸、性虐、抢劫、湮灭证据等罪名。

1991年12月3日,对伊格纳托的审理开始。前一天,玛丽·安·肖尔对检方就湮灭证据的指控达成辩诉交易。肖尔就自己所知道的事实出庭作证。伊格纳托也出庭作证,但他所说的内容却与前者大相径庭。12月21日,对伊格纳托庭审结束后,陪审团进入到评议阶段。大多数陪审员都认为伊格纳托一定在某种程度上与此事有染,但却面临无法克服的难题。首先,肖尔看起来就不像一个可靠的证人。伊格纳托聘请的辩护律师成功地将她塑造成醋意大发、恶毒报复的被甩女友。一位陪审员表示:

> 玛丽·安·肖尔所说的内容,在我们看来意义不大……她看起来似乎对于梅尔文(伊格纳托)满腔愤怨。我认为,这都是伊格纳托不肯娶她导致的。看起来,肖尔就是想以牙还牙。[23]

其次,肖尔和伊格纳托之间长达十三分钟的对话录音,证明力不足。辩方认为伊格纳托所说的,是他借给肖尔的一只保险柜。陪审团对于伊格纳托和肖尔之间对话录音的看法是:"他们没有提及布伦达,没有提及墓穴,没有提及尸体。"[24]陪审团感觉检方提交的证据不足以供他们认定伊格纳托犯有本罪。伊格纳托最终被无罪开释。作为自由人的他走出法庭,告诉媒体:"这是我迄今为止收到的最佳圣诞礼物。"1992年2月3日,玛丽·安·肖尔被以湮灭证据的罪名投监服刑,刑期为该罪最高可处的五年监禁。

1992年10月1日,罗纳德及朱迪·沃特金斯(Judith Watkins)搬入伊格纳托的旧宅后,希望安装新地毯。这就必须移除暖气通风罩,在这后面,他们发现了胶卷及珠宝,遂将其上交联邦调查局。胶卷中包括一百余幅脱衣、性侵、捆绑、鸡奸等折磨布伦达·谢弗的照片,确凿无疑地证明了梅尔文·伊格纳托对谢弗所实施的令人发指的残忍行径。但是,辩方援引"禁止双重告诉"*,阻止了检方对伊格纳托再次提起诉讼的尝试。

显然,禁止检方反复起诉以便撞到一个能够认定被告人有罪的陪审团的做法,自有其存在的价值。美国宪法中禁止双重告诉的条款,即被用来防止此种滥权。但这并不一定意味着不得因为任何理由提起再审——但美国就是这么做的。尽管宪法第五修正案的文本——任何人不得因同一犯罪行为而两次遭受生命或身体的危害——但法院应该比谁都清楚,原则必然存在例外。和对于大多数宪法条款的解读类似,法院对于宪法文本的解读,往往需要考察立法者在制定该条款时所秉持的立法原意,同时,在某些时候,也需要参考显著不同于立法时的社会生活现状。

例如,如果犯罪人的判决经上诉被推翻,法院依然可以对其进行再审,尽管对此,宪法的禁止性条款并未明确涉及。如果审判本身存在某种缺陷,为什么不能让检方再次起诉,"将被告人再次置于危险之中"?法院搬来可以试图通过如被告人经由上诉,主动放弃自身免受双重告诉的权利,来对相关宪法文本进行广义解读。(有人或许会质疑,伊格纳托是否因为在审判中违反不得作伪证的宣誓,同样放弃了禁止双重告诉这项宪法权利。)

与此类似,如果一审最终被认定无效,或者陪审团无法作出决定,或者即便被判无罪,但针对完全相同的犯罪行为,改由不同州或联邦起诉,依然可以得到法院的批准。[25](对此,可以回想一下,在州法院判

---

* "禁止双重告诉"(the Double Jeopardy Bar),是指根据相关国际公约,以及很多国家的国内立法,对于已经依照该国法律和刑事程序被最后定罪或者宣告无罪的,就不得以同一罪名再予审判和惩罚,即同一个人因为同一个行为不得遭受两次审判或者惩罚。

决殴打罗德尼·金*无罪后,联邦检察官再次对其提起公诉的事例。)显然,宪法禁止双重告诉条款本身并未明确授权联邦检方有权提出第二次告诉。相反,法院之所以允许检方这样做,更合理的解释在于其考虑到宪法修正案试图防止的危害本身。例如,法院可以指出,因为特定条件,或者因为诸如联邦与州不同管辖权的政策因素,禁止双重告诉原则并不适用。[26]

在某些特定情况下,对禁止双重告诉原则加以限制或做例外适用,存在正当性。如果法院有能力判断如何合理地使用禁止双重告诉原则,为什么不能通过认定像伊格纳托这样的被告人,因为在审判中背弃誓言做不实陈述,从而放弃禁止双重告诉权利,借此唤醒该原则的合法性?或许法院可以判定,任何通过非法摧毁、湮灭证据,或从事其他犯罪活动,旨在干扰庭审,使检方陷入不公平境地者,都自动放弃了避免双重告诉的权利。

事实上,世界上大部分国家,都不像美国,都没有如禁止对伊格纳托加以追诉这般僵化、严格地规定禁止双重告诉原则。[27]即便像英国这样采用了这一原则的国家,也不会在伊格纳托这类案件中对其加以适用。英国对禁止双重告诉原则加以完善,规定如果出现了"新的令人信服证据",就可以对于已经遭到无罪开释的犯罪人再次加以审理,重审需要符合"公众利益"[28]。没有迹象显示这种改革导致再审权的滥用。

英国的上述改革,发生在若干明显实施了令人发指犯罪的行为人最终成功逃避法律惩罚,从而引发公众愤怒的案件遭到高度曝光之后。其中之一,涉及 1990 年残忍谋杀年轻女郎朱莉·霍格(Julie

---

* 罗德尼·金(Rodney Glen King,1965—2012 年),1991 年 3 月 3 日因超速被洛杉矶警方追逐,被截停后拒捕袭警,遭到警方用警棍暴力制服;1992 年,法院判决逮捕罗德尼·金的四名白人警察无罪,从而引发了 1992 年洛杉矶暴动。

Hogg),并将其陈尸于自家浴缸的案件。检方指控比利·邓洛普(Billy Dunlop)是杀人凶手,但此人在接受审判时宣誓自己无辜。在经历两次无果而终的陪审团审判后,邓洛普最终遭到释放。后来,在因为另外一起攻击罪入监服刑时,邓洛普供述了自己曾经实施的谋杀行为,承认之前作了伪证,但因为禁止双重告诉原则,法院无法对他实施的杀人行为定罪处罚。[29]如果不进行改革,刑事司法体制本身在社会中的道德可信性显然将会消弭殆尽。

其他英联邦国家也选择采取类似的做法。2008年,新西兰对于实施法定最高刑十四年以上的犯罪,且有妨害司法之举(如伪证、伪造证据或拉拢、腐蚀证人)的行为人,规定了禁止双重告诉原则的适用例外。[30]与此类似,澳大利亚政府委员会(the Council of Australian Governments)允许对像伊格纳托这样通过作伪证换取"不纯洁"无罪判决的案件,进行再审。[31]

英联邦之外的很多国家,也开始放弃,至少限制禁止双重告诉原则的适用。很多国家允许检方对法院的无罪判决提出抗诉,也就是说,从禁止双重告诉原则的目的而言,在控辩双方穷尽法律救济手段之前,审理绝非终结。虽然日本宪法也禁止双重告诉,但却允许检方对于法院的无罪判决提出抗诉,同样的情况,也存在于欧洲国家(如荷兰)的相关立法之中。[32]

尽管证据清楚无误地证明伊格纳托实施了惨绝人寰的罪行,但其却只需要面临作伪证的指控。在明白自己受到禁止双重告诉条款保护的情况下,伊格纳托承认自己折磨谢弗致死的事实,同时承认自己作了伪证。因为在监狱中表现良好而获得了一年减刑,只在监狱里待了五年的伊格纳托于1997年万圣节重获自由。

如果艾勒当时咬紧牙关拒不提供证言,可能后来就不会被判有罪。另一方面,如果伊格纳托是在英国,或世界其他大多数国家犯下同样罪行,都将会为自己折磨他人致死的行为承担刑责。

非法证据排除,以及禁止双重告诉,仅仅是美国刑事法规中大量漠视践行正义重要性,以及这种故意之失将会严重削弱刑事司法体制道德可信度的遗憾的缩影。

追诉时效、侦查陷阱抗辩(the Entrapment Defense)、合法性原则,以及诸如政府或外交人员豁免权等免责事由,都为罪行严重的犯罪分子打开了逃脱刑责的方便之门。的确,上述原则都旨在推动或保护特定法益,其中的大多数也在特定范围内该当保留。但另一方面,其中大多数原则都应当在适用时充分注意,避免出现类似于艾勒案或伊格纳托案那样严重的正义失范。[33]

例如,某些州要求所有重罪的起诉,都必须在案发三年内完成。[34]因此,只要犯罪分子能够在这一期间想办法摆脱警方的穷追不舍,就可以溜之大吉。当然,无论如何,警方都需要花费时间追踪犯罪分子,很多受害人也同样需要很长时间才能恢复过来,配合警方开展调查。例如,在一起案件中,劳丽·库斯特迪克(Laurie Kustudick)遭到一位名为赫伯特·霍华德(Herbert Howard)的男子残忍强奸、殴打及烧伤。因为受伤太重,以至于她在很长一段时间都无法为警方提供任何帮助。基于他人的证言,警方将霍华德锁定为犯罪嫌疑人,却缺乏足够的起诉证据。在治疗人员的帮助下,受害人终于走出自己的梦魇——开始能够回忆起相关犯罪细节,并有足够的勇气将其告知警方。很快,受害人就从若干张照片中辨识出霍华德是犯罪人,加上其他目击者的证言,案件的间接证据变得越来越具说服力。然而,因为过了追诉时效,已经无法对霍华德以强奸罪罪名加以起诉。这个家伙最终毫发无损。(本案促使伊利诺伊州修改了其追诉时效的相关立法。)

即便是陈年旧案,某些时候依然可以发现指向犯罪人的极端可靠的证据,正如相关 DNA 证据与强奸犯遗留的精液匹配。一个重视践行正义的司法区,应该考虑特别是对受害人需要较长时间恢复的案件延长追诉时效。一些司法区似乎意识到了这一点,开始延长追诉时效,有几个州将追诉时效仅限定在轻罪范围。[35]相关改革并不要求所有旧案都要被翻出来重新起诉,事实上,所谓陈年旧案——现在更流行的叫法是"悬案"(Cold Cases)—— 很难依据排除合理怀疑标准加以追诉。但是,延长追诉时效,至少可以给检方一个在获得有力证据的情况下对此加以尝试的机会。

这里举另外一个例子,很多州法中的侦查陷阱抗辩规定,如果行为人从事犯罪的原因,在于"应对"警方"制造了让其下定犯罪决心的充分危险",那么行为人可以以此为由为自己辩护。但真正的被告人,即便有可能属于一直寻找机会作案的职业犯罪分子,依然可以主张侦查陷阱抗辩。[36]这在很多方面都与非法证据排除规则类似:意图通过排除有罪判决的方式规范警方的侦查行为,特别是无法完全满足法院相关严格要求的不规范行为。例如,内华达州雷诺市(Reno)警方一直对当地多发的抢劫刚刚离开赌场、喝得烂醉的赌徒这类案件深感头痛。为了解决这一问题,当地警方安排一位便衣警探假装醉倒在路边,同时还让自己兜里的钱隐约可见。[37]如果说这样让钱被别人看到,引发了尚未决意犯罪的普通人走上歧途的风险,那么即便是到处伺机作案的职业小偷,也可以获得侦查陷阱抗辩的庇护。

换句话说,正如非法证据排除规则那样,侦查陷阱抗辩没有直接制裁或惩戒违法警官,但又被用来规范警方行为,最终将因放纵明显有罪、该当惩罚的犯罪分子,在整体上对社会造成损害。最初,和非法证据排除规则一样,侦查陷阱抗辩事由也是司法创制的结果,但现在业已被美国的很多司法区加以立法化。毫无疑问,这也算得上美国独有的规则,其他国家大体对此持反对态度。[38]

在意大利，侦查陷阱可以被用来作为追究相关警官刑事责任的根据，但却不会以此免除犯罪人的刑事责任。德国版的侦查陷阱规则，只有在其构成胁迫的情况下才可以用来作为减轻情节，但绝对不允许被告人用其作为抗辩事由。[39]澳大利亚的司法系统则直接反对适用侦查陷阱抗辩来控制警方行为。[40]即便被用来控制警方行为，此举也可能代价不菲。例如，在加拿大，只有在作出有罪判决的情况下，法官才会对此问题加以考虑。此举至少更为坦诚直率，让所有人都清楚地认识到行为人有罪在身，而不是像美国那样，允许犯罪分子以清白无辜形象示人。[41]

对于一个刑事司法体制而言，践行正义和避免不公同样重要。致力于罚当其罪、不矫枉过正的做法，不仅道德正确，而且从犯罪控制的角度而言，也属聪明之举。唯有如此，刑事司法体制才能维持其在社会中的道德可信度，同时更好地驾驭社会及规范影响的巨大力量。

---

[1] 相关事实描述的主要根据如下：People of the State of Illinois v. Larry W. Eyler, Case 83 CF 1585, "Report of Proceedings," February 3, 1984; People of the State of Illinois v. Larry W. Eyler, Case 83 CF 1585, "Supplemental Memorandum in Support of Defendant's Motions to Suppress," February 1, 1984; People of the State of Illinois v. Larry W. Eyler, Case 83 CF 1585, "Supplemental Memorandum in Opposition to Defendant's Motion to Suppress," February 1, 1984; People of the State of Illinois v. Larry W. Eyler, Case 84-126, (North Eastern Reporter, 2nd Series, October 25, 1989), 268-92; John O'Brien, "The Eyler Legacy: 21 Deaths," Chicago Tribune, March 9, 1994; Sarah Talalay, "Eyler Dies in Prison," Chicago Tribune, March 7, 1994; John O'Brien, "Call Helped Link Eyler to Slayings," Chicago Tribune, December 16, 1990; John O'Brien, "Professor Who Lived with Eyler Charged in '82 Torture Killing," Chicago Tribune, December 19,

1990; George Papajohn, "Eyler Sentenced to 60 Years for '82 Indiana Killing," *Chicago Tribune*, December 29, 1990; Kolarik and Klatt, *Freed to Kill*; *Eyler v. Babcox*, 582 F. Supp. 981 (N. D. Ill. 1983); *People v. Eyler*, 477 N. E. 2d 774 (Ill. App. 1985); *Eyler v. Illinois*, 498 U. S. 881 (1990); Anastaplo, "Lawyers, First Principles," 353。

[2] 联邦最高法院最近一次对于"诚实信用"例外规则的阐述,参见 *Herring v. United States*, 555 U. S. 135 (2009)。判决认为,如果要适用这一例外,其所产生的震慑效果必须超越这样做的随附成本。如此一来,例外规则就可以适用于警方无心之失,而非故意违法的情况,毕竟在这种情况下,法律的震慑效果微乎其微,或根本不存在。

[3] 莱克县警长罗伯特·巴博克斯在一个公共场合与布洛克法官不期而遇。当某人提到本案时,巴博克斯开始向法官发难大吼:"你放了那个狗娘养的,你纵容他去放手杀人,本来有证据阻止他这样做,你心里明镜似的。"Kolarik and Klatt, *Freed to Kill*, 258.

[4] 哈里·布莱克门(Harry Blackmun)大法官在"詹尼斯案"中这样解释宪法第四修正案的立法目的:"本条的'首要目的',如果只有一个的话,即在于防止未来出现非法政策行为。"参见 *United States v. Janis*, 428 U. S. 433, 446 (1976)。

[5] *Herring v. United States*, 555 U. S. 135, 141 (2009)(认为宪法第四修正案并不要求在所有违反宪法第四修正案的情况下都适用非法证据排除规则); *United States v. Calandra*, 414 U. S. 338, 348 (1974)(非法证据排除规则是司法系统希望借由其所具备的震慑效果,而非对宪法权利受到侵害的当事人给予救济所创设的一种补救措施); Milhizer, "Debunking Five Great Myths," 211, 214-24(认为联邦最高法院之所以要求非法证据排除规则,并不是因为宪法对此有所规定,而在于借此可以预防其他违反宪法第四修正案的情况发生)。

[6] Kaplan, "Limits of the Exclusionary Rule," 1027, 1031-32.

[7] 就宪法第四修正案的相关规则,参见 *Arizona v. Evans*, 514 U. S. 1, 10

（1995）（认为宪法第四修正案中没有任何规定明确在违反宪法第四修正案的情况下适用非法证据排除）；*United States v. Leon*, 468 U. S. 897, 905（1984）（否认联邦最高法院及其大法官曾暗示过非法证据排除规则是宪法第四修正案的应有之意）；*United States v. Calandra*, 414 U. S. 338, 347（1974）（非法证据排除规则是"司法创设的补救措施"，而非一种宪法意义上的个人权利）。至于"米兰达警告"，参见 *Dickerson v. United States*, 530 U. S. 428, 120 S. Ct. 2326（2000）。

[8] 在 *Mapp v. Ohio*, 367 U. S. 643（1961）案审结十五年之后，联邦最高法院在依据宪法第四修正案将非法证据排除规则适用于各州司法系统时，也承认"目前尚未有任何实证研究能够明确无误地证明非法证据排除规则具备阻遏效能"。*United States v. Janis*, 428 U. S. 433, 452 n.22（1976）。最近的一项研究提供了根据非法证据排除规则导致判决流产的数量，提出其在防止警方不端行为方面并未产生有效的阻遏效果。参见 L. Perrin et al.，"If It's Broken," 669, 734-36。

[9] Bowers and Robinson, "Perceptions of Fairness and Justice," 211.

[10] *Herring v. United States*, 555 U. S. 135（2009）.

[11] Payne and Guastaferro, "Mind the Gap," 93, 99.

[12] Bilz, "Dirty Hands or Deterrence?" 141, 155-57.

[13] *Herring v. United States*, 555 U. S. 135（2009）.

[14] *Bivens v. Six Unknown Federal Narcotics Agents*, 403 U. S. 388, 415（1971）（Burger, J., Dissenting）.

[15] Pizzi, "The Need to Overrule Mapp v. Ohio," 679（对比了加拿大、新西兰、爱尔兰、英国与美国在非法证据排除规则方面的异同）；Wilkey, "The Exclusionary Rule," 215, 216（"非法证据排除规则的非理性，可以通过世界上没有任何其他民主国家采用这一规则来加以证明"）；Pitler, "Independent State Search," 1, 171（认为没有任何国家具有和美国完全一致的非法证据排除规则，只有少数几个国家采用了相对有限且非强制适用的类似规则）；Bradley, "The Exclusionary Rule in Germany," 1032, 1034（认为德国在有限范围内适用

非法证据排除规则的做法,满足了其希望保护隐私而非防范侵权行为的目的); Starr and Maness, "Is the Exclusionary Rule a Good Way," 373, 388 (注意到只有澳大利亚及西班牙通过法官自由裁量适用的方式,借由非法证据排除规则震慑警方规范行为)。

[16] *R. v. Harrison*, 2008 Court of Appeal for Ontario 85.

[17] Van Kessel, "Suspect as a Source," 1, 29.

[18] Van Kessel, "Suspect as a Source," 29.

[19] *P. J. and J. H. v. The United Kingdom*, European Court of Human Rights, 25 September 2001, at para. 76.

[20] *People of the State of Illinois v. Larry W. Eyler*, Case 84-126 (1985), 291.

[21] 相关事实描述的主要根据如下:与伊格纳托相关事实描述的主要根据为 Hill, *Double Jeopardy*; Elinor J. Brecher, "Brenda Schaefer: "That Woman Who Disappeared"; How Could This Ordinary Person with No Apparent Enemies — a Doctor's Office Assistant Who Lived with Her Parents — Just Simply Vanish?" *Courier-Journal*, March 5, 1989; Susan Craighead, "Attorney's Slip of the Tongue Led to Break in Schaefer Case," *Courier-Journal*, March 1, 1990; Susan Craighead, "Family Urge Bond Be Set at Affordable Level," *Courier-Journal*, February 1, 1990; Susan Craighead, "Police Focused Investigation on Ignatow from Start, Files Show," *Courier-Journal*, February 13, 1990; Todd Murphy, "Ignatow Witness Pleads Guilty to Evidence Tampering," *Courier-Journal*, December 3, 1991; Mary O'Doherty, "Threatening-Letter Trial Begins for Missing Woman's Boss," *Courier-Journal*, August 9, 1989; Clay Ryce, "Schaefer's Boss Is Charged in Threat against Her Fiancé," *Courier-Journal*, March 26, 1989; Leslie Scanlon, "Bizarre Murder Case Enters New Stage with Jury Selection," *Courier-Journal*, December 4, 1991; Leslie Scanlon, "Schaefer Wasn't Going to Wed Ignatow," *Courier-Journal*, December 14, 1991; Leslie Scanlon, "Shore-Inlow to Tell Jury Her Side of Schaefer Case," *Courier-Journal*, December 17, 1991; Leslie Scanlon, "I Did Not Kill Her; Ignatow's Ex-Lover Admits Helping Dig Hole for Victim," *Courier-*

Journal, December 18, 1991; Leslie Scanlon, "Ignatow Confesses to Killing Schaefer," *Courier-Journal*, October 3, 1992; Leslie Scanlon, "Ignatow's Defense Rests without His Testimony in Murder Trial," *Courier-Journal*, December 21, 1991; Elinor J. Brecher, "Brenda Schaefer: That Woman Who Disappeared"; How Could This Ordinary Person with No Apparent Enemies — a Doctor's Office Assistant Who Lived with Her Parents — Just Simply Vanish?" *Courier-Journal*, March 5, 1989; Leslie Scanlon, "Ignatow's Lawyer Blames Shore-Inlow; Former Girlfriend Described as Jealous," *Courier-Journal*, December 10, 1991; Leslie Scanlon, "Kenton Jury Acquits Ignatow in Death of Fiancé Schaefer," *Courier-Journal*, December 22, 1991; Leslie Scanlon, "No Evidence Links Ignatow with Murder, Jurors Say," *Courier-Journal*, December 23, 1991; Cary B. Willis, "FBI Recorded Murder Suspect in Brenda Schaefer Case," *Courier-Journal*, February 6, 1990; Cary B. Willis, "Ignatow Lawyer Says Release of Tape Should Rule Out Death," *Courier-Journal*, February 7, 1990; Cary B. Willis, "Top Schaefer-Case Suspect Talks to Federal Grand Jury," *Courier-Journal*, October 17, 1989; Andrew Wolfson, "Court Won't Hear Ignatow Perjury Appeal; 2001 Conviction for Lying about Schaefer Stands," *Courier-Journal*, April 21, 2004; Andrew Wolfson, "Finding Evidence in Home a Fluke," *Courier-Journal*, October 3, 1992; Deborah Yetter, "Federal Grand Jury Indicts Ignatow on Perjury Charge," *Courier-Journal*, January 9, 1992; Deborah Yetter, "Textbook Example; Ignatow Fits Profile of Sexual Sadist," *Courier-Journal*, October 11, 1992。

[22] Brecher, "Brenda Schaefer,"

[23] Scanlon, "No Evidence Links Ignatow."

[24] Scanlon, "No Evidence Links Ignatow."

[25] *Heath v. Alabama*, 474 U.S. 82, 89 (1985)(认为联邦与各州这一双层司法区体制可以允许联邦及各州检方分别就同一犯罪提出公诉,理由在于各州所享有的权力并非源自联邦授权,而是其自身的内在属性,因此二者具有不同治权); Paul G. Cassell, "The Rodney King Trials: Civil Rights Prosecutions

and Double Jeopardy: The Rodney King Trials and the Double Jeopardy Clause: Some Observations on Original Meaning and the ACLU's Schizophrenic Views of the Dual Sovereign Doctrine," *UCLA Law Review 41*（1994）：693，695-697（结合罗德尼·金案解释禁止双重告诉原则）。

[26] 禁止双重告诉原则，亦不适用于一审的被告人从未陷入危险的情况。例如，如果被告人通过贿赂法官的方式在一审获得无罪开释，那么毫无疑问，是可以对其加以再审的。*Aleman v. Judges of the Circuit Court*, 138 F. 3d 302, 308-309（7th Cir. 1998）.

[27] David S. Rudstein, "Prosecution Appeals of Court-ordered Midtrial Acquittals: Permissible under the Double Jeopardy Clause？"（working paper, Chicago-Kent College of Law, 2012），7，9，http://works.bepress.com/david_rudstein/23（作者罗列出若干规定适用条件较为宽松的禁止双重告诉规则的国家）。"Some modern nations have no double jeopardy concept at all." J. Sigler, *Double Jeopardy: The Development of a Legal and Social Policy*（Cornell University Press, 1969），152.

[28] 参见 Criminal Justice Act 2003, Part 10: Retrial for Serious Offences, §§76(4)，78(1) http://www.legislation.hmso.gov.uk/acts/acts2003/30044-k.htm#75。

[29] Nyssa Taylor, Note and Comment, "England and Australia Relax the Double Jeopardy Privilege for Those Convicted of Serious Crimes," *Temple International and Comparative Law Journal 19*（2005）：189.

[30] 参见 Law Commission, "Report 70: Acquittal Following Perversion of the Course of Justice," Law Commission（2001），16，http://www.lawcom.govt.nz。这一变动被规定在刑事程序法修正案中，同时还建议将陪审团意见一致原则，修改为十一比一制，该议案于2004年提交至新西兰议会，同时建议将其纳入《1961年刑事法》（the Crimes Act of 1961）第374A与第378F之间。2008年，新西兰议会批准该立法议案。The Law Reform Commission of Hong Kong, Double Jeopardy Sub-Committee, "Consultation Paper: Double Jeopardy," GovHK, 3,

43, http://www. gov. hk/en/residents/government/publication/consultation/docs/2010/DoubleJeopardy. pdf; 参见 Diana McCurdy, "Verdict of Public Hits the Courts," *New Zealand Herald*, June 26, 2004; Lesley Deverall, "Changes to the Law to Allow for Majority Verdicts in Court and Changing the Double Jeopardy Rules Have Been Introduced into Parliament; Majority Verdicts Bill Introduced," *IRN News*, June 23, 2004。

[31] 参见 McCurdy, "Verdict of Public"; Deverall, "Changes to the Law"。

[32] Rajendra Ramlogan, "The Human Rights Revolution in Japan: A Story of New Wine in Old Skins?" *Emory International Law Review* 8 (1994): 127, 209; Daniel H. Foote, "The Benevolent Paternalism of Japanese Criminal Justice," *California Law Review* 80 (1992): 317, 341; A. H. J. Swart, "The Netherlands," in *Criminal Procedure Systems in the European Community*, ed. Christine Van Den Wyngaert (Bloomsbury Professional, 1993), 279, 314.

[33] 相关规则的具体讨论，参见 Robinson and Cahill, *Law without Justice*, 137-55, 159-70。

[34] 例见 Alabama 15-3-1。

[35] 例见 Kentucky 500. 050。

[36] 参见 Robinson and Cahill, *Criminal Law*, 430-31。

[37] 参见 Hawkins case, Robinson, *Criminal Law Case Studies*, 153-56。

[38] Adam Liptak, "U. S. Is Alone in Rejecting All Evidence If Police Err," *New York Times*, July 19, 2008, http://www. nytimes. com/2008/07/19/us/19exclude. html? pagewanted = all&_r = 0.

[39] Ross, "Impediments to Transnational Cooperation," 569, 577; Ross, "The Place of Court Surveillance," 493, 539.

[40] 与澳大利亚相关的情况："在澳大利亚，对于侦查陷阱的司法监督可谓微乎其微。这一做法也符合澳大利亚司法系统一贯承认被告人供述的态度。澳大利亚法院一般不太愿意扮演规范警方行为的角色，反而十分关注警方提交证据本身的可靠性。" Marcus and Waye, "Australia and the United States,"

27, 78.

  [41] 与加拿大相关的情况:"在加拿大,侦查陷阱抗辩通常需要在行为人因相关行为被判有罪之后才得提起,且由法官,而非陪审团负责认定是否成立。这种做法一方面承认抗辩本身的客观属性,同时又要求通过司法推理,明确是否接受采信这一抗辩主张。与此同时,在有罪判决之后,再就侦查陷阱问题加以论证的做法,也使法官认识到支持被告人侦查陷阱主张对于犯罪控制问题所带来的巨大成本压力。"Roach, "Entrapment and Equality," 1455, 1461-62.

第十一章 垮台

埃斯科巴"统治"的哥伦比亚

巴勃罗·埃斯科巴(Pablo Escobar),1949年出生于哥伦比亚麦德林(Medellin),这里以有组织走私黄金及绿宝石闻名。还是孩子的埃斯科巴,就以穿华服、踢足球、吃快餐、看电影、听音乐而在当地小有名气。他很早便辍学在家,和自己的表弟古斯塔沃·加维里亚(Gustavo Gaviria)结伙干些非法勾当,吸食大麻更成为家常便饭。[1]

埃斯科巴早期主要从事贩卖走私香烟以及变造乐透彩票等犯罪活动。日渐成年的他,犯罪行径愈加复杂化。他将盗窃来的汽车拆解销售牟利,后来甚至还积累了足够的资本贿赂官方,以获得相关手续供其"合法"变卖盗窃而来的汽车牟利。慢慢地,埃斯科巴开始以不盗窃车主汽车为由向其勒索钱财。最终,绑架勒索成为埃斯科巴的强项主业。有时,他甚至会将魔爪伸向自己的同伙。正如埃斯科巴另外一位表兄弟杰米回忆:"绑架才是埃斯科巴在麦德林所有犯罪勾当的基石。贩毒真算不上什么重要的买卖。虽然贩毒最赚钱,但这显然不是埃斯科巴的心头之好。"[2]

从一开始,埃斯科巴就凭借自身的残暴无情,在诸多年轻匪徒当中独树一帜。他不仅将自己的大哥们一一铲除,甚至即便受害人家属如数支付赎金,也往往需要面临被"撕票"的下场。随着影响力与日俱增,埃斯科巴开始从当地贫民窟中网罗羽翼,即所谓打手。对于这些一贫如洗的人来说,平日根本得不到什么工作的机会,面对埃斯科巴奉上的金钱及权力,怎能不怦然心动?埃斯科巴为自己的爪牙配备最新式的武器装备，统一的假警服，可以在麦德林恣意横行的汽车，并用这些家伙对任何妨碍自己的人施以颜色。

大麻曾一度是哥伦比亚贩毒集团的立身之本，但随着埃斯科巴当上龙头老大，可卡因凭借自身更高的利润率取而代之。在二十世纪七十年代，在南美地区担任义工的美国和平队*志愿者将可卡因带入美国，随后，开始有小批量可卡因走私进入美国。

1976 年，时年 26 岁的埃斯科巴迎娶年仅 15 岁的玛丽亚·维多利亚·赫婷·瓦莱霍（Maria Victoria Henao Vallejo）。婚后不到两个月，刚在厄瓜多尔干了一票的埃斯科巴，就遭到安全行动部**的两名探员逮捕。在一个汽车备胎中，探员们查获了 39 公斤可卡因。面对长期服刑可能的埃斯科巴，试图向自己案件的主审法官行贿，但遭到拒绝。一计不成的埃斯科巴遂又用一计，雇佣法官的弟弟担任自己的辩护律师，迫使法官将自己从案件中开脱出来。继任法官笑纳了埃斯科巴行贿的黑金。当上诉法院后来重启审判时，最初执行逮捕行动的安全行动部探员遭到暗杀。埃斯科巴的策略就是"恩威并施"——或者拿钱，或者去死；一边是天堂，一边是地狱。

到了二十世纪八十年代初，埃斯科巴每个月的可卡因发货量达到四五千公斤。他的一位左右手这样总结自己老板的处事方式："这家伙是一个匪徒，彻头彻尾，直截了当。所有人都从一开始就对其敬畏有加。"[3] 1981 年，埃斯科巴为每位家族成员购置了一幢房屋作为圣诞礼物。1982 年，《福布斯》杂志将其列为世界首富。在麦德林这种近

---

* 美国和平队（American Peace Corps），1961 年由美国时任总统肯尼迪通过行政命令创立的志愿服务组织，和平队队员需要为其义务服务两年，其活动范围遍布全球，但围绕其活动也存在诸多争议。
** 安全行动部（the Departamento Administravo de Seguridad, DAS），成立于 1960 年，是哥伦比亚政府组建的秘密情报机关，同时还负责边境及移民问题，该机构与 2001 年遭到改组，被"国家情报办公室"（the Dirección Nacional de Inteligencia, DNI）所取代。

乎赤贫的地区,埃斯科巴可以通过对其而言九牛一毛的慈善之举——为当地修建教堂、医院,为穷人安排住所,创办当地的体育联盟赛事,兴建足球场馆,发展世界水平的当地足球队等一系列投资活动,为自己买来整个麦德林的无比忠诚。通过自己遍布街头的爪牙,埃斯科巴轻而易举地掌控了当地议会。这一点特别重要,因为议员享有刑事豁免权。埃斯科巴野心勃勃,决定施展拳脚,目标直指哥伦比亚的总统宝座。

图 21 巴勃罗·埃斯科巴的逮捕照,1976 年。

第十一章 垮台

埃斯科巴执意竞选的做法,让哥伦比亚朝野震惊。虽然他用黑金收买了大量政客,但没有哪个人希望被公众发现自己居然在和这个家伙共商国是。两名反对党政治人物,罗德里格·莱拉·博尼利亚(Rodrigo Lara Bonilla)和路易斯·卡洛斯·加兰(Luis Carlos Galan)不约而同,分别引领政治运动,旨在揭发埃斯科巴的毒品贩子身份,同时主张剥夺其从事政治活动的权利。揭发运动不断发酵,最终迫使声誉扫地的埃斯科巴辞去哥伦比亚议员职务,彻底断绝了政治理想。

埃斯科巴辞去议员后不过数月,时任哥伦比亚司法部长的莱拉·博尼利亚,正式向该国备受毒品贩子腐化影响的恶势力宣战。他还签发文件,为将埃斯科巴及其爪牙引渡至美国接受走私毒品及其他严重犯罪起诉扫清法律障碍。通过安装在补给船上的追踪器,博尼利亚手下的探员得以最终锁定大规模制毒工厂"特兰奎兰蒂亚"(Tranquilandia)所在位置。当时,这个工厂已经为埃斯科巴及其所领导的麦德林贩毒集团贡献了超过120亿美元。此次直捣制毒巢穴后不到两个月,博尼利亚就遭到暗杀。担心为此遭到引渡的埃斯科巴,正式"向政府宣战"[4]。

埃斯科巴及麦德林贩毒集团的其他首脑分子逃至巴拿马暂避风头,之后不到一周,时任哥伦比亚总检察长,同时也是该国前任总统,就飞赴巴拿马与这些家伙会面,并与埃斯科巴——以及他的钱——达成协议,同意对他实施特赦,同时确保他不被引渡国外。但这项交易最终无果而终,原因在于若干政府要员坚持除埃斯科巴而后快,拒绝对他曲意逢迎。

埃斯科巴在巴拿马曾颇受欢迎。他向巴拿马国防军负责人曼纽尔·诺列加(Manuel Noriega)支付了500万美元保护费,乞求后者为自己的贩毒行为提供掩护。但这并未让埃斯科巴感到安全,特别是当他逐渐意识到诺列加还从美国方面拿钱,开始对自己的制毒工厂构成威胁。埃斯科巴于是频繁前往尼加拉瓜,但依然无法获得安全感,最终他还是决定返回哥伦比亚。虽然在这里需要面对遭到引渡的危险,但毕竟是自己的地盘,远比将命运交到可能会被美国收买的诺列加等人手里强很多。

在埃斯科巴逃亡期间,哥伦比亚开始将毒品贩子引渡给美国接受审判。面对这一现实,埃斯科巴重整旗鼓,将原来麦德林贩毒集团的散兵游勇整编为名为"引渡犯"(the Extraditables)的黑社会组织。为了达到不被引渡的目的,该组织对任何参与引渡的法官、警察、政客、记者乃至军方人员,不惜绑架、暗杀。"引渡犯"组织经常向潜在的受害人发送恐吓信,以制造恐怖气氛。比如写给某位法官的恐吓信,部分内容摘录如下:

> 我们并不是在摇尾乞怜,或者跪求同情,因为我们并不需要,卑鄙的家伙。我们需要的是一个对我们有利的判决……别整没用的混蛋借口;别和我们说你病了,我们也不管你是不是休假,更别扯什么你要辞职的戏码……我们在上帝面前,以我们自己的子女赌咒发誓,如果你让我们失望,或者胆敢背叛,就一定死翘翘![5]

本来,哥伦比亚最高法院计划于1985年11月6日就围绕引渡条约的合法性质疑组织聆讯。当天,五十名武装分子攻占最高法院大楼,行动过程中,共有一百余人丧生,其中包括十二名法官。埃斯科巴的一位手下后来这样解释:"巴勃罗赢了,因为司法体系遭到重创;巴勃罗赢了,因为保存在法院大楼里的证据全部被毁;巴勃罗赢了,因为他证明了这个国家脆弱不堪。"[6]虽然仓促组建了新任最高法院,以行使遭到刺杀的法官的职权,但所有新任法官都对自己如果支持引渡条约将会面临的下场心知肚明。1986年12月12日,法院判定引渡条约无效,应予废除。

随着哥伦比亚总统再次将引渡条约签署为法律,埃斯科巴开始大肆谋杀、行贿、绑架，以加大对哥伦比亚议会的施压。暴力犯罪开始在全哥伦比亚范围内蔓延。"引渡犯"帮派残忍杀害警察、基层法官，对在报纸上对自己作不利广告的企业，则会大肆实施爆炸袭击。虽然也遭遇挑战，但在和政府的战斗中，"引渡犯"组织占据着上风。

1989年，哥伦比亚国内的总统竞选进入白热化状态。其中领跑的候选人，正是埃斯科巴在哥伦比亚议会内最大的敌人加兰。但加兰却在竞选过程中遭枪击身亡。同样被杀害的，还包括其他两位候选人。第四位候选人塞萨尔·加维里亚（César Gaviria）本来计划乘坐飞机参加一项竞选活动，但在最后改变了行程，结果这架搭载了107名乘客的飞机如期起飞后，在空中爆炸解体。埃斯科巴宣称为爆炸事件负责。

埃斯科巴还开始将政治精英及公众人物等锁定为绑架目标。1990年8月，前总统胡利奥·塞萨尔·图尔瓦伊（Julio César Turbay）从事记者工作的女儿戴安娜·图尔瓦伊（Diana Turbay），连同其摄像团队，遭到埃斯科巴团伙的绑架。随即，时任总统密友，同时亦是哥伦比亚媒体大亨之子的弗朗斯科·桑托斯（Francisco Santos），也被掳为人质。同样落入魔爪的，甚至还包括刚刚过世的总统候选人加兰的亲属。1991年1月，开始有人质遭到处决。最终，这个国家的执政阶层低头服软：1991年6月，哥伦比亚议会通过新宪法，规定哥伦比亚不得将在其本土出生的本国公民引渡给外国。

巴勃罗·埃斯科巴淫威蹂躏下的哥伦比亚，陷入类似于美国在禁酒运动期间所遭遇的那般刑事司法体制可信性丧失困局。人们开始对自身腐败，且打击犯罪无能的体制丧失信心。尽管之前就面临暴力犯罪问题，但到了二十世纪八十年代至二十世纪九十年代，哥伦比亚境内的犯罪活动却呈现出爆发式的增长态势。绑架案的发案数，从

1985年的258起,增至1990年的2000余起,到了2000年,这个数字更增至3700起。1981年至1990年,谋杀案件数量增加了122%,从每15万人中有36人跳至每10万人中有80人。[7] 哥伦比亚的杀人案件发生率三倍于巴西及墨西哥,更是普通欧洲国家的50倍。在埃斯科巴犯罪集团的大本营麦德林,二十世纪七十年代末,随着贩毒活动的日渐猖獗,暴力犯罪也水涨船高,到了二十世纪九十年代,已经增长了三倍有余。这一时期,当地谋杀率为每10万人中有400余起,即便跟情势已然十分严峻的哥伦比亚其他地区相比,也高出了十余倍。

并非仅仅暴力犯罪或涉毒犯罪出现激增。和禁酒运动期间一样,其他类型的犯罪,如盗窃机动车、银行抢劫乃至轻微犯罪也开始激增。在研究者看来,社会经济学或人口地理学因素,如贫困等因素的变更,并不会造成犯罪率的巨大变动。同样,也不能将其简单视为贩毒等暴力行为的直接后果。事实上,超过80%的杀人案件,都与跟贩毒无关的普通暴力活动相关。正如一位顶尖的哥伦比亚经济学家所言,埃斯科巴和其他毒品贩子,"将哥伦比亚变成了滋生各种犯罪活动无比舒适的温床"[8]。这与禁酒运动期间的情况如出一辙,当时,因为刑事司法体制可信性的降低,与禁酒无关的犯罪同样高企不下。

犯罪学家及经济学家将哥伦比亚的这种情况解释为"犯罪溢出"(Criminal Spillover)效应。毒品贩子及其他有组织犯罪成员,除通过自身实施的犯罪活动,对于犯罪率的节节攀升直接作出"贡献"之外,还以其他方式,发挥着"间接作用"。例如,如果某一地区的贩毒活动猖獗,执法部门就不得不从其他地区抽调力量对其集中围剿打击,从而为其他地区的犯罪活动打开方便之门。更有甚者,在贩毒及有组织犯罪的高发区,通常情况下黑市武器泛滥,为其他犯罪的滋生蔓延提供条件。

然而,更为重要的是,贩毒及与其伴生的暴力犯罪,创建出一种

"一夜暴富"的亚文化氛围,并导致围绕传统价值观的暴力冲突不断升级。[9]这可谓"破窗效应"的终极版。当人们发现自己身边的暴力犯罪活动愈演愈烈时,自然会在与他人交往过程中变得更为暴力。犯罪活动的每一丁点儿升级,都意味着其他人对于别人违反社会规范,如刑法的认真对待程度,出现类似程度的滑坡。

这一动态过程呈现出螺旋下降的毁灭状态。犯罪活动的高发,一方面导致社会群体对于自身刑事司法体制的信任度降低,对于犯罪的敏感度钝化,而这反过来又会进一步加剧信任度的降低及敏感度的钝化,如此循环,每况愈下。随着特定社会刑事司法体制的声名扫地,人们越来越不愿意守法或配合执法,这意味着,人们将越来越无法抗拒自身作奸犯科的压力及诱惑。

信任沦丧及藐视法律的恶性循环,可以自我维持。一旦某个刑事司法体制丧失公平正义的口碑,就无法激发其所适用的社会群体遵纪守法,反倒会为人们钻法律的空子提供口实。在其他情况下,很可能秉公执法、铁面无私的刑事执法者,现在或许会说:"为什么我要舍生忘死,在这个已经烂到底的腐败体制中,我为什么要眼睁睁地放着大钱不捞?"名声跌入谷底的体制,在更大规模的腐败面前毫无反抗之力,只会加速堕入无尽的深渊。但是,哥伦比亚的故事发展,却跳出了美国禁酒运动声誉扫地的恶性循环。这的确提供了可供借鉴的宝贵经验。

在哥伦比亚新宪法明确禁止引渡本国公民之后,埃斯科巴开始着手让自己的生意回归正轨。与当局的持续冲突,让他感觉生活存在诸多不便——必须隐匿行踪,不断转移毒品仓库的位置。显然,埃斯科巴根本无暇好好享受自己努力打拼所换来的美好生活。而他苦心经营的毒品买卖也遭受了重大损失。贩毒活动屡遭打击,而埃斯科巴自顾不暇,根本无心打理自己的生意。但他已然想出了一个可以一劳永逸解决所有问题的终极对策。

现在,不用担心遭到引渡的埃斯科巴,开始安排向政府投诚的问题,当然,是按照他自己所开的条件。哥伦比亚总统颁发了总统令,宣称只要埃斯科巴承认自己犯了某罪,政府将对其所涉及的其他犯罪指控既往不咎。埃斯科巴同意在其亲手为自己修建的"监狱"中服刑五年,从监狱所在的山冈,可以完美俯瞰麦德林城。警方不得踏足那里一步。埃斯科巴自掏腰包,为自己聘请了"狱卒"。犯罪集团每个月支付25万美元,用于埃斯科巴"监狱"的运营。

虽然监狱四周环绕着一万伏的高压电网,但总开关居然设置在埃斯科巴的"牢房"里,因此,与其说这样做是防止其越狱出去,莫不如说是防范警方突击进来。实际上,经常有人目睹埃斯科巴在"监狱"外活动,包括出现在某次面向全国现场直播的足球比赛现场。当他观看体育赛事时,警方对沿途十字路口实施了交通管制,以便埃斯科巴及其随从的车队顺利通过。埃斯科巴会在当地夜店大肆庆祝。因为"监狱"内的商店条件一般,圣诞节期间,他会前往当地购物中心大肆购买。

在"监狱"内安顿下来之后,埃斯科巴马上抽身出来打理自己的生意。他开始重整旗鼓,清理门户——铲除一切被其怀疑对自己不忠的同伙。很多在第一波清洗过程中侥幸全身而退的犯罪集团头目感觉如履薄冰,害怕迟早埃斯科巴会找上自己。因此,开始不择手段地寻求保护。某些团伙成员开始与哥伦比亚政府接触,寄希望于以向政府提供关键情报的方式寻求庇护。备受埃斯科巴集团凌辱的哥伦比亚政府,虽然对于上述合作深感兴趣,但政府官僚们也意识到,历史证明,其在打击埃斯科巴方面其实存在诸多掣肘。

为了震慑内鬼,埃斯科巴将自己杀害的一些同伙的尸体当众焚毁,火势之大,全城可见。此举一出,举国哗然,更下不了台的政府,被迫采取动作。总统为挽回颜面,派遣了一位年轻律师爱德华多·门多萨(Eduardo Mendoza),对于埃斯科巴服刑的"监狱"状况开展官方调查。结果,"囚徒"埃斯科巴反倒把门多萨变成了囚徒。手握上了膛的手枪,埃斯科巴与这位官方调查员讨论其最终的命运。埃斯科巴后来决定不要门多萨的性命,反而将其留作人质。对此,"狱卒"全过程都选择袖手旁观。

面对最新的这波打脸,哥伦比亚政府感到必须采取断然措施。埃斯科巴很快听到风声,自己平静的"监狱"生活即将画上句号。在没有预先通报,或者至少自己如此认为的情况下,政府派人前往埃斯科巴"服刑"地点,希望将他带至真正的监狱,但扑了个空。埃斯科巴和其他几位同伙在丝毫没有惊动薪酬丰厚的"狱卒"的情况下,大摇大摆地扬长而去。

尽管想办法确保自己不会被引渡至外国,但埃斯科巴依然担心遭遇反毒部门幕后支持,甚至政府参与的暗杀或绑架,进而将他带到美国接受审判。当后来了解到政府只是计划将自己转移,而非暗杀或绑架之后,埃斯科巴向政府自首。但风向已变。政府希望解决"监狱"问题的意愿,以及其在接受埃斯科巴自首方面的犹豫态度,都在一定程度上给予埃斯科巴的前同伙以信心,壮着胆子向政府提供机密情报,以换取特赦。

之前侥幸躲过埃斯科巴主使的飞机炸弹袭击的总统候选人塞萨尔·加维里亚,这个时候已经登上哥伦比亚总统的宝座。他宣布,将举全国之力,扳倒埃斯科巴。但和之前一样,打击目标依然飘忽不定。就连负责捕杀埃斯科巴的哥伦比亚秘密警察头子米格尔·马萨·马奎斯(Miguel Maza Márquez)都遭到七次以上的暗杀。虽然每次马萨都有惊无险,但有数以百计的无辜者为此丧生。

考虑到之前围剿埃斯科巴频频失利,哥伦比亚政府意识到,必须另寻行之有效的解决之道。政府邀请美国著名的精英部队"三角洲特种兵"(Delta Force)帮助搜寻埃斯科巴。三角洲部队通过监听埃斯科巴的电话,虽然成功抓获了他的若干同伙,但每次都与他失之交臂。根据三角洲部队提供的情报,哥伦比亚政府发动了上千次搜捕行动,但都无功而返。在躲避搜查方面,埃斯科巴堪称大师级人物。

然而,哥伦比亚政府打击埃斯科巴策略的第二点变化,的确改变了局面:政府对于新近出现的一组与埃斯科巴行为手段如出一辙的团伙刻意姑息,甚至暗中相助。加维里亚总统和新兴的卡利贩毒集团(Cali Cartel)成员(这些人也是埃斯科巴的追杀对象)暗地里共同支持一个名为"遭巴勃罗·埃斯科巴迫害的人们"(Perseguidos por Pablo Escobar)的组织,即通常用西班牙语缩称的"Los Pepes"。

"Los Pepes"所采取的策略,完全照搬埃斯科巴:暗杀、绑架、酷刑、威胁。这些行动绝非一群粗野匪徒的临时起意,而是由一个所谓"六人小组"负责组织领导,行动策划严密周详。据该组织的一位打手所言,自己所效命的"Los Pepes"受"哥伦比亚社会的顶层人士、真正的精英"左右,由这些人一手筹建。

行动负责人由曾担任埃斯科巴打手的卡洛斯·卡斯塔纳(Carlos Castana)及其兄弟担任。长年为埃斯科巴集团卖命的经历,让这些人深谙其内部的各种门道,熟悉人脉及其行为方式,因此为"六人小组"提供了需要锁定的人员名单、具体职务及详细住址。卡利贩毒集团负责提供资金支持,供"Los Pepes"进一步募集情报、购买给养、收买内鬼。卡洛斯·卡斯塔纳这样形容哥伦比亚政府对待他们法外杀戮行为的看法:"总检察长,以及军、警、宪、特各方,甚至连总统塞萨尔·加维里亚,都从未下达命令逮捕我们。记者们也都暗中叫好,而这也正是事情应该的走向。"[10]

"Los Pepes"的计划是攻击埃斯科巴的家族成员及律师,杀鸡儆

猴,震慑任何胆敢为埃斯科巴提供保护及帮助的人。每次行动后,"Los Pepes"通常都会在死尸旁边留下如下内容的字条:

> 遭处决的家伙,是连儿童都不放过的谋杀犯巴勃罗·埃斯科巴手下的毒品集团的恐怖爪牙。
>
> 以哥伦比亚的名义。
>
> Los Pepes[11]

随着会计师们纷纷反水,或者在酷刑面前委曲求全,将其所知道的财务秘密和盘托出,埃斯科巴手里一度掌握的巨额财富逐渐被抽干。之前,埃斯科巴通过"恩威并施"经营起自己的生意,现在,"Los Pepes"则以其人之道还治其人之身。更加高出一筹的是,他们选择从财务及威吓两方面双管齐下。

当然,并非所有的血腥杀戮,都是"Los Pepes"的杰作。因为行动诡秘,很容易让其对任何攻击埃斯科巴同伙的行为背锅,但这也无意中将另外一股鲜为人知的新型势力引入战团:为自己及其家人向埃斯科巴报仇的普通人。

> 职业犯罪生涯中,埃斯科巴手上可能沾着上万人的鲜血,如果我出身贫寒,如果我手中有枪,可以射杀他人,如果我的挚爱亲人惨遭埃斯科巴毒手,那么,麦德林城的每个人,万千人当中的某个人,都可能是我。他将树敌几何?乘以十?那就将是十万死敌。而其中超过半数,都有胆量以某种方式向巴勃罗·埃斯科巴宣战。[12]

随着传统的关系网难以为继,埃斯科巴被迫出逃,并着手组建全新的、不为卡斯塔纳所知悉,但代价不菲、未经考验的全新组织网络。这一饮鸩止渴的做法没有持续太久,毕竟埃斯科巴没有办法改变自己的家族,其所有成员都广为人知。这些人,开始成为"Los Pepes"的锁定目标。通过麦德林贩毒集团内部传出的线报,"Los Pepes"逐渐意识到,至亲才是埃斯科巴最大的软肋。虽然不会遭到毒手,但这些人却反复被当成筹码。就在埃斯科巴40岁生日来临之前,德国政府批准了埃斯科巴的妻子和孩子的庇护申请。他的全体家族成员飞往德国,这个在埃斯科巴看来相对安全的地方。但飞机刚刚落地,这些人就被通知无权在德国停留。显然,这是另外一个陷阱,意在向埃斯科巴表明,他已穷途末路,能够选择的去处少之又少。40岁生日时,埃斯科巴身边只有一名保镖,以及其母亲的一位表兄陪伴在旁。

"Los Pepes"的恐怖行动取得了出人意料的效果。就好像埃斯科巴实施的恐怖行动让哥伦比亚政府的权威及从民众那里获得的支持度土崩瓦解那样,反其道而行之的恐怖活动,让埃斯科巴同样面临树倒猢狲散的结局。其纵横捭阖的能力日渐窘迫,规避打击的方法黔驴技穷——可藏身之处越来越少,冷眼旁观者越来越多。因为三角洲部队的持续监控,埃斯科巴甚至连和他人的沟通联络都变得愈加困难。因为"Los Pepes"对其钱袋子的凶狠狙击,埃斯科巴很难动用巨额资金购买保护伞。处处受限的他,已然无法再像之前那样,神乎其神地躲避哥伦比亚政府军的围追堵截。

1993年12月2日,早间新闻充斥着埃斯科巴的一位表兄弟被击毙的报道。嗅到政府咄咄逼人之势的埃斯科巴,跳上一辆出租车,让司机开车在麦德林四处乱转,从而让其能够有机会打电话。随后,他在麦德林足球场馆附近一个名叫"洛斯·奥利佛斯"(the Los Olivos)的社区内一幢二层小楼前下车。美国监控设备很快就追查到了电话的来源,并随即锁定埃斯科巴的所在位置。他们马上将这一位置讯息密报给马萨将军的儿子胡戈(Hugo),此人奉命领导一支人称"中锋"(Centra Spike)的陆军搜索小组。

"中锋"行动小组在洛斯·奥利佛斯社区展开地毯式清查,胡戈·

马萨甚至直接看到埃斯科巴就站在一幢二楼的窗前。这一直接目击，恰恰正是搜索小组所需要的全部。不到几分钟，他们用大铁锤敲开了厚重的铁门。房间里面唯一在场的保镖试图跳后窗逃生，但被击倒。埃斯科巴本人则甩开蹬在脚上的人字拖，从二楼窗户跳到屋顶，四周埋伏着的严阵以待的军队同时开火，很快，埃斯科巴就面部朝下倒在屋顶。后来的尸检显示，一颗子弹击中了他的小腿，另外一颗子弹则从其肩胛骨下方穿过，致命的一枪直接击中埃斯科巴的脑部——右耳进，左耳出。在保镖的尸体上，也发现了同样的致命伤。据推测，两人都是在被军队开枪击倒后，开枪自戕。

一位搜查队员通过自己的无线电向小组大喊着报告："哥伦比亚万岁！我们刚刚击毙了巴勃罗·埃斯科巴。"虽然哥伦比亚陆军开了致命一枪，但却是"Los Pepes"所采取的法外手段，将之前哥伦比亚陆军甚至美国人都无法锁定的狡猾目标，剥去层层保护，赤裸裸地交给军方。

哥伦比亚的这个故事一方面说明了一个和禁酒期间类似，因为刑事司法体制丧失可信性、人们法纪观念弛废所导致的恶性循环过程。但同时，又彰显出若干重要的新特点。可以回想一下第六章，人类对于践行正义、避免不公具有强大的归属感。为了生存，无论人们需要何等痛苦地牺牲掉这一内心倾向，一旦条件许可，就会自动恢复原状。这一点，在禁酒运动及哥伦比亚的事例中都有所体现：在个人层面，人们似乎将回归正义看得无比重要。（"Los Pepes"的窜起，或许也在某种程度说明了这一点，也就是说，不惜代价打击埃斯科巴的意愿——尽管这一团伙抵抗不公的行为最终越界，从践行正义沦为实施非正义。）

在宏观层面，情境的还原却有些不同。一旦某个社会超越违法乱纪、控制失效的临界点,就无法扭转颓势,至少无法借由合法手段实现这一目标。哥伦比亚国内的恶性循环依然超越这一关键节点,犯罪要素获得了足以杜绝任何试图改革体制努力的影响力。埃斯科巴一而再,再而三地证明,通过腐蚀及恫吓——恩威并施——足以将事态推向无法(借由合法方式)回头的不归路。是否可以责怪哥伦比亚人对埃斯科巴相关要求的卑躬屈膝?当然不能。差不多任何一个民主体制都会如此而为。哥伦比亚人的唯一选择只能是:作出让步,换取无辜者的生命。

一旦突破失控的临界点,一个社会重新夺回控制权的选择,少之又少。其中可行的办法之一,就如哥伦比亚那般,需要在某种程度上让渡主权,允许"大哥"(big brother)进场,通过其所掌控的非法势力压制犯罪要素。但出于原则性或国民性的原因,并非所有民主政体都愿意作出此种妥协。这种办法同时要求"大哥"愿意承担与介入行动伴生的绝大风险与高昂代价。对于哥伦比亚来说,美国将巴勃罗·埃斯科巴视为威胁其自身利益的眼中钉,绝对算得上好事一桩,因为这样将会导致美国有意介入此事。但这一点对于大多数腐蚀、恫吓政府的犯罪团伙而言,不可复制。无论如何,美国方面的介入本身就缺乏充分的正当性。

在哥伦比亚,真正发挥作用的是一个以压迫者的方式对抗压迫者的团体——"Los Pepes"——是它有效对付了埃斯科巴。此举最终让哥伦比亚回归到正常运转的民主体制。那么,遭到"Los Pepes"威胁甚至暗杀的巴勃罗·埃斯科巴及其家人的民主权利,又该如何处理?攻击这些人,似乎根本上属于令人不齿的行为,但对此,哥伦比亚国内诸多品行良好的道德人士却保持沉默。理由很简单,除此下策之外,摆脱乱局别无他法。从长远角度来看,处理此类缺乏理性的沉沦的唯一符合道德之举,就是将苗头扼杀,绝对不能让埃斯科巴或类似的犯罪势力做大。

尽管如此,并非所有人都这样认为。很多民权绝对主义者认为,无论需要付出多大代价,政府都不能采取任何违反民主的做法。正如劳伦斯(D. H. Lawrence)曾写道的那样:"我的确认为,个人自由高于一切。如果不是为了保障个人的最大自由,要国家又有何用?"[13]本杰明·富兰克林(Benjamin Franklin)所说的名言更是无比振聋发聩:"那些希望通过让渡重要的民主权利换取片刻安宁的人,既不配获得民主,更不配获得安全。"[14]

那么,假设让这些人,以及与其类似的其他人,真的永久放弃其所珍视的民主,以及民主所带来的民权,他们将选择放弃长远的自由与安全,转而追求眼前的自由。在埃斯科巴这样的威胁出现时,他们绝对不会放弃某些自由权利,从而获取被其视为下地狱般的安全,但显然,其余的人并不这样认为。然而,绝对主义者对于民主自由的观点,具有普适性。例如,其代表着司法机关的标准看法。

> 法院及法官对有罪者予以惩罚的努力,本身固然该当褒奖,但借由此举,却无法经年累月,通过风险与牺牲,为这片土地换来作为根本法律的伟大原则。[15]

这一高见,无疑在帮助人们理解公民自由的重要性方面发挥了作用,似乎可以期待法院经常鼓吹此类情感。但同时,似乎还应该希望法院能够充分认识到,这些公关口号在现实世界适用时,会面临各种限制。当面临压力时,法院不能虚张声势,必须悄悄地竭尽所能,保护民主自由的一贯效力,同时不因为无知或教条,对其有所玷污或毁损。

关键在于,从长远角度最为有效保障公民自由的办法,需要在其与短期的正义与安全之间寻找到平衡点。唯一能够在无法扭转的恶性循环出现前对其加以预防的应对之策,即在于绝对不能让刑事执法活动滑落到危及其自身的可信性,从而引发恶性循环的临界点。

这里就涉及与前面章节相关的问题:对于可以预见的、将顺次引发严重背离正义的法律规则,加以重新检讨及重新厘定。绝对主义者无视犯罪控制方面可能出现的恶果,坚决反对在公民自由问题上进行任何形式的妥协。如果忽视了上述法律规则的犯罪控制成本问题,势必导致出现犯罪要素自身规避刑事法律体制的可能。从长远来说,对于犯罪控制及公民自由而言,这都算得上一笔危险的交易。那么,是不是说绝对主义者,就是如此非理性呢?当前之所以存在大量无法践行正义的法律规则,恰恰就是因为这些法律规则的创造者,一般来说是法院(当然并不全是),拒绝将无法实现正义(特别是在犯罪控制方面的效果等成本)考虑进来。

不容否认,文明社会必须保障犯罪人的权利,但同时也应该坦然承认,如果过分强调这些人的权利,将会付出犯罪控制方面的巨大成本。从长远角度而言,社会的最终成功,取决于二者之间的适当平衡。必须认识到,放任犯罪要素做大做强,将会也的确会危及自由发展的根基。一旦在放任犯罪影响力肆意增长方面铸成大错,回头路上势必伴随着相应的严重侵犯公民自由的现象。

在考察哥伦比亚的例子时,有人或许会认为,这与美国毫无关系。即便在埃斯科巴成气候之前,哥伦比亚已经十分腐败、暴力盛行,这与美国所面临的压力及问题截然不同。但这种看法却反映出一种十分危险的自鸣得意。在其看来,目前美国的现状在某种程度上就是这个国家的常态,而事实上并非如此,从未如此。如果一路而来作出的是另外一系列判决,事态将会轻而易举地发生改变。美国的禁酒运动早就说明了这一点。禁酒法案刚一制定,美国社会马上因为刑事司法体制可信性的丧失,变得腐败盛行、犯罪多发。没有理由认为,如果环境适合,类似的一幕不会在当下重演。

作为进一步的说明,请考虑一下,迄今为止,美国有组织犯罪(肇始于禁酒期间)的巨大能量。[16]过去一个世纪的大部分时间,有组织犯罪通过腐蚀、威吓等方式,在地方、州乃至美国政府层面造成了严重影响。[17]虽然最终重新夺回了控制权,但依然是通过在很多人看来背离正常刑事责任原则的"特别程序"才得以实现。"RICO 法",即《反有组织犯罪及腐化组织法》*中规定的相关犯罪,就算得上一个怪胎,对于内容相当复杂的"RICO 法"旨在禁绝的危害行为而言,较难判定,更难论说。[18]简单的投资行为或公司管理行为,只要出现在特定情境下——例如,与从事特定行为的人保持关联,或者使用特定来源的资金——都有可能成为违法犯罪。[19]

"RICO 法"一直以来都被诟病打击范围宽泛、对犯罪行为的界定缺乏内在统一性,以及允许检方提交品格证据**和前科劣迹等通常刑事程序需要仔细排除的间接证据。[20]虽然从传统标准来看,"RICO 法"多少有些奇怪,但其出现实属必然,毕竟传统刑法在遏制犯罪组织崛起、化解其对政府的颠覆力方面,表现得实在难言合格。

尽管根据"RICO 法"作出的相关判决,或许无法获得法律意义的满足,像哥伦比亚的"Los Pepes"那样,只是解决问题的急就章。然而,与其相关的宏观动态过程却如出一辙:一旦遭到纵容的犯罪势力动摇整个刑事司法体系,或许就需要采取非常措施,同时,绝对不能想当然地认为公民自由一定不受侵犯。

尽管可以认为,我们的背后,一定活跃着强有力的犯罪组织,但采取非常手段,从长远来看,可能会威胁公民自由的新兴威胁业已浮现。恐怖主义,就是当下的现实例子。尽管目前的美国政府与之前相比,

---

* 《反有组织犯罪及腐化组织法》(Racketeer Influenced and Corrupt Organization),1970 年,以美国尼克松总统执政期间制定的《犯罪组织对策法》为基础设立,RICO 法现在不仅包括打击贩毒集团的犯罪立法,还将个人或企业实施的其他不法行为作为处罚对象,打击范围颇广。

** 品格证据(Character Evidence),是指一方提交证人证言或书证,旨在证明基于被告人的特殊性格特征,其行为方式具备特定特征的证据类型。

已经不太容易受到腐败的侵蚀,但却在恫吓面前表现得异常脆弱。对于美国而言,巴勃罗·埃斯科巴的"胡萝卜"或许不再构成威胁,但其手中的"大棒"威力依旧。

正如巴勃罗·埃斯科巴在哥伦比亚实施的恐怖行径在攫取权力、实施控制方面行之有效那样,世界上很多国家的政府都因为政治暗杀及自杀式炸弹袭击而出现动荡。虽然就公民自由而言,政府对于恐怖活动的应对措施备受争议,但哥伦比亚,以及其他有效执法的经验教训表明,在给予仔细审查的情况下,目前的反恐措施从长远来看,远优于放任恐怖组织从政府那里抢班夺权直至做大到最终不得不依靠侵犯公民自由程度更甚的手段才能解决的地步。[21] 如果恐怖威胁根本无法克服[例如来自大规模杀伤性武器(WMD)的恐怖威胁],就必须作出让步。我们今天所作的选择,将会决定未来是否会出现这种局面。

至少,不应当在真空的语境下,讨论我们能够负担多大程度的自由。对于收集情报数据,讯问被逮捕者,使用无人机实施远程打击的授权,以及对于恐怖主义组织成员的羁押、起诉,该作何限制?前述种种,都会引发重要的民权问题,但显然,无法在不顾及反恐措施效果的前提下对其加以考虑。当今世界,大规模杀伤性武器并不是什么遥不可及的抽象威胁,某些国家公开支持诸如基地组织(Al Qaeda)等热衷于使用此类武器的恐怖主义组织。抛开基地组织不谈,难道还有人怀疑,世界上有数不清的恐怖主义组织一直试图获得大规模杀伤性武器,且一旦得手就会用之而后快吗?看起来,这样或那样的恐怖主义组织在此方面取得进展,只是时间问题,或许就在明天,或许还需等到下个十年。

持绝对主义立场的民权主义者一定会将"九一一事件"之后,整个美国社会上蹿下跳以期避免下一次袭击的那番仓促应对,视为对公民自由的自我阉割。应当将其视为再次——尽管需要付出一次牺牲数以千计生命的代价——为我们上了必要一课。但是,此类灾难降临的可能性,在目前自由与安全所维系的平衡下,几乎确定无疑。当下一次本来可以避免的灾难降临时,显然,所有人都将追悔莫及。但最应承担责任的,莫过于至今依然持绝对主义立场,拒绝在平衡安全与自由关系时将安全成本纳入进来的民权主义者。

236   万幸的是,鉴于目前美国刑事司法体制的健康性,以及举国上下的反恐努力,似乎可以乐观地认为,起码在某些情况下,美国已经开始通过牺牲短期的公民自由,换取长期的根本自由。但这并不意味着美国的情况会一直如此,同样,世界大多数国家的情况,也绝非如此。相反,这个世界上,很多国家政府腐败,犯罪控制手段疲弱无力,将控制权拱手让与犯罪组织,从而为其向他人发动进攻奠定了基础。

    政府腐败如果不是大多数国家的普遍现象,也肯定是某些国家的特有顽疾。"2011年世界正义项目"(The 2011 World Justice Project)报告称,在其所调查的66个国家中,有47个(约占71%)在刑事司法体制的腐败程度方面,排在美国之前。[22]例如,一份联合国报告显示,在阿富汗,公民对于腐败及公众人物诚信的关注程度,远超安全及就业等现实问题。调查表明,2009年,每两个阿富汗人当中就有一人曾经向官员行贿,平均行贿额度约为160美元。合计起来,当年阿富汗人总共行贿超过25亿美元,约占当年GDP的23%。[23]

    世界上很少有国家能够正确分配资源,维持确保腐败低频次发生所需要的公权力透明运作。2011年,"透明国际"(Transparency International)开展调查,根据公众感知的政府腐败程度,对于全世界183个国家及地区进行排序,在从0分(极度腐败)到10分(极度清廉)的设定中,超过三分之二的国家得分不足5分。[24]

    尽管政府腐败依然屡禁不止,但平衡犯罪控制与公民自由则需要考虑到政府对于公民自由的侧重,否则就会像哥伦比亚所遭遇的那样,滑落到无法重新夺回控制权的危险程度。研究表明,在政府与有组织犯罪牵扯不清的国家,最容易滋生恐怖主义组织。有组织犯罪为政府架构奠定基石,而置身其中的"公仆"们,或者唯这些罪犯老板的颐指马首是瞻,或者选择对其所犯下的罪行熟视无睹。对于地方警察首长而言,其出现在毒品贩子的行贿名单之上,还是出现在恐怖分子的行贿名单之上,显然算不得多大的跨越。在这种情况下,腐败的公权力部门,显然无意扩大犯罪控制的能力,以打击恐怖主义。和黑社会头子一样,恐怖主义者也会以牺牲公众本应获得的良好治理为代价,为自己寻求庇护。[25]

研究数据同样支持腐败的政府无力有效打击恐怖主义这一结论。腐败程度最高的国家,恐怖主义往往最为横行。2004 年至 2010 年间恐怖主义活动高发的 25 个国家,基本上都存在相对应的远超美国的腐败高发情况。[26]和有组织犯罪一样,恐怖主义同样将政府置于输掉控制权的危险境地。

另外一项重要的经验教训是:之于美国而言,对个人权利及有效执法行之有效的良好平衡措施,对于面对不同腐败及威胁的其他国家未必同样适用。其他政府腐败泛化,以及在控制恐怖主义方面力不从心,意味着并不是所有国家都能够很容易地达成妥协以抗拒这种影响。事实上,某些国家因为妥协程度太高,业已沦为有组织犯罪及恐怖团伙的避风港。对此,可以参考巴基斯坦,特别是其主要的军事情报机关"三军情报局"(the Inter-Services Intelligence, ISI)的例子。已遭暗杀的巴基斯坦前首相贝娜齐尔·布托(Benazir Bhutto),将"三军情报局"称为不受民选政府控制的"国中之国"。[27]美国官员则批评该机构支持阿富汗叛军,同时针对美国的利益目标组织恐怖袭击。[28]在巴基斯坦国内,"三军情报局"也似乎需要为暴力压制对军方的批判负责,毕竟这类问题民选政府无意或根本无法打击。巴基斯坦最高法院曾组织过一个委员会,专门负责调查2011年一位记者遭遇绑架及谋杀的事件。尽管包括这位惨死记者详细说明的自己遭到"三军情报局"威胁的电子邮件在内,证据可谓确凿,但在调查过程中,该委员会依然没有聆讯任何一位该机构的情报人员。[29] 2007年,布托遇刺后,巴基斯坦警方因为忌惮"三军情报局",并未对此事件开展过任何像样的调查。[30]在这样的情况下,无法寄希望于刑事司法体制充当负责有效打击恐怖主义活动的政府部门。

美国的改革者们在输出自身经验时,应当慎之又慎;而其他国家的改革者在借鉴美国经验时,也应当慎之又慎。在美国看似合理的兼顾犯罪控制与公民自由的手段,对于腐败及威胁程度不同的其他国家,未必是个好主意。然而,美国却经常在不考虑其他国家国情的情况下,强制输出自身的刑法规则与实践做法。[31]这样一种不加批判地一味鼓吹美国做法的尝试,是典型的民权绝对主义者的看法,同样彰显出另外一个层面的危害性。

很多国家,甚至很多所谓自由民主政体,在考察美国刑法规制及实践做法后,明确表示其无法适应本国国情(见第十章)。[32]可以将美国版本的非法证据排除规则及侦查陷阱抗辩,视为在保障被告人权利与践行正义等目标间寻求平衡的做法。[33]具体的平衡点,取决于各个国家之间迥异的犯罪威胁情况。即便面临与美国类似威胁的其他民主国家,如英国,也对美国的某些做法表示反对,理由显然不在于其不重视公民自由,而在于其试图在长期保障上述自由的同时,建构起一套值得信赖、高度有效且能够满足大众正义需求的刑事司法体制。

---

[1] 相关事实描述的主要根据如下:Eldredge, *Ending the War on Drugs*; Godson, *Menace to Society*; Harris, *Political Corruption*; "High Judge Fighting Drug

Traffic Is Slain in Colombia," *Chicago Sun-Times*, August 1, 1986; Mark Uhlig, "As Colombian Terror Grows, the Press Becomes the Prey," *New York Times*, May 24, 1989; Bowden, *Killing Pablo*; Collett Merrill, "Colombians Strike: Violence Spreads Death Toll Rises after Killing of Leftist Political Leader," *Washington Post*, October 14, 1987; "Gang Murders Cop Who Fought Medellin Cartel," *Miami Herald*, August 19, 1989; Penny Lernoux, "The Minister Who Had to Die: Colombia's Drug War," *Nation*, June 16, 1984; Nelson and Mollison, *The Memory of Pablo Escobar*; Mazur, *The Infiltrator*; Escobar and Fisher, *The Accountant's Story*; Kirk, *More Terrible Than Death*; Gaviria, "Increasing Returns," 1。

[2] Nelson and Mollison, *The Memory of Pablo Escobar*, 45.

[3] Bowden, *Killing Pablo*, 23.

[4] Nelson and Mollison, *The Memory of Pablo Escobar*, 68.

[5] Nelson and Mollison, *The Memory of Pablo Escobar*, 85.

[6] Nelson and Mollison, *The Memory of Pablo Escobar*, 90.

[7] Sanchez et al., "Conflict, Violence, and Crime in Colombia," 126.

[8] Gaviria, "Increasing Returns," 21.

[9] Gaviria, "Increasing Returns," 20.

[10] Nelson and Mollison, *The Memory of Pablo Escobar*, 224.

[11] Nelson and Mollison, *The Memory of Pablo Escobar*, 223.

[12] Nelson and Mollison, *The Memory of Pablo Escobar*, 227.

[13] Lawrence, "Letter to Thomas Dunlop," July 12, 1916.

[14] Benjamin Franklin, "Pennsylvania Assembly: Reply to the Governor," *Benjamin Franklin Papers*, November 11, 1755, http://franklinpapers.org/franklin/framedVolumes.jsp? vol =6&page =238a.

[15] *Weeks v. United States*, 34 S. Ct. 341, 344 (1914) (后被 *Mapp v. Ohio* 案推翻)。

[16] Anderson, *The Business of Organized Crime*, chapter 5.

[17] Anderson, *The Business of Organized Crime*, 10; Abadinsky, *Organized*

Crime, 9th ed. , sec. 5.

[18] 18 U. S. C. §§1961-1968.

[19] 参见 18 U. S. C. §§1957, 1961, 1962。

[20] Lynch, "RICO," 661, pt. 1-4; Robinson and Cahill, *Criminal Law*, 2nd ed. , §12.4.

[21] Haque, "Government Responses to Terrorism," 170.

[22] 参见 WJP factor 8.5, Mark David Agrast, et al. , eds. , "The World Justice Project: Rule of Law Index 2011," World Justice Project, http://worldjusticeproject.org/sites/default/files/WJP_Rule_of_Law_Index_2011_Report.pdf。

[23] "Corruption in Afghanistan: Bribery as Reported by the Victims," United Nations Office on Drugs and Crime, http://www.unodc.org/documents/data-and-analysis/Afghanistan/Afghanistan-corruption-survey2010-Eng.pdf.

[24] "2011—A Crisis in Governance: Protests That Marked 2011 Show Anger at Corruption in Politics and Public Sector," *Transparency International*, December 1, 2011, http://cpi.transparency.org/cpi2011/press/.

[25] Thachuk, "Corruption and International Security," 143, 148-49.

[26] 相关事实描述的主要根据如下:RAND Database of Worldwide Terrorism Incidents, http://smapp.rand.org/rwtid/search.php。公权力腐败的排行根据:"Corruption Perceptions Index 2011," *Transparency International*, http://cpi.transparency.org/cpi2011/。

[27] "A Conversation with Benazir Bhutto," Council on Foreign Relations, August 15, 2007, http://www.cfr.org/pakistan/conversation-benazir-bhutto/p14041.

[28] "美国政府官员批判"的事实来源:Mark Mazzetti and Eric Schmitt, "Pakistanis Aided Attack in Kabul, U. S. Officials Say," *New York Times*, August 1, 2008。

[29] "Pakistan: Shahzas Commission Results Marred by Free Ride for ISI," Human Rights Watch, January 20, 2012, http://www.hrw.org/news/2012/01/30/pakistan-shahzad-commission-results-marred-free-ride-isi.

³⁰ "Report of the United Nations Commission of Inquiry into the Facts and Circumstances of the Assassination of Former Pakistani Prime Minister Mohtarma Benazir Bhutto," United Nations, April 15, 2010, 63, http://www.un.org/News/dh/infocus/Pakistan/UN_Bhutto_Report_15April2010.pdf.

³¹ 例如,有美国学者向"国际战争犯罪项目"(the International War Crime Project)提出观点称:"在研究不同国家版本的非法证据排除规则之后,我进一步认为,ICTR(卢旺达国际刑事法庭)规则第66条,参照了美国版的非法证据排除规则。据此,我的结论是,美国版的非法证据排除规则,对权利遭受侵害一方提供了多种救济手段,同时设定了最为符合宪法及成文法的组织架构,并要求警方对其加以遵守。"Benjamin Snyder, "When, If Ever, Will an Illegal Arrest Result in Dismissal of the Charges and, If an Illegal Arrest Does Not Result in Dismissal of the Charges, What, If Any, Remedies Will Exist for an Illegal Arrest?" (New England School of Law, International War Crimes Project, Rwanda Genocide Prosecution, Memorandum for the Office of the Prosecutor, April 28, 2000).

³² Adam Liptak, "U.S. Is Alone in Rejecting All Evidence If Police Err," *New York Times*, July 19, 2008, www.nytimes.com/2008/07/19/us/19exclude.html? pagewanted = all (美国版本的非法证据排除规则,几乎遭到了包括加拿大、澳大利亚、英国及欧洲人权法院在内的所有国家或地区的"排除适用")。

³³ 例见 Dolinger, "The Influence of American Constitutional Law," 803, 827 (反对美国版的非法证据排除规则,担心这种设计会让危险的犯罪分子逃之夭夭,从而对公共安全造成威胁); Blum, "Doctrines without Borders," 2131, 2135-39 (以色列最高法院判定,对于该国司法体制而言,最佳的规则就是法官根据自由裁量权排除证据,即由法院在具体案件中决定是否排除,以及如何对警方的不端行为给予救济); Cladwell and Chase, "The Unruly Exclusionary Rule," 45 (英国、加拿大、澳大利亚及新西兰都并未采取强制性的非法证据排除规则,而是采用法官自由裁量排除模式)。对于非法证据排除规则的更多内容,参见 Robinson and Cahill, *Law without Justice*, chapter 7。

第十二章　拿正义当回事

五个锦囊

239　　人类之所以能够不断繁衍,生生不息,主要原因即在于我们所具有的合作天性与社会属性,但社会合作,仅在特定人群建构起一套对抗根本性错误行为的规范,同时通过惩罚体系落实上述规范的情况下,才得以实现。然而,惩罚体系本身并不会提供这种必要的基础。只有公平的惩罚才会达成上述目标——需要把在人们看来进一步促成违法者可责性的个人财富问题也考虑进来。持续出现的不公或正义失范,不仅无法导致合作,反而会引发不睦与疏离感。

人类本性驱使我们始终关注践行正义、避免不公。但对于正义的渴望,却也会在现实面前低头。然而,只要条件允许,一个人群,仿佛是恢复缺省设置那样,通常都会重新回归到践行正义的轨道上来。通过检视远离政府或法律影响,陷入自生自灭状态的人群的行为模式,便可得出上述结论。

然而,斗转星移,世事变迁,现在已非只有依靠正义直觉,人类才能生存的那个时代。远古时期,人类或许还只是剑齿虎的一味美餐。时至今日,人类的生活变得十分安全、舒适,至少根本不需要再去茹毛饮血,同时,人类还掌握着通过政府法律,建构起不像脱法生存那样亟须合作与正义的社会环境。

240　　不过,即便在当代社会,人类乐见正义伸张、避免不公的自然天性,依然代表着对于社会合作而言至关重要的基本智慧。伴随着超过125000个人类代际的繁衍发展,这些天性已然成为体制设计者必须理解的客观现实。人类不能随随便便就"被重新教育"成为对正义与不公麻木不仁的物种。无论是否喜欢,为我们所生活的这个世界设定架构的人们,必须将作为既成事实的此种人类天性奉为圭臬。政府在教育民众学会适应推动社会福祉的世界观方面多有建树,且尚有进步空间,但无论如何,政府能做的毕竟有限。

更为重要的是,应该去做的,也应有其限度。人类所取得的成功,总是取决于高度的社会合作关系,而这反过来又要求对罪错行为作出公正处罚。例如,正义观一直并将依旧被当成一种基本的价值观。顺应人类内心强烈渴望正义的犯罪控制政策,从长远角度来看,必将让我们获益无穷。但对于当下社会而言,这一切又有何意义?

在应对严重罪错行为方面,如果可以,我们将做何种改变?谨此提出下列五项改革建议。

1. 清理整顿刑罚处遇过于苛重的刑事司法规则及实践做法

刑罚不公,绝对有损于犯罪控制。正确的做法,应当是罚当其罪,不矫枉过正,从而才能为其他人传递有效的震慑信息,同时将危险分子与主流社会隔离开来。过度惩罚犯罪人,将削弱整个刑事司法体制的道德可信性,进而对犯罪控制的有效性产生反作用(见第八章)。

如果在该当的刑罚执行结束之际,受刑人的人身危险性依旧存在,从而需要进一步采取限制措施时,即便如此,也应当对延长受刑人羁押期限的实际效果持开放且诚实的态度。不应将延期羁押伪装成对受刑人之前实施犯罪的该当惩罚,而是应该大大方方承认,这一做法纯属预防性质。但延期羁押的根据——即对于受刑人人身危险性的预测,而非对其的惩罚——应当在适用条件及具体内容方面,有所不同。只能在保证公共安全的前提下,允许对其采取最低限度的民权限制措施。如果只有监禁才能带来足够的社会防卫效果,那么监禁的条件也应当尽可能良好,淡化惩罚性质。需要定期评估,以查证其人身危险性的实际状态。同时还应适当评估遭遇威胁的严重性,并将其与延期羁押的时限做最低限度的联系。应当将再犯可能性及预测的可靠性,在最低限度,与遭遇威胁的严重性联系起来。值得一提的是,对于预防性羁押所适用的上述符合逻辑的限制条件,在目前扯着刑事正义大旗的预防性羁押实践中,统统不灵(见第九章)。

对于众所周知的那些超过该当性,罚过其罪的法律规则及实践做法,之前已经有所讨论:"三振出局法"(如拉梅尔——空调维修诈骗案);"重罪谋杀规则"(如霍利——因为出借汽车被判终身监禁不得假释);"因为存在犯罪前科刑期翻三番"(如阿尔蒙德——因为向自己的电视机开枪获刑十五年);"降低未成年人的完全刑事责任年龄下限";"未遂行为既遂化"(如将强奸未遂等同为强奸罪,或将重伤害未遂等同于重伤害既遂)(见第九章)。其他显著超越公众预期的苛重处罚方式,包括废除或显著限制精神耗弱抗辩的适用;对于涉毒犯罪适用刚性法定刑;将不仅违反民法,还违反政府行政法规的轻微行政违法行为作为犯罪处理;不要求检方证明任何可责心态(也就是证明行为人明知,或应当知道使其行为具有犯罪性的具体情节)的所谓"严格责任"犯罪。

现行刑法的不公不义,远不止上述备受争议,或与其类似的法律规则。目前,大多数美国刑事成文法都充斥着刑罚程度远超社会一般人预期的苛重规定。例如,在宾夕法尼亚这个刑事立法相对较为公平的州,向朋友销售盗版CD,需要面对和抢劫或潜行跟踪(Stalking)类似的惩罚。[1] 展示淫秽物品的法定刑,与二级强奸罪类似(二十五年监禁)。明知是盗窃而来的音响依然照收不误的当铺老板,该当与强奸犯罪人相同的法定刑。将17岁的青少年反锁在其房间一个半小时,可能需要承担类似于将14岁少年锁在墙角一个月的刑罚(十年监禁)。这仅仅是针对该州刑法典所做某项调查中罗列的数以百计实例中的九牛一毛而已。对于过度惩罚,人们一见即明。有研究专门比较针对具体犯罪,不同州居民对该州刑法典相关量刑规定的适当性评估。以新泽西州为例,在未付款的情况下,在超市将番茄酱瓶子打开后将其放置在货架后面的行为的严重性,被该州居民视为与在公共场所殴打的严重性类似,而后者作为轻微的违反公共秩序犯罪,最高刑期仅为监禁三十日——但根据该州刑法典,偷藏番茄酱的行为,却面临高达五年的法定刑。[2] 观看斗狗的人,与实际每周组织斗狗的人一样,面临最高五年的法定刑。

其他的一些事例,刚开始听起来甚至有些搞笑。新泽西居民认为,为生发剂换贴虚假商标从而让别人无从知晓这一事实的做法,充其量该当三十日监禁。然而,根据新泽西州法,行为人需要为自己的这点虚荣心,付出五年监禁的代价,而这与基于非法目的持有武器的法定刑相当。同样,这也是针对该州刑法典研究的过程中所收集到的数以百计明显不合理事例中的很少一部分。

在肯塔基州,因为没有在车内给孩子适当扣系安全带导致其因此丧生的父母,将面临与故意伤害自己子女相同的刑罚处遇。盗窃301美元,与盗窃500万美元的刑罚相当。基于日后使用的目的持有他人身份信息的惩罚,重于盗窃任何数额财物的行为。[3]

在伊利诺伊州,将同学午餐费揣入自己腰包的大学生,将会面临与绑架犯,或实施性攻击犯罪的行为人相同的处罚。非法窃听他人对话,在惩罚上远远重于非法偷拍别人在家里脱衣服。类似的例子还有很多。[4]

本书作者之一,曾受命于上面提到的两个州,即伊利诺伊及肯塔基州,帮助其起草新的刑法典,还负责帮助宾夕法尼亚及新泽西州分析这两个州刑罚典中法定刑的内在一致性。之所以将这些州的刑法典作为例子,仅仅是因为作者对此有所了解,绝对不意味着和其他州相比,这两个州的刑事立法有多糟糕。相反,相较于很多州来说,上述两个州的刑法典明显更加完备成熟。[5] 几年前,在本书作者之一针对美国的五十二部刑法典所进行的研究中,这四个州非但不算质量较差,相反,堪称"责罚认定相对准确"的刑法典的代表。实际上,在这一评估中,肯塔基州排名第九,伊利诺伊州位列十六。在美国其他司法区的刑法典中,类似的非理性规则也随处可见。至于联邦刑法,才可谓差到极点(尽管曾数度尝试,但美国联邦政府并未像大多数州那样,在二十世纪六七十年代编纂完成现代刑法典)。所有司法区都需要对其刑法作系统化审视,从而确定哪些规则或做法与社会公众的正义观存在严重冲突,进而对问题最多的立法加以改革与修正。

2. 清理整顿干扰正义实现的刑事司法规则及实践做法

对于通过正确适用法律,从而建构刑事法的道德可信度而言,同样重要的,还包括清除可能会引发不公结果的法律规则或实践做法。并不是所有犯罪人都会得到罚当其罪的对待。人们对此也能理解。没有人希望生活在一个可以实施此种绝对控制的警察国家。美国对政府权力、联邦宪法及各州宪法都设定了诸多重要限制,而这些限制性规定,理应尊重。但刑事司法体制需要去做的,是明确在适当的限制范围内,将采取所有可能的措施,确保正义得到伸张。绝对不能为了追求其他无关紧要的利益,将正义作为交换的筹码(见第十章)。

在积累口碑的过程中,动机至关重要。如果情有可原,如果刑事司法体制始终在追求尽善尽美,那么即便出现某种疏漏,也会获得谅解。但假如所采用的原则、实践体现出无视践行正义的重要性,就会适得其反,将对该体制的声誉造成极大冲击。之前早已提到的有损口碑的原则包括:非法证据排除;禁止双重告诉;较短的法定追诉时效;以及侦查陷阱抗辩(见第十章)。但这些也只是大量注定引发严重不公的刑事司法规则与实践的小小缩影。如果刑事司法体制在其所适用的社会中获得道德可信度,那么体制的领导者及其所制定的规则就必须明确,将竭尽所能,避免对严重的罪错处置不公。

3. 风物长宜放眼量:通过重新进行现代化立法、制定量刑指南的方式,保证根据个体被告人的可责性定罪量刑

从实证研究中可以了解到,一般来说,人们对于不同犯罪人之间相对不同的可责性十分敏感,并认为应依此对其加以惩处。即便没有受过什么教育的人,也对可责性具有复杂、细致的判断力。在人们心中,特定犯罪的刑罚处遇绝非一成不变,相反会强烈地感觉到罪行越恶劣,刑罚就应当越严苛。不同的国家,法定最高刑殊为不同——例如,在斯堪的纳维亚半岛的某些国家,最高刑一般仅为十五年;相比之下,美国的最高刑则可能会是死刑或终身监禁。不过,至少从核心犯罪层面来看,在刑罚谱系中,不同犯罪的刑罚排序依然大体雷同(见第四章)。

不幸的是,在目前美国的体制框架下,一般来说分别由立法机关设定犯罪的严重程度,由法官判断被告人的可责性,双方各自为政。基本上,立法机关会创制新型犯罪或刑罚,以应对晚近出现的媒体热点事件或就特定犯罪问题开展的公众讨论。借此,立法者希望向各自选区的选民表示,自己对其诉求作出了充分回应。因此,立法者往往喜欢提高与当下的热点犯罪相对应的法定刑。对于热点犯罪的过分关注,导致立法者往往将其孤立判断,很少考虑其在所有既存犯罪及刑罚体系中的合理位置。实际上,如果在这个过程中还考虑过什么既存犯罪的话,通常也是为了确保新设立的犯罪处罚更重,以便向自己的选民彰显立法者对此问题的高度重视。一年后,随着媒体报道的热度逐渐散去,公众讨论渐趋冷落,立法者为新罪设定的刑罚就将"独树一帜",与其他所有犯罪格格不入——其唯一的价值,就是水涨船高地为下一波热点犯罪的到来,准备好越来越高的起刑基点。

第十二章 拿正义当回事

这一扭曲过程的作用相当直接。即便那些优秀的立法者明知乱开刑事立法支票的做法不是好主意——除了制造刑罚体系内部混乱外一无是处——同样会投赞成票,因为在下一次选举中,对犯罪问题不重视,显然是无法承受之重。每天,在美国各地的立法机关内,都在上演着制定明显有悖刑法典的非理性刑事立法的犯罪政治戏码。

情况的缺失愈演愈烈。伊利诺伊州就是一个典型。和二十世纪六七十年代美国的大多数州一样,伊利诺伊州于1972年基于美国法学会推出的《模范刑法典》,制定了该州首部内容详尽的刑事成文法。新制定的刑法典取代了之前散见的282个具体犯罪或附属犯罪,其内容至今依然占据常见犯罪的95%。1972年至2010年,伊利诺伊州立法机关总计为该州刑法典通过了2331项增补或修正案,且此种刑事立法还呈现出不断加速的态势。[6] 现在的刑事立法,很少经过深思熟虑,更做不到有的放矢,只不过是一种政治表态或手段而已,这实际上让美国刑事成文法变得日趋丧失理性与内部统一性。

缺乏宏观视野——即将个案和其他案件放在一起整体考量——也随着法官个体享有的自由裁量权越来越大,开始引发负面效果。法官一案一审,一案一判,因此这并非他们的错。但如果不能从宏观高度制定量刑指南,法官的量刑判断就不太可能会反映出此案与彼案的对比关系。对于法官个体而言,手边也根本就没有必要的资源供其进行类似的对比分析。可以通过量刑委员会及量刑指南,由其通盘考虑所有犯罪与犯罪人各项特征的方式获得必要的宏观高度。虽然量刑指南不会对法官产生必然的约束力,但足以从社会正义的角度,为法官提供相对于其他犯罪与犯罪人,其所审理的具体犯罪及犯罪人具有何种独特可责性这一关键信息。

起草这样的量刑指南,显然算得上一项浩大的系统工程,但却十分有益。本书的作者之一保罗·罗宾逊,曾是负责为所有联邦法官起草量刑指南的"美国量刑委员会"的最早一批委员之一。凭借着无出其右的丰富资源,该委员会本来可以很好地完成上述比较工作,但其却并未选择这样做(罗宾逊是反对现行版本联邦量刑指南的七名委员之一)。需要为该委员会说句公道话的是,其在早期(1985—1987年)并没有充分认识到普通人对于正义判断的复杂性与一致性,没有认识到在建构刑事司法体制道德可信度方面,法律遵循上述一致判断的重要性,以及此种道德可信度对于犯罪控制的好处。

对于法官个体的自由裁量权加以指导,除了接触宏观视角之外,还存在其他适当理由。大多数法官都奉行自我的量刑哲学,彼此之间就适当刑罚的认同度较低。如果放任此类政策性分歧影响对于犯罪人的量刑,就是切断行为人所受刑罚与其所实施的犯罪或其本身的性格或能力之间的联系,反而将自己的命运完全交给运气,即由哪位法官主审。这种良性过程中的非理性,只会进一步削弱刑事司法体制在其所适用社群中的道德可信度。

对于可责性负责,还意味着需要无视不适当的或缺乏相关性的要素。例如,有人或许倾向于考虑社群的意见,就是关注新闻标题、微博吐槽、推特跟帖,或其他任何下意识的反应。但是,关注社群意见,真正的用意在于从长远角度建构刑事司法体制的道德可信度。盲目地追逐当下热点,只能让人感觉到刑法的易变性与不可靠性。但刑事司法体制应当认识到正义所需要的真谛,即便在公众舆论甚嚣尘上之际,也绝不随波逐流。风头过后,社群就会再次从长远角度对于刑法加以评价,即便是当时最为跟风的人,也会毫不犹豫地痛批体制未能抵御风潮的诱惑。事后追悔的私刑暴徒——发自内心由衷认识到自己的错误性——即便自己犯错,也会对于其他重蹈覆辙参与私刑的暴徒作出恶评。哪怕暂时误入歧途,社群也会期待具备道德可责性的刑事司法体制能够力挽狂澜,进行纠错。

刑事司法体制之所以无需关注针对个案的当下政治争论或新闻报道，理由在于，此种争论或新闻报道将不可避免地受到通常情况下普通人只会埋藏在心，但这个时候容易表现出来的干扰性判断的不当影响。对于个案而言，人们的判断或许会受到公认的不当因素的影响：种族、宗教、政治立场、社会身份等。从实证研究中不难发现，即便在无意识的情况下，上述因素也会干扰我们的判断。一般情况下，我们都会对同类而非异类给予更多同情。一个能够在社群中塑造自身道德可信度的刑事司法体制，势必在排除干扰要素，仅仅关注判断行为人可责性方面值得其成员信赖。质言之，即便无法彻底实现，我们依然希望刑事司法体制本身公正无涉。

正义判断的实证研究所解释的美感之一，在于可以借此将被一致认为不适当的要素排除出考量范围。上述研究将大量涉及犯罪及犯罪人的特质要素纳入测试范围，同时排除诸如种族、宗教等要素，从而在不受干扰的情况下还原普通人对正义原则的看法。通过上述实证研究所提取出的大众正义直觉，可以被用来作为起草刑法典的具体规则，拟定具有说服力的量刑指南，指导量刑实践。但是一旦上述规则和实践做法得以树立，社会大众就不应该再受新闻中对于具体个案审理的报道左右。社群看法，应当控制法律规则，而非决定个案。

人类共有的正义直觉表明，从事相似犯罪的相似犯罪人，应当被处以相同程度的处罚（即便是以不同方式表现出的刑罚程度）。只有在所有被告人都依据相同的责任原则给予类似处罚，而非受民意或司法人员意识形态左右的情况下，才能确保处罚的平等性。

4. 创设或指定一个公共团体——如司法委员会——以促进公正，对抗不公

刑事司法体制的道德可信度，绝对不会无中生有。其将遭遇到诸多干扰因素，例如增加刑罚震慑效果的诱惑，或通过不当手段剥夺限制犯罪人自由(见第九章);通过牺牲正义以实现其他目标,如对检方或警方加以控制的诱惑(见第十章);政府政策或公共政策自然引发的干扰效果(见本章)。目前美国刑事司法体制的惨状,充分代表着下列既存的程序性结果:常态性地对于正义的双向严重践踏。如果希望将来能够对此动态过程有所改变,就要有所作为。这个委员会应当是一个具有可信度的团队,应当具备公正性,应当通过根据法律及政策行事的方式,践行正义,避免不公。目前,很多组织都就刑事正义问题以及相关具体个案,表达了各自的看法。如"美国公民自由联盟"(the American Civil Liberties Union)以及"全国反对代议制委员会"(the National Committee against Repressive Legislation),即现在的"捍卫异见委员会"(the Defending Dissent Foundation)等左派组织,支持通常意义上非刑或轻刑主义的刑事政策。至于右派团体,如"全国地区检察官联合会"(the National District Attorney's Association)以及"全国刑事司法联合会"(the National Criminal Justice Association)则支持扩大责任范围、加大处罚力度的刑事政策。[7]但所有人都知道,这些组织的成员所言都只是一面之词,因此可以将其当成各自的政见而一笑了之。只有积极、细致对抗不公,推动普遍公正的跨党派组织,才可以从长远角度,在更为宽广的政治谱系中获得影响力。积极对抗不公,或许可以让民主派在谴责正义失范前有所收敛,毕竟这种谴责能够让保守派严肃对待刑罚苛重的指摘。

那么,这样一个司法委员会需要做些什么?譬如,可以大肆游说、鼓励立法者能够放眼未来,能够像前述"建议3"那样,从更为宏观的角度审视自己的提案。司法委员会还可以对立法草案或现行法律公开发表评论,抑或积极推动有可能践行正义、避免不公的立法。如果可以为自己赢得致力于捍卫正义的口碑,那么这个委员会就能为那些明知"热点犯罪"立法实乃下策,却出于政治利益的考量不敢有所忤逆的议员,提供政治庇护。立法者可以这样为自己开脱:"就连大家一致相信致力于捍卫正义的司法委员会,都认为这个议案毫无必要且显失公平,因此本人也对其表示反对,本人,也对践行正义,关心备至。"

类似组织,如果资金充裕,还可以负责比对立法草案与既存刑事成文法。事实上,美国所有现存刑事成文法,都需要进行类似的审查,从而明确其中存在的罪刑失衡。仅仅了解到有这样一个组织且已经准备好揭示罪刑失衡的准备工作,就足以迫使立法机构自身进行分析比对,以避免被其他人公开指摘所带来的尴尬局面。

此类组织还可通过必要的实证研究,不断完善对于普通人正义判断的细致理解。既有研究固然为我们设定了坚实的基础——描绘了粗犷的蓝图——但图画的细部仍然需要不断润色。同样,还可以借此鼓励其他组织(如"美国量刑委员会")从事类似的研究,并培养相关领域的精英专才。这里所讨论的团体,或许应当由政府组建,但并非必须如此,毕竟该组织的影响力与道德可信度绝非来自法律界定,而产生于其对正义——恰如其分的正义——一丝不苟地彻底贯彻。

5. 经常质询目前的群体判断是否存在错讹之处

确保刑法反映、追随社群的正义直觉,从犯罪控制乃至践行民主的角度来看,皆属正当。这种跟踪的效果,及由此带来的可信度,都有能力吸引民众的支持与帮助,确保法律获得民众的服从,推动规则的内化过程(见第八章)。然而,对于刑法追逐社群当下观点的做法,也应当给予重要的限制:社群的观点或许存在错误之处,一味坚持未必是好事。最初的异议,长远来看也可能对社会极为有益。如果刑法从未僭越社群看法,将根本无法帮助社群成员改变己见。

某些正义判断,至少通过自由民主派能够容忍的方式,改变起来较为困难。对核心罪错行为的直觉判断,更非简单操纵所能主导。但在这些核心信念之外,社群民意其实相当可塑,而刑法本身,一旦在该社群内部获得道德可信度,就将成为足以积极改变社群看法的重要力量。

过去数十年,美国社会对于酒驾、家暴、在公共场所吸烟、仇恨犯罪、内幕交易及白领犯罪的看法,出现了显著变化。这种变化,固然与广泛的社会对话有关,但美国刑法至少也在这种讨论中发挥了一定作用——当然,如果能够比现在的刑事司法体制具备更大的道德可信度,则将可以发挥更大作用。刑法在其适用社群中越可信,对公众讨论的影响力就越大。如果一个刑事司法体制的观点根本不被人当回事,那么就将"经常碰壁"。如果一个刑事司法体制加以犯罪化或重罚化的做法令人信服地被理解为该行为更为该当谴责,那么这样的体制就会"所向披靡"。

不过,正如禁酒运动给我们的教训(见第八章)那样,法律在引领社群民意方面,不可一味冒进,应当对此类尝试设定若干重要限制。首先,除非存在合理改变的可能性,否则刑法不应僭越社群民意。任何一次背离民意,都存在削弱,至少暂时削弱法律自身道德可信度的危险。如果能够成功改变社群看法,相关冲突,特别是对可信度的威胁自然不复存在。言下之意,如果无法成功改变民意,那么法律就不应一直与其持续不睦。即便在开始的时候成功看似手到擒来,但只要改革无法继续推进,就应该知难而退。刑事司法体制不应浪费因为提议未果而产生的些许"可信度筹码",毕竟这些都可以在未来的其他改革过程中为其所用。

第二项适用原则在于,刑事司法体制引领而非追随的能力,应当慎用,有所节制。通过跟踪社群民意获得的"可信度筹码"无比珍贵,因此,在那些将对人类长期福祉引发重大影响的社会规范变革中才能加以使用。尽管社会改革者们或许会倾向于在诸多高大上的改革项目上大撒法律体制的可信度筹码,但可信度本身是一种稀缺资源,应当用在刀刃上。

最后,必须指出,刑法无法也不应被期待无所不能。其他的公共组织——政治、宗教、教育、社会乃至商业——都应在宏大的社会对话中发声,从而确保民意交流的实现。甚至完全可以在刑法不参与的情况下,实现重大的社会变革。其他的社会力量完全可以依靠自身的力量改变民意,之后法律再趁势跟进。当然,毫无疑问,一个可靠的刑事司法体制,可以为改革者提供亟须的影响力。

事实上,在类似美国这样的多元社会中,刑法或许是唯一一个可以与每个人产生对话的全社会机制。被用来锻造社会价值观的传统社会机制——古老的宗教、社会、教育以及种族团体——随着社会日趋多元以及民意的分裂,影响力每况愈下。在这个意义上,刑法就成为社会大众为了捍卫正义、确保安全而不惜授权其干涉公民个人生活的一个特殊机制。

这里需要强调的一点在于,刑法不应一味迎合既存的社情民意。如果社会可以自我完善,那么法律当然也可以有选择性地在推动积极变革方面发挥重大影响力。不过,只有在社群内获得可靠的道德影响力的口碑,上述影响才成为可能。如果刑事司法体制无法小心翼翼地避免与社区当下的正义判断发生冲突,获得口碑也是妄想。刑事司法体制作为具有影响力的改革者的巨大潜力,取决于其是否有能力公开致力于践行正义、避免不公。

---

[1] 参见 Paul H. Robinson, "Report on Offense Grading in Pennsylvania" (working paper, University of Pennsylvania Law School, Public Law Research Paper No. 10-01, 2009), 32, 34, 52, http://papers.ssrn.com/sol3/papers.cfm?abstract_id=1527149。

[2] Paul H. Robinson et al., "Report on Offense Grading in New Jersey"

(working paper, University of Pennsylvania Law School, Public Law Research Paper No. 11-03, 2011), 3-5, http://papers.ssrn.com/sol3/papers.cfm?abstract_id=1737825.

[3] Paul H. Robinson, "Final Report of the Kentucky Penal Code Revision Project of the Criminal Justice Council" (Final Report of the Kentucky Penal Code Revision Project, 2003), http://papers.ssrn.com/sol3/papers.cfm?abstract_id=1526674.

[4] Paul H. Robinson and Michael T. Cahill, "Final Report of the Illinois Criminal Code Rewrite and Reform Commission" (University of Pennsylvania Law School, Public Law Research Paper No. 09-40, 2003), http://ssrn.com/abstract=1523384.

[5] Robinson et al., "The Five Worst," 1.

[6] Robinson et al., "The Modern Irrationalities," 709.

[7] 参见 ACLU: American Civil Liberties Union, https://www.aclu.org/; Defending Dissent Foundation, defendingdissent.org; National District Attorneys Association, ndaa.org; National Criminal Justice Association, ncja.org。

余 言

他们现在在干什么?

人类社会属性的一个断面,即在于对其他人的关注。因此,为了满足某些读者念兹在兹的好奇心,现在将本书中出现的那些人物迄今为止的生活带给各位。

莫洛凯岛上的流放者,渐渐改善着自己的生活条件。长期以来,人们都将麻风病视为上帝的诅咒,或将其当成晚期梅毒。但医学的进步,逐渐帮助麻风病人洗刷了自己身上的污名。现在,麻风病以首次分离出麻风杆菌的格哈德·汉森(Gerhard Hansen)命名,被称为"汉森病"。世界上,只有不到5%的人的基因类型,易于感染这种疾病。到了二十世纪四十年代,已经研发出有效对抗麻风病传染的药物,显著降低了此病的致死率。接受治疗,因此血液中不再携带活性病原体的莫洛凯岛居民,已经获准迁出该岛。新发现的麻风病人,也开始仅接受普通门诊治疗。[1] 1959年夏威夷并入美国时,生活在莫洛凯岛上的174名麻风病人中,已经有139人迁出该岛。1969年,隔离政策正式宣告终结。[2]

某些早期流放至此的麻风病人,希望在莫洛凯岛定居,并通过法律诉讼的方式,达成所愿。正如一位长期居住在此的病人所解释的那样,"过去,这里是恶魔之岛,是地狱之门,情况比监狱还要糟糕。但现在,这里已经变成了天堂之门,处处生机盎然。之前在此挥洒鲜血的人们所遭受的苦难,永世不得磨灭"[3]。截至本书完成之时,即2014年,面向少数选择在岛上定居的早期流放者——最年轻者也年过七旬——开办的医疗设施依然保持着运营状态。2009年,罗马天主教廷追认达米安神父为圣人。

安第斯山坠机事件发生后,冒死外出求援并终获成功的两名探险者,经历同样波澜万丈。回忆起当时能在手边没有绳索、雨布、地图的情况下逃出生天,南度·帕拉多这样说道:"我从未如此专注,如此执着,如此充满活力。"[4]另外一位随其外出求救的罗伯托·加内萨(Roberto Cannessa),屡次提出放弃前行,原路返回,但帕拉多却坚持马不停蹄、不眠不休。跋涉十天后,二人抵达一处绿色山谷。加内萨拒绝再多走一步,这时,一头正在啃青的牛,突然出现在二人面前,这意味着附近有人。就在两个人讨论如何杀牛吃肉时,加内萨猛地注意到,在湍急的河流对面,站着一位牧人。随后,发生了颇带喜感的一幕。帕拉多当时的视力已经很差,根本看不到那位牧人,加内萨虽然还算耳聪目明,但却十分虚弱,很难移动。因此,加内萨只能通过喊叫,引领帕拉多前往最佳的呼救地点,并帮助其调整好呼救方向。就在两个人陷入绝望,行将放弃之际,那位牧人神奇般地再次出现,并向两人喊话。河水喧嚣,他们只听清了其中的一个字"Mañana"(明天)。实际上,第二天天没亮,这两位求救者醒来时,可以看到河对面的篝火旁坐着三个人。惊涛拍岸,无论怎么喊都无济于事,于是一位牧人将一个纸条裹在石头外面,扔向河对岸胡子拉碴、污秽不堪、瘦弱憔悴的两位。字条上写道:"昨晚有人过来求救,我已经让他走了。告诉我你们要什么?"看到被扔回来的字条后,这几个人向对岸的这两位幸存者扔过来一大块面包,随即离开。数小时后,河对岸出现了另外一名牧人,在给河对岸扔过来一些乳酪之后,就去照顾自己的牲口去了。时近下午,帕拉多两人填饱了肚子,开始焦急等待救援活动的开始,以拯救尚身处坠机现场的难兄难弟。他们得到确认,当天一早,就将有人骑着马长途跋涉十个小时去将此事报告官方。救援活动即将展开。晚上,警方赶到现场,并通过无线电向圣地亚哥当局通报,安第斯山坠机事件的救援活动,可能需要直升机的帮助。

当警方要求这两个人汇报幸存者名单时,他们却开始犹豫了。曾经如此近距离地接近死神的两个人,担心得到自己获救消息的家人,很快又得到自己的死讯。结果,官方救援直升机尚未到场,媒体就蜂拥而至。警方接下来宣布,因为浓雾作祟,警方直升机无法进山。但过了几个小时,直升机驾驶员找准空当,成功将直升机降落在救援队附近。空军指挥官卡洛斯·加西亚(Carlos Garcia)将求救者叫到一张地图前面,要求其在上面标出具体的坠机位置。对此,加西亚多少有些将信将疑。他告诉其他飞行员:"这个家伙自己都搞不清楚状况。他们根本不能徒步翻越安第斯山。绝对不可能!"[5]

始终无法放心的司令官,下令在三个小时后尝试开展救援。随着直升机不断攀升以避开最后一座高峰,空气变得稀薄,飞机的操控愈发困难。飞跃山巅时,不期而至的猛烈侧风,几乎将直升机吹得失去控制,飞行员不得不使出浑身解数避免坠机。虽然指挥官加西亚认为直升机还能前进,但仍然要求机上所有飞行人员承诺自愿继续救援。

他们最终安全飞抵坠机现场,位置与帕拉多的标识不差分毫。其他的幸存者目睹救援来临,齐声欢呼,疯狂挥手。当地空气稀薄,飞行员担心直升机无法再次起飞,不敢直接降落。贴近雪线盘旋的每架直升机派出两名救援队员,带回两名幸存者。两名病情危重者被直接送往医院接受治疗。并非所有幸存者当晚都能获得下山的机会。对于留在原地的人来说,多待一晚并不是小菜一碟。食物断绝、无法取暖的他们都知道,自己的忍耐力即将耗尽。

暮色将至,独自一人躺在病房里,帕拉多倍感安全与温暖。他努力让自己相信这一切的真实性。"再呼吸一次,我们在山上的时候经常这样说,以给绝望中的其他人加油打气。只要还有呼吸,就证明你还活着。在那些日子里,每次呼吸,都几乎代表着一次对命运的反抗。安第斯山上度过的七十二个日夜,没有一次呼吸,不伴随着深入骨髓的恐惧。"

就在人们欢庆救援成功之际,一个疑问油然而生:他们怎么可以生存得这么久?这些人承认吃了同伴的尸体。[6]一位向神父忏悔,乞求赎罪的幸存者被告知,他并未犯下任何罪恶的勾当。天主教会承认,幸存者有分食尸体的紧迫性。死者及幸存者的家人似乎也理解,当时别无他法。

帕拉多的父亲在自己的儿子刚回家的那几天,这样开导他:"别让发生在你身上的一切成为最重的负累。向前看。"帕拉多做到了。坠机后几度陷入昏迷,拖着颅骨骨折的病体残躯挽救众人于生死的帕拉多,后来成为一级方程式赛车手。退役后,他接手了家族生意,并喜结连理。加内萨后来成为广受患者信赖的医生。坠机事件的其他幸存者,也分别成为医生、农民、经理,以及人父。

尽管巴哈马群岛附近的大多数海盗,最终都接受了国王的特赦(见第二章),但包括"黑胡子"(Blackbeard)在内的一小撮顽固分子,却对接受大赦的主意颇为光火。[7]这些家伙选择继续干海盗的老本行。但是,这些人很快就发现自己无论在火力还是人数方面,都不敌伍兹·罗杰斯(Woodes Rogers)的强大舰队。"黑胡子"被迫向北航行,最终与北卡罗来纳总督查尔斯·伊登(Charles Eden)经谈判达成协议;狠狠赚了一笔的总督,开始充当"黑胡子"的保护伞。[8]但对"黑胡子"来说颇为不幸的是,当时担任弗吉尼亚总督的亚历山大·斯波茨伍德(Alexander Spotswood)对其与伊登之间达成的交易感到不爽(或许是出自嫉妒),同时也因为地方政治遭遇困境需要转移公众注意力,遂自告奋勇追捕这位著名的拒不合作者。最终,"黑胡子"在战争中落败并被斩首,头颅被高高悬挂在他曾经驾驭的海盗船桅杆之上。[9]伍兹·罗杰斯这位通过战力及对巴哈马地区海盗进行大赦而终结了海盗时代的掠私船船长,最早曾因为在自己的船上移植适用海盗帮规而一度引领风潮。

对于许多金盆洗手的前海盗来说,年轻的北美殖民地无疑颇为令人神往。正因如此,海盗治理模式中很多创新类型的民主特征,深深烙入这片殖民地,以及一个代际之后新成立的美国政府的法律架构之中。海盗帮规与美国法,都强调在政府内部分散权力,罪刑法定,人人平等,民选出来的领袖对于公众保持谦卑顺从。

1776年,当北美宣布从英国独立出来之际,美国海军的全部家当,仅包括六艘战舰。英国政府宣布,对于这片分离出去的殖民地实施禁运,而美国政府则以牙还牙,照搬英国"捕拿特许证"(Letters of Marque)的做法,事实上催生出了海盗,或所谓掠私者(取决于由哪个国家对此贴标签)。当时新鲜出炉的美国宪法的第八款规定,事实上到目前为止,依然在征税权、宣战权之外,规定有颁发缉拿敌船许可证和报复性拘捕证的权力。然而,从南北战争开始,美国就宣布接受1856年《巴黎海战宣言》(Paris Declaration on Naval War),禁止了这种做法。

有如海上游击战士般威风的海盗,目前在亚丁湾(the Gulf of Aden)地区依然随处可见。仅在2010年,索马里海盗活动涉及的勒赎总数就超过120亿美元。[10]正如英国颁发捕拿特许证时,掠私者需要和赞助人分享战利品那样,现今,在索马里,甚至可以购买特定海盗团体发行的股份,并据此分享勒赎。

对于很多人而言,废除处罚的社会模式,依然颇具吸引力,并因此催生出诸多所谓"共识聚落"(Intentional Communities)。其中运营得法者,如"黑熊农场"之类,在设定目标时达成共识,致力于通过讨论协商的方式解决争端,和平手段即便无效,也不将惩罚作为备选方案。但这些或许可以宣称彻底摆脱惩罚的聚落,也都至少保留着将不服从团体规范者驱逐的政策——放逐,变成了相关聚落的极刑。

没有任何一个社群会像本书所列的某些人那样,试图创建一种完全摆脱规则的生活范式。如果存在这样的一种现实——久未梳洗、坐在厨房的餐台上的肝炎患者,或者乱入花园搅个天翻地覆的山羊——显然根本没有办法正常运转。所有聚落或社群都有着一长串成员必须遵守、否则就会被踢出去的规则。截至本书写作完成之时,即2014年,"黑熊农场"及"托尔斯泰农场"依然存在。"落城"现在沦为空旷的牧羊场,但其革命性的建筑技法以及对日常生活的高度关注,依然被建筑学家津津乐道。当年在这片土地上负责设计前卫建筑的工程师史蒂芬·贝尔(Stephen Baer),现在运营着一间成立于1969年,主要从事被动式太阳能制品的"宗姆沃克斯公司"(Zomeworks Corporation)。彼得·"兔"也最终承认,他才是使"落城"最终走上末路的罪魁祸首。

当加利福尼亚的黄金开采殆尽之时,很多淘金客(见第四章)四散而去,各谋生路,但矿工法则却落地生根,并在占据大半个美国的广大西部地区遍地开花。一位曾于1876年在加州沙斯塔县闯荡的淘金客,沿着典型的淘金客轨迹,一路迁徙至蒙大拿、内华达、新墨西哥及其他各州。1881年,他重返加州。无论走到哪里,非正式的法则都大同小异,其中就包括一人一票。[11]对淘金客群体适用的法则,同样适用于其他人群。加州的牧场主联合起来,于1868年通过正式宣言,保护彼此的共同利益。[12](这些牧场主的后代,很可能就是本书第一章提到的罗伯特·埃里克森在加州沙斯塔县所开展的经典调研的对象。)西部各州最终都组建了正式的政府,这里的选民通常会选择自己在矿工时代就熟识,或在支持淘金互动的社区成长起来的候选人。新政府严重依赖公众投票,并将这种做法形式化地固定下来——例如,通过加州的公民表决制度。掌握加州、新墨西哥州、科罗拉多州等地政治权力的人,都出身自淘金营地或类似社区,而在淘金营地适用的那套,在其他地方同样行得通。正如一位作者所言,"这些人都是辩论高手,小圈子的熟客,他们最早很可能是在马里波萨的橡树园,或沙斯塔高地,开始对身边人予取予求"[13]。

沿着"俄勒冈小径"横穿北美大陆的人数(见第四章)从未获得官方统计,但大体估计,约有五十万人曾沿此路线迁徙。[14]最早的迁徙目的地,虽然集中于俄勒冈各地,但随着临近的加州发现金矿,后者也开始成为众人向往的目的地。当"摩门教徒"(the Mormons)被赶出伊利诺伊时,为躲避宗教审判,这些人也是沿着"俄勒冈小径"一路辗转至犹他州。

在沿着这条路径跋涉的大篷车队中,最为知名的故事,莫过于"唐纳聚餐"。因为之前犯下的若干错误,加上运气不佳,以及和当地印第安部族的纠纷,一个大篷车队没来得及翻越群山。进退维谷的他们别无选择,只能就地求生,挨到第二年的开春。尽管外人曾数次组织救援,但车队的八十一名成员中,依旧有三十九人最终没有生还。其中有些人在陷入极度饥饿状态的情况下,选择杀害同伴——活着的餐柜——并分食尸体。随着1869年纵贯北美大陆的铁路开通,大篷车队迁徙的形式不复存在。走完相同旅程,乘坐火车仅需八天,加上行李运费,旅行者只需要花费65美元。

随着大篷车队成员在美国西部各地定居,当地自治的传统明显加强。即便在正式政府出现之前,这些人就为不可避免出现的争端设计了和平解决机制,其中很多传统一直流传至今。例如,1841年,尤因·杨(Ewing Young)去世,身后留下了巨额财富,却没有明确的财产继承人。当时,还没有财产托管体制。在其葬礼后召开的会议上,出席者提议成立一个托管政府,并选举信奉"杰森·李卫理公会使团"(Jason Lee's Methodist Mission)的艾拉·巴布科克博士(Ira Babcock)担任裁决官。最终,巴布科克还担任了整个社群的总负责人。记录显示,1842年他主持召开了两次会议,讨论当地的狼患及其他动物问题。这种积极的自我管理行为,一直持续到俄勒冈临时政府成立,后者作为民选政府创立于1843年5月2日,并持续至1849年3月3日,后由"美国领土政府"(the United States Territorial Government)接管。

    第二次世界大战期间,在德国集中营(见第四章),囚徒们十分清楚,随着败局已定,德国人将通过杀害剩余囚犯的方式,掩盖自己犯下的非人罪行。在奥斯威辛,囚徒们计划发动暴动,以确保某些人可以活下去,并将在这里发生的一切公之于世。通过拉拢腐蚀看守、使用盗窃而来的武器乃至纵火等方式,整个集中营陷入混乱状态,虽然很多囚犯因此丧生,但还是有四十人活了下来,将真相告知了后人。

    在布痕瓦尔德(Buchenwald)集中营内开展的秘密活动,找到了与外部世界沟通的办法,并借此引领盟军对集中营内若干特定位置开展定点空袭。布痕瓦尔德集中营当中的地下抵抗团体"W组织"成员,利用其在集中营内担任的关键管理者身份,拯救了很多人的生命。这些人对纳粹的命令阳奉阴违,故意迟滞计划中的撤离计划。1945年4月11日,当了解到在德国反扑之前美国人就会抵达的消息后,饥肠辘辘、羸弱不堪的囚徒们袭击了瞭望塔,彻底占领了整个集中营。下午,美国军队进驻布痕瓦尔德。德国人最终未能销毁其暴行的累累罪证。[15]通过囚犯的运作及抗争,至少有两万名囚犯在最后时刻逃过了剑子手的魔爪。

在阿提卡监狱,当1971年囚徒暴动发生时(见第五章),当局与囚犯之间的对峙持续了四天。随着州长纳尔逊·洛克菲勒(Nelson Rockefeller)拒绝到场,以及囚犯们拒绝接受官方提出的最后妥协方案,武力收复监狱的命令最终下达。进攻结束时,十名人质及二十九名囚犯当场丧生或奄奄一息,三名人质、八十五名囚犯以及几名州警被警方或监狱当局发射的子弹击伤。[16]救治受伤囚犯的尝试遭到禁止,很多跪地求饶的囚犯依然遭到愤怒的看守与警员毒打。

大量调查表明,重新夺回监狱时发生的大量暴行毫无根据。在随后进行的司法调查过程中,警方与监狱当局试图掩盖自己的行径。负责阿提卡监狱事件的检察官马尔科姆·贝尔(Malcolm Bell)愤而辞职,并发表了一份声明,揭露检方未能对实施实质上等同于大屠杀一般的进攻行动的州警加以追诉。面对贝尔提出的致命证据,纽约州州长休·凯里(Hugh Carey)宣布,终结一切有关阿提卡监狱事件的调查。没有任何人——无论是警方还是囚犯——需要对发生在那里的事件负责。[17]一些阿提卡暴动事件的幸存者提请民事诉讼求偿,最终以1200万美元与政府方面达成和解——其中的800万支付给囚犯,另外400万支付给免费代理本案的代理律师。截至2014年,纽约州依然封存着与阿提卡监狱暴动事件相关的数以千计的文件,不许任何人接触。

对于"巴达维亚号"船难的幸存者而言(见第五、七、八章),作为他们故事的尾声,科内利兹领导的势力开始向海斯的小团体发起进攻。前者手里掌握着制式武器及火药,反观海斯和他领导的那伙人,除了良好的组织与坦诚的性格之外,一无所有。凭借粗陋的弹弓、梭镖以及手工搭建的堡垒,海斯一伙人居然生擒了科内利兹。但在救援船队抵达之前,面对科内利兹雇佣兵的猛烈炮火,海斯等人开始节节败退。

科内利兹早就处心积虑,计划让自己手下的哗变者武力占据任何前来施救的船舶。因此,海斯的两名手下不得不冲上前去对施救者给予警告说明。注意到这一点后,救援者将所有当事人加以甄别,以厘清究竟发生了什么,谁才真正可信。当时的荷兰法律十分倚重供述,轻视物证,而科内利兹拒不供认。[18]然而,荷兰的司法实践允许酷刑,重刑之下,科内利兹早早开口供认有罪,但相关荷兰法律同时还规定,如果在酷刑结束后受刑人翻供,那么之前获得的有罪供述就不得作为证据使用。最终,科内利兹的供述,终于达到了对其施加残酷死刑的证明程度:"首先砍下双手,之后将其放置在绞刑架的绳索上吊死。"[19]其他被判处死刑的哗变者要求先观看科内利兹的处死过程并获得批准。[20]还有几位哗变者因为存在减轻情节而免于一死,被处以其他较轻刑罚。[21]

"巴达维亚号"失事时负责该船的东印度公司代表虽然得到宽恕,无需为此事负责,却被评价为不够可靠。事后不到一年,他就猝然辞世。"巴达维亚号"的船长,虽然基于近乎奇迹般的航海技术,冒险找到了救援,后来却被怀疑曾与科内利兹合谋,阴谋夺取该船为自己谋取私利。显然,他孤胆寻回救援,本来有能力独自实施所谓阴谋但并未实施,以及他本人从未供认有罪等事实,都没有帮助他摆脱厄运。事实上,他被丢进监狱,并最终在那里死于非命。

韦伯·海斯,这位危急时刻勇担大任的普通士兵,最终荣升军衔,并被任命为军官。和他站在一边的其他士兵也都获得了晋衔,并得到现金奖励。[22]科内利兹试图隐匿的财宝也从船舶残骸中寻回,并最终被安全运回荷兰。

进入二十世纪,随着与世隔绝状态的终结,奈特斯利克因纽特人的生存挣扎开始有所缓和(见第六章)。加拿大法律也开始适用于这片土地。但这种法律却并未很好地契合奈特斯利克人的日常生活。例如,在一起案件中,某人杀死了自己的狩猎搭档,加拿大皇家骑警在获知这一消息后开展调查。杀人者十分配合,向警方详细说明了犯罪的经过,并向其指认了杀人现场。后来,此人被判入狱服刑,但他发现,这里会定时有食物送上门来,还提供供暖,无需再为自己的衣物及武器的保养费心,而这一切对他而言就像是你按了电灯开关就进入白天那样,充满神奇感。等到他出狱后,骑警们遭遇到了新问题,很多人故意犯罪,以换取入狱服刑的机会。

在奈特斯利克族群与加拿大主流社会之间,就可责性的判断问题,亦存在紧张关系。打个比方,某位欧洲裔捕兽者威胁几位奈特斯利克因纽特人,要求他们交出饲养的犬只供他用作交通工具。这几个人一方面十分害怕,另一方面又没有办法承担丧失犬只的重负,于是选择将威胁自己的人杀死。在奈特斯利克人看来,此举算不上犯罪,但这几位却被一个加拿大法庭判决入监服刑。整个庭审过程使用英语,被告人无法得到熟知奈特斯利克文化及传统的律师的帮助。

一直以来,加拿大都试图与奈特斯利克及其他因纽特部落改善关系。1999年,努纳武特(Nunavut)从加拿大西部地区分离出来,成为加拿大最新成立的特别行政区。该地区实施因纽特人自治。其传统习惯与加拿大法律逐渐融合,成为一种独特的成文法。同时,还专门设立了一所因纽特人法学院,即阿奇特斯拉奇法学院,以填补既往存在的空白。这里毕业的一位学生,还成为首位在加拿大最高法院担任法官助理的因纽特人。

263　还记得吗？针对皮特凯恩岛上男人的审判结束后（见第六章），那些被判强奸罪名成立的罪犯，在自己亲手修建的监狱里开始服刑，但刑期相对较短。例如，被判实施了五起强奸犯罪以及其他类型性侵犯罪的布莱恩·杨（Brian Young），于2007年1月接受审判，仅仅两年后就被释放。实际上，所有被告人都在不到三年的时间里重获自由。即便在服刑期间，这些人也依旧在岛上四处工作。到了晚上，他们则返回监狱睡觉（同时还可以在此使用岛上唯一有门的卫生间）。周四晚上，监狱内会放电影，而大多数岛上的居民都会赶来观看。那些在庭审过程中出庭作证的女性，则一直被其生活的聚落视为出气筒。虽然有些人将这次审判视为改变的开始，但更多人则感觉到这里的性虐文化根深蒂固，根本无法撼动。就如同当地一位居民所解释的那样，"没人承认有谁做了任何错事。在他们眼中，这只是一时糊涂，是年轻时为自己找的一些乐子"[23]。当这些人刑满出狱后，英国当局禁止儿童访问该岛。而这些性犯罪者则很快重新回到了自己原来的位置，继续作威作福。

1795年，英国人撕毁了与逃亡黑奴（见第六章）签订的和平协定。"逃亡黑奴"很快重新回归传统的生活方式，大部分人重返深山，继续大肆实施盗窃及破坏活动。在被称为"第二次逃亡黑奴战争"的冲突期间，英国人开始动用恶犬追杀黑奴。此举非常有效，但即便如此，英国人依然没有办法掌控行踪飘忽不定的逃亡黑奴。一位拿着一根火柴的逃亡黑奴，就足以让一大片甘蔗田一年的收成灰飞烟灭。

对于种植园经济感到身心俱疲的英国人，又与逃亡黑奴协商签署了第二份和平协定。这份合约并未遭到违反，而牙买加的逃亡黑奴继续过着文化独立的自治生活。被先祖们当成一大优势的隔离变得愈发严重，以至于他们的社群成为牙买加岛上最难以接近的聚落。总共有五个聚落:三个集中于蓝山地区(the Blue Mountains),一个在特里劳妮镇(Trelawney Town),最后一个位于科克皮特县(Cockpit Country)边缘,同时也是最大的镇子阿坤鹏(Accompong)。在这里,生活着大约六百名里沃德族逃亡黑奴。

悉尼·佩迪(Sydney Peddie)作为根据之前双方签署条约组建的包括二十名成员的委员会负责人,致力于在阿坤鹏原汁原味地保留逃亡黑奴的遗产及文化。条约赋予逃亡黑奴自治权,还允许其升起自己的旗帜。时至今日,逃亡黑奴依然坚持自己并不属于已经独立的牙买加,更不乐于与该国其他组群交往混血。游客的收入成为其主要的收入来源。每年的1月6日,都会举行仪式,纪念当年条约的签署。为了纪念逃亡黑奴文化对牙买加的影响,著名的逃亡黑奴领袖南妮女王于1975年被追认为牙买加女英雄,她的头像还被印在了该国500元面额的纸币上。

对于被装载于地狱航船,驶向日本的战俘而言(见第七章),死神正在不期而至。尽管日本方面有时会将武器运输船伪装成红十字救援船,但战俘船则毫无标识,经常成为盟军潜艇及飞机的捕食猎物。共计超过两万名盟军战俘因为遭遇己方袭击而葬身大海。

即便对于活着抵达日本的人来说,等着他们的也将是奴隶般的劳役。战俘们在工厂内织布,在矿井下采矿,在农田里劳作。[24] 很多战俘拒绝完成日方分配的工作任务,因为他们十分清楚,一旦达标,就意味着任务量的继续攀升。但此举需要群体配合。抗命不遵,只有在集体行动时才有可能取得成功。有一组战俘采取的办法是,每工作两个小时,他们就宣布需要休息,这些人将劳动工具放在一边,静静休息十五分钟。即便看守对此破口大骂,大发脾气,这群战俘依旧岿然不动。从那以后,两小时工作加十五分钟休息的制度,成为惯例。

与此同时,盟军的脚步逐渐逼近日本。战俘们知道,自己报仇的日子越来越近了。即便日本人开始突然向战俘提供装满家乡纪念品的红十字会包裹,很多人依然秘密谋划处死那些心狠手辣的看守。接下来,事情就发生了——美国投掷了原子弹。在某些战俘营,战俘可以看到长崎上空爆炸了原子弹。美国轰炸的消息在战俘营中不胫而走。战争结束带来的喜悦,取代了复仇的渴望。

有几位幸存者曾经回忆过"英弗考尔德号"失事以及其船员遭遇不测的经过(见第七章)。一艘从中国驶向秘鲁的西班牙籍货轮发现了他们。就在救援船靠近的时候,一直有气无力的船长突然满血复活,并向其他人说明自己将独立负责与救援方面的沟通工作。结果,其余人被丢在了秘鲁,而两名高级船员则拿到了回家的返程票。挽救了大家生命的船员霍尔丁,也滞留在秘鲁,不过最终还是想办法返回了家乡。后来,他移居加拿大,在安大略湖附近的一处金矿工作,晚年经营一家旅馆,最终以 93 岁高龄安然离世。去世后,他生前围绕自己遭遇所撰写的私人回忆录出版面世。那两位高级船员则选择对此闭口不谈。[25]

对于"格莱夫顿号"的幸存者来说,永远都等不到救援的出现了。于是,他们决定自救。船难发生时病得无力自救但足智多谋的雷纳尔,想办法搭建起了一座锻炉。他还和其他身强力壮的幸存者一道,用这座锻炉生产连接件,制造出一艘适合海上航行的小船。但其只能搭载五名幸存者中的三人,因此必须有两个人留在岛上。顶住了滔天巨浪的考验,小船带着这三名近乎绝望的人来到了一个生活着毛利人以及欧洲人的渔村。一只狗发现了这艘船,并开始狂吠,引来了村民的注意。很快,村民就组成了一个救援队,前往搜救被留在岛上的两个人。在岛上,救援队成员发现远处升起浓烟,遂对岛上进行排查,又发现了一具死尸,于是断定此时岛上还有其他人。("英弗考尔德号"的幸存者从未对自己船上失踪的船员展开搜救。)

分别二十年后,雷纳尔返回法国,和自己的父母生活在一起。他所撰写的回忆"格莱夫顿号"命运的书籍,大卖特卖,成为畅销书。雷纳尔本人也开始担任越来越重要的政府要职,他生活依旧节俭,但偶尔会尝试工程项目。1864年,时年86岁的雷纳尔去世时,已经跻身于法国最知名的知识分子行列。[26]

诚如所见,美国的禁酒运动,仅仅维持了十三年(见第八章),但这一实验贻害至今。在禁酒活动开展之前,如果知道有哪位警察"收红包",美国人一般会惊掉下巴。但在十三年的禁酒期结束后,公职人员实施违法犯罪已成家常便饭。有组织犯罪集团失去政府控制,成长壮大为跨国犯罪网络,以至于主张毒品合法化的人经常使用禁酒运动作为例子,鼓吹自己的观点,宣称毒品合法化有利于减少有组织犯罪,同时可能会降低普通犯罪的发生概率。现在,美国联邦所关押的犯人当中,有超过50%涉及毒品犯罪。[27]另外,和禁酒期结束时人们对于酗酒的批判相比,当下人们对毒品滥用的指摘有过之而无不及。

对酒类消费的规范,取代了对酒类制品的禁绝。每个州都将21岁规定为饮酒的最低年龄,各州还分别制定了有关酒类制品销售的具体规定,同时禁止对酒类制品打广告。尽管存在上述规范,但酗酒及毒品滥用,依旧成为美国挥之不去的社会顽疾。

瑞安·霍利,就是那位在清醒的时候把车借给室友,之后酩酊大醉的20岁年轻人(见第九章),至今仍被关在"格雷斯维尔监狱"里服刑,没有任何机会假释出狱。计划、参与抢劫事件,以及实际实施杀人行为的被告人刑期与此完全一致,就好像所有人的可责性完全相同一样。瑞安·霍利本来曾计划攻读商学院。在监狱中,他选修了全部教育类课程。他喜欢阅读科幻小说,他的家人也经常前来探视。2014年10月10日,瑞安·霍利出席了"佛罗里达州赦免审查委员会"(the Florida Clemency Review Board),但在受害人父亲一番慷慨激昂的说辞之后,在未经投票表决的情况下,佛罗里达州州长里克·斯科特(Rick Scott)将瑞安·霍利的案子从议事日程删除。

威廉·拉梅尔为争取减刑而向联邦最高法院申请调卷令的案子(见第九章),开始引发全国媒体的关注。电视新闻类节目《60分钟》(60 Minutes)还曾于1980年冬天对该案件进行过部分报道。镁光灯下,当地的检察官办公室如坐针毡。即便联邦最高法院驳回了拉梅尔的调卷令申请,对于该案的关注依然有增无减。

就在联邦最高法院作出裁定的两个月后,美国联邦地区法院法官萨特尔(D. W. Suttle)要求该州法院对拉梅尔案进行再审。根据萨特尔的判决,拉梅尔当年的辩护律师威廉·切诺特三世(William B. Chenault III),在1973年的庭审过程中并未尽到有效辩护的义务,同时指出切诺特根本从未对该案的事实进行过调查。当地检察官办公室对拉梅尔案所引发的全国关注心有余悸,于是提出了一项辩诉交易:如果他能够主动承认犯有盗窃价值超过50美元财物的犯罪,州检察官方面就将建议对其量刑八年,而这意味着拉梅尔可以马上回家,因为他已经服刑将近八年。11月15日,在全国媒体的众目睽睽之下,拉梅尔承认犯有盗窃罪,并接受从1973年起算的七年刑期。五个小时后,他被释放。"我已经准备出狱后就开始工作。并且我想一辈子都保持自己的自由之身。"他是这样写的,也是这样做的。

因为折磨并杀害丹尼·布里奇斯而被判死刑的拉里·艾勒(见第十章)雇用了一位新律师,并向伊利诺伊州最高法院提起上诉,主张是自己的同居室友利特尔出资将丹尼叫到公寓后对其加以谋害。但上诉被驳回。艾勒再次更换诉讼代理人,这一次,他的新律师凯瑟琳·泽尔纳(Kathleen Zellner)与印第安纳州检方达成协议,检方承诺不在该州对其求处死刑,但作为交换,艾勒需要供认利特尔也参与谋杀史蒂文·阿甘的全部事实。两人因此项谋杀被提起公诉,艾勒认罪,1990年12月28日,在阿甘尸体被发现整整八年后,艾勒被判入狱服刑六十年。1991年4月11日,艾勒作为检方的主要证人,在法庭上指证利特尔。他供述,利特尔使用照相机拍摄谋杀过程,之后接手,捅刺、折磨阿甘。但陪审团认为艾勒的证言不可靠,最终认定利特尔无罪。之后,泽尔纳律师还试图与伊利诺伊州检方达成交易:为了将死刑判决减为终身监禁,艾勒将对超过二十宗未解的谋杀案认罪(同时指认同案犯)。库克县检察官杰克·奥马利(Jack O'Malley)拒绝了这一提议,表示这算得上"最邪恶、最令人发指的勒索行径"。同时,他表示,自己将不会让艾勒作为一名罪行累累的谋杀犯占到一丝便宜,并痛批艾勒是在刺激受害人家属的神经。[28]在1994年3月艾勒因为艾滋病死于狱中时,他的死刑案件审理及其所提出的上诉都还积压在伊利诺伊州最高法院,悬而未决。[29]

在伊格纳托旧居的隔板后意外发现梅尔文·伊格纳托折磨并杀害布伦达·谢弗的照片时(见第十章),对他只能作伪证罪的判决(即便如此,如果他拒不供认有罪,连这个选项也不存在)。后来,为了解决联邦监狱人满为患的问题,仅仅服刑了五年零三个月的伊格纳托被释放出狱。[30]

谢弗失踪后,她的老板威廉·斯波尔丁医生致信伊格纳托,声称如果他不说明埋藏谢弗尸体的地点,就将雇用"古巴佬"将他弄死。但这样一种试图通过吓唬伊格纳托让他就范的做法,并未取得实效,反倒让伊格纳托以受害人身份自居,将斯波尔丁医生送上了被告席,指控后者对自己实施了恐怖主义威胁。伊格纳托最终胜诉,并获赔300美元。然而,在他折磨并杀害谢弗的照片被发现后,很明显,伊格纳托是通过作伪证的方式赢得了他对斯波尔丁医生提出的诉讼,毕竟他当时否认案发当晚自己曾经和谢弗在一起。于是,州检方面利用伊格纳托在法庭上的发言记录,对他重新开启了伪证罪的指控,而伊格纳托则坚持认为此举完全出于政治考量。2001年12月,伊格纳托在肯塔基州被法院认定属于累犯,且犯有伪证罪。2006年,他再度获释。2008年,伊格纳托一个人在孤独中死去。当时他不慎跌倒,头部撞碎了玻璃咖啡桌,因流血过多而死。而这恰恰就是当年他鸡奸谢弗时将她捆绑在上面的那张咖啡桌。[31]

1997年12月16日,就在埃斯科巴死后第四年(见第十一章),哥伦比亚再次恢复了引渡条例。尽管埃斯科巴的死标志着麦德林犯罪集团的瓦解,但哥伦比亚的毒品交易却远未停止——只是更加分散化。年轻的毒贩们意识到,摊子越大,就越容易遭到持续打击,于是开始组建起规模较小但更容易控制,只从事特定类型可卡因贩卖的精干组织。例如,有团伙专门负责将古柯浆液从田里运送到制毒工厂,另外则有团伙负责管理制毒实验室,最后再由特定团伙负责将成品从哥伦比亚运送至墨西哥。哥伦比亚境内的马克思主义游击队,例如"哥伦比亚革命武装力量"(FARC),早已将自己的政治理想抛在脑后,变身为装备精良的贩毒集团,受雇于毒品贩子,为其地处偏远的制毒工厂及原料基地提供保护伞。哥伦比亚右翼准军事组织也在考虑控制制毒原料产地、制毒实验室及某些运毒通道。

一代代哥伦比亚人,都是在不同政治势力的相互妥协间成长起来的,甚至都不知道什么样的政府才叫良治,但哥伦比亚人似乎依然坚信,这个目标绝非可遇而不可求。安塔纳斯·莫库斯(Antanas Mockus)辞去了自身的数学及哲学教职,投身参选哥伦比亚首都波哥大市长。他毫无政治背景,却因为是一张白纸,从而获得了人民的支持。资深政客往往被视为不诚实不可靠,而莫库斯则带来了希望。莫库斯市长使用代价低廉的社会压力——例如让小丑模仿人们乱过马路,或悄悄地调戏堵塞十字路口的计程车司机——恢复了波哥大的市民秩序感。他还大量印制"竖大拇指""向下竖大拇指"的卡片并派发全城,从而让每位市民都能够积极地使用这种卡片——以平和的方式——从而让反社会或有利于社会的行为都得到关注。对于帮助老奶奶将购物车放上公交巴士的人:"竖大拇指";对于骚扰年老女性的小流氓:"向下竖大拇指"。人们喜爱这种卡片,也会经常拿出来使用。此举所导致的结果,就是在波哥大总计成立了超过 7000 个社区保安小组。

改革者组建"社区警察",以克服习以为常的警察腐败。警官被长期派驻特定社区,而此举也帮助警察实现了重新融入社会的过程。[32]地方安全理事会也组建起来,以改善社区与当地警方的关系。[33]这些非常举措开创了一个崭新的安全时期,提升了公众对官员的信任。1992年,只有约 17% 的居民信任警方;但到了 2006 年,这个比例上升至 75%。1992 年,波哥大市的谋杀犯罪发案率为每 10 万人中有 81 起;但到了 2012 年,这个比例下降至每 10 万人中有 16 起。[34]现在,波哥大的谋杀案件发生率大体低于芝加哥,后者的比率约为每 10 万人中有 19 起。[35]

---

[1] Tayman, *The Colony*, 269.

2 Tayman, *The Colony*, 281.

3 Tayman, *The Colony*, 315.

4 Parrado and Rause, *Miracle in the Andes*, 197.

5 Parrado and Rause, *Miracle in the Andes*, 227.

6 Read, *Alive*, 347.

7 Rogers, *Cruising Voyage Round the World*, 229.

8 Woodard, *The Republic of Pirates*, 248-60.

9 Woodard, *The Republic of Pirates*, 296.

10 "By the Numbers: How Much Does Somali Piracy Cost?" gCaptain, http://gcaptain.com/somali-piracy-cost-report/.

11 Shinn, *Mining Camps*, 293-95.

12 Anderson and Hill, "An American Experiment in Anarcho-Captialism."

13 Shinn, *Mining Camps*, 294.

14 "Trail Facts: Frequently Asked Questions," Oregon-California Trails Association, http://www.octa-trails.org/learn/trail_facts.php#howmanyemigrants.

15 "Buchenwald," *Holocaust Encyclopedia*, http://www.ushmm.org/wlc/en/article.php?ModuleId=10005198.

16 Wicker, *A Time to Die*, 286.

17 "Attica Timeline," *Attica Is All of Us*, http://atticaisallofus.org/?page_id=506.

18 Dash, *Batavia's Graveyard*, 194.

19 Dash, *Batavia's Graveyard*, 198.

20 Dash, *Batavia's Graveyard*, 203.

21 Dash, *Batavia's Graveyard*, 209.

22 Dash, *Batavia's Graveyard*, 244.

23 Marks, *Lost Paradise*, 290.

24 Gordon and Llamzon, *Horyo*, 187.

25 Cummins, *Cast Away*, 67-68.

26 Druett, *Island of the Lost*, 257.

27 The U. S. Department of Justice, "Prisoners in 2009," *Bureau of Justice Statistics Bulletin*, December 2010, 33, http://bjs. ojp. usdoj. gov/content/pub/pdf/p09. pdf.

28 泽尔纳律师还试图寻求对布里奇斯案进行再审。她批判施珀斯作为律师的职业操守,指控其从利特尔处收受了16875美元作为律师费,尽管艾勒明确告知其利特尔也是杀人凶手。因此,她认为施珀斯在审判过程中违反了利益回避的基本原则,使得艾勒没有得到适当的法律服务。

29 Sarah Talalay, "Eyler Dies in Prison," *Chicago Tribune*, March 7, 1994.

30 "Mel Ignatow, 70," Google Groups, https://groups. google. com/forum/? fromgroups#! topic/alt. obituaries/jSUvRwmKgvA%5B1-25%5D.

31 "Irony Is a Bitch,"... And the Adventure Continues, http://schlub28. blogspot. com/2008/09/irony-is-bitch. html.

32 "社区警察"的事实来源:Charo Quesada, "The People's Police," *IDBAmerica*, http://www. iadb. org/idbamerica/index. cfm? thisid=2817。

33 "地方安全理事会"的事实来源:Alys Willman and Megumi Makisaka, "Interpersonal Violence Prevention," The World Bank: World Development Report 2011 (2011), 45。

34 1992年数据来源:"Seguridad, ciudadanía y políticas públicas en Bogota," Institute for Research and Debate on Governance, http://www. institut-gouvernance. org/en/conference/fiche-conference-36. html;2012年数据来源:"Bogotá registra la cifra más baja de homicidios en 27 años," BBC Mundo, http://www. bbc. co. uk/mundo/ultimas_noticias/2012/09/120910_ultnot_bogota_baja_homicidios_msd. shtml。

35 数据来源:"Crime Rates by Type," U. S. Census Bureau, http://www. census. gov/compendia/statab/2012/tables/12s0309. pdf. Victoria Rossi, "Bogota Homicides Reach 27-Year Low after Gun Ban," September 12, 2012, *InSight Crime*, http://www. insightcrime. org/news-briefs/gun-ban-bogota-homicide, 2013年12月20日最后访问。

专业词汇

作者使用的相关单词或短语,含义如下:

审理(Adjudication)

审理是指法官或陪审团,通过审查证据以及控辩双方的意见,最终作出判决的司法过程。在刑法语境下,判决结果可能是认定有罪,也可能是驳回起诉。

可责性(Blameworthiness)

可责性是指行为人因为实施违法行为而该当的道德责难的程度。在刑法语境下,行为人的可责性取决于若干要素,包括犯罪的严重程度、实施犯罪时的可责心态,以及避免违法行为的能力等。

可责心态(Culpable State of Mind)

通常情况下,证明刑事犯罪成立,需要证明行为人在实施犯罪行为时,针对相关犯罪情节、犯罪行为以及危害结果具有特定的心理或所谓犯意。在美国,通常的可责心态类型包括:故意(Intentionally)或意图(Purposely)、明知(Knowingly)、轻率(Recklessly)以及过失(Negligently)。例如,在杀人罪当中,如果行为人希望死亡结果发生,那么就是故意;如果行为人十分确定自己的行为将会导致他人死亡的结果(即便不是特别希望死亡结果发生),也是明知。这两种类型的杀人,都可归入"谋杀"一类。如果行为人认识到自己的行为将会导致他人死亡的实质危险,那么就属于轻率,通常情况下将此用于检验是否构成过失杀人罪的犯意。如果行为人本来应该意识到,但实际上没有意识到自己的行为会导致他人死亡的风险,那么这种可责心态就是过失。一般仅在过失致人死亡罪中才讨论这种可责心态。对于上述决定的范例,参见 the American Law Institute's Model Penal Code Section 2.02。

变性酒精(Denatured Alcohol)

变性酒精,或甲基化酒精(Methylated),是指酒精中添加了有毒有害物质后,味道发酸,难以下咽,令人作呕,从而防止其为日常消费者饮用。

该当性(Desert)

该当性是指"值得"或"匹配"的意思,惩罚或奖赏恰如其分。在刑法语境下,行为人该当的刑罚,建立在其对于犯罪的道德可责性的基础上(参见"可责性")。

背离该当性(Deviation from Desert)

在本书中,这一短语是指适用的刑事责任或刑罚与行为人该当的程度相比过高或过低。

禁止双重告诉(Double Jeopardy Bar)

美国宪法第五修正案规定,"任何人不得因同一犯罪行为而两次遭受生命或身体的危害",这一条款又被称为"双重告诉条款",禁止联邦及各州根据同一行为,对已经接受审判并被判决有罪或认定无罪的人再次作出审判。美国的50个州都在各自的宪法及相关成文法中作出了类似的规定。

侦查陷阱(Entrapment Defense)

在美国大多数州,如果能够证明政府探员或官员在行为人没有犯罪决意时引发其犯意或引诱其实施犯罪行为,被告人均可以此作为抗辩来对抗指控。但这一抗辩事由不适用于犯意由私人引发的情况。但警方实施的诱捕行动("Sting" Operations)属于合法。

非法证据排除规则(Exclusionary Rule)

美国刑事司法过程中由法官创制的一项证据规则,允许将在收集、分析过程中违反被告人宪法权利的证据,在不考虑证据本身可靠性,或者其对案件审理结果的影响的情况下,一律加以排除。借此,震慑警方不得采取违反嫌疑人宪法权利的行为。

免责事由抗辩(Excuse Defense)

刑事犯罪的免责事由抗辩,是指行为人虽然的确在缺乏正当化事由的基础上实施了犯罪行为,但因为其在实施犯罪的时候所罹患的特定机能障碍,从而无需受到谴责。常见的免责事由抗辩包括精神耗弱(Insanity)、非自愿迷醉(Involuntary Intoxication)、胁迫(Duress)、未成年(Immaturity)、非自愿性行为(Involuntary Act)以及某种类型的合理认识错误(Reasonable Mistake)。可参见 the American Law Institute's Model Penal Code Sections 4.01, 2.08(4), 2.09, 4.10, 2.01(2)。(对比"正当化事由抗辩")

重罪谋杀规则(Felony Murder Rule)

作为美国大多数司法区都存在的一项法律规则,重罪谋杀规则在如下两个方面,扩大了谋杀犯罪的打击范围:首先,即便行为人在实施重罪的过程中意外造成了他人死亡,也构成谋杀;其次,在实施重罪的过程中造成任何死亡结果,所有的重罪共犯都需要承担谋杀罪的刑事责任。

一般预防(General Deterrence)

预防或震慑,是指通过适用刑罚防止他人实施犯罪。如果预防的对象是社会大众,那么就可以将其称为一般预防(相对于针对犯罪人实施的特殊预防)。

大陪审团(Grand Jury)

大陪审团是指获得法律授权,对于可能存在的犯罪行为开启官方调查程序,并确定是否存在足够的证据对其提起公诉的法律组织。大陪审团可以强制相关方面提交书证,或者强制经过宣誓的证人出席其所组织的听证。

惯犯处罚法(Habitual-Offender Statutes)

惯犯是指之前曾经获有罪判决的行为人再次实施新罪遭到判决。很多州都将其作为打击目标,规定对于惯犯实施的后续犯罪加重处罚。此类立法旨在防止曾经实施过犯罪的行为人继续实施新罪,并争取在一定时间内控制累犯以防止其再犯。

未完成罪(Inchoate Offense)

未完成罪是指犯罪未完成,例如,犯罪的危害结果未发生。未完成罪包括三种情形:第一是未遂罪,即如果行为人对自己实施的犯罪行为有故意,且实施了相关行为,那么即便犯罪没有完成,行为人也可能需要对此承担刑事责任;第二是共谋罪,即行为人与其他人达成合意,由其中一人实施犯罪;第三是教唆罪,即唆使他人实施犯罪。

故意(Intentional)

参见"可责心态"。

偷开他人机动车取乐罪(Joyriding Offense)

偷开他人机动车取乐罪是指在没有具体目的的情况下,驾驶偷来的机动车四处乱逛,单纯为了寻求快乐。根据英国普通法,偷开他人机动车取乐并非盗窃,因为并不存在"永久剥夺"他人财物的意图。相反,大多数司法区都单独为此设立了"未经许可/授权使用"这一独立罪名。

正当化事由抗辩(Justification Defense)

正当化事由抗辩,是指行为人主张在当时的情况下自己实施的不是犯罪行为,而是正当行为,通常是为了避免发生更大危害或危险。常见的正当化事由抗辩包括紧急避险(必要性抗辩)、自卫、防卫第三人、防卫财物、执法活动、基于特殊责任的个人授权等。参见 the American Law Institute's Model Penal Code Article 3。(对比"免责事由抗辩")

明知(Knowing)

参见"可责心态"。

合法性原则(Legality Principle)

刑法的一项根本原则即在于,除非法律有明文规定,特别是明确具体的书面规定,否则不能认定特定行为属于违反刑法的犯罪行为。

过失(Negligent)

参见"可责心态"。

小陪审团(Petit Jury)

陪审团通常由十二名陪审员组成。在刑事案件中,基于法庭作出的法律解释(即法律指导),对被告人作出有罪或无罪的判决。(对比"大陪审团")

预防性羁押(Preventive Detention)

对于没有被认定有罪,但被认为具有人身危险性的对象,在安全场所加以留置。被采取预防性羁押措施的人一般包括精神病患者以及传染病患者,但有时也包括很有可能在未来实施犯罪的行为人,如习惯性实施性侵犯罪的行为人。

轻率（Reckless）

参见"可责心态"。

RICO 犯罪（RICO Offenses）

《反有组织犯罪及腐化组织法》（the Racketeer Influenced and Corrupt Organizations Act）（18 U.S.C. §§1961-1968），通常又被称为 RICO 法，旨在打击那些尽管将庞大组织建立在犯罪基础之上，但却可以高枕无忧，免除自己责任的犯罪集团头目。根据 RICO 法，在特定时间范围内实施特定犯罪、控制犯罪活动，以及从这些犯罪活动中获益的行为，都构成严重犯罪，进而"清除有组织犯罪及在跨州商业活动中合法组织的腐化现象"。

严格责任（Strict Liability）

实质不要求证明主观犯意的犯罪类型。通常情况下，严格责任犯罪仅仅适用于涉及机动车的交通类犯罪。例如，在超速驾驶的案件中，被告人是否知道时速上限就显得无关紧要。检方仅仅需要证明被告人驾驶机动车超速即可。有些情况下，针对更为严重的犯罪，也可以适用严格责任，但这种做法备受争议。（对比"可责心态"）

特里临检（Terry Stop）

在美国，所谓"特里临检"，是指警方在缺乏盖然性理由实施逮捕，但又合理怀疑相关方与犯罪活动有关的情况下，对其实施的暂时性留置措施。这一做法的名称源自美国联邦最高法院在"特里诉俄亥俄州案"[*Terry v. Ohio* 392 U.S. 1（1968）]中所作的判决，授权警方如果有合理且可以说明的理由怀疑嫌疑人"携带武器并十分危险"，就可以截停该嫌疑人并进行外部搜身，以查明其是否携带武器。当搜查武器得到批准时，这一程序又被称为"拦截并拍身搜查"（Stop and Frisk）。

美国量刑委员会(United States Sentencing Commission)

该委员会是美国联邦政府司法部门体制内的一个独立机构,主要负责为联邦法官制定量刑指南。该委员会制定的《联邦量刑指南》(the U. S. Sentencing Guidelines),改变了之前由法官针对特定犯罪,适用从假释到顶格法定最高刑的不定期刑的做法。

功利主义(Utilitarianism)

一言以蔽之,所谓功利主义,是指在任何情况下,正确的行为方式都应当能够为其所涉及的所有人带来更大的福祉。在刑法语境下,功利主义往往被用来支持最能有效震慑、预防潜在犯罪人实施犯罪的刑罚,即便这种刑罚的程度严重高于(或低于)犯罪人该当的程度。

参考文献

PUBLISHED WORKS

Abadinsky, Howard. *Organized Crime*. 2nd ed. Chicago: Nelson-Hall, 1985.

——. *Organized Crime,* 9th ed. Boston: Cengage Learning, 2009.

Agrast, Mark David et al., eds. *The World Justice Project: Rule of Law Index 2011*. The World Justice Project, 2011, http://worldjusticeproject.org/sites/default/files/WJP_Rule_of_Law_Index_2011_Report.pdf.

Alexander, Caroline. *The Bounty: The True Story of the Mutiny on the "Bounty."* New York: Viking, 2003.

Alexander, Richard. *The Biology of Moral Systems*. Piscataway NJ: Aldine Transaction, 1987.

Alford, John, and John Hibbing. "The Origin of Politics: An Evolutionary Theory of Political Behavior." *Perspectives on Politics* 2 (2004).

Allen, Madelene Ferguson. *Wake of the Invercauld: Shipwrecked in the Sub-Antarctic: A Great-Granddaughter's Pilgrimage*. Montreal: McGill-Queen's University Press, 1997.

Allsop, Kenneth. *The Bootleggers: The Story of Chicago's Prohibition Era*. New York: Random House, 1968.

Anastaplo, George. "Lawyers, First Principles, and Contemporary Challenges: Explorations." *Northern Illinois University Law Review* 19 (1999).

Anderson, Annelise Graebner. *The Business of Organized Crime: A Cosa Nostra Family*. Stanford CA: Hoover Institution Press, 1979.

Anderson, Terry, and P. J. Hill. "An American Experiment in Anarcho-Capitalism: The Not So Wild, Wild West." Boseman: Department of Economics, Montana State University, 1989.

Andrews, Molly. "One Hundred Miles of Lives: The Stasi Files as People's History of East Germany." *Oral History* 26 (1998).

Anonymous. "Episodes from the Attica Massacre." *Black Scholar* 4 (1972).

Anonymous. *A Woman in Berlin: Eight Weeks in a Conquered City, A Diary*. London: Picador, 2005.

Antoine, Rebeca, and the Katrina Narrative Project. *Voices Rising: Stories from the Katrina Narrative Project*. Omaha: UNO Press, 2008.

Ardaiz, James A. "California's Three Strikes Law: History, Expectations, Consequences." *McGeorge Law Review* 32 (2000).

Aron, Arthur, et al. "Reward, Motivation, and Emotion Systems Associated with Early-Stage Intense Romantic Love." *Journal of Neurophysiology* 94 (2005).

Asbridge, Mark, and Swarna Weerasinghe. "Homicide in Chicago from 1890 to 1930: Prohibition and Its Impact on Alcohol- and Non-Alcohol-Related Homicides." *Addiction* 104 (2009).

Bachner, James. *My Darkest Years: Memoirs of a Survivor of Auschwitz, Warsaw and Dachau*. Jefferson NC: McFarland, 2007.

Bagaric, Mirko. "In Defence of a Utilitarian Theory of Punishment: Punishing the Innocent and the Compatibility of Utilitarianism and Rights." *Australian Journal of Legal Philosophy* 24 (1999).

Balikci, Asen. *The Netsilik Eskimo*. Copenhagen, Denmark: Natural History Press, 1970.

Behr, Edward. *Prohibition: Thirteen Years that Changed America*. New York: Arcade, 1996.

Bejarano, Jesus Antonio. "Violence, Security, and Economic Growth in Colombia, 1985–1995." *Colombian Economic Journal* 1 (2003).

Bekoff, Mark. "Wild Justice, Cooperation, and Fair Play." In *The Origins and Nature of Sociality*, ed. Robert W. Sussman and Audrey R. Chapman, 451–52. Piscataway NJ: Aldine Transaction, 2004.

Bell, Malcolm. *The Turkey Shoot: Tracking the Attica Cover-Up*. New York: Grove, 1985.

Benaquisto, Lucia, and Peter J. Freed. "The Myth of Inmate Lawlessness: The Perceived Contradiction between Self and Other in Inmates' Support for Criminal Justice Sanctioning Norms." *Law and Society Review* 30 (1996).

Beres, Linda S., and Thomas D. Griffith. "Do Three Strikes Laws Make Sense? Habitual Offender Statutes and Criminal Incapacitation." *Georgetown Law Review* 87 (1998).

———. "Habitual Offender Statutes and Criminal Deterrence." *Connecticut Law Review* 34 (2002).

Berger, Bennett M. *The Survival of a Counterculture*. Oakland CA: University of California Press, 1981.

Bergreen, Laurence. *Capone: The Man and the Era*. New York: Simon and Schuster, 1994.

Bilz, Kenworthy. "Dirty Hands or Deterrence? An Experimental Examination of the Exclusionary Rule." *Journal of Empirical Legal Studies* 9 (2012).

Birenbaum, Halina. *Hope Is the Last to Die: A Coming of Age under Nazi Terror*. Woodbridge CT: Twayne, 1971.

Blum, Binyamin. "Doctrines without Borders: The "New" Israeli Exclusionary Rule and the Dangers of Legal Transplantation." *Stanford Law Review* 60 (2008).

Blumstein, Alfred. "Prisons: A Policy Challenge." In *Crime: Public Policies for Crime Control*, ed. James Q. Wilson and Joan Petersilia, 451–82. Oakland CA: Institute for Contemporary Studies, 2002.

Bolton, Gary E., and Rami Zwick. "Anonymity Versus Punishment in Ultimatum Bargaining." *Games and Economic Behavior* 10 (1995).

Bondy, Curt. "Problems of Internment Camps." *Journal of Abnormal and Social Psychology* 38 (1943).

Bouvard, Marguerite. *The Intentional Community Movement: Building a New Moral World*. Port Washington NY: Kennikat National University Publications, 1975.

Bowden, Mark. *Killing Pablo: The Hunt for the World's Greatest Outlaw*. New York: Atlantic Monthly Press, 2001.

Bowers, Josh, and Paul H. Robinson. "Perceptions of Fairness and Justice: The Shared Aims and Occasional Conflicts of Legitimacy and Moral Credibility." *Wake Forest Law Review* 47 (2012).

Bowles, Samuel, and Herbert Gintis. "The Origins of Human Cooperation." In *The Genetic and Cultural Evolution of Cooperation*, ed. Peter Hammerstein, 429–43. Cambridge: MIT Press, 2003. http://www.umass.edu/preferen/gintis/dahlem.pdf.

Bradley, Craig. "The Exclusionary Rule in Germany." *Harvard Law Review* 96 (1983).

Braga, Anthony A., and Brenda J. Bond. "Policing Crime and Disorder Hot Spots: A Randomized Controlled Trial." *Criminology* 46 (2008).

Braman, Donald, Dan M. Kahan, and David Hoffman. "Some Realism about Punishment Naturalism." *University of Chicago Law Review* 77 (2010).

Breverton, Terry. *Black Bart Roberts: The Greatest Pirate of Them All*. Gretna LA: Pelican, 2004.

Briggs, Jean L. *Never in Anger: Portrait of an Eskimo Family*. Cambridge MA: Harvard University Press, 1971.

Brinkley, Dougles. *The Great Deluge: Hurricane Katrina, New Orleans, and the Mississippi Gulf Coast*. New York: Harper Perennial, 2007.

Brooks, Justin. "How Can We Sleep While the Beds Are Burning? The Tumultuous Prison Culture of Attica Flourishes in American Prisons Twenty-Five Years Later." *Syracuse Law Review* 47 (1996).

Brosnan, Sarah F. "Fairness in Monkeys." In *Encyclopedia of Animal Behavior*, ed. Marc Bekoff, 288–89. Westport CT: Greenwood, 2004.

———. "Nonhuman Species' Reactions to Inequity and Their Implications for Fairness." *Social Justice Research* 19 (2006).

Brosnan, Sarah F., and Frans B. M. de Waal. "Monkeys Reject Unequal Pay." *Nature* 425 (2003).

———. "Reply: Animal Behavior: Fair Refusal by Capuchin Monkeys." *Nature* 428 (2004).

Brosnan, Sarah F., Hillary C. Schiff, and Frans B. M. de Waal. "Tolerance for Inequity May Increase with Social Closeness in Chimpanzees." *Proceedings of the Royal Society B: Biological Sciences* 272 (2005).

Burch, Ernest S. *The Eskimos*. London: J. R. MacDonald, 1988.

Burg, Barry Richard. *Sodomy and the Pirate Tradition: English Sea Rovers in the Seventeenth-Century Caribbean*. New York: NYU Press, 1995.

Burnham, Terence C., and Dominic D. P. Johnson. "The Biological and Evolutionary Logic of Human Cooperation." *Analyse and Kritik* 27 (2005).

Camerer, Colin F. *Behavioral Game Theory—Experiments in Strategic Interaction*. Princeton: Princeton University Press, 2003.

Campbell, Mavis Christine. *The Maroons of Jamaica, 1655-1796: A History of Resistance, Collaboration, and Betrayal*. Boston: Bergin and Garvey, 1988.

Carey, Bev. *The Maroon Story: The Authentic and Original History of the Maroons in the History of Jamaica 1490-1880*. Baltimore MD: Agouti, 1997.

Carlsmith, Kevin M. "The Roles of Retribution and Utility in Determining Punishment." *Journal of Experimental Social Psychology* 42 (2006).

Carlsmith, Kevin M., John M. Darley, and Paul H. Robinson. "Why Do We Punish? Deterrence and Just Deserts as Motives for Punishment." *Journal of Personality and Social Psychology* 83 (2002).

Cashman, Sean Dennis. *Prohibition—The Lie of the Land*. New York: Free Press, 1989.

Cladwell, Harry M. and Carol A. Chase. "The Unruly Exclusionary Rule: Heeding Justice Blackmun's Call to Examine the Rule in Light of Changing Judicial Understanding about Its Effects Outside the Courtroom." *Marquette Law Review* 78 (1994).

Clark, David E., and Manfred Wildner. "Violence and Fear of Violence in East and West Germany." *Social Science and Medicine* 51 (2000).

Clark, John, James Austin, and D. Alan Henry. *Three Strikes and You're Out: A Review of State Legislation*. Washington DC: National Institute of Justice, 1997. https://www.ncjrs.gov/pdffiles/165369.pdf.

Clutton-Brock, T. H., and G. A. Parker. "Punishment in Animal Societies." *Nature* 373 (2005).

Clutton-Brock, T. H., D. Green, M. Hiraiwa-Hasegawa, and S. D. Albon. "Passing the Buck: Resource Defence, Lek Breeding and Mate Choice in Fallow Deer." *Behavioral Ecology and Sociobiology* (1988).

Clutton-Brock, T. H., S. D. Albon, R. M. Gibson, and F. E. Guinness. "The Logical Stag: Adaptive Aspects of Fighting in Red Deer (Cervus elaphus L.)." *Animal Behavior* 27 (1979).

Coffee, John C., Jr. "Does 'Unlawful' Mean 'Criminal'?: Reflections on the Disappearing Tort/Crime Distinction in American Law." *Boston University Law Review* 71 (1991).

Colby, Anne, and Lawrence Kohlberg. *The Measurement of Moral Judgment,* vol. 1. Cambridge: Cambridge University Press, 1987.

———. *The Measurement of Moral Judgment,* vol. 2. Cambridge: Cambridge University Press, 1987.

Coffman, Lloyd. *Blazing a Wagon Trail to Oregon: A Weekly Chronicle of the Great Migration of 1843.* Bend OR: Maverick Distributors, 1993.

Comstock, William. *The Life of Samuel Comstock: The Terrible Whaleman* 88. Boston: James Fisher, 1840.

Cordingly, David. *Under the Black Flag: The Romance and the Reality of Life among the Pirates.* New York: Random House, 2006.

Corman, Hope, and Naci Mocan. "Carrots, Sticks, and Broken Windows." *Journal of Law and Economics* 48 (2005).

Coyote, Peter. *Sleeping Where I Fall: A Chronicle.* Berkeley CA: Counterpoint, 1998.

Cummins, Joseph. *Castaway: Epic True Stories of Shipwreck, Piracy, and Mutiny on the High Seas.* New South Wales, Australia: Pier 9, 2008.

Curl, John. *Memories of Drop City: The First Hippie Commune of the 1960s and the Summer of Love, A Memoir.* iUniverse, 2006.

Currie, David P. *The Constitution of the Federal Republic of Germany.* Chicago: University of Chicago Press, 1994.

Cymlich, Israel, and Oscar Strawczynski. *Escaping Hell in Treblinka.* Jerusalem: Yad Vashem and The Holocaust Survivors' Memoirs Project, 2007.

Dallas, R. C. *History of the Maroons: From their Origin to the Establishment of their Chief Tribe at Sierra Leone; Including the Expedition to Cuba for the Procuring Spanish Chasseurs; and the State of the Island of Jamaica for the Last Ten Years; with a Succinct History of the Island Previous to that Period.* London: T. N. Longman and O. Rees, 1803.

Darley, John M., and Thomas R. Shultz. "Moral Rules: Their Content and Acquisition." *Annual Review of Psychology* 41 (1990).

Darley, John M., et al. "Incapacitation and Just Deserts as Motives for Punishment." *Law and Human Behavior* 24 (2000).

Darley, John M. et al. "Intentions and Their Contexts in the Moral Judgments of Children and Adults." *Child Development* 49 (1978).

Darley, John M., Kevin M. Carlsmith, and Paul H. Robinson. "Incapacitation and Just Deserts as Motives for Punishment." *Law and Human Behavior* 24 (2000).

Dash, Michael. "*Batavia's Graveyard: The True Story of the Mad Heretic Who Led History's Bloodiest Mutiny*. New York: Crown, 2002.

Dawes, Robyn M., and Richard H. Thaler. "Anomalies: Cooperation." *Journal of Economic Perspectives* 2 (1988).

Daws, Gavan. *Prisoners of the Japanese: POWs of World War II in the Pacific*. New York: W. Morrow, 1994.

Delevan, James. *Notes on California and the Placers: How to Get There, and What to Do Afterwards, By One Who Has Been There*. New York: H. Long & Brother, 1850.

Demleitner, Nora V. "Organized Crime and Prohibition: What Difference Does Legalization Make?" *Whittier Law Review* 15 (1994).

De Poncins, Gontran. *Kabloona*. London: Reynal and Hitchcock, 1941.

Des Pres, Terrence. *The Survivor: An Anatomy of Life in the Death Camps*. New York: Oxford University Press, 1980.

De Quervain, Dominique J. F., et al. "The Neural Basis of Altruistic Punishment." *Science* 305 (2004).

Deutsch, Michael E., Dennis Cunningham, and Elizabeth Fink. "Twenty Years Later—Attica Civil Rights Case Finally Cleared for Trial." *Social Justice* 18 (1991).

DeVoto, Bernard. *The Year of Decision 1846*. Boston: Little, Brown, 1943.

De Waal, Frans B. M. *Chimpanzee Politics: Power and Sex among Apes*. Baltimore: Johns Hopkins University Press, 1998.

———. "The Chimpanzee's Sense of Social Regularity and Its Relation to the Human Sense of Justice." *American Behavioral Scientist* 34 (1991).

———. "Food Sharing and Reciprocal Obligations among Chimpanzees." *Journal of Human Evolution* 18 (1989).

———. *Good Natured: The Origins of Right and Wrong in Humans and Other Animals*. Cambridge: Harvard University Press, 1997.

De Waal, Frans B. M, and Lesleigh M. Luttrell. "The Similarity Principle Underlying Social Bonding among Female Rhesus Monkeys." *Folia Primatologica* 46 (1986).

Dolinger, Jacob. "The Influence of American Constitutional Law on the Brazilian Legal System." *American Journal of Comparative Law* 38 (1990).

Doyle, James. F. "Radical Critique of Criminal Punishment." *Social Justice* 22 (1995).

Drake-Brockman, Henrietta. *Voyage to Disaster*. Perth: University of Western Australia Press, 1996.

Druett, Joan. *Island of the Lost: Shipwrecked at the Edge of the World*. Chapel Hill: Algonquin, 2007.

Durham, Alexis M., III. "Public Opinion Regarding Sentences for Crime: Does It Exist?" *Journal of Criminal Justice* 21 (1993).

Dutton, Charles J. *The Samaritans of Molokai: The Lives of Father Damien and Brother Dutton among the Lepers*. Ann Arbor MI: Dodd, Mead, 1932.

Eldredge, Dirk Chase. *Ending the War on Drugs: A Solution for America*. Bridgehampton NY: Bridge Works, 1998.

Elkind, David, and Ruth F. Dabek. "Personal Injury and Property Damage in the Moral Judgments of Children." *Child Development* 48 (1977).

Ellickson, Robert C. *Order without Law: How Neighbors Settle Disputes*. Cambridge: Harvard University Press, 1991.

Escobar, Roberto, and David Fisher. *The Accountant's Story: Inside the Violent World of the Medellín Cartel*. New York: Grand Central, 2009.

Exquemelin, Alexandre Olivier, and William Swan Sonnenschein. *The Buccaneers of America*. London: Allen and Unwin, 1684.

Eynikel, Hilde. *Molokai: The Story of Father Damien*. New York: Alba House, 1999.

Featherstone, Richard Andrew. *Narratives from the 1971 Attica Prison Riot: Towards a New Theory of Correctional Disturbances*. Lewiston NY: Edwin Mellon, 2005.

Fehr, Ernst, and Simon Gachter. "Cooperation and Punishment in Public Goods Experiments." *American Economic Review* 90 (2000).

Fehr, Ernst, and Herbert Gintis. "Human Motivation and Social Cooperation: Experimental and Analytical Foundations." *Annual Review of Sociology* 33 (2007).

Fehr, Ernst, and Urs Fischbacher. "The Nature of Human Altruism." *Nature* 425 (2003).

———. "Third-Party Punishment and Social Norms." *Evolution and Human Behavior* 25 (2004).

Ferguson Allen, Madelene. *Wake of the Invercauld: Shipwrecked in the Sub-Antarctic, A Great-Granddaughter's Pilgrimage*. Montreal: McGill-Queen's University Press, 1997.

Flack, Jessica C., and Frans B. M. de Waal. "'Any Animal Whatever': Darwinian Building Blocks of Morality in Monkeys and Apes." In *Evolutionary Origins of Morality: Cross-Disciplinary Perspectives*, ed. Leonard D. Katz. Exeter, UK: Imprint Academic, 2000.

Frank, Steven A. "Repression of Competition and the Evolution of Cooperation." *Evolution* 57 (2003).

Furnham, Adrian, and Steven Jones. "Children's Views Regarding Possessions and Their Theft." *Journal of Moral Education* 16 (1987).

Gardner, Hugh. *The Children of Prosperity: Thirteen Modern American Communes*. New York: St. Martin's Press, 1978.

Garland, David. *Punishment and Modern Society*. Chicago: University of Chicago Press, 1990.

Gaviria, Alejandro. "Increasing Returns and the Evolution of Violent Crime: The Case of Colombia." *Journal of Development Economics* 61 (2000): 1-25.

Ghouas, Nessim. *The Conditions, Means and Methods of the MfS in the GDR: An Analysis of the Post and Telephone Control*. New York: Cuvillier Verlag, 2004.

Gibbons, Ann. *The First Human: The Race to Discover Our Earliest Ancestors*. New York: Anchor, 2007.

Gilpatrick, Kristin. *Footprints in Courage: A Bataan Death March Survivors Story*. Middleton WI: Badger, 2002.

Gintis, Herbert, et al. "Explaining Altruistic Behavior in Humans." *Evolution and Human Behavior* 24 (2003).

Godson, Roy, ed. *Menace to Society: Political-Criminal Collaboration around the World*. Piscataway NJ: Transaction, 2003.

Gordon, Richard, and Benjamin S. Llamzon. *Horyo: Memoirs of an American POW*. St. Paul MN: Paragon House, 1990.

Gottlieb, Karla. *The Mother of Us All: A History of Queen Nanny*. Trenton NJ: Africa World Press, 2000.

Graburn, Nelson H. H. "Eskimo Law in Light of Self-and Group-Interest." *Law and Society Review* 4 (1969).

Greenwood, Peter, et al. "Estimated Benefits and Costs of California's New Mandatory-Sentencing Law." In *Three Strikes and You're Out: Vengeance As Public Policy*, ed. David Shichor and Dale K. Sechrest, 53-89. Santa Monica CA: Rand, 1996.

Gruter, Margaret. "The Origins of Legal Behavior." *Journal of Social and Biological Structures* 2 (1979): 43-51.

Gugelyk, Ted, and Milton Bloombaum. *Ma'i Ho'oka'awale, The Separating Sickness: Interviews with Exiled Leprosy Patients at Kalaupapa, Hawaii.* Honolulu: Social Science Research Institute, University of Hawaii, 1979.

Hackett, David A. *The Buchenwald Report.* Boulder: Westview, 1997.

Hammer, Jacob, and Thomas A. Rumer. *This Emigrating Company: The 1844 Oregon Trail Journal of Jacob Hammer.* Cleveland OH: A. H. Clark, 1990.

Hammerstein, Peter, ed. *The Genetic and Cultural Origins of Cooperation.* Cambridge: MIT Press, 2003.

Haque, Shamsul M. "Government Responses to Terrorism: Critical Views of Their Impact on People and Public Administration." *Public Administration Review* 62 (2002).

Haring, Clarence Henry. *The Buccaneers in the West Indies in the XVII Century.* Charleston SC: BiblioBazaar, 2009.

Harris, C. L. G. *The Chieftainess: Glimpses of Grandy Nanny.* Owens Cross Roads AL: Publishing Designs, 2009.

Harris, Robert. *Political Corruption in and Beyond the Nation State.* Florence KY: Routledge, 2003.

Hart, Donna, and Robert W. Sussman. *Man the Hunted: Primates, Predators, and Human Evolutions.* Boulder CO: Westview, 2005.

———. "The Influence of Predation on Primate and Early Human Evolution: Impetus for Cooperation." In *Origins of Altruism and Cooperation,* ed. Robert Sussman and Robert Cloninger, 25-30. New York: Springer Science + Business Media, 2011.

Hauser, Marc D. "Costs of Deception: Cheaters Are Punished in Rhesus Monkeys (Macaca mulatta)." *Proceedings of the National Academy of Sciences* 89 (1992).

Hauser, Marc D., and Peter Marler. "Food-Associated Calls in Rhesus Macaques (Macaca mulatta); 2: Costs and Benefits of Call Production and Suppression." *Behavioral Ecology* 4 (1993).

Hedgepath, William. *The Alternative: Communal Life in New America.* New York: Macmillan, 1970.

Hesse, Hans. *Persecution and Resistance of Jehovah's Witnesses during Nazi-Regime.* Bremen: Edition Temmen, 2001.

Hewitt, R. H. *Notes by the Way: Memoranda of a Journey across the Plains from Dundee, Ill., to Olympia, W. T., May 7 to November 3, 1862.* Washington DC: Office of the Washington Standard, 1863.

Hibbing, John R., and John R. Alford. "Accepting Authoritative Decisions: Humans as Wary Cooperators." *American Journal of Political Science* 48 (2004): 62-76.

Hill, Bob. *Double Jeopardy: Obsession, Murder, and Justice Denied.* New York: William Morrow, 1995.

Hobbes, Thomas. *Leviathan: Or The Matter, Forme and Power of a Common Wealth Ecclesiasticall and Civil.* Edited by J. C. A. Gaskin. London: 1651; rpt. Oxford University Press, 1996.

Hoffman, Morris B. "The Neuroeconomic Path of the Law." *Philosophical Transactions of the Royal Society B: Biological Sciences* 359 (2004).

Holmes, Kenneth L., and David C. Duniway, eds. *Covered Wagon Women: Diaries and Letters from the Western Trails, 1852: Journal of Abigail Jane Scott.* Lincoln: Bison Books, 1997.

Holmes, Linda. *Four Thousand Bowls of Rice: A Prisoner of War Comes Home.* Sydney: Allen and Unwin, 1993.

Houriet, Robert. *Getting Back Together.* New York: Coward, McCann, and Geoghegan, 1969.

Ingram, C. W. N. *New Zealand Shipwrecks—195 Years of Disaster at Sea.*, 7th rev. ed. Aukland, NZ: Hodder Moa Beckett, 1990.

Jackman, Norman. "Survival in the Concentration Camps." *Human Organization* 17 (1958).

Jackson, Charles R., and B. H. Norton. *I Am Alive!: A United States Marine's Story of Survival in a World War II Japanese POW Camp.* New York: Presidio, 2003.

Jacobsen, Gene Samuel. *We Refused to Die: My Time as a Prisoner of War in Bataan and Japan, 1942-1945.* Salt Lake City: University of Utah, 2004.

Janiskee, Brian P., and Edward J. Erher. "Crime, Punishment and Romero: An Analysis of the Case against California's Three Strikes Law." *Duquesne Law Review* (2000).

Jensen, Gary F. "Prohibition, Alcohol, and Murder: Untangling Countervailing Mechanisms." *Homicide Studies* 4 (2000).

Jensen, Keith. "Punishment and Spite, the Dark Side of Cooperation." *Philosophical Transactions of the Royal Society B* 365 (2010): 2635-50.

Johnson, Charles, and David Cordingly. *A General History of the Robberies and Murders of the Most Notorious Pirates.* Guilford CT: Globe Pequot, 2002.

Johnson, Molly Wilkinson. *Training Socialist Citizens: Sports and the State in East Germany.* Boston: Brill Academic, 2008.

Jones, Bill. "Why the Three Strikes Law Is Working in California." *Stanford Law Review* 11 (1999).

Joyce, Richard. *The Evolution of Morality.* Cambridge: MIT Press, 2006.

Kanter, Rosabeth Moss. *Commitment and Community: Communes and Utopias in Sociological Perspective.* Cambridge MA: Harvard University Press, 1972.

Kaplan, John. "The Limits of the Exclusionary Rule." *Stanford Law Review* 26 (1974).
Kavieff, Paul R. *The Violent Years: Prohibition and the Detroit Mobs*. Fort Lee NJ: Barricade, 2001.
Keizer, Kees, Siegwart Lindenberg, and Linda Steg. "The Spreading of Disorder." *Science* 332 (2008): 1681–85.
Kelling, George L., and James Q. Wilson. "The Police and Neighborhood Safety." *The Atlantic*, March 1982.
Kerr, E. Bartlett. *Surrender and Survival: The Experience of American POWs in the Pacific, 1941–1945*. New York: W. Morrow, 1985.
Kirk, Robin. *More Terrible Than Death: Drugs, Violence, and America's War in Colombia*. New York: Public Affairs, 2004.
Klein, Eric K. "Dennis the Menace or Billy the Kid: An Analysis of the Role of Transfer to Criminal Court in Juvenile Justice." *American Criminal Law Review* 35 (1998).
Knox, Donald. *Death March: The Survivors of Bataan*. Ann Arbor MI: Harcourt Brace Jovanovich, 1981.
Kogon, Eugen. *The Theory and Practice of Hell: The German Concentration Camps and the System behind Them*. New York: Farrar, Straus and Giroux, 1950.
Kohlberg, Lawrence. "Current Statement on Some theoretical Issues." In *Consensus and Controversy*, eds. Sohan Modgil and Celia Modgil, 485–546. Florence KY: Routledge, 1986.
———. *Essays on Moral Development*, vol. 1: *The Psychology of Moral Development*. New York: Harper and Row, 1981.
———. *Essays on Moral Development*, vol. 2: *The Psychology of Moral Development*. New York: Harper and Row, 1984.
———. "From Is to Ought: How to Commit the Naturalistic Fallacy and Get Away with It in the Study of Moral Development." In *Cognitive Development and Epistemology*, ed. Theodore Mischel, 151–235. Melbourne, Australia: Academic Press, 1971.
Kolarik, Gera-Lind, and Wayne Klatt. *Freed to Kill: The True Story of Larry Eyler*. Chicago: Chicago Review Press, 1990.
Konstam, Angus. *History of Pirates*. Guilford CT: Lyons, 1999.
———. *Privateers and Pirates: 1730–1830*. Oxford, UK: Osprey, 2001.
Krebs, Dennis L., and Kathy Denton. "Toward a More Pragmatic Approach to Morality: A Critical Evaluation of Kohlberg's Model." *Psychological Review* 112 (2005).
Laugrand, Frederic, Jarich Oosten, and Wim Rasing. *Interviewing Inuit Elders: Perspectives on Traditional Law*. Atviat, NU: Nunavut Arctic College, 1999.

Law Commission Report 70: Acquittal Following Perversion of the Course of Justice. Wellington, NZ: Law Commission, 2001.

Lawton, Manny. *Some Survived*. Chapel Hill NC: Algonquin, 1984.

Leeson, Peter. "An-arrgh-chy: The Law and Economics of Pirate Organization." *Journal of Political Economics* 115 (2007).

———. *The Invisible Hook: The Hidden Economics of Pirates*. Princeton: Princeton University Press, 2009.

Levering, Robert W. *Horror Trek: A True Story of Bataan, the Death March and Three and One-Half Years in Japanese Prison Camps*. Dayton OH: Horstman, 1948.

Leys, Simon. *The Wreck of the Batavia: A True Story*. New York: Thunder's Mouth, 2005.

London, Jack. *The Cruise of the Snark*. New York: Macmillan, 1911. Electronic, accessed September 13, 2011, http://carl-bell-2.baylor.edu/~bellc/jl/TheLepersOfMolokai.html.

Lopez, Enrique Hank. *They Lived on Human Flesh*. New York: Pocket Books, 1973.

Lynch, Gerard E. "RICO: The Crime of Being a Criminal." *Columbia Law Review* 87 (1987): 661–764.

Lynch, Theresa Catherine. "Attica: A Monstrous Credibility Gap." PhD dissertation, University of New Hampshire, 2006.

Lyons, John. "Curse of the Bounty." *The Australian*, April 29, 2008.

Madison, James. *The Federalist*. New York: Penguin, 1987.

Males, Mike, and Dan Macallair. "Striking Out: The Failure of California's 'Three Strikes and You're Out' Law." *Stanford Law and Policy Review* 11 (2000).

Marcus, Paul, and Vicki Waye. "Australia and the United States: Two Common Criminal Justice Systems Uncommonly at Odds." *Tulane Journal of International and Comparative Law* 12 (2004).

Marks, Kathy. *Lost Paradise: From Mutiny of the Bounty to a Modern-Day Legacy of Sexual Mayhem, the Dark Secrets of Pitcairn Island Revealed*. New York: Free Press, 2009.

Marlowe, Frank, and J. Colette Berbesque. "More 'Altruistic' Punishment in Larger Societies." *Proceedings: Biological Sciences* 275 (2008): 587–92.

Matthews, Mark. *Drop City: America's First Hippie Commune*. Norman: University of Oklahoma Press, 2010.

Maude, H. E. "History of Pitcairn Island." In *Introduction to the Pitcairnese Language*, ed. A. S. C. Ross and A. W. Moverley, 45–101. London: Andre Deutsch, 1946.

Mazur, Robert. *The Infiltrator: My Secret Life inside the Dirty Banks behind Pablo Escobar's Medellín Cartel*. New York: Little, Brown, 2009.

Melis, Alicia P., Brian Hare, and Michael Tomasello. "Chimpanzees Recruit the Best Collaborators." *Science* 311 (2006).

Mendelson, Jack, and Nancy Mello. *Alcohol: Used and Abused in America.* New York: Little, Brown, 1985.

Miller, Dale, and Rebecca Ratner. "The Disparity between the Actual and Assumed Power of Self-Interest." *Journal of Personality and Social Psychology* 74 (1998).

Miller, Timothy. *The Sixties Communes: Hippies and Beyond.* Syracuse NY: Syracuse University Press, 1999.

———. "Roots of Communal Revival 1962–1966." *The Farm,* http://www.thefarm.org/lifestyle/root2.html.

Milhizer, Eugene. "Debunking Five Great Myths about the Fourth Amendment Exclusionary Rule." *Military Law Review* 211 (2012).

Minnesota Fats and Tom Fox. *The Bank Shot and Other Great Robberies: The Uncrowned Champion of Pocket Billiards, Describes His Game and How It Is Played.* Guilford CT: Lyons, 2006.

Miron, Jeffrey. "Violence and the U.S. Prohibitions of Drugs and Alcohol." *American Law and Economics Review* 1 (1999).

Miron, Jeffery A., and Jeffery Zwiebel. "Alcohol Consumption during Prohibition." *Economics of Drugs* 81 (1991): 242–47.

Moblo, Pennie. "A Land Set Apart: Disease, Displacement, and Death at Makanalua, Moloka'i." PhD dissertation, University of Hawaii, 2004.

Moll, Henrike, and Michael Tomasello. "Cooperation and Human Cognition: The Vygotskian Intelligence Hypothesis." *Philosophical Transactions: Biological Sciences* 362 (2007).

Mollison, James, and Rainbow Nelson. *The Memory of Pablo Escobar.* London: Chris Boot, 2007.

Monkerud, Don. *Free Land: Free Love: Tales of a Wilderness Commune.* Aptos CA: Black Bear Mining, 2000.

Montana-LeBlanc, Phyllis. *Not Just the Levees Broke: My Story During and After Katrina.* New York: Atria, 2008.

Musgrave, Thomas. *Castaway on the Auckland Isles A Narrative of the Wreck of the Grafton.* London: H. T. Dwight, 1865.

Nadim, Sayyid Azhar Hassan. "Impact of Lawlessness on Economic Development and Role of Effective Policing: A Case Study of Pakistan 1969–1993." Master's thesis, University of Punjab, 1997. http://eprints.hec.gov.pk/1907/1/1834.htm.

———. *Pakistan: The Political Economy of Lawlessness.* Oxford, UK: Oxford University Press, 2002.

Naimark, Norman M. *The Russians in Germany: A History of the Soviet Zone of Occupation, 1945-1949*. Cambridge MA: Harvard University Press, 1995.

Nelson, Sharon A. "Factors Influencing Young Children's Use of Motives and Outcomes as Moral Criteria." *Child Development* 51 (1980).

Newman, Graeme. *Comparative Deviance: Perception and Law in Six Cultures*. New York: Elsevier, 1976.

Nietzsche, Friedrich. *Beyond Good and Evil*. Translated by Walter Kaufman. Cambridge, UK: Cambridge University Press, 1986.

Norman, Michael, and Elizabeth Norman. *Tears in the Darkness: The Story of the Bataan Death March and Its Aftermath*. New York: Farrar, Straus and Giroux, 2009.

Nucci, Larry. *Education in the Moral Domain*. Cambridge: Cambridge University Press, 2001.

Nucci, Larry, and Elsa K. Weber. "Social Interactions in the Home and the Development of Young Children's Concepts of the Personal." *Child Development* 66 (1995).

Ouimet, Matthew J. *The Rise and Fall of the Brezhnev Doctrine in Soviet Foreign Policy*. Chapel Hill: University of North Carolina Press, 2003.

Packer, C. "Reciprocal Altruism in Papio Anubis." *Nature* 265 (1977).

Parker, Laura. "Trials and Tribulations Trouble in Paradise." *Vanity Fair*, January 2008.

Parrado, Nando, and Vince Rause. *Miracle in the Andes: Seventy-Two Days on the Mountain and My Long Trek Home*. New York: Crown, 2006.

Payne, Brian K., and Wendy P. Guastaferro. "Mind the Gap: Attitudes about Miranda Warnings among Police Chiefs and Citizens." *Journal of Police and Criminal Psychology* 24 (2009): 93.

Perrin, Timothy, et al. "If It's Broken, Fix It: Moving Beyond the Exclusionary Rule." *Iowa Law Review* 83 (1998).

Pitler, Robert M. "Independent State Search and Seizure Constitutionalism: The New York State Court of Appeals' Quest for Principled Decisionmaking." *Brooklyn Law Review* 62 (1996).

Pizzi, William T. "The Need to Overrule Mapp v. Ohio." *University of Colorado Law Review* 82 (2011): 679-738. Price, David A. *Love and Hate in Jamestown: John Smith, Pocahontas, and the Start of a New Nation*. New York: Knopf, 2003.

Price, Richard, ed. *Maroon Societies: Rebel Slave Communities in the Americas*. Baltimore: Johns Hopkins University Press, 1979.

Rahn, Wendy, and John Transue. "Social Trust and Value Change: The Decline of Social Capital in American Youth, 1976-1995." *Political Psychology* 19 (1998).

Rasmussen, Knud. *The Netsilik Eskimos: Social and Spiritual Culture*. Copenhagen, Denmark: Gyldendal, 1931.

Raynal, Francois. *Wrecked on a Reef; or, Twenty Months Among the Auckland Isles*. London: Nelson and Sons, 1874.

Read, Piers Paul. *Alive: Sixteen Men, Seventy-Two Days, and Insurmountable Odds—The Classic Adventure of Survival in the Andes*. New York: Harper Perennial, 2005.

Rector, Milton G. "A Revolutionary Revision of American Penal Law." *Crime and Delinquency* 9 (1963).

Reeve, Hudson K. "Queen Activation of Lazy Workers in Colonies of the Eusocial Naked Mole-Rat." *Nature* 358 (1992).

Reiter, Joanne, Kathy J. Panken, and Burney J. Le Boeuf. "Female Competition and Reproductive Success in Northern Elephant Seals." *Animal Behavior* 29 (1981).

Reiter, Joanne, Nell Lee Stinson, and Burney J. Le Boeuf. "Northern Elephant Seal Development: The Transition from Weaning to Nutritional Independence." *Behavioral Ecology and Sociobiology* 3 (1978).

Rilling, J. K., et al. "A Neural Basis for Social Cooperation." *Neuron* 35 (2002).395.

Ristroph, Alice. "Desert, Democracy, and Sentencing Reform." *Journal of Criminal Law and Criminology* 96 (2006).

Roach, Kent. "Entrapment and Equality in Terrorism Prosecutions: A Comparative Examination of North American and European Approaches." *Mississippi Law Journal* 80 (2011).

Robinson, Paul H. "Criminalization Tensions: Empirical Desert, Changing Norms, and Rape Reform." In *The Structures of the Criminal Law*, eds. R. A. Duff et al., 186–202. New York: Oxford University Press, 2011.

———. *Criminal Law* § 12.1. New York: Aspen, 1997.

———. *Criminal Law Case Studies*, 4th ed. St. Paul MN: West, 2009.

———. *Distributive Principles of Criminal Law: Who Should Be Punished How Much?* New York: Oxford University Press, 2008.

———. "Final Report of the Kentucky Penal Code Revision Project of the Criminal Justice Council." Final Report of the Kentucky Penal Code Revision Project, 2003, http://ssrn.com/abstract=1526674.

———. *Intuitions of Justice and the Utility of Desert*, part 3. New York: Oxford University Press, 2013.

———. "Natural Law and Lawlessness: Modern Lessons from Pirates, Lepers, Eskimos, and Survivors." *University of Illinois Law Review* 2013, no. 2.

———. "Punishing Dangerousness: Cloaking Preventive Detention as Criminal Justice." *Harvard Law Review* 114 (2001).

———. "Report on Offense Grading in Pennsylvania." Working paper, University of Pennsylvania Law School, Public Law Research Paper No. 10-01, 2009, 32, 34, 52. http://ssrn.com/abstract=1527149.

Robinson, Paul H., and John M. Darley. "Intuitions of Justice: Implications for Criminal Law and Justice Policy." *Southern California Law Review* 81 (2007): 1-67.

———. "Objectivist Versus Subjectivist Views of Criminality: A Study in the Role of Social Science in Criminal Law Theory." *Oxford Journal of Legal Studies* 18 (1998).

———. "Testing Competing Theories of Justification." *North Carolina Law Review* 76 (1998): 1095-1143.

Robinson, Paul H., and Michael T. Cahill. *Criminal Law*, 2nd ed. Fredrick MD: Wolters Kluwer Law and Business, 2012.

"Final Report of the Illinois Criminal Code Rewrite and Reform Commission." University of Pennsylvania Law School, Public Law Research Paper No. 09-40, 2003, http://ssrn.com/abstract=1523384.

———. *Law without Justice: Why Criminal Law Doesn't Give People What They Deserve.* New York: Oxford University Press, 2005.

Robinson, Paul H., and Robert Kurzban. "Concordance and Conflict in Intuitions of Justice." *Minnesota Law Review* 91 (2007).

Robinson, Paul H., Goeffrey P. Goodwin, and Michael Reisig. "The Disutility of Justice." *New York Law Review* 85 (2010): 1940-2033.

Robinson, Paul H., Robert Kurzban, and Owen D. Jones. "The Origins of Shared Intuitions of Justice." *Vanderbilt Law Review* 60 (2007): 1633-88.

Robinson, Paul H., et al. "Competing Theories of Blackmail: An Empirical Research Critique of Criminal Law Theory." *Texas Law Review* 89 (2010).

Robinson, Paul. H., et al. "Extralegal Punishment Factors: A Study of Forgiveness, Hardship, Good-Deeds, Apology, Remorse, and Other Such Discretionary Factors in Assessing Criminal Punishment." *Vanderbilt Law Review* 65 (2012).

Robinson, Paul H., et al. "Report on Offense Grading in New Jersey." Working paper, University of Pennsylvania Law School, Public Law Research Paper No. 11-03, 2011, 3-5, http://ssrn.com/abstract=1737825.

Robinson, Paul H., et al. Report on Offense Grading in Pennsylvania, December 2010.

Robinson, Paul H., et al. "The Five Worst (and Five Best) American Criminal Codes." *Northwestern University Law Review* 95 (2000): 1-89.

Robinson, Paul H., et al. "The Modern Irrationalities of American Criminal Codes: An Empirical Study of Offense Grading." *Journal of Criminal Law and Criminology* 100 (2010): 709-64.

Rogers, Woodes. *Cruising Voyage Round the World*. A. Bell and B. Lintot, 1712.

Rohrschneider, Robert, and Rudiger Schmitt-Beck. "Trust in Democratic Institutions in Germany: Theory and Evidence Ten Years after Reunification." *German Politics* 11 (2002).

Ross, Jacqueline E. "Impediments to Transnational Cooperation in Undercover Policing: A Comparative Study of the United States and Italy." *American Journal of Comparative Law* 52 (2004).

———. "The Place of Court Surveillance in Democratic Societies: A Comparative Study of the United States and Germany." *American Journal of Comparative Law* 55 (2007).

Sanchez, Fabio, et al. "Conflict, Violence, and Crime in Colombia." In *Understanding Civil War*, vol 2: *The World Bank*. Edited by Paul Collier and Nicholas Sambanis. Washington DC: World Bank, 2005.

Shoenberg, Robert J. *Mr. Capone: The Real and Complete Story of Al Capone*. New York: First Quill, 1993.

Scott, Abigail Jane. *Journal of a Trip to Oregon*. http://cateweb.uoregon.edu/duniway/notes/DiaryProof1.html, last accessed September 12, 2011.

Senkewicz, Robert M. *Vigilantes and the Gold Rush*. Redwood City CA: Stanford University Press, 1985.

Seyfarth, Robert M., and Dorothy L. Cheney. "Grooming, Alliances, and Reciprocal Altruism in Vervet Monkeys." *Nature* 308 (1984).

Shepherd, Joanna M. "Fear of the First Strike: The Full Deterrent Effect of California's Two- and Three-Strikes Legislation." *Journal of Legal Studies* 31 (2002).

Shinn, Charles Howard, and Joseph Henry Jackson. *Mining Camps: A Study in American Frontier Government*. Scribner's, 1884; rpt. New York: Scribner's Sons, 1884; rpt. Harper Torchbooks, 1965.

Sickmund, Melissa, Howard N. Snyder, and Eileen Poe-Yamagata. *Juvenile Offenders and Victims: 1997 Update on Violence*. Washington DC: National Center for Juvenile Justice, 1997.

Sides, Hampton. *Ghost Soldiers: The Forgotten Epic Story of World War II's Most Dramatic Mission*. New York: Doubleday, 2001.

Silk, Joan B. "The Patterning of Intervention among Male Bonnet Macaques: Reciprocity, Revenge, and Loyalty." *Current Anthropology* 33 (1992).

Smetana, Judith G. "Toddlers' Social Interactions Regarding Moral and Conventional Transgressions." *Child Development* 55 (1984): 1767–76.

Smetana, Judith G., et al. "Preschool Children's Judgments about Hypothetical and Actual Transgressions." *Child Development* 64 (1993).

Smith, Andrew. *The Castaways: A Narrative of the Wreck and Sufferings of the Officers and Crew of the Ship "Invercauld," of Aberdeen, on the Auckland Islands*. Aberdeen, Scotland: A. Brown, 1866.

Snyder, Howard N., and Melissa Sickmund. *Juvenile Offenders and Victims: A National Report*. Washington DC: National Center for Juvenile Justice, 1995.

Spelman, William. *Criminal Incapacitation* 14 (Plenum, 1994).

Starr, Kenneth, and Audrey Maness. "Is the Exclusionary Rule a Good Way of Enforcing Fourth Amendment Values?: Reasonable Remedies and (or?) the Exclusionary Rule." *Texas Tech Law Review* 43 (2010).

Stevenson, Robert Louis. *Father Damien, an Open Letter to the Reverend Dr. Hyde of Honolulu*. London: Chatto and Windus, 1914. Electronic, accessed September 13, 2011, www.gutenberg.org/files/281/281-h/281-h.htm.

Strom, Kevin J. *Profile of State Prisoners Under Age 18, 1985-97*. Washington DC: Bureau of Justice, 2000.

Sunday, Billy, and William A. Sunday. *The Sawdust Trail: Billy Sunday in His Own Words*. Iowa City: University of Iowa Press, 2005.

Sussman, Robert, and Robert Cloninger, eds. *Origins of Altruism and Cooperation*. New York: Springer Science and Business Media, 2011.

Talalay, Sarah. "Eyler Dies in Prison." *Chicago Tribune*, March 7, 1994.

Tattersall, Ian. "Cooperation, Altruism, and Human Evolution." In *Origins of Altruism and Cooperation*, edited by Robert Sussmann and Robert Cloninger. New York: Springer Science and Business Media, 2011.

Tayman, John. *The Colony: The Harrowing True Story of the Exiles of Molokai*. New York: Scribner, 2006.

Thachuk, Kimberley. "Corruption and International Security." *SAIS Review* 25 (2005).

Thoreau, Henry David. Tomkovicz, James J. "The Endurance of the Felony-Murder Rule: A Study of the Forces that Shape Our Criminal Law." *Washington and Lee Law Review* 51 (1994).

Useem, Bert, and Peter Kimball. *States of Siege: U.S. Prison Riots, 1971-1986*. New York: Oxford University Press, 1989.

Van den Steenhoven, Geert. *Legal Concepts among the Netsilik Eskimos of Pelly Bay*. Ottawa, Canada: Ottawa Department of Northern Affairs and National Resources, 1959.

Van Kessel, Gordon. "Suspect as a Source of Testimonial Evidence: A Comparison of the English and American Approaches." *Hastings Law Journal* 38 (1986): 1-152.

Vitiello, Michael. "Punishment and Democracy: A Hard Look at Three Strikes' Overblown Promises." *California Law Review* 90 (2002).

———. "Three Strikes: Can We Return to Rationality?" *Journal of Criminal Law and Criminology* 87 (1997).

Vogel, Gretchen. "The Evolution of the Golden Rule." *Science* 303 (2004).

Wainryb, Cecilia. "Understanding Differences in Moral Judgments: The Role of Informational Assumptions." *Child Development* 62 (1991).

Wainryb, Cecilia, and Sherrie Ford. "Young Children's Evaluations of Acts Based on Beliefs Different from Their Own." *Merrill-Palmer Quarterly* 44 (1998).

Warr, Mark, Robert F. Meier, and Maynard L. Erickson. "Norms, Theories of Punishment, and Publicly Preferred Penalties for Crimes." *Sociological Quarterly* 24 (1983).

Weyrauch, Walter O. "The Experience of Lawlessness." *New Criminal Law Review* 10 (2007): 415–40.

Whitecross, Roy H. *Slaves of the Son of Heaven: The Personal Story of an Australian POW, 1942–1945*. St. Kilda East, Australia: Kangaroo, 2000.

Wicker, Tom. *A Time to Die: The Attica Prison Revolt*. New York: Quadrangle, 1995.

Wilkey, Malcom. "The Exclusionary Rule: Why Suppress Valid Evidence?" *Judicature* 62 (1978).

Williams, Mary Floyd. *History of the San Francisco Committee of Vigilance of 1851: A Study of Social Control on the California Frontier in the Days of the Gold Rush*. Oakland: University of California Press, 1921.

Woodard, Colin. *The Republic of Pirates: Being the True and Surprising Story of the Caribbean Pirates and the Man Who Brought Them Down*. New York: Harcourt, 2007.

Wuthnow, Robert. *Acts of Compassion*. Princeton NJ: Princeton University Press, 1991.

Young, Rosalind Amelia. *Mutiny of the Bounty and the Story of Pitcairn Island, 1790–1894*. Nampa ID: Pacific Press, 1894.

Zimring, Franklin E., et al. *Punishment and Democracy: Three Strikes and You're Out in California*. New York: Oxford University Press, 2001.

Zips, Werner. *Black Rebels: African-Caribbean Freedom Fighters in Jamaica*. Princeton NJ: Markus Wiener, 1999.

COURT CASES

Florida v. Ryan Holle, in the Circuit Court of the First Circuit In and for Escambia County, Florida, Jury Instructions, Case 03-1056 E-F, August 4, 2004.

Indictment for Check Fraud, November 20, 1972. *Rummel v. Estelle*, Director, Texas Department of Corrections, 587 F.2d 651 (5th Circuit 1978).

Indictments of William Rummel, December 1, 1964 (Fraudulent Use of a Credit Card); October 2, 1968 (Passing as True a Forged Instrument); and November 29, 1972 (Worthless Check Passed with a Value over $50).

Indictments of William J. Rummel, October 2, 1969 (Passing as True a Forged Instrument).

Motion to Waive Reading of Indictment, February 23, 1972.

People of the State of Illinois v. Larry W. Eyler, Case No 83 CF 1585, "Report of Proceedings," February 3, 1984.

People of the State of Illinois v. Larry W. Eyler, Case No 83 CF 1585, "Supplemental Memorandum in Opposition to Defendant's Motion to Suppress," February 1, 1984.

People of the State of Illinois v. Larry W. Eyler, Case No 83 CF 1585, "Supplemental Memorandum in Support of Defendant's Motions to Suppress," February 1, 1984.

People of the State of Illinois v. Larry W. Eyler, No 84–126, (North Eastern Reporter, 2nd Series, October 25, 1989), 268–92.

Ryan Joseph Holle v. Secretary, Florida Department of Corrections, Case 3:11-cv-00436-LC-EMT Document 16, United States District Court Northern District of Florida Pensacola Division. *Memorandum of Law in Opposition to Respondent's Motion to Dismiss Petitioner's Habeas Corpus Petition as Untimely.* Filed May 16, 2012.

Ryan Joseph Holle v. Secretary, Florida Department of Corrections, Case 3:11-cv-00436-LC-EMT Case 3:11-cv-00436-LC-EMT Document 24, United States District Court Northern District of Florida Pensacola Division. *Report and Recommendation.* Filed July 27, 2012.

Ryan Joseph Holle v. Secretary, Florida Department of Corrections, Case 3:11-cv-00436-LC-EMT Document 26, United States District Court Northern District of Florida Pensacola Division. *Petitioner's Objections to the Magistrate Judge's Report and Recommendation to Grant Respondent's Motion to Dismiss Petitioner's Habeas Corpus Petition as Untimely and to Deny Petitioner a Certificate of Appealability.* Filed July 9, 2012.

Ryan Joseph Holle v. Secretary, Florida Department of Corrections, Case 3:11-cv-00436-LC-EMT Document 27, United States District Court Northern District of Florida Pensacola Division. *Answer to Petition to Dismiss.* Filed July 13, 2012.

Ryan Joseph Holle v. Secretary, Florida Department of Corrections, Case 3:11-cv-00436-LC-EMT , Trial Record Transcript, Case 03–1056 E-F, August 4, 2004.

Rummel v. Estelle, Director, Texas Department of Corrections, 498 F. Supp. 793 (W.D. Tx. 1980).

U.S. Supreme Court Brief—Criminal DA of Bexar County, Texas, October 1979. *Rummel v. Estelle*, Corrections Director, 445 U.S. 263 (1980).

索引

4th Amendment, 198
5th Amendment, 198, 213
18th Amendment. *See* Prohibition in America

abolitionist movement, 40
absent-law situations, 10, 77, 78, 87-88, 91, 95, 97, 101, 103, 111, 134
Adams, John, *109*
adjudication defined, 313
Afghanistan, 236
Agan, Steven, 190, 267
Akitsraq School of Law, 262
alcalde, 53, 56, 58
Allen, William, 164-71
Almond, Charles, 180-81, 185, 187, 241
Al Qaeda, 235
American Civil Liberties Union, 248-49
American criminal codes, 241-43
anarchy, 33-41, 42
Andes Mountains plane crash, 15-17, 18-19, 21, 25, 87, 106-8, 110, 114, 120, 133, 254-56
Anti-Saloon League, 140, 147
Attica State Prison, 91-94, 112-13, 260
Auckland Islands, Australia, 128, 129, 132
Auschwitz concentration camp, 259
Avery, Henry, 27, 96

Babcock, Ira, 259
Babcox, Robert, 198
Baer, Stephen, 257
Ballard, Roy, 43
Barkley, Elliot, 92
Bataan Peninsula, Philippines, 117
the *Batavia*, 81-86, 89, 120, 127, 128, 261-62
Beecher, Curtis, 118-120, 127-28
Bell, Malcolm, 260
Berlin, Germany, 20
Bhutto, Benazir, 237
Bivens v. Six Unknown Agents, 202
Blackbeard, 256
blameworthiness, 52, 64, 66, 79, 87, 89, 91, 97, 100, 167-69, 174, 181, 187-88, 239, 244-48; defined, 313; and repeated criminality, 179; and state of mind, 167-69
Bligh, Captain, 108
Block, William, 196-97

---

* 索引中所标示的页码为原书页码,即本书边码。

Bonilla, Rodrigo Lara, 221
bounty, 108, 132-33
bribery. *See* government, corruption
Bridges, Danny, 204-5, 267
Bridget, Frank, 122
broken windows theory, 153-54, 225
Bronson, Charles, 64
Buchenwald concentration camp, 259-60
Buehrle, Kenneth, 192-94
Burdicki, Al, 205
Burger, Warren, 202

Cali Cartel, 227-28
California: gold rush, 19, 53-55, 55, 58, 64, 66, 73, 77, 88, 120, 133, 258; San Francisco, 58-60; Shasta County, 54. *See also* San Francisco; Shasta County CA
Calise, Ralph, 191-95, 197
Campbell, Jerry, 190
Cannessa, Roberto, 254-56
cannibalism, 15-16
Capone, Al, 146-47
Carey, Hugh, 260
Castna, Carlos, 228
Chicago, 189-91, 270
Child, Lee, 64
Christian, Shawn, 109
civil liberties, absolutist view of, 232
Clancy, Tom, 64
coercive indoctrination, 79, 248
coercive sanctions, 33. *See also* punishment
Colombia, 219-35, 268-70; Bogotá, 269-70

communes: Black Bear Ranch, 41-44, 257; Drop City, 33-41, 46-48, 81, 257-58; Libre, 40-41; Tolstoy Farm, 44-45, 257
community policing, 159
Comstock, Samuel, 88
concentration camps, World War II, 66-67, 77
cooperative nature: in animals, 49, 72-74; erosion of, 47, 133-35; and need for punishment, 46-48
Cornelisz, Jeronimus, 82-86, 89, 120, 261
Costner, Kevin, 5
Cox, Gail, 108
Cox, Scott, 211
crime control, 52, 59, 88, 99, 139, 177, 216-18, 240; balancing concerns and, 232-33; enhancing, 65; theory of, 135; undermining of, 147-50, 154-55
crime rates, 8-9
criminal justice system, American: and crime politics, 99, 115, 244-48; legitimacy of, 200-201, 221-23, 230-33, 239, 247-48, 250-52; and moral credibility, 177, 218; reputation of, 151-55, 160-61, 221-23; subversion of, 223-25
criminal law, 8, 113; and alignment with community intuitions, 134-35, 244-48; and effect on decision making, 134-35; and habitual offender statutes, 180-81, 187-88, 241; for hate crimes, 250; irrationalities of, 240-52; and justification defense, 88;

legitimacy of, 201-2; and Miranda rule, 201; moral authority of, 150-56; moral reliability and, 151-52; political effects of, 139-40; and public disillusionment, 142-51; reflecting social norms, 161-63, 243; social norms and, 149-51; and statutes of limitation, 244; under-enforcement of, 142-49; undermining of, 151-52
criminal liability, 169; assessment of, 168-69
criminal spillover theory, 224
criminal syndicates, 146-47
Cruise, Tom, 183
culpable state of mind defined, 313

Dalgarno, George, 128-30
Daugherty, Harry, 143-45
death rates, occupational, 11
Defending Dissent Foundation, 248
dehumanization, 14
Delta Force, 227
democracy, 96; beginnings of, 28, 30
denatured alcohol, 142, 147; defined, 313
desert defined, 314
Des Pres, Terrence, 24-26
deterrence, 176-77; general, 65, 177, 181; and theory of general, 176, 187, 188
deviations from desert defined, 314
de Waal, Frans, 73-74
Dobrovolskis, John, 189-90, 194, 203-5
domestic violence, 250
Donner party, 258-59

double jeopardy, 213, 215-16, 244; defined, 314; foreign formulation of, 214-15
Drop City. *See* communes
drunk driving, 250
Dumas, Alexander, 64

East Germany, 161
Eastwood, Clint, 64
Eden, Charles, 256
Ellickson, Robert, 6, 54, 258
empirical studies, benefits of, 244, 247; of animals, 72-76, 89, 101; and broken windows theory, 153-54; of children, 74-76, 90-91, 101; of criminals, 95; of criminal sentencing, 114; cross-cultural, 75-76, 89-91, 101; disillusionment with, 149-50; on homicide rates, 148; and intuitions of justice, 167; psychological, 18, 46-48, 61-64, 149-54, 167-69, 171-84; and public goods, 21, 46; on punishment judgments, 65-66, 99-101; and relative punishment, 76-77; and ultimatum game, 61-64, 86
entrapment defense, 215, 217, 244; defined, 314
Escobar, Pablo, 219-35, 268
European Court of Human Rights, 203
evolution: animal, 24; human, 23, 50, 70-74, 77, 79, 139
exclusionary rule, 197, 215-16, 244; defined, 314; effectiveness of, 199; foreign formulations for, 202-3; social costs of, 199-203

excuse defense, 87-88; defined, 314
extraditables, 222-23
Eyler, Larry, 189-98, 202-6, 215, 267-68

failures of justice, 85
the *Fancy*, 96
Father Damien, Molokai Island, 125-28
felony murder rule, 170-73, 176, 241; defined, 314
Ford, Henry, 140
Franklin, Benjamin, 232
"fruit of the poisonous tree," 197, 203

Galan, Luis Carlos, 221-23
Garcia, Carlos, 255
Garland, David, 32
Garnett, Sylvia, 166
Gaviria, César, 223
general deterrence defined, 314
general deterrence. *See* deterrence
Germany:
    concentration camps in, 66-67, 77; Dachau, 67
Gibson, Mel, 5
the *Globe*, 88
gold rush. *See* California, gold rush
government: corruption, 59, 143-48, 159, 162-63, 220-23, 230-33, 236; and governmental control, 28; and governmental law, 139; as source of social order, 8, 46, 133-35;
the *Grafton*, 130-32, 265
grand jury, 58, 211; defined, 315
Grisham, John, 64

Gujranwala Range (Pakistan), 161
Gulf of Aden, 257

habitual offender statutes defined, 315
Hansen, Gerhard, 253
Harding, Warren, 143
Hayes, Weibbe, 83-86, 120, 127, 261
Hayward, Daryl, 192-93, 196
Heacock, Forrest, 172
Hell's Angels, 43
hellships (prison transports), 112, 120-24, 264
Henry, Mark, 190
Hess, Kenneth, 93
highway killer (in Indiana), 190-206
Hobbes, Thomas, 5, 9, 17, 23, 30, 127, 134
Holding, Robert, 130, 265
Holle, Ryan, 164-73, 175-77, 241, 266
the Holocaust (of Jews), 24
Hornigold, Benjamin, 27
Hounds Gang, 58
human nature, 9, 50, 246; and cooperation, 11, 14-15; during adversity, 23, 70-72, 86-88, 114-15, 116-35; and group identification, 116-24, 127-28; popular views of, 6, 12; and self-interest, 19, 21, 27, 30, 62-63, 124
Hurricane Katrina, 26

Ignatow, Melvin, 206-15, 268
Illinois, 242-43, 245
incapacitation of the dangerous, 65
inchoate offense defined, 315
injustice: cost of, 81; social effect of, 85-86, 90-91

insider-trading, 250
intentional defined, 315
intuitions of justice, 74, 76-77, 79-80, 87, 89, 95, 97, 99-102, 167-69, 180-81, 195, 214, 239-40, 278; shared, 139, 171-72, 240-48
Inuit, *105*
the *Invercauld*, 128-30, 132, 265

Jamaica: early history of, 111; Maroons in, 111-12, 114, 133
Japan: and Japanese prisoners, 112, *119*, 264; during World War II, 122; World War II prisons in, 116-24; and World War II society, 116-17
Joy Fest (at Drop City), 35-36
joyriding, 97; offense defined, 315
justice: commitment to, 113-15; communal value of, 61; compromises on, 103, 111-13; failure of, 61, 81, 195, 213-18; intuitions of, 69-70; promotion of, 248; social value of, 87, 94-95, 217-18; subversions to, 243-44; when undermined, 232-33
justice commission, 248
justice system, moral credibility of, 247
justification defense defined, 315

Kallweit, Richard, 35
Kaplan, John, 199
Kentucky, 207, 242-43, 268
King, Rodney, 213-14
King, Stephen, 64
Klein, Richard, 40

knowing defined, 315
Kohlberg, Lawrence, 74-75
Kushnir-Kushnarev, Gregory, 67
Kustudick, Laurie, 216

law: in ancient Egypt, 24; formation of, 134-35; as ineffective for controlling crime, 8; internalization of, 78-79; as source of authority, 118, 123-28, 135, 152-53; as source of order, 17, 30, 53, 58, 150-51
Lawrence, D. H., 232
leadership: effects of, 132-33, 135; failure of, 126-27, 129-30; unofficial, 123-28, 130
legal skepticism, 8
legality principle, 215; defined, 315
Leland, Henry, 140
leper colony, 12-14
Little, David, 189, 194, 203-5, 267
Los Pepes cartel, 227-31, 234
Love, Frank, 190-93

Maclaren, Alick, 130, *132*
Madison, James, 5
Maroons, 112, 263-64. *See also* Jamaica; Queen Nanny
Mason, Richard, 53
McKoski, Raymond, 195
Medellin Cartel, 268-69
medicinal whiskey. *See* Prohibition
Mendoza, Eduardo, 226
Miller, Charles, 164-67
Minnesota Fats, 149
Minority Report (film), 183
Miranda rule, 201
Mockus, Antanas, 269

索　引

Model Penal Code, 98, 173, 245
Model Sentencing Act, 182–83
Molokai HI, 12–15, 19, 21, 25, 120, 124–26, 253
Moore, Jerry, 172, 176
moral authority, 251–52
moral blameworthiness. *See* blameworthiness
moral credibility, 243–44, 247
moral development, 74–78, 90–91, 101
moral theory, universalist, 74–80, 101–2
Musgrave, Thomas, 131

Nadeem, Azhar Hassan, 159–61
Nagasaki, Japan, 264
Nassau, Bahamas, 27
National Criminal Justice Association, 248
National District Attorney's Association, 248
natural selection. *See* evolution
negligent defined, 316
Netsilik, 105, 110, 262–63; and King William Land, 78, 101, 114–15
New Jersey, 242–43
Nietzsche, Friedrich, 18
Noriega, Manuel, 222
Northwest Territories, Canada, 262
Nunuvut, Canada, 262

occupational death rates, 11
Oglesby, Richard, 57
O'Malley, Jack, 267
Oregon Trail, 68–70, 258

Pakistan, 237; Gujranwala Range in, 159
Parrado, Nando, 17, 19, 254–56

Pavlakovic, John, 193–94
Pearl Harbor, attack on, 116
Peddie, Sydney, 264
Pennsylvania, 241–43
Pensacola FL, 164
Peter Rabbit, 34, 47, 81, 258
petit jury, 58; defined, 316
Philippines: Bataan Peninsula, 117; World War II society in, 116–20
Pineapple Primary (1928), 146
pirates, 27, 29, 67–68, 77, 88, 95, 133, 256–57
Pitcairn Island, 108–10, 114, 263
police corruption, 269
Polk, James, 52
popular tribunals, 55–58
preschool brawl (Los Angeles), 3, 134
preventive detention, 181–85, 240–41
prisoner justice, 66–67, 70–72, 92–94
Privitiera, Michael, 93–94, 95, 112–13
procedural justice, 196–200; social costs of, 213–16
Prohibition, 142, *143*, 151, 161–63, 223–25, 233, 251, 265–66; and 18th Amendment, 140–49; in Chicago, 146–47; in New York, 143; origins of, 140–41; repeal of, 161–62; and Volstead Act, 140–49
Pryor, Frederic, 156
public goods experiments, 21, 46–48
punishment: and abolitionist movement, 39; among animals, 49, 73–74; and antipunishment theory, 32, 36–37, 42, 46, 51; and avoiding injustice, 103; coercive sanctions as, 33; and communal values, 70–74; continuum of, 100; and desert, 97–98, 104, 107, 114,

180–81, 188, 247; as deviation from desert, 112, 114, 149–52, 170–72; excessive, 81, 85–86, 170, 174, 177, 180–81, 240–43; forgoing, 105; implementation of, 48–49, 51–52, 54–55, 63, 72–74, 84, 92–93, 107; and injustice, 114; just, 47, 52, 54, 59, 64, 65, 67–73, 75–77, 76, 79–80, 94–95, 149–51, 177, 183; need for, 32, 37, 47, 49, 94–95; and over-punishment, 51; signals for, 174; social value of, 127; and transparency, 184

Queen Nanny (Maroons), 112, 264. *See also* Jamaica; Maroons
Quinn, Ricky, 108–9
Quintal, Matthew, *109*

Rabbit, Peter. *See* Peter Rabbit
Racketeer Influenced and Corrupt Organizations Act (RICO), 234; offenses defined, 316
Rakoczy, Mark, 205
Raynal, Francois, 131, *132*, 265
reciprocity among animals, 72–74
reckless defined, 316
Reed, James, 70
Remus, George, 144
RICO. *See* Racketeer Influenced and Corrupt Organizations Act (RICO)
Rimmer, David, 170
Roberts, Bartholomew, 28
Rockefeller, Nelson, 260
Roger, Woodes, 256
Ross, John, 103
Rummel, William, 177–80, 184–85, 241, 266

Saint, Frederick, 118
San Francisco, 58–60, *60*, 77. *See also* California
San Francisco Vigilance Committee, 151
Santos, Francisco, 223
Schaefer, Brenda, 206–13, 215, 268
Schippers, David, 195, 203–4
Schwartz, Barry, 93
Scott, Abigail Jane, 70
sentencing guidelines, 246
Serengeti Plain, 139; early humans on, 6, 22, 24, 79–80
sex offenders, 263
Shakespeare, William, 64
Shasta County CA, 6–7, 9, 54, 258
Shaw, David, 178
Shinn, Howard, 54
Shore, Mary Ann, 206–13
Smith, Gilbert, 88
Smith, Sidney, 68–69
smoking in public, 250
Snelgrave, William, 67–68
Snyder, Jessica, 164–71
social cooperation, 7, 11, 14–15, 20, 46–50, 57, 70–74, 79, 80, 133–35, 239–40; and building cooperation, 47, 132, 148; communal importance of, 133–35; cost of deviating from, 151; for determining punishment, 104–5; effects of leadership on, 116–20, 126–28; erosion of, 85–86; and fairness, 61–64; and influences on behavior, 37, 46–48; natural human inclination toward, 127–28; natural instincts about, 120; and

索　引　　363

social cooperation (*continued*)
official leadership, 123–25; and the problem with noncontributors, 107; role of government in, 133–35; and shared norms, 60, 64; signals, 153–54; subversion of, 116–35; violations of, 46, 49
societal views, 249–52
Spalding, William, 206, 210, 268
state of nature, 13–14, 20
strict liability, 177, 241; defined, 316
subversion, 243–44
Sunday, Billy, 140
Sutter Creek CA, 55
Suttle, D. W., 267

Taft, Howard, 141
T-ball melee (Florida), 4, 134
Terre Haute IN, 189–90, 195, 203
Terry stop, 196, 206; defined, 316
Thomas, Jermond, 164–68
Thompson, William Hale, 146–47
Thoreau, Henry David, 18
three-strike rule, 99, 150, 180, 182
torture, 189–93, 208–9, 267
Trinidad CO, 33
Truth in Sentencing movement, 183–84
Turbay, Julio César, 223

United States Sentencing Commission, 187, 246; defined, 316
Urso, Joseph, 206
utilitarianism, 52, 174; defined, 317

Vallejo, Mariano, 52
Van pelt, Charles, 206
Vigilance Committee of California, 59, 60, 64, 87–88
vigilantism, 58, 151, 200, 231–32

wagon trains, 68–70, 69, 77, 133, 258
Warsaw Ghetto, Jews hiding in, 20
the *Warwick*, 12, 14
Washington, Denzel, 5
Watkins, Ron and Judith, 212
Waukegan IL, 196
Wesley, Jim, 210
Wheeler, Wayne, 140
white-collar crime, 250
Whitecross, Roy, 123
Wicker, Tom, 91–92
Williams, Donnie, 164–68, 170–71
Williams, Mary Floyd, 53–54

Young, Ewing, 259

Zacharski, Michael, 205
Zellner, Kathleen, 267
Zomeworks Corp., 257

译后记
利维坦与空气茧

"如果去除政府、法律的影响,当今人类的本质为何?"

看到这个问题,有人会想到《少年派的奇幻漂流》(*Life of Pi*)中的隐喻,有人可能联想起《洞穴奇案》(*The Case of the Speluncean Explorers: Nine New Opinions*)[1]中对于人吃人的深邃思辨,有人可能会借用《蝇王》[2]中作家所虚拟的悲惨场景,更有人会直接适用"女王诉达德利和史蒂芬斯案"[3]作为真实样本对此问题加以回答:没有政府及法律,人类将陷入自相残杀的悲惨境地。而这一经验回答,又似乎恰好暗合五个世纪前英国哲学家托马斯·霍布斯在其名著《利维坦》中的论断:在没有一个共同权力使大家慑服的时候,将会出现"每一个人对每一个人交战的状况"。在此前提下,霍布斯提出,只有所有人都放弃管理自己的权利,把它授予"活的上帝"——伟大的"利维坦"——才能获得和平和安全保障。[4]

这种"契约"框架下的"国家出场理论",回答了自启蒙以来的一

---

[1] 参见〔美〕萨伯:《洞穴奇案》,陈福勇、张世泰译,生活·读书·新知三联书店2009年版。

[2] 参见〔英〕威廉·戈尔丁:《蝇王》,龚志成译,上海译文出版社2006年版。

[3] 1884年,英国船只"木犀草"号沉没后,幸存下来的达德利船长和其手下史蒂芬斯、布鲁克斯为了求生,杀死了当时年仅17岁且无航海经验的另外一名随船侍从帕克。后来,英国法院判定幸存者有罪,并确立了危急状态无法构成对谋杀指控的合理抗辩这一普通法判例。参见 R. v. Dudley and Stephens, (1884) 14 QBD 273 DC。

[4] 参见〔英〕托马斯·霍布斯:《利维坦》,黎思复、黎廷弼译,商务印书馆1996年版,第112页以下。

个非常重要命题,即国家这一共同体的授权是基于何种维度建构的。[1] 霍布斯扬弃了国家由神创造的观点[2],对现代政治理论进行了最大胆的改造,即"去神秘化",构建一个根本没有团结纽带的政治社会[3],让"个人"参与到国家出场的"契约"中来,重塑了"个人—国家"的逻辑关系,为"主权在民"找到了最终依据,确保现代意义上的国家概念变得完整[4],并成为此后出现的自然法主义、法律实证主义、自由主义乃至极权主义等主要政治哲学、法哲学理论范式的源头。[5] 时至今日,更是衍生出诸如"资本利维坦"[6]"数字利维坦"[7]乃至"世界利维坦"[8]等关联概念,其生命力可见一斑。

---

[1] 参见于水、徐亚清、姜凯宜:《启蒙话语的消解与回应:从福柯到埃斯波西托的国家观转换》,载《国外理论动态》2018年第4期,第25页。

[2] 当然,在马克思等人看来,霍布斯的唯物论是机械的、缺乏感性色彩。参见《马克思恩格斯全集》(第二卷),人民出版社2006年版,第164页以下。

[3] 参见〔美〕伊丽莎白·埃利斯:《被接受的霍布斯》,张勇译,载《国外理论动态》2012年第4期,第72页。

[4] 参见陈晓伟:《〈利维坦〉中以契约论为框架的国家出场理论》,载《河南财经政法大学学报》2016年第5期,第147页。

[5] 参见李一达:《"自由"抑或"力量":作为敌对状态的一种永久性解决方案的"利维坦"》,载《历史法学》第十一卷,第231页。

[6] 这种观点强调,不断异化的个人财产权最终获得国家权力属性,成为堪与国家并驾齐驱的另一种形式的"利维坦",并开始主导着公共政策、塑造公共话语,进而使得国家建设理论由二维变成三维。参见曾毅:《现代国家建构理论:从二维到三维》,载《复旦学报(社会科学版)》2014年第6期,第161页。

[7] 这种观点认为,随时代的进步,数字信息技术开始异化,自身可能演化成为一种新的利维坦即"数字利维坦",进而逐步消解虚拟社会,助推社会分裂,冲击个体化社会的存在基石。参见郧彦辉:《数字利维坦:信息社会的新型危机》,载《中共中央党校学报》2015年第3期,第46页。

[8] 有学者认为,利维坦不仅适用于个人与国家层面,还可以扩大适用于国家层面,即国家个体与世界秩序的问题。参见 Philip Bobbitt, *The Shield of Achilles*: *War, Peace, and the Course of History Paperback*, Knopf. 2002. 事实上,美国学者在批判美国前总统小布什执政期间国家安全观的核心矛盾时,便直接指出其"既要成为全球利维坦,解决霍布斯式的秩序难题,又要利用实力推进本国目标,即使损害他国利益"。参见〔美〕约翰·伊肯伯里:《美国:一个自由主义的利维坦》,门洪华译,载《中共中央党校学报》2005年第1期,第103页。

但在另一方面,霍布斯及其创制的"利维坦"概念,又始终面临各界指摘。

首先,很多学者认为,包括"利维坦"在内,霍布斯最重要、最独特的论断,大都"自相矛盾"。[1] 具体来说,"利维坦"的两个核心逻辑要素,即个人自我保存权与国家主权之间存在着张力。一方面,如果不想重返自然状态,就必须忍受国家的绝对权力[2],这样一来,将会导致以崇拜人民的名义崇拜国家,个体被虚化,反而使国家成为被膜拜的实体对象。[3] "主权者会被诱惑去成为一个强取豪夺的人,或者将被他人收买去从事强取豪夺之事"[4],最终势必侵犯个人的自我保存权,甚至在现代民族或宗教国家语境下出现异化,导致悍然实施种族灭绝等极端行径的情况。[5] 另一方面,个人的绝对自我保存权意味着当国家未能提供相关保障时,个人可以逃避乃至反抗主权者的法律和命令。过分强调个人自我保存权,将使臣民对抗法律和主权获得道义依据,最终势必动摇乃至损毁国家主权的基础。[6]

霍布斯认为,原初状态下社会契约的各方所进行的选择是绝对"理性"的,不受道德约束,仅仅希望通过合作最大限度提升自己的特

---

[1] 参见〔美〕列奥·施特劳斯:《霍布斯的政治哲学》,申彤译,译林出版社2001年版,第4页。

[2] 参见艾克文:《利维坦与现代民主制度》,载《武汉大学学报(哲学社会科学版)》2010年第5期,第655页。

[3] 参见任剑涛:《驯服国家、驯化君主与臣服国家——理解西方现代国家的三个要旨》,载《政治思想史》2016年第1期,第37页。

[4] 〔英〕莱斯利·格林:《国家的权威》,毛兴贵译,中国政法大学出版社2013年版,第232页。

[5] 参见 Seth Harpa, Hobbes's Model Fails at the Margin: Reconciling Two Interpretations of Leviathan, 6 N.Y.U. J. L. & Liberty 497(2012)。

[6] 参见申林:《〈利维坦〉中国家主权与个人自我保存权之间的张力》,载《武汉大学学报(哲学社会科学版)》2014年第3期,第63页。

殊权益和基本利益。[1]"当人们看到违反自然法比遵守它们似乎对自己更有好处或坏处较小时,他们会有意违反自然法",所以"自然法并不足以维持和平"。[2]但和经验相比,理性只是一个配角,是恐惧的仆人,是激情的奴隶。从一开始,理性便以一种工具的身份示人。[3]"由经验的现实社会回溯到逻辑认可的人类自然时期,再以社会契约为契机构设出可托寓价值理想的公民社会",这便是霍布斯的基本思路。[4]然而,问题在于,霍布斯笔下"令人一读难忘的苍凉景象"[5],即所谓的"自然状态",被人诟病为完全是拟造的,仅存在于哲人的言辞中。批判者认为"自然状态"绝无可能现实存在,因此,"关于此状态中人的状态、人性、人际关系的种种言辞,都不过是臆想的高贵的谎言,立基于此的政治哲学体系是建在流沙上的大厦"[6]。

这种批判不可谓不严厉,毕竟,霍布斯的契约理论,将"自然状态"作为逻辑预设,认为在这种状态下,"最糟糕的是人们不断处于暴力死亡的恐惧和危险中,人的生活孤独、贫困、卑污、残忍和短寿"[7]。如果不能够从经验上对于自然状态下的人际互动进行实证研究,就不能认定霍布斯所提出的"自然状态下不具备和法律类似的强制保障国民生

---

[1] 参见张国清:《利维坦、无支配自由及其限度》,载《浙江大学学报(人文社会科学版)》2014年第5期,第34页。

[2] 参见王军伟、杨晶:《论国家诞生的自然法推动因》,载《云南社会科学》2015年第3期,第50页。

[3] 参见林承铎、郑良君:《利维坦的主权形成的内在逻辑——新的政治基础和主权建构》,载《上海交通大学学报(哲学社会科学版)》2009年第5期,第28页。

[4] 参见黄克剑:《"社会契约论"辨正》,载《哲学研究》1997年第3期,第28页以下。

[5] 〔美〕约翰·麦克里兰:《西方政治思想史》,彭淮栋译,海南出版社2003年版,第256页。

[6] 姚中秋:《西方政治哲学的病理分析——以〈理想国〉〈利维坦〉为样本》,载《探索与争鸣》2018年第2期,第84页。

[7] 〔英〕托马斯·霍布斯:《利维坦》,黎思复、黎廷弼译,商务印书馆1996年版,第94页。

存的机制"[1]等论断具有现实根据。

美国著名刑法学家保罗·罗宾逊教授撰写《海盗、囚徒与麻风病人》(*Pirates, Prisoners, and Lepers*)一书的目的,便是用一些"可供窥视人类脱法生存经验法则的启发性案例",补足霍布斯所谓"自然状态"在经验(特别是近现代经验)的不足。罗宾逊教授通过多年积累,收集到若干更具说服力的现实版"洞穴奇案"。例如,一架坠毁在偏僻山区的飞机,一艘搁浅在遗世孤岛上的船舶。如果看不到获救的希望,幸存者们将会如何对待彼此?除了坠机、沉船,类似的脱法生存现象还在诸多场景中得以上演。某些人群,例如十九世纪中期被强制放逐的麻风病人,可能会被迫永久与世隔绝。某些人群,可能会像十八世纪初的逃亡黑奴或海盗群体那样,选择自我隔绝。这些群体的成员,都不认为自己需要继续接受政府法律的管制。实际上,就好像二十世纪七十年代美国嬉皮士所建立的无政府聚落那样,在很多群体看来,缺乏政府法律,恰恰才是最大的诱惑所在。虽然情况迥异,但从中却可以发现某种令人吃惊的共性。铁丝网内的囚徒、坠机幸存者、淘金者、因纽特人、麻风病人、嬉皮士,以及很多其他类型的人群,皆展现出某种共通的倾向。最后,罗宾逊教授得出结论,我们既非霍布斯笔下的自私恶魔,也非无私天使。

罗宾逊教授得出的结论看起来似是而非,但却在证明"自然状态"绝非凭空拟制之余,揭示出霍布斯创制的"利维坦"所暗藏的基本问题:即便承认"自然状态",或者类似"自然状态"的脱法生存状态的确存在,但在这种状态下生活的人,却并非"自然的人",而只是被文明习俗所污染了的"伪自然人",这些人头脑中已经有了太多的权势、名

---

[1] 〔加〕戴维·戴泽豪斯:《霍布斯的宪政法制理论》,杨慧译,载《国外理论动态》2012年第4期,第56页。

望、自负和贪婪。[1]换句话说,即便身处脱法状态,这些人也并不是与文明人相对立的"自然人",而是其欲望已经文明化了的社会人,而其之间的人际关系,也已经或者依然实质上保持着社会关系出现之后的模样。[2]由此,我们可以断定,罗宾逊教授在书中所得出的结论虽然不能说存在错误,但却绝不彻底。在国家、法律消隐状态下,影响人际互动关系的关键,绝非简单的性善论或性恶论——究竟是选择留存在弱肉强食的自然状态,还是让渡权利进入"利维坦"——说到底,还在于这些处于"自然状态"下的"伪自然人"对于自身重新回归正常状态的可能性与可行性评估。在这个时候,其所进行的个体判断必然或者应当符合个人理性。质言之,最终再次堕入"自然状态"的理由,绝非人们基于个人理性判断不可能达成合意,或者导致冲突[3],而是在经历希望与恐惧的交互过程的前提下,获得了自发属性[4]的个体,对于脱离"自然状态"的主观意愿与客观可能。

"利维坦"是否会沦为彻底失败的隐喻[5],已经不能称之为真问题。我们即便能够找到最接近于真实的"自然状态",也没有办法让身处其中的人脱去世代累积留下的社会化基因,重新做回"自然的人"。在这个意义上,与其继续讨论"利维坦",不如转换视野,将目光投向国家权

---

1 参见〔法〕卢梭:《论人类不平等的起源和基础》,李常山译,商务印书馆1997年版,第148页。
2 参见张新刚:《麦克弗森的霍布斯解读之辨正》,载《国外理论动态》2015年第3期,第108页。
3 参见何俊毅:《自然法的自我消解——以霍布斯的自然法思想为视角》,载《北京航空航天大学学报(社会科学版)》2016年第3期,第62页。
4 参见梅田百合香:《"リヴァイアサン"解釈の方法:ホッブズ研究の批判的考察》,载《名古屋大学法政论集》203号(2004年),第157页。
5 参见张广生:《回到奠基时刻:〈利维坦的道德困境——早期现代政治哲学的问题与脉络〉绎读》,载《政治与法律评论》2013年第3辑,第307页。

力理应退出的"微观法律领域"。[1]处于"自然状态"下的"伪自然人",其实和我们一样,都正在生活,或终将生活在一个无形但又真切存在,由政府、法律、法院、警察所编织出的"空气茧"中,"刑事司法这只无形的大手,让我们免受外来捕食者,或隐藏在我们当中披着羊皮的狼的觊觎"。而这个时候,无论身处何方,无论是否面临脱法生存的尴尬处境,影响彼此行为方式的,只是瓦尔特·魏劳奇(Walter Weyrauch)所形容的微观法律特质:最重要而且持续的"规范经验"(Normative Experience)。[2]

李立丰

2018年7月30日于长春[3]

---

[1] 美国著名法理学家迈克尔·瑞斯曼(W. Michael Reisman)历经二十多年的潜心研究,在《看不见的法律》一书中开创性地提出,国家之类集体符号容易排除或者抽象化真实的人类特质,从而危及人类本身存在的价值。因此,有必要跳出既有话语的窠臼,讨论国家概念消隐前提下与社会个体生活交织在一起,充斥细节与具体内涵,短期影响人格特质的"微观法律体系"(Microlegal System)。可参见[美]迈克尔·瑞斯曼:《看不见的法律》,高忠义、杨婉苓译,法律出版社2007年版。
[2] 参见[美]迈克尔·瑞斯曼:《看不见的法律》,高忠义、杨婉苓译,法律出版社2007年版,第4页。
[3] 本书最终付梓,感谢罗宾逊教授慨然授权并欣然为中文版作序。在翻译出版过程中,基于某些原因,对原书做出了些许删减(原书第155页至第158页酌情未译,希望读者诸君谅解),并增加了若干注释。译文文责自负。

著作权合同登记号 图字:01-2017-5375
图书在版编目(CIP)数据

海盗、囚徒与麻风病人:关于正义的十二堂课/(美)保罗·罗宾逊,(美)莎拉·罗宾逊著;李立丰译. —北京:北京大学出版社,2018.9
ISBN 978-7-301-29685-1

Ⅰ.①海… Ⅱ.①保… ②莎… ③李… Ⅲ.①法律—普及读物 Ⅳ.①D9-49

中国版本图书馆 CIP 数据核字(2018)第150271号

PIRATES, PRISONERS, AND LEPERS: Lessons from Life Outside the Law
by Paul H. Robinson and Sarah M. Robinson
Copyright © 2015 by Paul H. Robinson and Sarah M. Robinson
Published by arrangement with THE UNIVERSITY OF NEBRASKA PRESS c/o JLS Literary through Bardon-Chinese Media Agency
Simplified Chinese translation copyright © 2018
by Peking University Press
ALL RIGHTS RESERVED

书　　　名	海盗、囚徒与麻风病人:关于正义的十二堂课 HAIDAO、QIUTU YU MAFENG BINGREN:GUANYU ZHENGYI DE SHI'ER TANG KE
著作责任者	〔美〕保罗·罗宾逊　〔美〕莎拉·罗宾逊　著 李立丰　译
责 任 编 辑	柯　恒
标 准 书 号	ISBN 978-7-301-29685-1
出 版 发 行	北京大学出版社
地　　　址	北京市海淀区成府路205号　100871
网　　　址	http://www.pup.cn　http://www.yandayuanzhao.com
电 子 信 箱	yandayuanzhao@163.com
新 浪 微 博	@北京大学出版社　@北大出版社燕大元照法律图书
电　　　话	邮购部 010-62752015　发行部 010-62750672 编辑部 010-62117788
印 刷 者	北京中科印刷有限公司
经 销 者	新华书店 890毫米×1240毫米　A5　12印张　290千字 2018年9月第1版　2018年9月第1次印刷
定　　　价	59.00元

未经许可,不得以任何方式复制或抄袭本书之部分或全部内容。
版权所有,侵权必究
举报电话:010-62752024　电子信箱:fd@pup.pku.edu.cn
图书如有印装质量问题,请与出版部联系,电话:010-62756370